„Bücher sind wie Fallschirme. Sie nützen uns nichts, wenn wir sie nicht öffnen.“

Gröls Verlag

Redaktionelle Hinweise und Impressum

Das vorliegende Werk wurde zugunsten der Authentizität sehr zurückhaltend bearbeitet. So wurden etwa ursprüngliche Rechtschreibfehler *nicht* systematisch behoben, denn kleine Unvollkommenheiten machen das Buch – wie im Übrigen den Menschen – erst authentisch. Mitunter wurden jedoch zum Beispiel Absätze behutsam neu getrennt, um den Lesefluss zu erleichtern.

Um die Texte zu rekonstruieren, werden antiquarische Bücher von Lesegeräten gescannt und dann durch eine Software lesbar gemacht. Der so entstandene Text wird von Menschen gegengelesen und korrigiert – hierbei treten auch Fehler auf. Wenn Sie ebenfalls antiquarische Texte einreichen möchten, finden Sie weitere Informationen auf www.groels.de

Viel Freude bei der Lektüre wünscht Ihnen das Team des Gröls-Verlags.

Adressen

Verleger: Sophia Gröls, Im Borngrund 26, 61440 Oberursel

Externer Dienstleister für Distribution & Herstellung: BoD, In de Tarpen 42, 22848 Norderstedt

Unsere „Edition | Werke der Weltliteratur“ hat den Anspruch, eine der größten und vollständigsten Sammlungen klassischer Literatur in deutscher Sprache zu sein. Nach und nach versammeln wir hier nicht nur die „üblichen Verdächtigen“ von Goethe bis Schiller, sondern auch Kleinode der vergangenen Jahrhunderte, die – zu Unrecht – drohen, in Vergessenheit zu geraten. Wir kultivieren und kuratieren damit einen der wertvollsten Bereiche der abendländischen Kultur. Kleine Auswahl:

Francis Bacon • Neues Organon • **Balzac** • Glanz und Elend der Kurtisanen • **Joachim H. Campe** • Robinson der Jüngere • **Dante Alighieri** • Die Göttliche Komödie • **Daniel Defoe** • Robinson Crusoe • **Charles Dickens** • Oliver Twist • **Denis Diderot** • Jacques der Fatalist • **Fjodor Dostojewski** • Schuld und Sühne • **Arthur Conan Doyle** • Der Hund von Baskerville • **Marie von Ebner-Eschenbach** • Das Gemeindekind • **Elisabeth von Österreich** • Das Poetische Tagebuch • **Friedrich Engels** • Die Lage der arbeitenden Klasse • **Ludwig Feuerbach** • Das Wesen des Christentums • **Johann G. Fichte** • Reden an die deutsche Nation • **Fitzgerald** • Zärtlich ist die Nacht • **Flaubert** • Madame Bovary • **Gorch Fock** • Seefahrt ist not! • **Theodor Fontane** • Effi Briest • **Robert Musil** • Über die Dummheit • **Edgar Wallace** • Der Frosch mit der Maske • **Jakob Wassermann** • Der Fall Maurizius • **Oscar Wilde** • Das Bildnis des Dorian Grey • **Émile Zola** • Germinal • **Stefan Zweig** • Schachnovelle • **Hugo von Hofmannsthal** • Der Tor und der Tod • **Anton Tschechow** • Ein Heiratsantrag • **Arthur Schnitzler** • Reigen • **Friedrich Schiller** • Kabale und Liebe • **Nicolo Machiavelli** • Der Fürst • **Gotthold E. Lessing** • Nathan der Weise • **Augustinus** • Die Bekenntnisse des heiligen Augustinus • **Marcus Aurelius** • Selbstbetrachtungen • **Charles Baudelaire** • Die Blumen des Bösen • **Harriett Stowe** • Onkel Toms Hütte • **Walter Benjamin** • Deutsche Menschen • **Hugo Bettauer** • Die Stadt ohne Juden • **Lewis Caroll** • *und viele mehr….*

Wilhelm Gottlieb Soldan

Heinrich Heppe

Geschichte der Hexenprozesse

Band I

Inhalt

Erstes Kapitel. Einleitung

Mit besonderem Interesse verweilt der Blick des Kulturhistorikers bei der großen Reihenfolge der mannigfaltigsten, weltgeschichtlichen Vorgänge, deren Zusammenhang die glänzende, lebensvolle Geschichte des fünfzehnten Jahrhunderts ausmacht. Das unter dem wilden Ansturm der Osmanen zusammengebrochene Griechenreich sandte die Apostel einer neuen wissenschaftlichen Ära, in der sich die seit vielen Jahrhunderten verschütteten Quellen klassischer Bildung der abendländischen Menschheit aufs neue auftun sollten, nach Italien und Deutschland. Gutenberg erfand seine gewaltige Kunst, die bald die mächtigste Großmacht aller Kulturvölker werden sollte. Kolumbus und Vasco de Gama erschlossen der europäischen Menschheit ganz neue Welten, von deren Dasein man bis dahin nur gefabelt hatte. Kaiser Maximilian beschwor den rohen Geist mittelalterlicher Gewalt, brach dessen Burgen und tat den ersten wirksamen Schritt zur Herstellung eines öffentlichen Rechtszustandes im Deutschen Reiche, und in allen Landen Europas traten Männer auf, die die der Christenheit längst unverständlich gewordene Gottessprache ihres Evangeliums redeten und die Epoche der Reformation vorbereiten halfen.

Aber in düsteren, unheimlichen Zügen fällt auf diese glänzenden Seiten der Geschichte des Abendlandes der Schlagschatten eines Ungeheuers, das an Furchtbarkeit alle Greuel des früheren Mittelalters weit überragt. Es ist dies der Hexenprozeß. Er gewinnt im fünfzehnten Jahrhundert Abschluß und feste Gestaltung und wird als legitimes Kind der Kirche anerkannt, um eine Barbarei ohnegleichen in stets wachsender Verbreitung auf zwei volle Dritteile derjenigen Geschichtsperiode zu vererben, die sich so gern als die der Geistesmündigkeit und Humanität preisen läßt. Und er kontrastiert nicht nur mit dem, was die Zeit bewegt, er wuchert auch darin. Das Größte, Edelste mußte ihm dienen. Aus den wiedereröffneten Hallen der altklassischen Literatur schuf er sich ein reiches Arsenal von Schutz- und Trutzwaffen; Gutenbergs Erfindung, zum Heile der Menschheit erdacht, hat gleichwohl im Jahrhundert ihrer Geburt schwerlich irgendein Buch in größerer Anzahl vervielfältigt als Sprengers berüchtigten Hexenhammer; an Bord der Weltumsegler drang der Hexenprozeß nach Mexiko und Goa, nebst der Inquisition das erste Geschenk, das die europäische Zivilisation den beiden Indien für ihr Gold und ihre Edelsteine geboten hat. Karls V. peinliche Gerichtsordnung stempelte durch allgemeines Gesetz die Zauberei zum todeswürdigen bürgerlichen Verbrechen, wie sie seit den letzten Jahrhunderten als kirchliches gegolten hatte.

Auch die Reformation hat das Übel nicht gebrochen. Luther, Zwingli, Calvin kämpften gegen große und kleine Auswüchse des Pfaffentums; ihrem bizarrsten und blutigsten, dem Hexenprozesse, hat kein Reformator die Maske abgezogen, vielmehr fuhren die

Protestanten – nach kurzem Besinnen – fort, mit den Katholischen in unsinniger Verfolgungswut zu wetteifern, und England hat sogar ein gekröntes Haupt aufzuweisen, das neben dem Schwert und dem Feuerbrande auch die Feder gegen den imaginären Frevel führte. Tausende und aber Tausende von Unglücklichen fielen fortwährend in allen Teilen der Christenheit durch Henkershand; die Stimme der wenigen, die Geist, Herz und Mut genug besaßen, dem Unwesen entgegenzutreten, verhallte ungehört oder rief Verfolgung gegen sie selbst hervor.

Das siebzehnte Jahrhundert sah einen dreißigjährigen Glaubenskampf die Eingeweide Deutschlands zerfleischen, und, als wäre es am Kriegsjammer noch nicht genug, erreichte gerade um diese Zeit das deutsche Hexenwesen den höchsten Grad seiner Intensität; ganze Gemeinden, Herrschaften und Fürstentümer wurden dadurch geplündert, entsittlicht und entvölkert, die Familienbande zerrissen, das Vertrauen zwischen Nachbarn und Freunden, Obrigkeiten und Untertanen vergiftet und die Summe des moralischen wie des physischen Elends bis zum Unermeßlichen gesteigert. Und alle diese Gräßlichkeiten wurden im Namen Gottes und der Gerechtigkeit verübt!

Nur wenig mehr als ein Jahrhundert ist vergangen, seitdem in unserem Vaterlande, und nur ein paar Menschenalter, seit im übrigen Europa die letzten Scheiterhaufen verglimmten. Noch reibt sich die europäische Menschheit die Augen, wie neu erwacht aus einem bösen Traum, und kann es nicht fassen, wie es kam, daß dieser Wahn, so schwer und unsinnig, so viele Jahrhunderte andauern konnte.

Aber schon beginnt auch der finstre Aberglaube, der dem Ganzen zur Unterlage diente, seine scharfen, schroffen Umrisse in den zarten Nebelduft der Poesie zu verstecken; das kaum erst Überlebte ist plötzlich zur halbbekannten, nach Ursprung und Wesen vielfach mißdeuteten Antiquität geworden.

Weil Goethe das lebensfrische Bild seines Faust auf jenen düstern Grund gezeichnet, weil Shakespeare im Macbeth und Heinrich VI. den spröden Stoff poetisch bewältigt hat, werfen sich manche als Apologeten des Zauberglaubens auf; in der sagenmäßigen Seite des Gegenstandes festgefahren, reden sie, als wäre niemals Blut geflossen, von frommheiterem, an sich schon dichterisch gestaltendem Volksglauben; ja man ist so weit gegangen, diese Blume aller pfäffischen Mißbildungen für uralt-germanisch zu erklären und mit einer Art patriotischen Stolzes in den dahin einschlagenden Volkssagen nur Reminiszenzen aus der Zeit der Völkerwanderung zu erkennen. Aber Deutschland weist den Vorwurf, die Mutter dieser Geistesverirrungen zu sein, mit gerechtem Unwillen von sich ab. Wahr ist es, daß auch Deutschland gleich anderen Völkern seinen Aberglauben gehabt und ihm drei Jahrhunderte hindurch Molochsopfer dargebracht hat; aber nichtsdestoweniger hat jene große Seuche, die seit Innocenz VIII. ihren verheerenden Gang durch Europa nahm, auf Gründen beruht, die mit dem problematischen Zauberglauben der germanischen Urzeit nur sehr wenig gemein haben.

Auf einer anderen Seite hat man darauf zurückgewiesen, daß bereits die Griechen und Römer ein Strafverfahren gegen Zauberei kannten, und daß sie sogar schon im mosaischen Gesetze als todeswürdiges Verbrechen bezeichnet ist. Wir finden allerdings hier Dinge, die den genannten Erscheinungen in vielen Punkten analog, zum Teil selbst ursächlich verwandt, in vielen aber auch an Charakter, Zweck, Form und praktischer Bedeutung gänzlich fremd sind. Zeit, Ort und Verhältnisse gestalten ja bei Vergehen, die als deutlich erkennbare, scharf begrenzte Taten vor das Auge treten, die gesetzliche Auffassung verschieden, um wie viel mehr bei Dingen, die mehr dem stets veränderlichen und vielgestaltigen Reiche der Einbildungskraft als der Wirklichkeit angehören!

Die Hexenprozesse des 14. bis zum 18. Jahrhundert haben bei aller Verschiedenheit der Auffassung die Aufmerksamkeit der Gegenwart lebhaft erregt. Ihre Darstellung muß an sich schon ein sehr interessantes Kapitel in der Kulturgeschichte dieser Periode bilden. Es verbindet sich aber hiermit für den Augenblick noch ein praktisches Interesse. Nichts ist so geeignet, mit den Mängeln der Gegenwart zu versöhnen und zugleich auf die Zukunft warnend und anregend hinzuweisen, wie der Rückblick auf die Schattenseiten der nächsten Vergangenheit. Die Schwärmer auf dem Nachtgebiete der Natur, die in unsere Zeit wieder eine Geisterwelt hereintragen, mögen zurückblicken auf die Zeiten jener gepriesenen Altgläubigkeit, und ihre Jeremiaden werden verstummen bei dem Anblick der Früchte, die auf dem Boden des Dämonenglaubens wachsen und gedeihen konnten. Auf der anderen Seite werden aber auch die Zweifler am Fortschritt zum Bessern, die Ungenügsamen, denen überall des Lichts noch zu wenig und des Alten zu viel ist, die Ängstlichen, die von jeder vorüberziehenden Wolke eine Sonnenfinsternis besorgen, die Ungestümen, die in ihrem Phaëtonseifer die Welt in Flammen zu setzen drohen, beim Hinblick auf das Überwundene sich beruhigen und anerkennen, daß der menschliche Geist nicht gefeiert hat; sie werden vertrauen, daß er auch in Zukunft seinen Gang gehen wird, der zwar nicht ohne Kampf, aber auch nicht ohne Ruhe und Stetigkeit der Entwicklung sein kann.

In dem Folgenden soll es versucht werden, die Hexenprozesse in ihrer Entstehung, ihrem Fortgange und Verschwinden pragmatisch und übersichtlich zu behandeln. Da sie indessen nur eine einzelne, und zwar die letzte Phase in der Geschichte des Zauberglaubens überhaupt bilden, so kann ihr Wesen außer dem Zusammenhange mit dessen früheren Erscheinungen nicht richtig gewürdigt werden. Deshalb ist es nötig, eine Darstellung des Verhältnisses, das dieser Zauber glaube auch im Altertum und bei den Völkern des Mittelalters dem Gesetze, der Religion und der öffentlichen Meinung gegenüber eingenommen hat, voranzuschicken und seine Formen und Verzweigungen bis zu einer gewissen Grenze zu verfolgen.

Der Glaube, daß durch Zauberei dem Menschen Heil oder Unheil bereitet werden könne, ist fast allen Völkern gemeinsam. Er beruht auf der Vorstellung, daß die Seelen der Verstorbenen ein für uns nicht wahrnehmbares, aber dem leiblichen Leben durchaus ähnliches Dasein fortführen und einerseits die Naturkräfte beherrschen, andererseits die Fähigkeit besitzen, sich in Menschen, Tieren, Pflanzen, Steinen und anderen Dingen einzukörpern.

Aus diesen Vorstellungen hat sich nach Lippert, die Religion entwickelt.

Der Zauber- oder Hexenwahn ist demnach, wie Hansen meint, ein Bestandteil derjenigen Anschauung, die der Menschheit durch ihre Religionen vermittelt worden ist. Er hängt aufs engste mit dem religiösen Glauben zusammen. Wie dir religiösen Bekenntnisse in ihren verschiedenen Formen das Vorhandensein eines oder mehrerer göttlicher Wesen lehren, an die sich die Gläubigen bittend wenden, so lehren sie auch, daß es entweder ein dem göttlichen nebengeordnetes oder ihm untergebenes oder ein selbständiges, ihm feindlich gesinntes, aber mächtiges und in seinem Handeln wenig beschränktes Wesen in Einheit oder Mehrzahl gibt, das gleichfalls den Bitten und Wünschen der Menschen zugänglich ist. Seine Anrufung gilt bei allen polytheistischen Religionen für erlaubt oder geduldet, bei allen Monotheisten für streng verpönt.

Der Begriff der Zauberei oder – was wir gewöhnlich als gleichbedeutend nehmen – der Magie, ist nur recht schwer in wenigen Worten zusammenzufassen. Die uns bekannten Definitionen sind fast durchgängig entweder zu weit oder zu eng. Letzteres läßt sich von Jakob Grimms Erklärung behaupten: „Zaubern heißt höhere geheime Kräfte schädlich wirken lassen." Hierunter wären die zauberischen Heilungen nicht begriffen. – Richtiger ist, was W. Müller sagt: „Zauberei heißt durch irgendwelche geheime Mittel oder Künste, die man erlernen oder mit Hilfe von Geistern sich aneignen kann, Wirkungen hervorbringen, welche die gewöhnliche menschliche Kraft übersteigen. Daß man dadurch anderen schadet, liegt ursprünglich nicht darin, obgleich sich diese Idee später gewöhnlich damit verband."

Im allgemeinen darf man annehmen, daß derjenige, der dieses Wort gebraucht, an die Bezweckung von Erkenntnissen oder Wirkungen denkt, die das natürliche Maß der menschlichen Kraft übersteigen und zugleich außer dem Gebiete dessen liegen, was ihm als Religion gilt. Aber wie heterogen sind nicht die Objekte, die man in verschiedenen Zeiten als dem Zauberwesen angehörig betrachtet hat! Bald sind es die sinnlosen Heilungszeremonien des Schamanen, bald die phantastischen Metamorphosen eines orientalischen Märchens, bald der wirkliche Eintritt einer Sonnen- oder Mondfinsternis; bald die marktschreierischen Goldmacherkünste eines Raimond Lullus, bald die ehrwürdigen, aber von der Menge nicht begriffenen Anfänge einer richtigeren Einsicht in Chemie, Physik und Medizin. Hier weist man hin auf die angebliche Faszination eines Kindes durch den Blick des bösen Auges, dort auf die verbrecherische Erregung der Wollust durch wirkliche Reizmittel oder auf einen heimtückischen Giftmord. An einem dritten Orte sind es die erträumten Gräuel der Hexensabbate, an einem vierten die nächtlichen Brudermahle der christlichen Urgemeinden; dann wieder hier die frechen

Betrügereien eines Cagliostro und dort die ewig denkwürdigen Heldentaten, durch die eine begeisterte Jungfrau ihr Vaterland aus Schmach und Not befreite.

Nicht weniger ins Unbestimmte gerückt ist die Basis aller Zauberei. Hier träumt man von den verborgenen Kräften der Kräuter, Steine und Metalle; dort sollen Formeln und Zeremonien die Seelen der Abgeschiedenen und selbst die dämonischen Mächte zum Erscheinen zwingen; anderwärts leitet man die Macht des Zauberers einzig und allein aus einem Bündnis mit dem Satan ab. In dem einen Zeitalter scheint die Zauberei unzertrennlich mit dualistischen Religionsansichten verflochten, in einem andern schlägt sie mitten in dem erklärtesten Polytheismus Wurzel, im dritten heftet sie sich unmittelbar an die Mysterien des christlichen Kultus. So entzieht sie sich als ein vielgestaltiger Proteus fast jedem Versuche, ihr Wesen durch eine einfache Begriffsbestimmung erschöpfend auszudrücken. Wer sie theoretisch beleuchten will, der muß sich auf den dogmatischen Standpunkt stellen, d. h. er muß an ihre Realität glauben wie Bodin, Delrio und Carpzow; vom historischen aus erscheint sie ihrem Gehalte nach nur als ein abenteuerliches Gemenge aus Aberglauben, absichtlichem Betrug und natürlichen, aber in ihrer Kausalität nicht begriffenen Wirkungen.

Der dem Menschen eingepflanzte Trieb, die Dinge außer ihm im Zusammenhange zu erkennen und sich Untertan zu machen, seine Abhängigkeit von Natur und Schicksal zu vermindern oder zu modifizieren und so den höheren Wesen, die er über sich ahnt, durch Wachsen in Erkenntnis und Vermögen näher zu treten, – dieser Trieb ist von jeher die Quelle der edelsten Bestrebungen und der erfreulichsten Resultate gewesen; aber er hat auch, wo Beobachtungsgabe und Kritik nicht zur Seite stand, wo Vorurteil, Selbstsucht und Haß ihn mißleiteten, zu den bizarrsten Phantomen, zu den unseligsten Täuschungen geführt, die in ihren Wirkungen oft um so verderblicher wurden, je geschickter sie ein kleines Teilchen Wahrheit in ihr Gewebe zu verschlingen wußten. Auf diesem Boden wurzelt auch der Zauberglaube. Er ist das Ergebnis einer verirrten Reflexion über die Ursächlichkeit der Naturerscheinungen und über die Bedingungen und Schranken, innerhalb deren sich der Mensch zur Ausübung seiner Herrschaft über die Dinge der sichtbaren Welt berufen weiß.

Je nach dem Maße seiner Bildung und Erfahrung zieht sich der Mensch einen engern oder weitern Kreis, innerhalb dessen ihm dasjenige liegt, was er das Natürliche nennt. Auf dem Standpunkte des großen Haufens fällt das Natürliche mit dem Gewöhnlichen, Alltäglichen zusammen; denn es ist in der Tat nicht sowohl die deutlichere Erkenntnis der waltenden Gesetzmäßigkeit, als vielmehr eben nur die gewohnte Wiederkehr und Verbreitung, was der Masse eine Erscheinung weniger auffallend erscheinen läßt als die andre. Das Seltene, im Grade Höhere und darum Imponierende stellt sich ihr gern außerhalb dieses Kreises. Je beschränkter nun das Gebiet ist, das ein Volk dem Natürlichen zuweist, desto mehr füllt sich ihm das Gebiet des Übernatürlichen. Überall nimmt es dann wirkliche Erscheinungen wahr, die ihm, obgleich unzweifelhaft von

Menschen hervorgebracht, doch das Maß menschlicher Kraft zu übersteigen scheinen, und für die es also die Mitwirkung höherer Kräfte voraussetzt. Man denke an die Sagen von Deutschlands Riesendomen und von den Teufelsbrücken! Hierbei bleibt man indessen nicht stehen. Ist einmal jene Mitwirkung höherer Mächte anerkannt, so läßt die gemeine Meinung den Menschen durch sie auch solche Wirkungen vollbringen, die in der Wirklichkeit entweder gar nicht oder wenigstens nicht in der vorausgesetzten Weise von ihm erzielt werden können. So gibt sie auf der einen Seite dem menschlichen Vermögen zu wenig, auf der andern zu viel.

Jenseits der Grenze des Natürlichen bewegt sich einerseits das Wunder und andererseits die Zauberei. Hier stellt sich indessen abermals eine Relativität des Begriffes dar. Ob eine übernatürliche Handlung zauberisch oder wunderbar sei, darüber entscheiden die herrschenden Religionsvorstellungen: was diesen genehm ist, fällt dem Wunderbaren, was ihnen widerstrebt, dem Zauberischen zu. So haben die Kirchenväter die heidnischen Orakel und Weihungen, und die Heiden wiederum die christlichen Wunder zauberisch gefunden.

Vermöge jener doppelten Relativität der Begriffe ist eine vielfache Verschränkung der Gebiete des Natürlichen und Übernatürlichen, des Wunderbaren und Zauberischen denkbar. Was dem einen auf vollkommen natürlichem Boden sich bewegt, kann dem andern als Wunder, dem dritten als Zauberei erscheinen. So war die Jungfrau von Orleans, bei beiderseits unbezweifelter Übernatürlichkeit ihrer Taten, bloß durch Subsumtion unter verschiedene Gesichtspunkte den Engländern Hexe, den Franzosen Wundertäterin, während sie der heutigen Welt keins von beiden ist. So hat ferner mancher wahre Naturforscher sich als Zauberer behandelt gesehen. Astrologie, Alchymie und Chiromantie haben sich zeitweise als höhere Naturkunde, gewisse Sortilegien und Amulette durch Anschmiegen an den herrschenden Kultus als Wunderwirkungen zu legitimieren gesucht.

Trotz dieser Wandelbarkeit der Gesichtspunkte finden sich zwischen den verschiedensten Völkern und Zeiten im Stoffe wie in der Auffassung zahlreiche Analogien, und es könnte gefragt werden, ob sich hierin eine historische oder nur eine psychologische Verwandtschaft zeige. Wahr ist es, der Zauberglaube ist jederzeit und überall verbreitet gewesen; kein Volk steht in der Geistesbildung so niedrig, daß es sich nicht zu ihm zu erheben vermöchte, keines so hoch, daß es ihn ganz aus sich verbannen könnte. Schon diese Allgemeinheit spricht dafür, daß er auf einer allgemeinen Disposition des menschlichen Gemütes beruhe, und der Versuch, alle seine Erscheinungen auf eine gemeinschaftliche historische Quelle zurückzuführen, würde hier nicht weniger unfruchtbar ausfallen als bei Religion und Sprache. Doch gilt dies nur vom Zauberglauben im ganzen und großen. Denn ebenso, wie einzelne Religionen und Sprachen weit über die Grenzen ihrer ursprünglichen Heimat hinausgedrungen sind und die Religionslehren und Sprachen andrer Völker auf die entferntesten Zeiten hin umgestaltet oder gänzlich verdrängt haben, ebenso lassen sich zwischen einzelnen Zauberformen und ganzen Zauberdoktrinen unbezweifelbare historische Zusammenhänge nachweisen, die bald in dem unmittelbaren Verkehr der Nationen, bald in literarischer Vererbung und sonstigen Einflüssen ihre Erklärung finden. Die Verkennung solcher historischen Verwandtschaften hat oft der Aufklärung und Humanität wesentlich geschadet, indem man da, wo nur Nachtreterei vorlag, einen auf die Realität und Evidenz des Gegenstandes selbst gegründeten Consensus gentium wahrzunehmen wähnte. So ist z. B. ein großer Teil des magischen Unsinns, der im Mittelalter und später die Köpfe des Abendlands füllte, römischen oder griechischen und sogar noch weit älteren Ursprungs. In den Klöstern, wo man so trefflich die Kunst verstand, überall die tauben Nüsse aufzulesen und den gesunden Kern liegen zu lassen, hatte man diese Ausbeute aus der Lektüre der Klassiker gewonnen und suchte sie nun in Lehre und Leben anzuwenden. Später traten die Inquisitoren und die Richter mit der Folter hinzu und torquierten einen überall gleichmäßigen Glauben an die Wirklichkeit dieser Dinge in die Völker hinein. Als nun dieser Glaube im Laufe der Zeit ein wirklich volkstümlicher geworden und sein Ursprung vergessen war, da traten, wo sich Widerspruch erhob, die Apologeten des Hexenprozesses wieder mit den Alten in der Hand hervor und machten das, was die eigentlichen Quellen jener Vorstellungen enthielt, zu ebenso vielen neu aufgefundenen Beweisen für die Wirklichkeit und das hohe Alter der vorgestellten Dinge selbst. – Auf der andern Seite ist aber auch oft eine historische Verwandtschaft angenommen worden, wo sie entweder gar nicht oder wenigstens nicht in der angenommenen Weise bestanden hat. Auch hiefür werden sich Beweise ergeben.

Zweites Kapitel. Der heidnische Orient

Betrachten wir den Aberglauben, auf dem der Wahn der Magie und der Hexerei beruht – ein Wahn, dem wir noch am heutigen Tag bei allen christlichen Völkern, namentlich in den niederen Volksschichten begegnen, – und verfolgen wir dessen Geschichte rückwärts von Jahrhundert zu Jahrhundert, so will es uns doch nicht gelingen, irgendwo in der Geschichte der abendländischen Welt eine Stelle aufzufinden, wo er sich zuerst gestaltet und von wo aus er sich unter den Völkern verbreitet habe. Denn die grausige Zeit des siebzehnten Jahrhunderts, in dem fast alle Lande Europas von den die Opfer heidnischen Aberglaubens verzehrenden Flammen der Scheiterhaufen widerleuchteten, weist uns zurück über die Reformation hinaus in das Mittelalter hinein, wo man hin und wieder auch „weidlich gebrannt“ hat, und von da in die Zeit der Kirchenväter, die denselben Aberglauben vertreten, den das römische und den schon früher das griechische Heidentum gepflegt und den dieses aus den Landen am Euphrat und Tigris fast unverändert überkommen hat, wo wir das Bestehen der dämonischen Magie bis hinauf zum Anfange der eigentlichen Geschichte und der lebendigen Erinnerungen des Menschengeschlechts verfolgen können. Wo aber diese aufhören, da führen uns die Hieroglyphen der Pyramiden Ägyptens und die Keilschriften-Literatur der Lande am Euphrat in eine graue Vorzeit ein und zeigen, daß schon in ihr, schon wenigstens ein Jahrtausend vor dem Beginne der eigentlichen Geschichte hindurch, im wesentlichen derselbe Aberglaube bestand, den wir in der Geschichte aller Völker Europas zu allen Zeiten nachweisen können, daß daher seine Spuren gerade so weit hinaufreichen wie die Spuren der Menschheit selbst.

Erst in neuer Zeit ist es der Wissenschaft gelungen, die Geheimnisse, die der Bibliotheksaal im Palaste der Könige zu Ninive in sich barg, zu erschließen. Henry Rawlinson teilte im Jahr 1866 im zweiten Bande der Cuneiform inscriptions of Western Asia (Taf. 17 und 18) eine größere Tafel mit achtundzwanzig Zaubersprüchen mit. Er fand ferner in der Bibliothek des alten Königspalastes unter Tausenden von Bruchstücken tönerner Täfelchen die Fragmente eines umfangreichen Werkes magischen Inhalts, das in seiner Vollständigkeit nicht weniger als zweihundert Tafeln umfaßte. Diese unschätzbaren Urkunden sind wie alle auf Magie sich beziehenden Dokumente Chaldäas in akkadischer d. h. in der den finnischen und tatarischen Idiomen verwandten turanischen Sprache abgefaßt, die der ursprünglichen, vorgeschichtlichen Bevölkerung der Ebenen des unteren Euphrat (Chaldäas) eigen war. Der assyrische König Assurbanipal (884-860 v. Chr.) ließ sie zusammen mit der assyrischen Interlinearversion, mit der sie überliefert waren, abschreiben und seiner Palastbibliothek einverleiben. Diese Hinterlassenschaft der Akkader – die wohl selbst wieder auf älteren allmählich zu einem Ganzen zusammengestellten Überlieferungen beruhen mag – weist daher hoch hinauf auf eine Zeit, in der unter den Akkadern wie unter den Ägyptern der Glaube an die Einheit und reine Geistigkeit des göttlichen Wesens – trotz des aufgewucherten Kultus der Naturgewalten – noch nicht ganz erloschen war. Die Masse der Urkunden zeugt, wie Lenormant S. 23 sagt, „von der Existenz einer so künstlichen und zahlreichen Dämonologie bei den Chaldäern, wie sie sich ein Jakob Sprenger, Joh. Bodin, Weier oder Pierre de Lancre wohl nimmer vorgestellt hätten. Es erschließt sich uns darin eine ganze Welt von bösen Geistern, deren Rangordnung mit vieler Gelehrsamkeit festgestellt, deren Persönlichkeiten sorgfältig unterschieden und deren besondere Eigenschaften scharf präzisiert sind“.

Zu oberst werden zwei Klassen von Wesen gestellt, die als Genien oder Halbgötter erscheinen. Unter ihnen stehen die guten Geister und die Dämonen, von denen die letzteren (akkadisch: utuq) gewöhnlich an wüsten Stätten hausen. Die mächtigsten und gefürchtetsten von ihnen sind diejenigen, deren Macht sich über die Ordnung der Natur erstreckt, in die sie oft zum Nachteil des Menschen störend eingreifen, während die Tätigkeit der übrigen unmittelbarer auf den Menschen gerichtet ist, dem sie unablässig Unheil und Schaden bereiten. Von allen Einwirkungen der Dämonen auf den Menschen ist die Besessenheit die gefürchtetste. Zur Bannung dieser Krankheit hatte man daher vielerlei Formeln. Waren aber die Dämonen aus dem Körper eines Besessenen vertrieben, so gab es nur ein sicheres Schutzmittel gegen ihre Wiederkehr: es mußte durch Anwendung anderer Formeln dahin gewirkt werden, daß sich nun gute Geister des von den Dämonen befreiten Menschen bemächtigten.

Götterrelief aus dem Palaste Assurbanipals in Ninive (Berlin)

Eine andere Klasse der Dämonen sind diejenigen Geister, die, ohne unmittelbar verderbliche Handlungen zu verrichten, in schreckenerregenden Erscheinungen hervortreten. Solcher Art sind z. B. der „innin“ und der „gewaltige uruku“, die beide zu den Nachtgeistern und Gespenstern zählen. Die drei hervorragendsten Wesen dieser Klasse sind das „Schreckgespenst“ oder „Schattenbild“ (akkad. dimme, assyr. lamastuw), das „Gespenst“ (akkad. dimmea, assyr. labasu) und der „Vampir“ (akkad. dimmekhab, assyr. abharu). Von diesen dreien erschrecken die beiden ersteren nur durch ihre Erscheinung, wogegen der Vampir „den Menschen anfällt“. Der Glaube, daß die Toten als Vampire aus dem Grabe steigen und Menschen anfallen, war überhaupt in Babylonien und Chaldäa ganz allgemein – Eine besondere Gruppe bilden ferner die „Dämonen der nächtlichen Samenergüsse“, die bald als Nachtmännchen (akkad. lillal, assyr. lilu), bald als Nachtweibchen (akkad. kiel-lillal, assyr. lilituv) erscheinen, und deren Umarmungen sich weder Männer noch Frauen im Schlafe zu erwehren vermögen. – Allgemein herrschend war außerdem die Furcht vor dem „bösen Blick“ sowie vor dem „bösen Wort“ oder „bösen Mund“, d. h. vor der unheilvollen Wirkung gewisser Worte.

Zur Abwehr und Bekämpfung dieses dämonischen Zaubers gebrauchte man vor allem Beschwörungsformeln, und wie jene Vorstellungen von den Dämonen und deren verderblicher Wirksamkeit sich bei Griechen und Römern und im Mittelalter wieder finden, so zeigt sich auch zwischen jenen Beschwörungen und z. B. der Φαρμακεύτρια des Theokrit und der achten Ekloge des Vergilius die auffallendste Ähnlichkeit.

Als die ältesten mit der monotheistischen (oder wohl richtiger: monolatrischen) Gottesidee im Zusammenhange stehenden Beschwörungsformeln stellen sich diejenigen dar, in denen „der große Name,“ „der höchste Name“, den Êa allein kennt, gebraucht wird. Vor diesem Namen beugt sich alles im Himmel, auf Erden und in der Unterwelt; selbst den Göttern legt dieser Name Fesseln an und zwingt sie, ihm Untertan zu sein. Aber nur Êa kennt diesen Namen.

Die Masse der Beschwörungsformeln ist indessen anderer Art. Zuerst werden in ihnen die zu beschwörenden Dämonen genannt, ihre Machtsphäre wird angegeben und ihre Wirkung geschildert. Es folgt hierauf der Wunsch, daß sie vertrieben werden und daß man vor ihren Nachstellungen bewahrt bleiben möge, was häufig in geradezu kategorischer Form verlangt wird. Eine dieser Formeln lautet:

Die Pest und das Fieber, die das Land verheeren,
die Seuche, die Auszehrung, die das Land verwüsten,
schädlich dem Körper, verderblich den Eingeweiden,
der böse Dämon, der böse alal, der böse gigim,
der boshafte Mensch, der böse Blick, der böse Mund, die böse Zunge,
daß sie des Menschen, Sohn seines Gottes, Körper verlassen mögen,
daß sie seine Eingeweide verlassen mögen.
Meinem Körper werden sie nimmer anhaften,
vor mir werden sie nimmer Böses stiften,
in meinem Gefolge werden sie nimmer einherschreiten,
in mein Haus werden sie nimmermehr eintreten,
mein Zimmerwerk werden sie nimmer durchschreiten,
in das Haus meiner Wohnstätte werden sie nimmermehr einkehren.

Außerdem gebrauchte man zur Abwehr dämonischer Zauberei Zaubertränke, Zauberknoten oder Schleifen, Talismane von allerlei Art, auch zum Tragen am Halse eingerichtet und mit akkadischen Inschriften versehen, und insbesondere Zauberstäbe, die Cicero virgulae divinae nennt.

Altassyrisches Amulett aus Eisenstein: Der Kopf eines Dämon. Auf der Rückseite eine Zauberformel in Keilschrift (Berlin, Kgl. Museum für asiatische Altertümer)

Dieses war die gute, die göttliche Magie, die in den Priesterschulen der Akkader gelehrt wurde. Neben dieser gab es aber auch eine dämonische, teuflische Magie, die verboten war und verfolgt wurde, die natürlich in den offiziellen Urkunden nicht beschrieben ist, aber doch aus ihnen erkannt werden *kann*. Es gab in Akkad, wie man aus den gegen die dämonische Zauberei aufgestellten Beschwörungen ersieht, eine Menge Zauberer und Zauberinnen, die als „Bösewichte", „boshafte Menschen" bezeichnet werden, deren Tun und Treiben man aber nur in sehr verschleierter Weise anzudeuten wagte, weil die Furcht vor ihnen die Gemüter aller beunruhigte. Indirekt bekommen wir aber mannigfache Aufklärungen über die Zauberei, weil die Priester natürlich ihr ebensowohl wie allen andern schädlichen Einflüssen entgegentreten mußten. Die Beschwörungen bestehen nämlich größtenteils aus sehr ausführlichen Beschreibungen sowohl der Wirkung der Zauberei als der Mittel, durch die sie ausgeübt wird. Es heißt z. B.: „Weil die Zauberin mich bezaubert hat, die Hexe mich gebannt hat, schreit mein Gott und meine Göttin über mich. Wegen meiner Krankheit bin ich schmerzlich geplagt, ich stehe aufrecht, lege mich nicht nieder, weder nachts noch am Tage. Mit Schnüren haben sie meinen Mund gefüllt, mit Upuntakraut haben sie meinen Mund gestopft. Das Wasser meines Getränks haben sie gering gemacht; mein Jubel ist Jammer, meine Freude ist Trauer!"

Es war gar kein Übel denkbar, das der Zauberer nicht auszuüben vermocht hätte. Er bezauberte durch den bösen Blick und durch Unglücksworte und zwang durch seine Zauberformeln die Dämonen, nach seinem Willen zu tun. Dabei waren es in Akkad und Chaldäa (geradeso wie später in Thessalien) namentlich Frauen, die diese dämonische Zauberei trieben, zu denen sie Zauberformeln, zauberische Knoten, Zaubertränke und namentlich von ihnen angefertigte Bildnisse der betreffenden Personen verwendeten. Übrigens war bereits in Akkad der Glaube verbreitet, daß die Hexen ihre Versammlungen hielten und zu ihnen auf einem „Stück Holz" ritten.

Diese Magie beruhte bei den Akkadern auf einem vollständigen, in allen seinen Teilen zusammenhängenden mythologischen System, das die auffallendste Übereinstimmung mit der Mythologie der Finnen erkennen läßt, was uns zur Herleitung dieses Dämonenglaubens und der mit ihm zusammenhängenden Magie aus einer Urzeit des Menschengeschlechtes berechtigt, in der die am Euphrat und Tigris lebenden Akkader mit den Finnen im hohen Norden Europas noch ein Volk waren. Dagegen ist zwischen dem akkadischen System und dem der Ägypter keine Verwandtschaft vorhanden. Lenormant weist als Grundlage der ägyptischen Magie den Gedanken nach, daß die Menschenseele die Bestimmung habe, nach dem Tode dem Osiris gleich zu werden. Zur Beförderung dieser Apotheose wurde der Leichnam durch die Anwendung magischer Formeln gegen schädliche, zerstörende Einwirkungen gefeit, indem die Erhaltung des Leibes die Bedingung der Apotheose der Seele war. Außerdem legte man den Zauberformeln aber auch die Kraft bei, dem Lebenden, der sie sprach, göttliche Vollkommenheiten zuzuführen. Der Gedanke eines Unterschiedes böser und guter Dämonen ist dem ägyptischen System fremd. Der Zauberer, durch seine Magie auf eine höhere, göttliche Stufe erhoben, gebietet den Göttern. Die spätägyptischen Magier bedienten sich, wie aus einem Leidener Papyrus hervorgeht, des Hypnotismus, um die Verbindung zwischen einer übernatürlichen Welt mit der sinnlichen herzustellen. Der Papyrus ist etwa um das dritte Jahrhundert unserer Zeitrechnung geschrieben, wo die Gnosis in vollster Blüte stand. Das Hauptbestreben der Gnostiker im Pharaonenland ging dahin, die heidnischen Mythen, dann die Gottheiten und Dämonen, vorzüglich der ägyptischen und syrischen Tempelwelt, mit dem Christentum zu verquicken.

Bei den Geisterbeschwörungen dieser Gnostiker war ein reiner, unschuldiger Knabe das Haupterfordernis. „Das Kind vertrat die Stelle des Mediums, und aus seinem Munde vernahm der Beschwörer, ob der gerufene Dämon oder die Dämonen zur Stelle waren, zugleich auch ihre Geneigtheit, die gestellten Fragen zu beantworten."

Wie es scheint, war es im dritten Jahrtausend vor Christus, daß in das von den Akkadern bewohnte nachherige Chaldäa sowie in die umliegenden Lande kuschitische Semiten einwanderten, von denen die Nationalität, die Sprache und die Religion der Akkader allmählich mehr und mehr zurückgedrängt wurden. In Chaldäa und Babylonien gestalteten sich so verschiedenartige Kulte, aus denen um das Jahr 2000 König Sargon I., der beide Reiche beherrschte, ein einheitliches Religionssystem herstellte, das nun in Chaldäa und Babylonien und hernach auch in Assyrien als Staatsreligion galt. Dieses System beruhte wesentlich auf der der syrischen und phönizischen verwandten Religion der Kuschiten. Daher begann jetzt die bis zur Zeit Alexanders des Großen dauernde Periode der „Chaldäer", d. h. der Priesterkaste der chaldäisch-babylonischen Staatsreligion, die, wie in Chaldäa und Babylonien, so auch im assyrischen Reich als Vertreter der Staatsreligion galt. Die gelehrte Staatsreligion nahm nun allerdings in Chaldäa, Babylonien und Assyrien die alten akkadischen Beschwörungsformeln mit dem ihnen zugrunde liegenden Dämonismus in den Kanon ihrer heiligen Schriften auf, so jedoch, daß die darin angerufenen Geister in der Staatsreligion eine untergeordnete Stellung erhielten. Daher bestanden neben den Priestern der Staatsreligion besondere Körperschaften von Zauberpriestern fort, die als untergeordnete Schriftgelehrte die alte Magie ausübten und aufrecht erhielten. Indem diese nun hierbei nach wie vor die alten akkadischen Formeln gebrauchten, so besaß in Chaldäa die Magie ihre eigene Sprache, die zwar vom dreizehnten Jahrhundert an nicht mehr verstanden, die aber gerade darum von dem assyrisch oder chaldäisch redenden Volke als mit einer besonderen, geheimnisvollen Macht ausgestattet angesehen wurde.

Hoch über diese Zauberpriester stellte sich nun die Genossenschaft von Priestern und Schriftgelehrten, die den Namen des ursprünglichen Volksstammes der „Chaldäer" mit einem gewissen Stolze von sich gebrauchte, indem sie als gelehrte Astronomen und Astrologen ursprünglich wenigstens mit Zauberei nichts zu tun haben wollten. Sie betrachteten die Sterne nicht nur als die Lenker des Weltalls, sondern auch als die Verkünder aller Vorkommnisse, gaben sich daneben aber auch mit allerlei anderer Weissagerei ab.

Neben ihnen erhob sich jedoch etwa seit dem siebenten Jahrhundert in den in Rede stehenden Landen von Medien her eine ganz verwandte Erscheinung, der Magismus, so genannt nach dem medischen Stamme der Magier, der in Medien das ausschließliche Privilegium besaß, das Priesteramt auszuüben. Diese Magier waren keine Anhänger der von dem Zauberwesen und den Wahrsagerkünsten ursprünglich ganz freien Lehre des Zoroaster in Persien, sondern vielmehr ihre Gegner, weshalb sie, mit ihrem Sternenkultus und ihrer Weissagekunst anfangs auf Medien beschränkt, von den persischen Königen verfolgt wurden, bis es ihnen unter der Regierung des Xerxes gelang, auch am persischen Hofe sich einen immer mächtiger werdenden Einfluß zu verschaffen. Bald standen sie hier an der Spitze des gesamten Kultus. Sie bildeten jetzt die nächste, angesehenste Umgebung des Königs. Eben damals begannen aber die Chaldäer und Magier ganz ineinander überzugehen. Im Buche Daniel werden die Kaschedim neben anderen Klassen von Zauberern und Wahrsagern zugleich (Dan. 2, 4, 5, 10) als Repräsentanten der Magie und Mantik überhaupt erwähnt. Sie müssen also wohl als identisch mit den Magiern angesehen werden. Der Name Magier war eben längst ein gewöhnlicher Titel der chaldäischen Gelehrten geworden. Ihre astronomischen Beobachtungen und Traditionen reichten schon damals in das graueste Altertum hinauf, was schon daraus erhellt, daß Callisthenes bei der Einnahme Babylons durch Alexander dort auf Backsteintafeln astronomische Beobachtungen von 1903 Jahren vorfand, die er an Aristoteles einsandte.

Auch in den nächstfolgenden Jahrhunderten finden wir die Bezeichnungen „Chaldäer“ und „Magier“, im Abendlande namentlich, ganz synonym und beide in gleich ehrenvoller Weise gebraucht.

Das Ansehen dieser Chaldäer-Magier beruhte – abgesehen von der astronomischen und sonstigen wissenschaftlichen Bildung, die man ihnen zutraute – auf ihrer angeblichen Weissagekunst, die sie ganz in derselben Weise wie die alten Chaldäer ausübten. Hierbei diente ihnen alles mögliche als Mittel zur Erforschung der Zukunft. Die Chaldäer und Magier weissagten nämlich nicht nur nach den Sternen, sondern auch mit Anwendung von Losen oder Pfeilen (Belomantie); sie beobachteten hierzu den Flug bestimmter Wahrsagevögel, untersuchten die Eingeweide, insbesondere die Leber von Opfertieren (Hepatoskopie), sie wahrsagten nach der Wolkenbildung, nach den Blitzstrahlen, nach dem Rauschen und den Bewegungen von Bäumen und Sträuchern, nach den Bewegungen und dem Verhalten gewisser Tiere (Schlangen, Hunde, Fliegen, Fische usw.), nach zufälligen Wahrnehmungen und Vorkommnissen (z. B. nach der Bewegung von Hausgeräten etc.), nach überraschend klingenden Worten, die man zufällig hörte, nach dem Vorkommen von Mißgeburten. So versprach z. B. die Geburt eines Kindes mit weißem Haare dem Landesfürsten hohes Alter. Ganz besonders den Träumen legten die Chaldäer und Magier prophetische Bedeutung bei.

In der römischen Kaiserzeit änderte sich jedoch der Gebrauch beider Bezeichnungen. Chaldäer und Magier galten im Morgen- wie im Abendlande als fahrende Gaukler, die für Geld wahrsagten und ihre Heilmittel anboten und sich bei Leichtgläubigen durch geheimnisvoll aussehende Operationen Ansehen zu verschaffen suchten. Die öffentliche Meinung betrachtete bald beide als Schwindler und Betrüger.

Drittes Kapitel. Das Volk der Hebräer

Der englische Reisende J. Roberts sagt: „Das Hinduvolk hat es mit einer so großen Anzahl Dämonen, Göttern und Halbgöttern zu tun, daß es in beständiger Furcht vor deren Macht schwebt. Es gibt in seinem Lande keinen Weiler, der nicht wenigstens einen Baum, eine geheime Stätte besäße, die als Sitz böser Geister gelten. Mit der Nacht verdoppelt sich aber der Schrecken des Hindu, und es kann ihn nur die dringendste Notwendigkeit bewegen, seine Wohnung nach Sonnenuntergang zu verlassen. Muß dieses geschehen, so schreitet er mit äußerster Vorsicht von dannen. Er beachtet das geringste Geräusch, er murmelt Beschwörungen vor sich her, die er immerfort wiederholt; er hält Amulette in der Hand, betet ununterbrochen usw." Dieser abergläubische Schrecken, diese grausige Furcht vor der überall drohenden, unheimlichen Macht der Dämonen und deren Diener, der Zauberer, ist zu allen Zeiten das Erbteil und Los aller Völker des Heidentums gewesen. Unter diesem Fluche des Dämonismus lag die ganze antike Welt gebannt, der die stoische und epikureische, überhaupt die philosophische Weltanschauung keine Erlösung von diesem Fluche bringen konnte Nur ein Volk des Altertums finden wir davon befreit – die Hebräer.

Auch bei diesem Volke begegnen wir allerlei zauberischem Treiben wie bei allen anderen Völkern des Altertums, jedoch mit dem Unterschied, daß, während bei diesen der Glaube an Magie und Mantik in ihrem ganzen religiösen Denken und Leben begründet und an ihre „religio" angeschlossen war, der Aberglaube bei den Hebräern nur als eine von außen hereingekommene Alterierung des nationalen Gottesglaubens und Kultus hervortrat.

Im allgemeinen erscheint nämlich die Zauberei und Wahrsagerei bei den Hebräern als ein mit dem Jehovahkult unvereinbares heidnisches Unwesen, das vorzugsweise von Ägypten und Chaldäa her eingedrungen war.

Als harmlosere Art der Wahrsagerei kommt im Alten Testament die Traumdeutung vor, d. h. die Deutung der Träume anderer und das Wahrsagen aus eigenen Träumen (1 Mos. 40, 12 ff.; 41, 25; Dan. 2, 4 ff.; 4, 5 ff.; 4 Mos. 12, 6; Joel 3, 1; 1 Dan. 7, 1).

Von den im heidnischen Orient üblichen mantischen Künsten sind im jüdischen Volk nur wenige nachweisbar, und von operativer Magie findet sich im A. T. kaum eine Spur vor. Nirgends ist die Rede von magischen Heilungen, Beschädigungen von Menschen, Tieren und Feldern, Liebeszaubern, Erregung von Gewittern, Beherrschung der Planeten, Verwandlungen in Tiergestalten, Luftflügen oder gar Bündnissen mit dem Satan, wie dies in dem späteren Zauberwesen geschieht. Nichtsdestoweniger hat man wegen der in die Übersetzungen eingedrungenen Ausdrücke Φαρμακός, *maleficus* und Zauberer die Zauberei überhaupt, wie sie später aufgefaßt wurde, als den alttestamentlichen Schriften bereits bekannt vorausgesetzt und hierin nicht nur für ihre

Existenz und Wirksamkeit, sondern auch für ihre Strafbarkeit eine heilige Autorität gefunden. Die Hexenprozesse sind dadurch nicht wenig gefördert worden.

Der verhältnismäßig geringe Einfluß, den die orientalische Magie und Mantik auf Israel in seiner früheren Zeit gewann, erklärt sich aus der ganz einzigartigen Stellung der hebräischen Religiosität zu ihr. „Alles Zauberwesen ist Heidentum und darum Sünde, und zwar eine der furchtbarsten Sünden, die mit der Ausrottung des Frevlers bestraft werden muß", das war der Gedanke, den die Träger der Theokratie in Israel, vor allem die Propheten, vertraten. Allerdings wird von Manasse berichtet, daß er Zauberei und Zeichendeuterei trieb und Totenbeschwörer und „kluge Männer" sogar anstellte (2 Kön. 21, 6; 2 Chron. 33, 6); allein unter Josia sehen wir diese wieder beseitigt. Das Gesetz Moses will nun einmal sowohl die Wahrsager und Mekaschephim selbst wie auch alle, die sich ihrer Hilfe bedienen, mit dem Tode bestraft und ausgerottet wissen (2 Mos. 22, 18; 3 Mos. 20, 6 und 27; 5 Mos. 13, 5). Als Art der Hinrichtung erscheint 3 Mos. 20, 27 die Steinigung. Das Gesetz faßt nämlich diese Begehungen als götzendienerische Greuel der umwohnenden Heiden auf, wodurch der Israelit, der abgesondert von den Völkern dem Herrn leben soll, sich verunreinigen, von Gott abfallen würde (3 Mos. 19, 31; 20, 27; 5 Mos. 18, 9 ff.). Dem auserwählten Volke sollen Jehovahs Diener, die Propheten, verkünden, was ihm frommt (5 Mos. 18, 15); götzendienerische Wahrsagung mußte in dem theokratischen Staate als Empörung gegen das Staatsoberhaupt, als Hochverrat angesehen und als solcher bestraft werden; auf jeder Beleidigung Jehovahs stand die Steinigung.

Totenschädel mit einer hebräischen Zauberformel (Berlin)

Trotz der Strenge des Strafgesetzes neigten sich indessen die Juden fast jederzeit zu der ausländischen Wahrsagerei wie zum Götzendienste überhaupt hin, und da die Könige oft selbst diesem Hange folgten, so scheinen die gesetzlichen Strafen selten zur Vollstreckung gekommen zu sein. Saul hatte sich zwar in der Ausrottung der Wahrsager tätig gezeigt (1 Sam. 28, 9), doch griff er zuletzt selbst zur Totenbefragung. Über Götzendienst und Wahrsagerei in Israel und Juda erhoben die Propheten wiederholte Klagen, und die Bücher der Könige geben in dieser Beziehung traurige Schilderungen von den Zeiten Hoseas und Manasses (2 Kön. Kap. 17 und 21). Der Verkehr mit den heidnischen Nachbarvölkern, später besonders die Berührung mit dem babylonischen Wesen wirkte sehr nachteilig. Entstammt doch auch, wie Delitzsch hervorhebt, das Bild des Satans der babylonischen Mythologie.

Im Unterschied von „der alten Schlange, die da heißt der Teufel und Satanas", in welcher die altbabylonische Vorstellung von Tiâmat, der Urfeindin der Götter, sich erhalten hat, entstammt der Satan, der in den jüngeren und jüngsten Büchern des Alten Testamentes etliche Male erscheint, und zwar durchweg als Feind der Menschen, nicht als Feind Gottes (siehe Job Kap. 1, 2, 1 Chr. 21, 1, Zach. 3, 1 ff.), dem babylonischen Dämonenglauben, welcher ebenfalls einen ilu limnu oder „bösen Gott“ und einen gallû oder Teufel kennt“.

Unter dem Einflusse der aus dem Exil mitgebrachten Dämonenlehre bildete sich das Zauberwesen immer mehr aus, erhielt in den durch das Buch Henoch verbreiteten Vorstellungen von dem Umgange übermenschlicher Wesen mit dem Menschen beträchtlichen Vorschub und strebte durch die Kabbala nach Legitimation und wissenschaftlicher Gestaltung. Das Exil, in dem das jüdische Volk sich mit dem Dämonismus ganz und gar vertraut gemacht hatte, war für ihn in dieser Beziehung verhängnisvoll geworden. Zur Zeit Christi finden wir daher die Juden von dem Dämonenglauben vollständig beherrscht. Die Stelle 1 Mos. 6, 1 ff. galt als seine Grundlage. Vornehmlich Ägypten, von dem es im Talmud heißt: „Zehn Kab (Maß) Zauberei kam herunter auf diese Welt; neun nahm sich Ägypten und eins die ganze übrige Welt“, gab an das gelobte Land seinen Zauberglauben ab. Man kannte den bösen Blick und seine Macht, man übte Liebeszauber mit der Mandragora und das Nestelknüpfen, um Geburten zu verhindern. Es gab „Knochen-Beschwörer“ wie die Hexe von Endor, die Tote zu befragen vermochten, und Schatzfinder. Die Talmudlehrer glaubten an die Nekromantie, wenngleich sie diese zum Teufelswerk zählten. Besessene sah man überall; doch war die Frage offen, ob sie von eigentlichen Dämonen oder von den Geistern verstorbener böser Menschen geplagt würden. Josephus entschied sich für die letztere Ansicht, während es nach einer tannaitischen Quelle heißt: „Dies ist die Gewohnheit des Teufels, er fährt in den Menschen hinein und bezwingt ihn.“

Zahlreiche Beschwörer rühmten sich der geheimen Kunst, die Dämonen bannen und austreiben zu können. Derartige jüdische Zauberer durchzogen bald alle Lande. Zur Heilung der Dämonischen gebrauchten sie gewisse Formeln, die sie auf König Salomo zurückführten, dann Räucherungen, auch besondere Medikamente, zu deren Herstellung man sich der Wurzel einer selten vorkommenden Pflanze, einer Art πήγανον, bediente. Die Christen stellten diese jüdische Teufelsbannerei dem heidnischen Goetentum ganz gleich, und zwar darum, weil die Juden ihre Exorzismen nicht im Namen des einigen Gottes verrichteten. Auch späterhin begegnen wir jüdischen Zauberern überall. Namentlich waren sie in Spanien, wo es eine sehr zahlreiche jüdische Bevölkerung gab, mit allerlei geheimnisvollen Schwindeleien geschäftig. Die Synode zu Elvira (im Jahre 305 oder 306) sah sich genötigt zu verordnen, daß fernerhin kein christlicher Gutsbesitzer sein Feld von Juden segnen lassen sollte. Indessen, indem sich das Judentum aus aller Geselligkeit mit den Christen verstoßen und von jeder Teilnahme an deren öffentlichem Leben ausgeschlossen sah, so steigerte sich seine Neigung zu geheimem Treiben und zur Ausnutzung des Aberglaubens der Christen mehr und mehr. Im tieferen Mittelalter fanden sich daher in den Judengassen der großen Städte Zauberer vor, die zwar nur ganz im Verborgenen arbeiteten, aber doch großes Ansehen genossen; und als gegen das Ende des fünfzehnten Jahrhunderts die kabbalistische Philosophie den

Christen bekannter wurde, zog man mit Vorliebe hebräische Namen und Formeln in das gelehrtere Zauberwesen herüber.

Viertes Kapitel. Griechenland

Dem Glauben an Zauberei begegnen wir in Griechenland schon im ersten Anfang seiner Geschichte. Es ist möglich, daß schon damals Einwirkungen auf die Vorstellungen des griechischen Volkes von Chaldäa her stattgefunden haben; sie sind jedoch nicht nachweisbar. Sicher ist nur, daß die Griechen schon bei dem Beginne der Perserkriege eine mit der etruskischen völlig übereinstimmende Haruspicin besaßen. Erst von dieser Zeit an lassen sich allerlei Erscheinungen und Vorgänge nachweisen, von denen die Umgestaltung und größere Verbreitung des Glaubens an Zauberei herrührten.

Zunächst kommt hier die Entwicklung der philosophischen Anschauungen in Kleinasien in Betracht. Hier hatte zuerst Thales die Frage nach dem Urstoff der Welt, dem Prinzip alles Seienden angeregt. Er hatte dieses in der Materie, und zwar im Wasser nachzuweisen versucht, während nach ihm Heraklit (um 500 vor Chr.) es im Feuer finden zu müssen glaubte. Bald nach den Perserkriegen erhob sich dann Anaxagoras in Klazomenä – der erste Grieche, der eine Intelligenz als Weltursache erkannte, während ziemlich gleichzeitig Empedokles (um 440 vor Chr.) mit einem dem heraklitischen sich nähernden System auftrat, in dem er zuerst die für die Magie erforderliche dualistische Weltanschauung lehrte und das Dasein einer Dämonenwelt anerkannte. Auch stand er selbst in dem Rufe eines Wundertäters und Zauberers. Von da an gewann die Dämonenlehre, die schon von den ältesten Zeiten her im griechischen Volke gelebt hatte, eine bestimmtere Gestalt und größere praktische Bedeutung. Gleichzeitig kam Griechenland mit den Magiern und der medisch-persischen Magie in Berührung, die anfangs als eine im Abendlande noch ganz unbekannte höhere Weisheit angestaunt und gepriesen wurde.

Von großem Einfluß war ein während der Perserkriege nach Griechenland gekommenes Buch, das von einem Magier Osthanes herrühren sollte. Soviel wir von diesem Werke wissen, lehrte es als höchste Geheimnisse der Magierkaste auch allerlei Zaubereien und Wahrsagerkünste, selbst das Zitieren der Verstorbenen und der infernalen Dämonen. Plinius berichtet, daß das Buch den Griechen nicht eine heftige Begierde, sondern geradezu einen rasenden Heißhunger nach der Magie eingeflößt habe.

In Griechenland trat daher jetzt die medische Magie an die Stelle der rohen und primitiven Gebräuche der griechischen Goeten. Bald aber stellte sich die Magie, die man anfangs als eine auf der Sternenkunde beruhende Geheimwissenschaft bewundert und deren Vertreter man als den Göttern näher stehend verehrt hatte, in einem ganz anderen

Lichte dar. Griechenland wurde von wirklichen und angeblichen Magiern, die von Osten her kamen und allerlei elende Gaukeleien trieben, überschwemmt, und bald erschien daher der Μάγος im griechischen Sprachgebrauch synonym mit γόης und mit der ganzen Schmach dieses Ausdrucks behaftet, so sehr auch die Anhänger der Magie beide Begriffe auseinander zu halten suchten. Inzwischen hatte die Mantik und Auguralkunst in Griechenland eine neue Stütze durch die Philosophie erhalten, indem die Stoiker sie mit ihren fatalistischen Lehren in Zusammenhang brachten, den Aberglauben philosophisch begründeten und für ihn nicht nur bei dem Volke, sondern auch in den gebildeten Ständen neues Vertrauen erweckten.

Der erste Stoiker, der sich mit Aufstellung einer solchen Theorie befaßte, war Zenos zweiter Nachfolger Chrysippus († um 208 v. Chr.), der unter anderem zwei Bücher über Orakel und Träume schrieb. Nach Chrysippus verfaßte dann dessen Schüler Diogenes ein ausführlicheres augural-wissenschaftliches Werk, das anscheinend nicht allein die alte griechische Wahrsagerei, sondern auch die fremdländischen Wahrsagegebräuche behandelte.

Der neue Aufschwung, den somit die Mantik und Auguralkunst in den Kreisen der Gebildeten nahm, trug aber den Ungebildeten nur eine neue Steigerung des Hanges zur Zauberei ein, zumal da die gleichzeitigen Vorgänge in Asien dem Dämonenglauben und der Magie in Griechenland den wirksamsten Vorschub leisteten.

Nachdem nämlich Alexander d. G. den Orient mit dem Okzident verbunden hatte, war in Asien unter den Seleuciden die bisherige Scheidewand zwischen der babylonischen Bevölkerung und den griechischen Ansiedlern fast völlig gefallen. Kräftiger als je vorher wucherten daher jetzt unter den griechischen Völkerschaften aller mögliche Dämonenspuk und alle nur erdenkbaren Praktiken der Bezauberung und Beschwörung auf, und zwar waren es ganz besonders Frauen, die sich diesem Treiben, namentlich dem Mischen von Liebestränken, ergaben. So nahm jetzt der chaldäische Dämonismus mit allem, was sich im Laufe der Jahrhunderte und unter den vielfachen vorgekommenen Völkermischungen an ihm angesetzt hatte, von Griechenland und von der ganzen abendländischen Welt Besitz. Chaldäer und Magier, eine Bezeichnung, die längst als Synonyma galt, zogen in den Landen hin und her, die Leichtgläubigen zu täuschen und die Hoffnungen und Wünsche der einzelnen zu ihrem Vorteil auszubeuten. Vielfach waren es hellenische Juden, die als Hexenmeister im hohen Ansehen standen. Sie waren, von altgriechischen Anschauungen beeinflußt, der Zauberei mehr ergeben als ihre Glaubensgenossen im Mutterland. Sie hielten jedoch auch in Hellas an dem Monotheismus fest, deshalb darf man ihre Magie, sofern sie nicht griechisch war, als die ihres Heimatlandes am Jordan ansprechen. Von diesen hebräischen Magiern sind Zauberformeln erhalten, die Deißmann wiedergab. In Kleinasien galt insbesondere Ephesus als der Hauptsitz untrüglicher und wirksamer Magie. Berühmt waren namentlich die Ἐφέσια γράμματα, d. h. Zauberformeln, die auf

Pergament geschrieben entweder hergesagt oder am Körper als Amulette getragen wurden.

Sehen wir uns nun nach diesem Überblick über die Entwicklung des Aberglaubens der griechischen Volksstämme im allgemeinen seine Erscheinungen im einzelnen an, so bietet sich bereits bei Homer und Hesiod gar vielerlei dar. Bei Homer erscheint schon Circe, die der späteren Zeit als Königin aller Zauberinnen gilt, mit ihren betörenden Säften und ihrem klassischen Stabe, der lange Zeit ein fast unzertrennliches Attribut des Zauberers bleibt. Was ihr naht, wird in Wölfe, Löwen oder Schweine verwandelt; den Gegenzauber kennt nur Hermes im Kraute Moly. Agamede in der Ilias ist so vieler Pharmaka kundig wie die weite Erde trägt. Auf der Eberjagd am Parnaß stillen des Autolykos Söhne das Blut des verwundeten Odysseus durch Besprechungen. Helena mischt den bekümmerten Gästen im Palaste zu Sparta einen Wundertrank aus ägyptischen Kräutern, der das Herz selbst gegen die härtesten Schläge des Schicksals stählt; Here fesselt den kalten Gemahl durch den von Aphrodite entliehenen Zaubergürtel. Wir erinnern ferner an die Verwandlungen des untrüglichen Seegreises Proteus und an den sinnbetörenden Gesang der Sirenen. Und vollends die nekromantischen Szenen der Odyssee mit ihrer viereckigen Grube, ihren Libationen und schwarzen Opfertieren, wo des Tiresias Schatten herbeibeschworen wird und die kraftlosen Häupter der Toten sich versammeln! – Hesiod kennt Tagwählerei. Er lehrt, an welchen Tagen Knaben und an welchen Mädchen zu guter Vorbedeutung geboren werden, und an welchen sie heiraten sollen. Die Verfasser der Nosten erwähnen Äsons Verjüngung durch Medea, wiewohl diese als vollendete Zauberin erst bei den Tragikern erscheint. Überhaupt zeigt uns ein Blick auf den Charakter der nächsten Jahrhunderte nach Homer Verwandtes in Menge. Es ist die von Hesiod und den Zyklikern eingeführte Periode der Dämmerung, wo, wie Lobeck sagt, die Dichter zu philosophieren und die Philosophen zu dichten anfingen, wo aus der einfachen, kindlichen Religionsansicht der heroischen Zeit sich das Symbolische, Mystische und Phantastische jeder Art hervorbildete, das später besonders in den orphischen Gaukeleien und in dem Institute der Pythagoräer seinen Abschluß erreichte. Es ist der Zeitraum der Katharten, Jatromanten und Agyrten, in dem jene wunderbaren Gestalten wie Abaris, Aristeas, Epimenides und Branchus auftreten. Nach Wegräumung des geheimnisvollen Nebels, den die spätere Legende um diese Figuren gezogen hat, bleibt uns wenigstens das als historisches Faktum, daß Abaris mit Sühnungen und Weissagungen Griechenland durchzog, um die Hyperboreer von der Pest zu befreien; daß Epimenides in Athen eine Seuche durch Mittel zu stillen versuchte, die man als außer dem Kreise des gewöhnlichen Tempelkults liegend betrachtete, und daß Branchus in Milet, obgleich Priester und Prophet Apollons, ebenfalls bei einer Epidemie ein höchst sonderbares Abrakadabra in die Sühnungsformeln mit einmischen ließ.

Von der geheimen Kraft des Kohls spricht Hipponax um die Zeit des Cyrus; von Pisistratus ist es nach einer Stelle bei Hesychius wahrscheinlich, daß er an der Akropolis zu Athen ein grillenartiges Insekt zum Schutze gegen den bösen Blick anbringen ließ. Die Keime des astrologischen Aberglaubens bei den Lakedämoniern zeigen sich deutlich in ihrem Benehmen vor der Schlacht von Marathon, und wenn wir Lukian glauben wollen, so hatten die Griechen ihre Sterndeuterei überhaupt nicht von außen, sondern von ihrem Orpheus erlernt. Doch war die Sterndeutung in Griechenland nie recht heimisch, wogegen die Traumdeuterei eine bedeutende Rolle spielte.

Nehmen wir hierzu noch den schon früh in Arkadien einheimischen Glauben, daß ein Mensch sich in einen Wolf verwandeln könne (Lykanthropie), und das in Schauerlichkeiten eingehüllte Totenorakel am See Aornos in Thesprotien, das ums Jahr 600 v. Chr. schon Periander befragte, so haben wir Beweise genug, daß lange vor den Perserkriegen ein ansehnlicher Vorrat von Zaubervorstellungen und damit verwandten Gebräuchen bei dem griechischen Volke aufgehäuft war, ohne daß wir zu den späteren Sagen unsere Zuflucht zu nehmen brauchten, die z. B. schon Melampus als eigentlichen Zauberer behandeln, Odysseus als Verehrer der Lekanomantie und Orpheus als Verfasser einer Schrift über talismanische Gürtel darstellen.

Nach den Perserkriegen wurde das aus der früheren Zeit Überlieferte verbreitet, modifiziert, zum Teil zu einem hohen Grad von Abenteuerlichkeit gesteigert; wesentlich Neues kam bis auf Alexander wenig oder gar nicht hinzu. Plato redet davon, daß nicht bloß Privatleute, sondern sogar ganze Städte sich von einer Menschenklasse betören ließen, die er so charakterisiert, daß eine Art von Zauberern in ihnen nicht zu verkennen ist. Sie ziehen, sagt er, vor den Türen der Reichen umher und wissen die Leute zu überreden, daß sie die Kraft von oben haben, durch Opfer und Besprechungen die Sünden der Menschen selbst und ihrer Vorfahren zu sühnen; wünscht jemand einem Feinde Übles zuzufügen, so versprechen sie für geringe Kosten durch Götterbeschwörungen und Bannflüche diesen Wunsch zu erfüllen. In ähnlicher Weise klagt der Verfasser der Schrift „de morbo sacro“ über die gewinnsüchtigen Täuschungen der fahrenden Wundertäter; zu den Sühnungen eigner und fortgeerbter Blutschuld fügt er noch ihre vorgebliche Kunst, Sturm und heiteren Himmel, Regen und Dürre, Unsicherheit des Meeres und Unfruchtbarkeit der Erde zu machen.

Besonderen Beifall fand dieses Sühnwesen samt seinem Anhang von geheimem Kult und Liederlichkeit bei den Weibern. Strabo nennt sie die Oberanführer aller Deisidämonie.

Das klassische Land der griechischen Zauberei ist Thessalien.

Thessalische Weiber sind es, deren Salben bei Lukian und Apulejus den Menschen in einen Vogel, Esel oder Stein verwandeln; sie selbst fliegen durch die Lüfte auf Buhlschaften aus wie später die Hexen. Hekate, ursprünglich als eine unheilentfernende, segenverbreitende Göttin gedacht und noch von Hesiod als solche gepriesen, tritt jetzt nach mehrfachen, zum Teil durch die Mysterien bedingten Metastasen ihres Wesens als die grauenvolle Göttin der Unterwelt und Vorsteherin des Zauberwesens auf. Sie erscheint, gerufen, in finsterer Nacht mit Fackel und Schwert, mit Drachenfüssen und Schlangenhaar, von Hunden umbellt, von der gespenstischen Empusa begleitet. An Hekate hingen sich allmählich alle Arten von Zauberei an. Von ihr hatte Medea die Gifte und Zauberkräuter kennen gelernt. Die Zauberinnen schwuren bei ihr und beteten zu ihr. Auch krankhafte, nächtliche Schrecknisse, die aus dem Bette trieben, böse Träume u. dgl. galten als Anfälle der Hekate

Von Hekate haben die späteren griechischen Autoren eine Menge Mythen erzählt und uns eine vollständige Beschreibung der Hekate-Beschwörungen hinterlassen. Ihre Wirkung sollte sein, daß die Göttin denen erschien, die sie anriefen. Die Vorkehrungen sind von der Hekate selbst vorgeschrieben. Sie lauten: „Machet eine Statue von wohlgeglättetem Holz, so wie ich es jetzt näher beschreiben werde. Machet den Körper dieser Statue aus der Wurzel der wilden Raute (Ruta graveolens L.) und schmücket ihn mit kleinen Hauseidechsen; knetet dann Myrrha, Storax und Weihrauch zusammen mit denselben Tieren und laßt die Mischung bei zunehmendem Mond an der Luft stehen; sprechet eure Wünsche dann in folgenden Sätzen aus:„Komm unterirdische, irdische und himmlische Bombo, Göttin der Land- und Kreuzwege, die das Licht bringt, die in der Nacht umherschweift, Feindin des Lichtes, Freundin und Begleiterin der Nacht, die du dich des Bellens der Hunde und des vergossenen Blutes erfreust, die du im Schatten zwischen den Gräbern umherflackerst, die du Blut wünschest und den Toten Schrecken bringst, Gorgo, Mormo, Mond in tausend Gestalten, leihe unserem Opfer ein günstiges Ohr.“ Ihr sollt ebensoviele Eidechsen nehmen, wie ich verschiedene Formen habe; machet es sorgfältig; machet mir eine Wohnung von abgefallenen Lorbeerzweigen, und wenn ihr innige Gebete an das Bild gerichtet habt, werdet ihr mich im Schlaf zu sehen bekommen“. Die der finsteren Göttin heilige Raute war das wichtigste Kraut bei den Exorzismen, den Teufelsaustreibungen des Mittelalters. Man brauchte die geweihte Raute vornehmlich zu Räucherungen und Bädern für die Besessenen.

Es kommt hier nicht darauf an, alle Einzelheiten der Zauberkünste durchzugehen. In der Hauptsache beziehen sie sich auf Weissagung durch Totenbeschwörung und auf Liebeszauber; die Mittel sind fortwährend die altüblichen Formeln und Pharmaka. Der elfte Gesang der Odyssee ist der Prototyp aller Totenbeschwörungen und was dahin einschlägt; die Grube, das blutige Opfer wiederholen sich immer wieder; nur ist bei Homer die Grube quadratförmig, bei Apollonius rund, in den orphischen Argonauticis aber dreieckig, worin die Beziehung auf die dreifache Natur der Hekate angedeutet scheint. Das Blut, das bei Lucan die thessalische Erichtho dem Leichnam eingießt, erinnert wieder ganz an dasjenige, das bei Homer der Schatten des Tiresias trinkt, bevor ihm der Mund zum Weissagen geöffnet wird. Auch in Lukians Menippus, obgleich ein zoroastrischer Magier als Führer eingemischt wird, sind alle nekromantischen Einzelheiten aus der Odyssee entlehnt. – Unter den Liebeszaubern kennt Pindar den Vogel Jynx; Aphrodite bringt ihn, an die vier Speichen des unauflöslichen Rades gebunden, den Sterblichen und lehrt Jason Zaubersprüche, um Medeas Herz zu besiegen, daß es der Eltern vergesse und nach Hellas sich sehne.

Noch ist des Zaubers zu gedenken, durch den die Thessalierinnen selbst den Mond vom Himmel herabziehen zu können (καδαιρειν τὴν σελήνην) im Rufe standen. Der Schlüssel hierzu scheint nicht schwer zu finden. Daß Hekate, die in Thessalien geborene Zaubergöttin herbeigeschworen wird, ist in der Ordnung. Hekate ist aber in der späteren Mythologie zugleich auch Selene, d. h. die personifizierte Fernwirkung des Mondes und es bedarf mithin nur eines kleinen Schrittes, um von der mystischen Gottheit zu dem von ihr repräsentierten Planeten überzugehen, um so mehr, da man bei seinen jeweiligen Verfinsterungen eine Ursache seines Verschwindens suchte. Zauberinnen mußten dann die Schuld tragen. Um deren Bemühungen zu vereiteln, um ihre Worte nicht bis hinauf dringen zu lassen, machte man Lärm mit Erzplatten und Trompeten.

Unter den Zauberkräutern sind bei den Dichtern keine häufiger, als die kolchischen und iberischen; neben diese werden die thessalischen gestellt. Merkwürdig genug aber leiteten nach Tacitus die pontischen Iberier ihren Ursprung aus Thessalien her. Den Glauben an Lykanthropie fand Herodot ebenfalls am Pontus. Die dortigen Scythen und Griechen glaubten von den benachbarten Neuren, daß jeder von ihnen alljährlich auf etliche Tage ein Wolf werde. Auch die Thibier, die in jener Gegend wohnten, galten für ein Volk, das durch Berührung, Blick und Hauch Kinder und Erwachsene bezaubern und auf dem Wasser nicht untergehen könne. Assyrische Pharmaka erwähnt Theokrit. Unter den magischen Ringen ist ohne Zweifel der unsichtbar machende des lydischen Gyges, dessen Platon gedenkt, der älteste. Von besonderem Gewichte aber ist's, daß die von Platon erwähnten Gaukler ihre Künste aus Schriften von Orpheus und Musäus geschöpft zu haben vorgaben. Von der Echtheit dieser Schriften kann freilich nicht die Rede sein; aber das wenigstens ist gewiß, daß sich etwas ganz Neues und Landfremdes nicht sogleich als altnational unterschieben läßt. Auch bei Euripides, im Cyklopen, findet sich eine ἐπψδὴ Ὀρφικὴ, durch die ein Feuerbrand zum Laufen gebracht werden soll. Die orphischen Sühnungen und Heilungen aber hingen mit dem früher aus Phrygien herübergekommenen Kult der Cybele zusammen. Der frühzeitige Verkehr der Phrygier mit den Hellenen ist durch das Alter der kleinasiatischen Ansiedelungen hinlänglich bestätigt. Cybele galt mit ihrem Gefolge, dem Pan und den Korybanten, für eine Haupturheberin von Schrecken und Krankheiten. Ihre Priester, die Metragyrten, eine Art von herumziehenden Bettelmönchen, beschäftigten sich daher besonders mit der mystischen Heilung der sogenannten heiligen Krankheiten. Bei Aristophanes findet sich schon eine Andeutung hiervon, und Antiphanes läßt in seinem Metragyrtes durch bloßes Bestreichen mit geweihtem Öle die plötzliche Heilung eines paralytischen Greises bewirken. Auch Philo redet von diesen Priestern als Zauberern, und es ist aus der Stelle, wo er dies tut, wenn nicht mit Gewißheit, doch mit Wahrscheinlichkeit zu entnehmen, daß sie es besonders waren, denen man die Kunst, durch Philtra und Beschwörungen Liebe und Haß zu erregen, zuschrieb.

Es ist Tatsache, daß man zoroastrische, orphische, pythagoräische und hermetische Schriften schmiedete, und Plinius selbst erzählt von angeblich demokritischen Zauberbüchern, deren Echtheit schon damals bestritten wurde. Aulus Gellius handelte später in einem eigenen Kapitel „de portentis fabularum, quae Plinius Secundus indignissime in Democritum confert". So ist es vollkommen im Einklang mit den Ansichten jener Zeit, daß Plinius nicht nur viele einzelne Zaubermittel auf Zoroasters unmittelbare Empfehlung zurückführt, sondern auch die gesamte Zauberei aus dessen System sich über den Okzident verbreiten läßt. Für Griechenland zunächst muß ihm Osthanes zu diesem Zwecke dienen, obgleich es schwer fällt, einzusehen, wie bei den erweislich so zahlreichen Berührungspunkten beider Völker sich hier alles an eine einzelne Persönlichkeit knüpfen soll, und sich in der Tat auch bei Plinius selbst schon die Bemerkung findet, daß von besser Unterrichteten einem etwas früheren Prokonnesier, den er Zoroaster nennt, ähnliche Einflüsse zugeschrieben werden. Ein zweiter Osthanes um Alexanders Zeit dient ihm nun weiter, um die Verpflanzung der Magie nach Italien, Gallien, Britannien und den übrigen Teilen der Erde zu erklären. Der ältere Osthanes wird aber auch als Verfasser eines Buches genannt, in dem außer verschiedenen andern Arten der Weissagung gehandelt werde „de umbrarum inferorumque colloquiis". Wäre diese Schrift wirklich echt, so enthielte sie doch wenigstens in diesem letzten Punkte etwas, was unseren Erörterungen zufolge einesteils den Griechen nicht neu und anderenteils dem Zoroastrismus völlig fremd wäre.

Was nun endlich das Strafverfahren anbelangt, das bei den Griechen gegen Zauberer gesetzlich stattgefunden haben soll, so haben sich zwar Delrio und andere Koryphäen in der Literatur des Hexenwesens mehrfach auf dieses berufen und hierin einen schlagenden Beweis für die Allgemeinheit und das hohe Alter solcher Prozesse zu finden geglaubt. Die Sache ist indessen sehr zweifelhaft. Die ganze Behauptung gründet sich eigentlich nur auf einen einzelnen, sehr kurz berührten und noch keineswegs mit Sicherheit ermittelten Vorfall in Athen. In einer angeblich demosthenischen Rede wird nämlich ein lemnisches Weib, Theoris oder Theodoris, beiläufig erwähnt, das von den Athenern samt seiner ganzen Familie zum Tode geführt worden sei. Zwar ist sie als eine φαρμακὶς bezeichnet, deren Pharmaka späterhin sich auf einen athenischen Bürger vererbten, und auch von Formeln, die als Zaubersprüche betrachtet werden dürfen, ist die Rede. Aber das eigentliche Verbrechen, das ihr die Strafe zuzog, bleibt nichtsdestoweniger im Zweifel. War es die Zauberei an sich, die man hier verfolgen zu müssen glaubte, war es gemeine Giftmischerei, oder ein schädliches Philtrum oder eine unter dem Deckmantel eines quacksalberischen Zeremoniells verübte Tötung – über dieses alles gibt die Fassung der Worte keinen Aufschluß. Noch zweifelhafter wird die Sache, wenn wir von Plutarch vernehmen, daß in dem Prozesse dieser Theoris, die er als eine Priesterin bezeichnet, gar eine Häufung von Verbrechen zur Sprache kam, unter denen namentlich die Aufwiegelung der athenischen Sklaven an sich schon als bedeutend genug erscheint. Nehmen wir hierzu noch die weitere Notiz, daß Theoris wegen der Verachtung der Landesgötter (ἀσέάεια) den Tod erlitten habe, so haben wir hiermit eine Divergenz der Nachrichten, die sich vielleicht nur durch die Annahme ausgleichen läßt, daß Theoris die Vorsteherin irgendeines verbotenen Geheimdienstes gewesen sei. Wenigstens ist es erwiesen, daß an solche aus der Fremde gekommene Kulte oft genug Dinge der genannten Art wie Zauberbegehungen, Sklavenverführung, Verachtung der Landesgottheiten und Verschwörungen sich angeschlossen haben.

Schließlich bemerken wir, daß Platon in seinen Gesetzen eine schwere Gefängnisstrafe für die trügerischen Gaukler beantragt, die sich auf Nekromantie und dergleichen Künste zu verstehen vorgeben. Es wird die Asebie und Gewinnsucht dieser Menschen hierbei hervorgehoben.

Fünftes Kapitel. Die Etrusker und Römer

Zur Zeit, wo Italien in der Geschichte des Abendlands hervortritt und die Zustände der mannigfachen italischen Völkerschaften durchsichtiger zu werden beginnen, finden wir, daß die Etrusker, Sabiner, Marser und die latinische Stadt Gabii wegen ihrer Kunde von göttlichen Dingen zu Rom in besonderem Ansehen standen. Die Marser, die von der Circe abstammen wollten, waren wegen ihrer Kunstfertigkeit in der Beschwörung von Schlangen besonders berühmt; die Marsae voces und die Sabella carmina waren fast sprichwörtlich, und in Gabii war Romulus, den man in Rom als den Urheber der Auguralwissenschaft ansah, der Sage nach erzogen worden. Doch galt als italischer Ursitz aller mantischen Weisheit das Land der Etrusker, bei denen darum die patrizische Jugend Roms lange Zeit in die Schule zu gehen pflegte.

Wie im Orient die Chaldäer, so standen nämlich im Okzident die Etrusker überhaupt in dem Rufe einer vorzüglichen Gottesverehrung und dadurch einer besonders tiefen Einsicht in die Geheimnisse des Weltlaufes und der Zukunft, indem „die tuskische Divination der am meisten charakteristische Zug der Nation, seit alten Zeiten ein Hauptpunkt ihrer Geistestätigkeit und Erziehung war“, weshalb in Etrurien die Divination namentlich von den Söhnen der Edlen erlernt zu werden pflegte. Die Abkunft dieser etruskischen Mantik aus dem Orient ist nicht zu bezweifeln.

Am entwickeltsten waren unter den verschiedenen Zweigen der etruskischen Divination die Beobachtung des Blitzes und der Eingeweide von Opfertieren. Die erstere war zu einer eigentlichen ars fulguritorum entwickelt, die in besonderen Fulguralbüchern niedergelegt war. Zur Zeit des Diodorus waren etruskische Blitzseher über den ganzen Erdkreis verbreitet. Die Eingeweideschau oder die Haruspicin im engeren Sinne des Worts hing mit dem eigentlichen Kultus der Etrusker zusammen, indem sie ganz außerordentlich fleißige Opferer waren.

Über etruskische Zauberei liegen Nachrichten nicht vor. Allerdings glaubten die Etrusker an eine Unterwelt, die sie sich mit finsteren, den Menschen feindlichen Mächten bevölkert dachten. Unter diesen furchtbaren Wesen werden genannt die Mania, die Acca Larentia, eine Menge von Furien usw. Zu ihrer Versöhnung und zum Schutz gegen ihre Verderben bringende Macht brachte man ihnen sogar Menschenopfer dar; dagegen von der alten Dämonenlehre und der Zauberei Chaldäas zeigt sich ebenso wie von der Sternseherei der Chaldäer in dem Etruskerlande nirgends eine Spur.

Anders aber war es in Rom. In der ältesten Zeit glaubte man hier allerdings für die Leitung der öffentlichen Angelegenheiten und für den Bedarf des Privatlebens durch das althergebrachte, heimische Auguralwesen, in dem jeder, der auf Bildung Anspruch machte, unterwiesen sein mußte, und durch die Haruspicin der Etrusker, der man unbedingt vertraute, hinlänglich versorgt zu sein. Es war ganz gewöhnlich, daß vornehme römische Jünglinge nach Etrurien reisten und sich dort in den mannigfachen Zweigen der Seherkunst unterrichten ließen; und außerdem pflegte man bei allen öffentlichen Vorkommnissen bedenklicher Art etruskische Haruspices, und zwar deren immer mehrere zusammen, nach Rom kommen zu lassen. Nur vorübergehend sahen sich die letzteren durch die Chaldäer – die zur Zeit der punischen Kriege unter dem prunkenden Namen der Mathematici auftraten, sonst aber auch Genethliaci und Magi genannt wurden – in Schatten gestellt.

Lange Zeit hindurch war daher Rom von dem Aberglauben und Zauberspuk der späteren Zeit frei. Allein bald fanden in Rom allerlei fremde Kulte bei einzelnen Eingang, ohne daß sich der Staat darum kümmerte. Praktisch, wie die Richtung des Volkes war, faßten seine gesetzlichen Bestimmungen vor allem das Staatsganze, nächst diesem die Rechtsverhältnisse der einzelnen ins Auge; was beiden zur Seite lag, nahm die Aufmerksamkeit wenig in Anspruch. Um seiner Meinungen willen wurde vor Nero niemand verfolgt, nur die Tat unterlag richterlichem Erkenntniss. Darum hat das Fremde in Religion und Philosophie zu Rom stets willige Aufnahme gefunden; der Versuch, den der Staat einst machte, als er noch klein war, sich auf seine einheimischen Götter zu beschränken, war kurz und *erfolglos*. Im Laufe der Zeit wichen die altitalischen Gottheiten der griechischen Mythologie. Der korybantische Kultus der Cybele kam aus Kleinasien herüber, der Isisdienst schlich sich aus Ägypten ein, und selbst das verachtete Judentum wußte sich in einzelnen Punkten eine Geltung zu verschaffen, die die Satiriker ihrer Aufmerksamkeit würdigten. Waren die Bacchanalien verboten, so war es hauptsächlich deshalb, damit sie nicht als Deckmantel für staatsgefährliche Anschläge benützt wurden. So bestanden auch neben denjenigen Arten der Mantik, die der Staatskult durch die Auguren und Haruspices verwalten ließ, ungestört eine Menge von abergläubischen Übungen, die teils auf Divination, teils auf praktische Wirkungen berechnet waren. Die mantischen Künste der Griechen, die Totenbeschwörungen und Liebeszauber füllten nicht allein die Phantasie der Dichter, sie schlugen auch im Volksleben Wurzel. Auf Straßen und Märkten trieben die Sortilegi ihr Wesen, auf

Scheidewegen und Begräbnisplätzen ereigneten sich die nächtlichen Schauerszenen einer Sagana und Canidia.

Bald goß auch der Orient seine entarteten Sitten und seinen Aberglauben über Rom aus. Als man anfing, den Glauben an die Eingeweide der Opfertiere und den Vogelflug als altväterisch zu verlachen, blendete der Schein einer tieferen Wissenschaftlichkeit, die aus den Sternenbahnen die Zukunft zu enthüllen oder geheimnisvolle Mächte dem Willen des Menschen dienstbar zu machen verhieß. Zwar hat Rom, sobald es einmal der Kindheit entwachsen war, jederzeit Männer gehabt, die mit hellerem Blicke das Nichtige solcher Künste durchschauten, wie Ennius, Cicero, Seneca, Tacitus; aber auf der andern Seite zeigen wiederum die zahlreichsten Beispiele, wie selbst die trefflichsten Köpfe Roms sich nicht über den Glauben an magische Dinge vollkommen zu erheben vermochten. Cato Censorius, der geschworene Feind aller griechischen Charlatanerie, war gleichwohl ein Verehrer höchst abergläubischer Hausmittel; Sulla ließ sich von sogenannten Magiern unter den parthischen Gesandten aus gewissen Zeichen seines Körpers wahrsagen; der gelehrte Varro empfahl geheime Sprüche gegen das Podagra; Julius Cäsar bestieg seinen Wagen nicht, ohne eine bestimmte Formel dreimal auszusprechen, die eine glückliche Reise verbürgen sollte; der Kaiser Vespasian gab sich den Priestern des Serapis zu Alexandria zum Werkzeug einer magischen Kur an einem Blinden her.

Die Tradition rückt die Zauberkunde in Italien bis in die ältesten Zeiten hinauf. Selbst Faunus und Picus werden von der späteren Sage zu Inhabern magischer Künste gemacht. Ihr Herbeibeschwören des Jupiter Elicius für Numa, wie es Ovid erzählt, ist, wenn auch hier in durchaus frommem Sinne vorgenommen, doch ein Vorbild der späteren Theurgie, die die Götter zwingt. Tullus Hostilius soll vom Blitze erschlagen worden sein, weil er bei einem ähnlichen Versuche gegen den Ritus fehlte. Ein sehr alter Glaube war es, daß man durch Zauberkunst das Getreide von fremden Äckern zu sich herüber locken könne (alienos fructus excantare, alienain segetem pellicere); bereits die zwölf Tafeln kennen ihn, Vergilund Tibullspielen darauf an. Hieran knüpft sich das willkürliche Herbeiziehen und Entfernen von Regengüssen und Hagel durch Beschwörungen, das bereits dem Verfasser der Schrift de morbo sacro bekannt ist, von Seneca als Albernheit einer längst zu Grabe gegangenen Zeit verlacht, aber vom Kaiser Konstantius wiederum mit der Todesstrafe bedroht wird. Gewisse Arten magischer Heilungen sind ebenfalls alt. Als Lehrer in der Kunst, Krankheiten durch Sprüche zu vertreiben, erkannten die Römer die Etrusker an; die Astrologie wurde erst von dem massilischen Arzte Krinas in die Medizin eingeführt. Im Liebeszauber, dessen sich die Poesie mit Vorliebe bemächtigte, hielt man sich meistens an griechische Muster, ebenso in der Nekromantie, obgleich für diese letztere auch auf Hetrurien hingewiesen wird. Überhaupt trugen sich fast alle griechischen Vorstellungen von der Macht der Zauberer auf die Römer über. Der Zauber erforscht das Verborgene, gebietet dem Monde, beherrscht die Natur, heilt, verwandelt, beschädigt und tötet, erregt Liebe und Haß und lähmt die intellektuellen Fähigkeiten des Menschen. Voll genug klingt es, wenn Ovid seine Medea sagen läßt:

> – – – – – – – Götter der Nacht, o erscheint mir!
> Ihr schuft, daß, wenn ich wollte, den staunenden Ufern die Flüsse
> Aufwärts kehrten zum Quell; und ihr, daß geschwollene Meerflut
> Stand und stehende schwoll die Bezauberung. Wolken vertreib' ich.
> Mir durch Wort und Gemurmel zerplatzt der Rachen der Natter;
> Auch den lebenden Fels und die Eich', aus dem Boden gerüttelt,
> Raff' ich, und Wälder, hinweg; mir bebt der bedräuende Berg auf;
> Mir auch brüllet der Grund, und Gestorbene geh'n aus den Gräbern.
> Selbst dich zieh' ich, o Mond, wie sehr temesäisches Erz auch
> Dir Arbeitendem hilft; es erblaßt der Wagen des Ahnen
> Unserm Gesang; es erblaßt vor unseren Giften Aurora ...

Teil einer altrömischen Verwünschungstafel (Wunsch, Lethian. Verfluchungstafeln)

Ähnlich schildert Lucan die Macht der thessalischen Zauberinnen, und doch hat man nicht anzunehmen, daß hier der Dichter durch seine Phantasie im wesentlichen über die Höhenlinie des herrschenden Zauberglaubens emporgetragen worden sei.

Harpyie (Nach einem Relief des Harpyiendenkmals zu Xanthos. Britisches Museum, London)

Wie die Magie auf die geistigen Vermögen des Menschen einwirkte, zeigt uns nicht nur Tibull an dem Beispiele des Hahnreis, der durch Zauberkünste in Blindheit erhalten werden soll, sondern auch Cicero in der drolligen Anekdote, die er von dem Redner Curio erzählt.

Von dem fortlebenden Glauben an Tierverwandlungen geben Apulejus und Petronius Proben. Bei Apulejus, der ein griechisches Muster vor sich hatte, sehen sich die Feinde der Zauberinnen plötzlich in Biber, Frösche, Böcke und andere Tiere umgestaltet. Der Lykanthropie gedenkt Petronius im Gastmahle des Trimalchio. Dort erzählt Niceroswie ein Mensch, der mit ihm wanderte, die Kleider auszog, ein Wolf wurde und in die Wälder lief. Als Niceros nach Hause zurückkehrt, wird ihm berichtet, daß ein Wolf das Vieh angefallen habe, aber von einem Knechte mit der Lanze in den Hals gestochen worden sei. Niceros findet hierauf seinen Gefährten wieder als Menschen im Bette, wo ein Arzt den verwundeten Hals behandelt. Diese Erzählung ist das Muster der zahlreichen Werwolfsgeschichten der späteren Zeit. Plinius leugnet die Lykanthropie; aus dem herrschenden Glauben an sie aber leitet er das Schimpfwort versipellis ab.

Ein Glaube, der mit dem neueren Hexenglauben wesentlich zusammenhängt, ist der an die Strigen, Lamien und Empusen.

Der Name Strix, der heutzutage auf das Eulengeschlecht übergegangen ist, gehörte im Altertum weit mehr dem Reiche der Träume als der Ornithologie an. Zwar wissen die Poesien eines Ovid, Horaz und Seneca von den Federn, Eiern und Eingeweiden der Strix zu reden; aber es geschieht jedesmal mit Bezug auf unheimlichen Nachtspuk, und Plinius, der Naturhistoriker, bekennt offen, daß er sich hinsichtlich der Einverleibung der Strigen in irgendeine der bestehenden Vogelklassen in Verlegenheit befinde. Der gewöhnlichen Sage zufolge, bemerkt er weiter, pflegten diese Vögel den Säuglingen ihre Brüste zu reichen, und ihr Name war schon von den Alten bei Verwünschungen gebraucht worden. Auf dieses Säugen spielt auch der Rhetoriker Serenus Sammonicus (um 220 n. Chr.) in seinem Gedichte von der Heilkunde an; er legt ihnen giftige Milch bei. Als gefräßige Wesen in Eulengestalt, den Harpyien verwandt, finden wir die Strigen wiederum bei Ovid. Nachts fliegen sie zu den Wiegen der Kinder; aber statt der Ammendienste saugen sie ihnen Blut und Eingeweide aus. Auf diese Ansicht Ovids berief sich im 14. Jahrhundert noch Torreblanca, als er den Hexen nachsagte, daß sie das Blut ungetaufter Kinder aussaugen. – Auch ein toter Knabe erleidet bei Petronius einen solchen Überfall; seine Eingeweide werden aufgezehrt, eine Strohpuppe an seine Stelle gelegt. Ein Sklave, der mit dem Schwerte nach den Unholden haut, um sie von der Leiche zu treiben, wird am Körper blau und grün, als wäre er gegeißelt worden, verliert die Gesichtsfarbe und stirbt nach wenigen Tagen. Ebenso wurde bei Erwachsenen auch plötzliche Kraftlosigkeit, besonders das Versiegen der männlichen Kraft, der Bosheit der Strigen zugeschrieben. Der Koch im Pseudolus des Plautus, indem er die schädlichen Wirkungen schlechter und übermäßiger Gewürze schildert, sagt von den pfuschenden Köchen:

> – – – – – – cum condiunt,
> Non condimentis condiunt, sed strigibus,
> Vivis convivis intestina quae exedint

Zum Präservativ gegen diese innere Aufzehrung durch die Strigen genoß der Römer Speck und Bohnenbrei an den Calenden des Junius; dieselbe Kost erhielt auch Polyän bei Petronius von der Priesterin des Priap als Heilmittel gegen den schon wirklich eingetretenen Schaden.

Daß nun diese Strigen nicht etwa als bloße gespenstische Ungetüme, sondern als boshafte Zauberinnen zu fassen seien, wird sich leicht dartun lassen. Zwar will Ovid in einer dem Dichter sonderbar anstehenden Anwandlung von kritischer Vorsicht die Frage nicht entscheiden, ob die Strigen, die zu Procas kamen, natürliche Vögel oder durch Zaubersprüche in Vogelgestalt verwandelte Weiber seien; doch bekennt er sich selbst anderwärts zum Glauben an Zauberinnen, die als Nachtvögel umherstreichen. So sagt er von der alten Kupplerin Dipsas:

> Hanc ego nocturnas versam volitare per umbras
> Suspicor, et pluma corpus anile tegi.
> Suspicor et fama est.

Ebenso verwandelt sich bei Apulejus die Pamphile, wenn sie auf nächtliche Liebesabenteuer ausgehen will, in eine Eule (bubo). Über allen Zweifel aber wird die Sache durch Festus erhoben.

Das Aussaugen menschlicher Körper dient den Zauberinnen zu einem doppelten Zweck: entweder zum Liebeszauber für andere wie in der fünften Epode bei Horaz, wo aus dem Mark und der Leber des verhungerten Knaben ein Philtrum bereitet werden soll, – oder zur eignen Ernährung wie bei Ovid, wo den Strigen von der Masse des getrunkenen Blutes der Kropf schwillt. In letzterer Beziehung findet sich hier also schon bei den Alten die Grundlage des Vampirglaubens. Das Blut galt den Philosophen, namentlich Empedokles, als Prinzip der Lebenskraft, diente also den alten Zauberweibern als Mittel der Verjüngung, wie es in der Nekromantie den herbeigezogenen Schatten Kraft und Sprache wiedergeben sollte.

Nahe verwandt oder fast gänzlich identisch mit den Strigen sind anderwärts die Empusen oder Lamien. Die Empusa tritt bald als Einzelwesen in Hekates Gesellschaft oder als Hekate selbst auf, bald findet sich der Name von einer ganzen Gattung von Unholden in der Mehrzahl gebraucht. Bei Aristophaneserscheint Empusa mit einem ehernen und einem Eselsfuße, feurig leuchtend im ganzen Gesichte; sie verwandelt sich in rascher Folge in die Gestalt eines Ochsen, eines Maultiers, einer schönen Frau und eines Hundes. Auf seiner Wanderung zum Indus findet sie Apollonius von Tyana ebenso vielgestaltig; er schilt sie und gebietet seinen Gefährten, dasselbe zu tun, da verschwindet das Ungetüm mit schwirrendem Geräusch. Aber in Korinth ist es dem Wundertäter abermals beschieden, ein Wesen dieser Gattung zu bannen.

Menippus, sein Schüler, sonst ein wackerer Philosoph, nur in der Liebe nicht, läßt sich mit einem fremden Weibe von wunderbarer Schönheit ein, ißt, trinkt und buhlt mit ihr und steht bereits auf dem Punkte, seine wirkliche Vermählung; zu vollziehen. Dies merkt Apollonius, erscheint unangemeldet beim Hochzeitmahle und fragt nach der Braut. Sie wird ihm vorgestellt. „Das ist eine von den Empusen," – sagt er – „die man sonst auch Lamien nennt. Es ist ihnen weniger um Liebeslust zu tun, als um den Genuß des Menschenfleisches; sie locken durch Liebreiz denjenigen, den sie aufzehren wollen." Hiergegen will die Empuse Einwendungen machen; da aber Apollonius auf seinem Satze besteht, so verschwinden plötzlich Gold- und Silbergeräte, Mundschenk, Koch und die übrige Dienerschaft, und der Unhold selbst bittet mit Tränen um die Erlassung eines beschämenden Geständnisses. Aber es hilft nichts, er muß bekennen, daß er eine Empusa ist und an des athletischen Menippus Körper nur einen trefflichen Schmaus gesucht hat; denn schöne Jünglinge sind diesen Wesen am liebsten, weil ihr Blut am reinsten ist.

So treffen die Strigen, Lamien und Empusen zusammen in den wesentlichen Stücken der Verwandlungsfähigkeit, des Ausgehens auf Liebesabenteuer und der Begierde nach dem Blute und den Eingeweiden des Menschen. Wenn nun in einigen anderen Punkten Abweichungen bemerkbar sind, wenn z. B. die Strix an die Eulengestalt gebannt scheint, während den Lamien und Empusen alle Formen gerecht sind, wenn ferner die Schriftsteller in dem Treiben dieser Unholde bald mehr menschliche Zauberkunst, bald mehr dämonischen Spuk hervortreten lassen: so darf nicht vergessen werden, daß für das Reich des Aberglaubens keine Physiologie geschrieben ist, und daher bei allem Durchleuchten wesentlicher Grundzüge Spielraum genug bleiben musste, um die Einzelheiten nach Laune verschieden zu gestalten, wie es eben Zeitalter, Lokalität oder die Phantasie des einzelnen Dichters mit sich brachte. Übrigens soll in dem Namen der Strigen entweder das schwirrende Geräusch ihres Fluges oder ihre kreischende Stimme sich aussprechen. Derselbe Ton wird von Philostratus der Empusa beigelegt, deren Name jedoch nach seiner eigentlichen Bedeutung bis jetzt nicht genügend festgestellt ist. Die Lamien aber sind, wie bereits die alten Grammatiker annahmen, von ihrer Gefräßigkeit benannt. Auf den dumpfen, murmelnden Ton der Unholde scheint auch der Name Mormolykia sich zu beziehen, den Philostratus als synonym mit Lamia und Empusa bezeichnet. Mormo war ein weiblicher Popanz, mit dem man die Kinder schreckte; davon bildete sich das Verbum μορμολύσσειν, erschrecken, und das Hauptwort μορμολυκία, Schreckbild. Mormo wurde aber auch bei den Griechen, des furchtbaren Aussehens halber, eine Theatermaske mit weit aufgerissenem Munde genannt. Im Latein des Mittelalters sind nun strix oder striga und masca auch wieder gleichbedeutend; beide bezeichnen ein nächtliches Zauberweib.

Es möge bei dieser Veranlassung zweier verwandter Gegenstände gedacht werden, der römischen Larva und der griechischen Gello. Daß larva ebenso wie das angeführte langobardische masca diejenige Vermummung des Angesichts bedeutet, die wir noch heute Larve und Maske nennen, ist bekannt. Beide Wörter bedeuten aber auch einen Nachtspuk, mit dem Unterschiede, daß die masca, wie bereits bemerkt, eine Strix oder ein lebendes, auf Menschentötung ausgehendes Weib, also eine Zauberin, ist, die larva aber eine abgeschiedene Menschenseele, die zur Strafe umherwandelt, allen Menschen ein Schrecken, den Sündern gefährlich, den Reinen unschädlich. Gello, die bei den neueren Griechen Gillo heißt, war nach dem Glauben der Lesbier eine frühverstorbene Jungfrau, die nach dem Tode umging und Kinder tötete. Schon Sappho soll ihrer gedacht haben. Insofern sie als Tote auf Menschenmord ausgeht, stellt sich Gello allerdings dem Vampirismus näher als der eigentlichen Zauberei, aber es ist schon oben darauf hingedeutet worden, wie auch die lebenden Hexen des Altertums den Vampirn der neueren Zeit in der Begierde nach der Auffrischung ihres Lebensprinzips durch Menschenblut begegnen. Übrigens wird der Name Gellus (Γελλοῦς), der ohne Zweifel nur eine andere Form für Gello ist, von den Griechen des Mittelalters ganz auf die eigentlichen Strigen übertragen. Bei Johannes von Damask kommen die Gelluden durch die Luft geflogen, dringen durch Schloß und Riegel und fressen die Lebern der Knaben.

Die Mittel, die man zur Verwirklichung des Zaubers empfahl, waren ebenso zahlreich wie mannigfaltig. Als Cagliostro einst nach der Grundlage seiner Kunst gefragt wurde, antwortete er, ihre Kraft beruhe in verbis, in herbis, in lapidibus. Die römische Magie bestrich ein größeres Gebiet. Sie zog auch das Tierreich, die Sterne und gewisse symbolische Zeichen oder Charaktere in ihren Kreis. Vor allem freilich war die Kraft des Wortes hochgeachtet (carmen, incantatio, deprecatio). Gesprochen, gesungen, gemurmelt, geschrieben diente es zum Zauber wie zum Gegenzauber; es machte Schnee, Sonnenschein und Regen und lockte das Getreide. Selbst den Himmlischen war es furchtbar und brachte sie zum Erscheinen. Das fromme Vertrauen, das eine frühere Zeit auf die Kraft des Gebetes gesetzt, hatte sich längst in den Rechtsanspruch umgewandelt, durch Bannformeln die Götter nach menschlichem Willen nötigen (numini imperare), und mittelst symbolischer die leblose Natur nach Gefallen einwirken zu können. Alte oder ausländische Worte galten für die kräftigsten, jedem einzelnen wurde seine bestimmte Wirkung beigelegt. Ägyptische, babylonische, chaldäische Sprüche waren berühmt, besonders verehrt die sogenannten Ἐφέσια γράμματα. Zettel und Bleche, mit gewissen Buchstaben beschrieben, dienten als Amulette oder sollten Gegenliebe erwecken.

Ein Mittelpunkt vieler abergläubischen Anschauungen und Operationen war bei den Alten die Vorstellung von der Macht des bösen Blicks. Man glaubte (und glaubt noch heute), daß Neid und Mißgunst imstande wären, auf das Wohlbefinden und Glück eines anderen Einfluß auszuüben, Handlungen selbst in weite Fernen auf Personen wie auf und daß ganz besonders die Augen das Organ wären, durch das diese Wirkung ausgeübt würde. Unter allen übrigen abergläubischen Vorstellungen der Alten trat dieser Gedanke mit solcher Stärke hervor, daß man die Worte βασκαίνειν, fascinare, ganz besonders von dem bösen Blick gebrauchte.

Die Zahl der sonstigen abergläubischen Vorstellungen war Legion. Ein Uhuherz, auf die linke Brust eines schlafenden Weibes gelegt, entlockt ihr alle Geheimnisse. Die Asche der Sterneidechse, um die linke Hand festgebunden, erregt den Geschlechtstrieb, um die rechte stillt sie ihn. Fledermausblut unter dem Kopfkissen des Weibes wirkt stimulierend, und die Haare der Mauleselin verbürgen die Konzeption. Die Prozeduren für den Liebeszauber sind aus Theokrit, Horaz, Virgil, Ovid, Tibull, Properz u. a. bekannt. Schmilzt man das wächserne Bild des Geliebten am Feuer, so wird dieser zur Gegenliebe gezwungen; auch Puppen von Wolle oder Ton werden in gleicher Absicht zu symbolischen Handlungen gebraucht und Venusknoten aus farbiger Wolle geschlungen oder Fäden um den Zauberhaspel gewickelt. Als ganz besonders wirksam zur Entzündung unwiderstehlicher Liebesglut gilt Leber und Mark des Menschen, ein Glaube, den Horaz bis zum abscheulichsten Knabenmorde führen läßt.

Außer der gewöhnlichen Nekromantie, wie sie so häufig von den Dichtern nach griechischen Mustern angedeutet wirdund wie sie unter andern auch von Ciceros Freunde Appius wirklich geübt worden zu sein scheint, gab es auch eine Art verruchter Extispizien aus menschlichen Leichnamen. Cicero wirft solche dem schändlichen Vatinius vor, Juvenal spielt darauf an, und noch in der späteren Kaiserzeit finden sich Spuren davon. Den Tod eines Feindes glaubte man zu erzielen, wenn man dessen Namen in eine Metallplatte einschnitt oder sein Bildnis mit einer Nadel durchbohrte. Ein ähnliches Verfahren sollte auch dazu dienen, die männliche Kraft zu rauben.

Daß wirklichen Giftmischereien zuweilen auch magisches Beiwerk zugesellt wurde, ist sehr wahrscheinlich.

In der späteren römischen Zeit bildete sich auch der Glaube an die Macht eines spiritus familiaris oder Paredros aus, wie sie Simon der Magier und Apollonius von Tyana gehabt haben sollen. Ersterer rühmt sich bei Clemens von Rom, er habe sich die Seele eines unschuldigen, gewaltsam ermordeten Knaben dienstbar gemacht. Mit Hilfe solcher Geister glaubte man nicht nur die Zukunft erforschen, sondern auch die Zunge eines Gegners vor Gericht hemmen, Pferde vor dem Wagen festbannen, einem Feinde Krankheiten und böse Träume zusenden und mancherlei andere Beschädigungen zufügen zu können.

Noch könnten gar manche andere Zaubermittel erwähnt werden; wir gedenken jedoch hier nur noch der vielgepriesenen magischen Ringe, die teils der Mantik dienten, teils dem Körper Gesundheit, Kraft, Schönheit und Unverwundbarkeit geben solltenwie heute amerikanische Schwindelmittel.

Die Zauberei war ursprünglich im alten Römerreich an sich nicht strafbar. Sie wurde dies erst, wenn magische Künste angewendet wurden, um einem andern Gesundheit, Leben oder Vermögen zu zerstören oder zu schädigen. Die Menschen, die diese verderblichen Künste übten, sind die magi oder malefici, wie sie erst volkstümlich, seit Diocletian auch offiziell genannt wurden. Daneben behielt das Wort auch stets die allgemeine Bedeutung als Übeltäter.

Schon die zwölf Tafeln enthalten eine Bestimmung, die den Schutz des Eigentums gegen Zaubereien bezweckt. Es wird eine Strafe über den verhängt, der die Erzeugnisse des Bodens durch excantatio von fremden Äckern zu sich herüberlockt. Bei Plinius findet sich ein Beispiel, daß auf Grund dieses Gesetzes eine wirkliche Anklage erhoben wurde. Seneca berichtet (Quaest. nat. IV, 7), daß auf Veranstaltung der Decurionen Feldhüter zur Strafe gezogen worden seien, weil sie das zauberische Verhageln von Saaten und Weinpflanzungen nicht verhindert hätten. – Plinius (Hist. nat. 28) teilt mit, daß ein ganzer Ölberg, der einem Verwalter des Kaisers Nero gehörte, infolge einer excantatio sich plötzlich samt den auf ihm stehenden Wirtschaftsgebäuden erhoben und, die öffentliche Straße innehaltend, sich anderswohin geschoben habe. Viele italische Flurgesetze verboten, eine Spindel im Freien zu drehen oder auch nur unverdeckt zu tragen; man glaubte nämlich, daß dadurch die Hoffnungen des Landmanns vernichtet würden. Den Schutz der Person beabsichtigte die Lex Cornelia de sicariis et veneficis. Tötung durch Zauberei sollte nach ihr mit der höchsten Strafe belegt werden. Nach Marcianbestand die ursprüngliche Strafe in Deportation und Gütereinziehung; die spätere Praxis verfügte bei Niedrigen die Tötung durch wilde Tiere, bei Vornehmeren die Verbannung auf eine Insel. In den Zeiten des Freistaats wurde mehrmals polizeilich eingeschritten, wenn gewinnsüchtige Betrüger die öffentliche Meinung durch fremde Vaticinien irre zu leiten suchten. Eine solche Maßregel war schon im Jahre 425 v. Chr. nötig geworden. Im Jahre 139 verwies ein Edikt des Prätors Cornelius Hispallus die Chaldäer unter ausdrücklicher Hervorhebung ihrer habsüchtigen Betrügereien aus Italien. Sulla, obgleich Urheber des Gesetzes gegen zauberische Tötung, war ein Verehrer der magischen Weissagungen; dagegen sahen sich unter August († 14 nach Chr.) wiederum die Astrologen durch Agrippa vertrieben. Ihre Schicksale unter den folgenden Kaisern hingen hauptsächlich von persönlichen und politischen Verhältnissen ab; aus vorkommenden Ereignissen nahm man bald zur Unterdrückung, bald zur Begünstigung des magischen Treibens Veranlassung.

Tacitus berichtet von nicht weniger als drei verschiedenen Verordnungen, in denen die Verbannung der Magier verfügt wurden, und bei der Erwähnung der dritten drängt ihm sein patriotischer Grimm die Bemerkung ab, daß man diese schädliche Menschenklasse in Rom stets verdamme und doch niemals von ihr loskommen könne. Tiberius (14-37) hatte ganze Scharen von ihnen in Capreä um sich versammelt; als aber Libo Drusus, durch ihre Weissagungen verlockt, mit Neuerungen umging, wurden zwei Mathematiker hingerichtet und die übrigen durch Senatsbeschluß aus Italien verwiesen. Beim Tode des Germanicus fiel der Verdacht des Meuchelmordes nach Angabe des Todfeindes des Tiberius, des glühenden Hassers Tacitus, auf den Kaiser selbst; man fand es jedoch angemessen, das Gerücht zu verbreiten, daß Piso durch Zaubersprüche und den in eine Bleitafel eingeschnittenen Namen des Ermordeten die Übeltat begangen habe. Sehr gehässige Anklagen kamen auch unter Claudius (41-54) vor. Furius Scribonianus ward verbannt, weil er über den Tod, Lollia, weil sie über die Vermählung des Kaisers die Chaldäer befragt haben sollte. Letztere fiel als Opfer von Agrippinas Eifersucht. Erwägt man aber, daß eben diese Agrippina, die hier die Anklage der Magie erhob, selbst diesem Aberglauben ergeben war und noch bei des Claudius Tod sich auf Sprüche der Chaldäer berief, so ergibt sich daraus, daß an Furius und Lollia nicht die chaldäische Kunst an sich, sondern das durch sie verübte Majestätsverbrechen bestraft wurde. Dies wird noch einleuchtender dadurch, daß neben den Magiern und Chaldäern auch das Orakel des klarischen Apollon als von Lollia befragt genannt wird, eine

Handlung, die unzweifelhaft nur wegen des Gegenstands der Frage zum Verbrechen gestempelt werden konnte. Das Senatuskonsult zur Vertreibung der Mathematiker unter dem schwachen Claudiuswar eben wegen der Vorliebe der Kaiserin für diese ohne Erfolg.

Unter Nero (54-68), obgleich auch er eine Zeitlang der geheimen Kunst anhing, wiederholten sich Anklagen in ähnlichem Sinne. Zwei Bürger, deren Treue verdächtig schien, sollten aus dem Wege geräumt werden; man verurteilte sie unter dem Vorwande zum Tode, daß sie die Nativität des Kaisers gestellt hätten. Servilia, die Tochter des unschuldig verfolgten Barea Soranus, mußte den Tod leiden, weil man ihr schuld gab, ihr Geschmeide hergegeben zu haben, um von den Magiern über die Wendung des Schicksals ihres Vaters und die Dauer des kaiserlichen Zornes Aufschluß zu erhalten.

An Otho fanden die Chaldäer wiederum einen eifrigen Jünger; durch ihre Weissagungen bestärkt, hatte er sich zu Galbas Sturze erhoben; nichts war darum natürlicher, als daß sie nach seiner kurzen Regierung vor Galbas Rächer Vitellius das Weite suchen mußten. So zeigt uns Tacitus die Schicksale der Magier fast durchgängig in nächster Beziehung zur Person des Regenten; nirgends gibt er ein Beispiel, daß die Anklage der Magie an sich erhoben worden wäre. Bei Mamercus Scaurus unter Tiberius erscheint sie im Gefolge des Ehebruchs mit Livia, bei Statilius Taurus, nach dessen schönen Gärten Agrippina strebte, wird sie dem crimen repetundarum beigegeben; in beiden Fällen läßt es die Kürze des Geschichtsschreibers zweifelhaft, ob nicht auch hier Majestätsbeleidigung mit ins Spiel kam. Im letztgenanntem Fall drang die Kaiserin nicht einmal durch; ihr Werkzeug, der nichtswürdige Tarquinius Priscus, wurde aus der Kurie gestoßen.

Die folgende Zeit zeigt unter den Kaisern weit mehr Freunde als Feinde des magischen Unwesens. Hadrian (117-138), Marcus Aurelius (161-180)und Alexander Severus (222-235)werden unter den ersteren genannt; Maximin verschleuderte an die Gaukler, die ihn mißbrauchten, die angesehensten Staatsämter; Maxentius († 312) schnitt schwangeren Weibern und neugeborenen Kindern den Leib auf, um seine verruchten Extispicien anzustellen.

Dabei ist aber zu beachten, daß die Kaiser immer im Alleinbesitz der Kenntnis der Zukunft zu sein wünschten. Daher zogen sie eine Menge von Sterndeutern u.dgl. an ihre Höfe, während sie diese in den Provinzen verfolgen oder sie dorthin verbannen ließen.

Während so die divinatorische Seite der Magie am meisten hervortrat, blieb jedoch auch die operative nicht ohne Anwendung. Die Veneficien zur Tötung und zum Liebeszauber, zusammengesetzt aus leeren Formeln und wirklichen Mitteln, wurden von den höchsten Personen geübt, wußten sich aber sorgfältig mit Geheimnissen zu umhüllen.

Caligulas Wahnsinn wurde zum großen Teile einem Philtrum zugeschrieben, das ihm seine Gemahlin Cäsonia gegeben haben soll. Die wollüstige Agrippina verstand für ihre

Buhler das Hippomanesebenso geschickt zu bereiten wie den giftigen Pilz für ihren schwachköpfigen Gemahl. Zwar fing man an, die Lex Cornelia di sicariis nun auch auf die Zauber zur Tötung und die Liebestränke auszudehnen, aber der sonstige Gebrauch magischer Mittel, namentlich zu Heilungen, blieb unbestraft. Doch findet sich bei Ulpian die Bestimmung, daß den magischen Heilkundigen keine Klage auf Entlohnung zustehe.

Unter den Prozessen wegen Bezauberung von Menschen ist in der Kaiserzeit einer der merkwürdigsten derjenige, in den sich der im zweiten Jahrhundert lebende platonische Philosoph und Sachwalter Apulejus aus Madaura in Afrika verwickelt sah, der auf Reisen durch Griechenland in die dortigen Mysterien eingeweiht war. Nach seiner Vermählung mit der reichen Witwe Pudentilla wurde er vor dem Prokonsul von Afrika angeklagt, ihre Liebe durch böse Kunst erworben zu haben. Dieser Anklage verdanken wir die schätzbare Apologia de magia, in der Apulejus nicht nur mit siegenden Gründen dartut, daß die Liebe einer Witwe auch ohne Zauberei zu gewinnen sei, sondern wo er auch treffliche Mitteilungen über die geistigen Zustände seines Zeitalters gegeben hat. Der Prozeß endigte mit der Freisprechung des Angeklagten.

Der dreihundertjährige Kampf, den die christliche Religion durchzukämpfen hatte, ehe sie ihren Sieg feierte, bietet Momente dar, die auch für die Gestaltung der Magie von Belang sind. Es ist besonders ihre theurgische Seite, die seit dem dritten Jahrhundert auffallend hervortritt.

Wenn eine herrschende Religion mit dem Zeitgeiste in Widerspruch zu treten anfängt, so sucht sie, sofern ihr nicht die öffentliche Gewalt mit despotischem Schutze zur Seite stehen will oder kann, ein Abkommen mit dem Zeitgeist zu treffen, indem sie entweder Begriffe und Ansichten der Zeit unter möglichster Belassung der alten Formen in sich aufnimmt oder die alten, in Mißkredit geratenen Lehren auf dem Wege einer bald sophistischen, bald schwärmerischen Spekulation als vernunftgemäß darzustellen und von neuem zu begründen strebt. Nachdem in Alexandria das absterbende Judentum durch die Bemühungen eines Philo und Josephus in den aufgenommenen Ideen griechischer Philosophen, namentlich Platons, eine neue Stütze gewonnen, ja sogar schon früher durch Aristeas und Aristobulus alles Gute der griechischen Philosophie als ursprünglich hebräisches Eigentum reklamiert hatte, wurde in den Träumereien der Kabbala die schon seit dem Exil einheimische Dämonenlehre so scharf ausgeprägt, daß dieses Gemisch exzentrischer Ideen noch vor wenigen Jahrhunderten nicht nur als die wissenschaftliche gewisser Arten der Magie, sondern auch als Quelle höherer Weisheit überhaupt angestaunt werden konnte.

Doch war dieses für die weitere Entwicklung des Aberglaubens im Abendland von geringerer Bedeutung. Den belangreichsten Einfluß übte dagegen auf die Vorstellungswelt der abendländischen Christenheit nicht nur durch das Mittelalter hindurch, sondern auch bis in die neuere Zeit hin der letzte Entwicklungsgang der griechischen Philosophie aus.

Der Verfall der alten Welt, die Auflösung ihrer religiös-sittlichen Grundlagen war im Skeptizismus zutage getreten. Alle philosophisch Gebildeten, die diese Tatsache erkannten, fühlten sich hierdurch zu dem Streben angeregt, die Anschauungen der älteren (griechischen) Philosophie mit der modernen, von dem alten polytheistischen Volksglauben sich abwendenden Bildung so zu vermitteln, daß diese wiederum in jener ihre Grundlage finden konnte. So entstand die Schule der Neu-Pythagoräer, deren Heros Apollonius von Tyana und deren wissenschaftliche Vertreter Plutarch von Chäronea und Numenius von Apamea waren, – jener als Anhänger Platos, dieser als Vertreter der orientalischen Denkweise. Unter ihnen bemühte sich namentlich Plutarch um die Ausbildung der Dämonenlehre, indem er die Nachweisung einer Dämonenwelt, die zwischen Göttern und Menschen stehe und beide miteinander vermittele, als das bedeutendste Ergebnis der philosophischen Forschung ansah. Doch war der Neu-Pythagoräismus nur der Vorläufer einer anderen Erscheinung, mit der die Entwicklung des philosophischen Geistes der alten Welt zu Ende ging. Es war dieses der Neuplatonismus.

Der Neuplatonismus war der letzte, wesentlich durch die Geistesmacht des Christentums sollizitierte Versuch der antiken Welt, ein philosophisches System zu liefern, das, angeblich auf Plato beruhend, alles Sein und Denken in seiner Einheitlichkeit darstellen und dem menschlichen Geiste ein allen skeptischen Einwürfen entrücktes Erfassen der absoluten Wahrheit gewähren sollte. Nicht außer sich, sondern in sich selbst, nicht durch Vermittlung des Denkens, sondern durch mystisches, ekstatisches Sichversenken in die Tiefen des Absoluten sollte der Mensch zum unmittelbaren Erfassen und Anschauen des einen allgemeinen Grundes alles Seins gelangen. Von diesem Gedanken aus ward das System des Neuplatonismus zuerst von Plotin, († 270 n. Chr.), dem Schüler des gefeierten Ammonius Sakkas, aufgeführt, und hernach von Porphyrius († 304 zu Rom), Jamblichus und anderen weiter ausgebaut. Aber schon bei Porphyrius zeigte sich die Hinneigung des neuplatonischen Geistes zu einer abergläubigen, in allerlei Beschwörungen, Exorzismen, Reinigungen etc. arbeitenden Theurgie, von der späterhin, namentlich seit dem Auftreten des Proclus, der Neuplatonismus vollständig beherrscht und absorbiert wurde. Porphyr erhob sich bereits zum Vertrauten und Priester der Gottheit, der aus unmittelbarer Anschauung über die tiefsten Geheimnisse Aufschluß geben könne, klassifizierte die Geister aufs genaueste, bezeichnete die Erscheinungen der einzelnen Dämonen nach ihren verschiedenen Merkmalen und stellte die Theurgie, als Wissenschaft des Übernatürlichen, über die Philosophie und alles übrige menschliche Wissen. Sie ist ihm die Wissenschaft geheimnisvoller Gebräuche, Worte und Opfer, vermittelst deren die Götter und Dämonen zur Erscheinung gezwungen werden. Angebliche hermetische Schriften, aus denen auch Pythagoras und Platon ihre Weisheit gezogen haben sollen, sind ihm die Quellen, aus denen die Rechtfertigung seiner Schwärmereien fließt. Die Prozedur, die zur Vereinigung mit der Gottheit führen soll, ist später von den Romandichtern oft kopiert worden. Zuerst Reinigung durch Besprengung und Räuchern mit geheimnisvollen Kräutern und Steinen, vermutlich von narkotischer Wirkung; dann Beschwörung der oberen und unteren Götter unter furchtbaren Drohungen; dann die geheimen Zeichen der göttlichen Mächte, Charaktere genannt, nach den Vorschriften der Kunst angewendet. Auch das geweihte Rad oder der Zauberhaspel darf nicht fehlen. Nun verfinstert sich der Himmel, die Erde bebt, feurige Erscheinungen blenden das Auge, hüpfen als Lichter umher oder nehmen Tiergestalt an. Endlich läßt sich die donnernde Götterstimme hören und offenbart das Verborgene. Dieses nannte man eine Weihung (τελετὴ), und dem so Eingeweihten versprach man unmittelbaren Verkehr mit dem Himmel, Freiheit von allen Schwächen und Widrigkeiten dieses Lebens, ja selbst die leibliche Unsterblichkeit. Der Abkürzung und Bequemlichkeit halber ließ man auch zuweilen den Einzuweihenden nicht mit eigenen Augen sehen; der Beschwörer übernahm dies Geschäft für ihn und spielte dann dieselbe Rolle, die der Schauspieldichter oft einem Wächter anweist, der, von einer Mauerbrüstung herab hinter die Kulissen schauend, dem Zuhörer einen Seesturm oder ein Schlachtgetümmel schildern muß. In diesem Falle hieß der Eingeweihte nicht Autopt, sondern Epopt. Auch Lukians Pseudomantis unterschied zwischen den mittelbaren Orakeln und den unmittelbaren (χρησμοις αυτοφώνοις), d. h. denjenigen, die sein weissagendes Schlangenbild mit eigenem Munde zu verkünden schien, indem ein versteckter Mensch mittelst einer künstlich eingefügten Kranichgurgel durch dessen Kopf sprach. Solche Heiligtümer waren es, für die der Kaiser Julian sich vom Christentum lossagen mochte. Doch wohl ihm, wenn er nur bei diesen stehen geblieben wäre! Aber wenn wir Cassiodor glauben dürfen, so fand man nach dem Tode des Kaisers unter seinen Zaubergeräten auch ein an den Haaren aufgehängtes Weib, dem er den Leib geöffnet hatte, um aus der Leber den Erfolg des persischen Feldzugs zu bestimmen.

Die Wirkung, die der Neuplatonismus im religiösen Leben und Denken der alten Völker hervorbrachte, war daher nicht die von ihm angestrebte Neubelebung des antik-religiösen Geistes, sondern die gänzliche Auflösung des griechisch-römischen religiösen Bewußtseins. Denn an Stelle der alten Mythologie wurde ein religions-philosophisches System gesetzt, in dem wohl von der absoluten Einheit, von dem Urgrunde alles Seins, von der Urvernunft und von der in die Einzeldinge hineingebildeten Weltseele, dagegen von den konkreten Gestalten des alten Mythus gar nicht die Rede war. Daher wurde durch den Neuplatonismus, indem er als Prinzip seines Systems die monistische Gottesidee geltend machte, die ganze griechisch-römische Götterwelt prinzipiell in eine unter der Gottheit stehende, zwischen Himmel und Erde schwebende Dämonenwelt umgesetzt. Je weniger aber sich der Heide von dem abstrakten und leeren Ur-Eins, das der Neuplatonismus als Gott bezeichnete, innerlich berührt fühlen konnte, um so stärker mußte in ihm das Gefühl der Abhängigkeit von der ihn überall umgebenden, unheimlichen Dämonenwelt erregt werden. Eine ganz neue Steigerung der Furcht vor den Dämonen war daher die wesentlichste Wirkung, die der Neuplatonismus im religiösen Leben der alten Völker hervorbrachte. Wußte man doch, daß es allerorten Zauberer gab, die mit den Dämonen im Bunde standen und mit deren Hilfe Krankheiten und Plagen aller Art über den Menschen bringen, seinen Geist mit trügerischen Bildern verwirren, vor Gericht seine Zunge und in der Rennbahn seine Pferde lähmen, ihn in ein Tier verwandeln, die mit Sturm, Gewitter und Hagel seine Felder verwüsten und ganze Städte und Lande mit der Pest heimsuchen konnten! Die δεισιδαιμονία – die Dämonenangst oder der Angstglaube – die uns Plutarch geschildert hat, erfüllte die ganze griechisch-römische Welt, soweit sie nicht in den bodenlosesten Nihilismus gefallen war. Das griechisch-römische Heidentum war zum reinsten Dämonismus geworden. Allerdings wurde der Glaube an Schutzgötter noch aufrecht erhalten, allein das geringste Versehen, das bei ihrem Anrufen mitunterlief, bewirkte es, daß nicht sie, sondern die „Antithei“ zur Stelle kamen, „täuschend, betrügend, irreführend“, wie Arnobius (Adv. gentes, IV., Kap. 12) sagt, der dieses Vorkommnis als ein nicht seltenes den Heiden zu Gemüte führt. Vor der Tücke der Dämonen wußte sich der Heide in keinem Augenblick mehr sicher. Denn daß auch die drakonischen Gesetze der Kaiser gegen diese Dämonen keinen Schutz gewähren und dem Unwesen der Magie kein Ende machen konnten, wußte man längst. In Furcht und Schrecken erzitterte darum die ganze antike Welt, und Verzweiflung, Furcht und Schrecken war das Ende, in das ihr Leben auslief.

Sechstes Kapitel. Die alte Kirche

Mit dem Eintritt des Christentums in die Geschichte der Menschheit nahm diese eine veränderte Stellung zu dem Jahrtausende alten Dämonenglauben an.

Fassen wir zunächst die drei ersten Jahrhunderte der Kirche ins Auge, so finden wir, daß alle Kirchenväter, die den Ursprung der Dämonen berühren – Justinus Martyr, Athenagoras, Tatian, Minucius Felix, Tertullian, Irenäus– an die jüdische Theologie jener Zeit sich anschließend, als biblische Grundlage der kirchlichen Dämonenlehre die Schriftstelle Gen. 6, 1-4 betrachten. Sie lautet: „Und es geschah, als die Menschen begannen sich zu mehren auf Erden und ihnen Töchter geboren wurden, da sahen die Söhne Gottes die Töchter der Menschen, daß sie schön waren, und nahmen sich Weiber von allen, die ihnen gefielen. – Zur selbigen Zeit waren Riesen auf der Erde; und auch nachdem die Söhne Gottes den Töchtern der Menschen beigewohnt, so gebaren sie ihnen (Söhne); das sind die Helden, die von alters her Männer von Ruhm gewesen.“ Nach allgemein herrschender Ansicht waren nämlich die „Söhne Gottes“ Engel, die sich mit Töchtern der Menschen vermischt hatten, die dadurch gefallen und von Gott verstoßen und zu Dämonen geworden waren und Dämonen erzeugt hatten. Das alles sollte auf

Anstiften des Teufels geschehen sein, der mit göttlicher Zulassung seitdem das Haupt eines großen Dämonenreiches geworden war.

Die wollüstigen Neigungen des mittelalterlichen Teufels sind zum guten Teil auf diese Deutung zurückzuführen. Im germanischen Mythus enthält die Abstammung des Volkes von Tuisko die Elemente dieses Wahns; der sagenhafte Ahn des Merovingerhauses, Merovech, wurde als Sohn eines Meergottes und der Gemahlin des Königs Chlodio angesehen. War das eine jüngere Sagenbildung, so erzählte doch schon der Gote Jordanis um das Jahr 550, daß die Hunnen von bösen Dämonen und Zauberweibern erzeugt worden seien. Den wollüstigen Incubus nannte man in Gallien um 400 n. Chr. Drusius, ein Beispiel, daß auch den keltischen Vorstellungen dieser Wahn nicht fremd war, und der Glaube an feenartige Wesen, die mit Männern in geschlechtliche Beziehung treten, ist gerade auf keltischem Boden weitverbreitet.

Von der erwähnten Schriftstelle ausgehend entwickelten nun die Kirchenväter der drei ersten Jahrhunderte eine Dämonenlehre, deren Hauptgedanken folgende sind:

Die Dämonen wohnen (nach Origenes u. a.) im dichteren Dunstkreise der Erde. Da sie Leiber besitzen, so bedürfen sie auch der Nahrung, die sie aus dem Qualm der heidnischen Opfer einsaugen. Ihre Körperlichkeit ist aber unvergleichlich feiner und dünner als die der Menschen, wodurch es ihnen möglich wird, in den Geist wie in den Leib des Menschen einzudringen. Nach Tatian sind die Dämonenleiber luft- und feuerartig. Nach Tertullian ist der Dämon wie jeder Geist gewissermaßen ein Vogel und mit einer solchen Schnelligkeit der Bewegung begabt, daß er in jedem Augenblick an jedwedem Orte sein kann. Diese gar nicht vorstellbare Schnelligkeit in der Bewegung der Dämonen ist auch eine der Ursachen gewesen, weshalb die Völker ihnen den Charakter der Göttlichkeit beilegten.

An Macht und Wissen sind die Dämonen den Menschen unendlich überlegen, woraus Tatian folgert, daß sie nicht, wie Josephus annahm, für Seelen verstorbener böser Menschen zu halten wären. Origenes meint (im Kommentar zur Genes.), die Dämonen wüßten vieles Zukünftige aus der Bewegung der Gestirne; Tertullian nimmt an (Apolog. c. 22), daß sie ihr außerordentliches Wissen de incolatu aëris et de vicinia siderum et de commercio nubium hätten.

Die Wirksamkeit der Dämonen wird von Tertullian am konzisesten so bezeichnet, daß er sagt (Apolog. c. 22): 1. Operatio eorum est hominis eversio und 2. aemulantur divinitatem, – namentlich dem furantur divinationem (in oraculio).

In letzterer Beziehung steht es für alle Kirchenlehrer der drei ersten Jahrhunderte ganz unzweifelhaft fest, daß die Götter der Griechen und Römer nichts anderes als Dämonen waren, daß sie es gewesen sind, die als „vermeintliche Gottheiten sich mit Weibern vermischt haben, daß die Namen der heidnischen Götter dieselben Namen sind, die sie sich selbst beigelegt haben, und daß sie daher als die eigentlichen Urheber des

Heidentums mit seiner Mythologie und seinem Kultus gelten müssen. Die Dämonen sind es gewesen, die zur Begründung des abgöttischen Glaubens an ihre vermeintliche Gottheit scheinbare Wunder taten, die ihre Stimme aus den Orakeln ertönen ließen, die bei den Augurien in Vögel und andere Tiere eindrangen, die in den Tempelstatuen sich verbargen und sich einen Kultus darbringen ließen, und die die Menschen zur Astrologie und Magie verführten.

Der Teufel und dessen Dämonen sind unablässig bemüht, ihr Reich zu erweitern, indem sie die ihnen zugänglichen Menschen in ihre eigene Gottlosigkeit und Verdammnis zu verstricken suchen. Doch ist ihnen dieses nur bei denjenigen möglich, die gottlos leben und um ihr Seelenheil unbekümmert sind, die sie daher namentlich durch Träume und Trugbilder zu betören und an sich zu locken suchen. Insbesondere sind sie bestrebt, durch ihre Eingebungen die Menschen vom Lesen solcher Bücher abzuhalten, in denen göttliche Wahrheit enthalten ist, und die zu deren Verteidigung verfaßt sind.

Die Christen freilich sind gegen die Anläufe des Satans und der Dämonen ein- für allemal sichergestellt. Vor ihnen müssen sie weichen, aber gerade darum ist die Bosheit des Dämonenreiches vor allem gegen die Christen und gegen die Kirche gerichtet, die sie fortwährend in allerlei Weise zu schädigen und zu verderben suchen, vor allem dadurch, daß sie die Heiden mit teuflischem Hasse gegen die Christen erfüllen und in allen Landen Christenverfolgungen veranlassen, sowie auch dadurch, daß sie in der Kirche Streitigkeiten, Spaltungen und Ketzereien hervorrufen. Außerdem aber sind die Dämonen, weil sie Feinde Gottes sind, auch Feinde des Menschengeschlechts überhaupt, weshalb sie den einzelnen Menschen unablässig auflauern und sie auf allen nur erdenkbaren Wegen zu schädigen und zu verderben suchen. Ihre Wirksamkeit üben sie in allen unheilbringenden Naturphänomenen aus. Sie verursachen Mißwachs, Dürre, Pest und andere Krankheit, dringen in reißende Tiere ein, durch die sie Schaden stiften, während sie die dem Menschen nützlichen Tiere zugrunde richten, und schleichen sich selbst in die Gedanken des Menschen, um diese zu verwirren, von Gott abzulenken und daraus für den von ihnen angefallenen Menschen wie für andere Unheil anzurichten. Um ihre heillosen Anschläge zur Ausführung zu bringen, teilen sie ihre geheimen Kenntnisse gern gottlosen Weibern mit.

Dieses war die Dämonenlehre der drei ersten Jahrhunderte der Kirche. Es war der alte Dämonenglaube, wie er die jüdische und die heidnische Welt beherrschte, nur an eine Erzählung der H. Schrift angeknüpft und nach Maßgabe der Stellung, die das Christentum zum Heidentum einnahm, erweitert und modifiziert. Das wesentlich Neue, was das Evangelium zur überlieferten Dämonenlehre hinzugebracht hatte, lag in dem Bewußtsein der Sicherheit, die der Christ gegenüber dem Teufel und den Dämonen habe.

In einer der allerältesten Urkunden der Kirche, in dem zwischen den Jahren 140 und 145 geschriebenen „Hirten“des Hermas wird es wiederholt und nachdrücklichst verkündet, daß dem Teufel über den Christen keine Gewalt zustehe, daß dieser vielmehr alle Anschläge des Teufels zunichte machen könne, weshalb den Gläubigen wiederholt geboten wird, sich aller Furcht vor dem Teufel zu entschlagen und ihn als einen toten Feind zu verachten.

Alle Glieder der Kirche waren daher von dem Bewußtsein erfüllt, daß der Teufel und dessen Dämonen vor ihnen fliehen müßten, daß sie diese aus den Besessenen vertreiben, daß sie mit Anrufung des Namens Jesu Christi allen Dämonen- und Teufelsspuk zunichte machen und die Dämonen, die von den Heiden für Götter gehalten würden, zwingen könnten, sich selbst als Dämonen zu bekennen.

Ganz dieselbe Dämonenlehre, die wir in den drei ersten Jahrhunderten der Kirche von ihren Lehrern entwickelt sehen, finden wir nun auch in den nächstfolgenden Jahrhunderten von den Kirchenvätern vertreten. Lactanz z. B., der als kaiserlicher Prinzenerzieher zu Nicomedien lebte und im Jahre 330 starb, interpretiert die Stelle Genesis 6, 1 nach Philo, de gigantibus: „Als sich die Zahl der Menschen gemehrt hatte, schickte Gott, damit sie nicht dem Trug des Teufels (dem er von Anfang an über die Erde Gewalt gegeben hatte) erliegen möchten, zu ihrem Schutze Engel auf die Erde. Diese Engel aber erlagen im Verkehr mit den Töchtern der Menschen selbst, indem sie sich mit ihnen vermischten und Söhne erzeugten. Infolgedessen wurden die gefallenen Engel, aus dem Himmel verstoßen, zu Dämonen des Teufels. Die von ihnen erzeugte Brut war nun eine zweite Art von Dämonen, unsaubere Geister, vom Volke malefici genannt, die ebenfalls dem Teufel angehörten. Das ganze Streben dieser Dämonen und unsauberen Geister geht dahin, Gottes Reich zu zerstören und die Menschen zu schädigen. Zu diesem Zwecke haben sie durch scheinbare Wunder und Orakel den Völkern den Wahn beigebracht, daß sie Götter wären, und haben das Heidentum mit seiner Mythologie und seinem Kultus geschaffen. Auch sind sie die Urheber der Magie, Nekromantik, Haruspicin, der Auguralkunst und Astrologie. Außerdem richten sie in allerlei Weise Verderben an. Doch braucht der Christ ihre Tücke nicht zu fürchten, indem vielmehr der Teufel und dessen Dämonen vor dem Christen fortwährend in Furcht sein müssen. Denn der Christ kann sie nicht allein überall austreiben, sondern er kann sie auch zwingen, ihre Namen zu nennen und zu gestehen, daß sie (als Jupiter, Juno, Merkur etc.) gar keine Götter sind, obschon sie in Tempeln verehrt werden.“ Denn Paulus hatte erklärt, im Anschluß an Psalm 95, 5, was man den alten Göttern opfere, das opfere man den Dämonen (I. Cor. 10, 20). Er hatte also die Dämonen mit den Göttern der Heiden identifiziert.

In derselben Weise und in demselben Sinne reden auch die übrigen Kirchenlehrer des vierten Jahrhunderts über die Dämonen. Alle erkennen in ihnen die Angehörigen des Satans, die Anstifter und Urheber des Heidentums, dessen Gottheiten nichts anderes als

Dämonen waren und die geheimen Peiniger der Menschheit. Alle aber erkennen auch an, daß der Christ über das Reich des Satans Gewalt hat, daß er von den Dämonen gefürchtet, gemieden und vertrieben wird, und daß das Zeichen des Kreuzes und der Name Christi ein ganz sicheres Mittel zur Bewältigung der Dämonen und zur Durchkreuzung ihrer Anschläge ist. Namentlich wurde von allen anerkannt, daß schon in unzähligen Fällen die Haruspicien und andere Opferhandlungen der Heiden durch die Anwesenheit von Christen oder durch den Gebrauch des Kreuzeszeichens vollständig zunichte gemacht worden wären.

Unter den Kirchenvätern des nächstfolgenden Jahrhunderts begnügen wir uns damit, allein denjenigen hervorzuheben, der unter den großen Lehrern der vormittelalterlichen Kirche des Abendlandes unbestritten als der größeste dasteht, nämlich den Bischof von Hippo-Regius, Aurelius Augustinus († 430), da er wie kein anderer auf die Entwicklung der Theologie in den nachfolgenden Zeiten eingewirkt hat. Auch in ihm sehen wir einen klassischen Zeugen der Tatsache, daß in der Kirche des vierten und fünften Jahrhunderts eine Dämonenlehre bestand, die nichts anderes als die kirchliche Umgestaltung heidnischen Glaubens und Aberglaubens war, und die diesen in die mittelalterliche Welt hinein fortpflanzte.

Nach Augustin, der aus einem geschulten Philosophen Christ geworden war und in seinem Lebenskampf mit dem dualistischen Manichäismus andauernd Gelegenheit hatte, die Dämonologie zu erörtern, bestehen vom Anbeginne der Welt zwei von Gott prädestinierte und durch die Geschichte hindurch sich verwirklichende Reiche. Nämlich die civitas Dei, die alle guten Menschen und Engel, und die civitas Diaboli, die das gesamte Dämonenreich umfaßt. Zu der letzteren gehörte auch die civitas terrena Roms mit dem in ihr herrschenden Kultus der Dämonen. Dieses Dämonenreich, diese civitas Diaboli besteht noch jetzt; aber die Kirche ist ihre Besiegerin. – Die Dämonen sind ihrer Natur nach Wesen, die einen Luftkörper (corpus aërium) besitzen, weshalb sie mit einer gar nicht vorstellbaren Sinnesschärfe (acrimonia sensus) und Schnelligkeit der Bewegung (celeritas motus) ausgestattet sind. Hierzu kommt, daß sie bei der langen Dauer ihres Lebens eine Erfahrung gewonnen haben, zu der ein Mensch in seinem so kurzen Leben niemals gelangen kann. Diese natura aërii corporis macht es nun den Dämonen möglich, Künftiges vorhersagen und Wunderbares tun zu können. Indem daher die Menschen in den Dämonen ein übermenschliches Vermögen wahrnahmen, haben sie sie für Götter gehalten und ihnen einen Kultus dargebracht. Dieser Kultus ist das Heidentum. – Die Dämonen besitzen namentlich das Vermögen Krankheiten, Unwetter, Mißernten zu erzeugenund die Gottlosen zu Maleficien (malefacta) anzuregen. Dies tun sie, indem sie in die ihnen infolge ihrer Gottlosigkeit zugänglichen Menschen sowohl im wachenden als im schlafenden Zustand eindringen (was ihnen durch die subtilitas ihrer Luftkörper ermöglicht wird), ohne daß die Betreffenden es merken, – wobei sie ihre Gedanken in die der Menschen einmischen.

Dieses sind die Grundgedanken der Dämonenlehre Augustins, mittelst deren er sich mit der ganzen Vorstellungswelt des Heidentums so abfindet, daß ihm die heidnische Mythologie nicht auf Imagination, sondern auf Wirklichkeit und Tatsächlichkeit beruhend erscheint. Die diomedeischen Vögel sind seiner Meinung nach so entstanden, daß die Dämonen die Menschen bei Seite schafften und aus fernen Landen die Vögel an deren Stelle brachten. Wenn nun diese Vögel, von den Dämonen dazu bestimmt, in ihren Schnäbeln, wie man sage, Wasser in den Tempel trügen, den Griechen schmeichelten, Fremde dagegen mißhandelten, so sei das gar nicht zu verwundern, da es das Interesse der Dämonen mit sich bringe, die Welt zu überreden, daß Diomedes ein Gott geworden sei, damit sie nicht aufhöre, falschen Göttern zu dienen. Das ewige Licht in dem Venustempel, dem kein Unwetter etwas anhaben konnte, erkläre sich dadurch, daß ein Dämon unter dem Namen Venus entweder den Eindruck eines brennenden Lichtes hervorbringe oder das Brennen bewirke. Was von der Kirke erzählt werde, das sei zwar an sich unglaublich; allein es gebe noch jetzt glaubhafte Leute genug, die Derartiges in zuverlässigster Weise von anderen als deren Erlebnis hätten berichten hören, oder die Ähnliches selbst erlebt hätten. Während seines Aufenthaltes in Italien will Augustin erfahren haben, daß es dort Gastwirtinnen gegeben habe, die sich auf die Kunst verstanden, die bei ihnen einkehrenden Reisenden mittelst Käse, den sie ihnen zu essen gaben, ganz nach Belieben und Bedarf in Zugtiere und diese nach Erledigung der ihnen auferlegten Arbeit wiederum in Menschen zu verwandeln, ein Glaube, der noch heute bei den Südslaven lebt. Daher war Augustin mit dem Gedanken der Tierverwandlung ganz vertraut.

Augustin warnt nun nachdrücklichst vor allem Zauberwerk, weil die Magie nur mit Hilfe der Dämonen ausgeübt werden könne; er geißelt den Aberglauben, die Heilungen durch Sprüche und Charaktere, den Gebrauch von Amuletten, die Stellung des Horoskops u. dgl. m. Aber an die Wirklichkeit der Magie zweifelt er nicht. Mit Hilfe der Dämonen können die Gottlosen zukünftige Dinge vorhersagen und verderbliche, den Menschen sonst unmögliche Maleficien ausüben; mit Hilfe der Dämonen können die Gottlosen andere, namentlich auch durch den bösen Blick, schädigenund Erntefelder zu ihrem Vorteil versetzen. Namentlich erkennt er auch an, daß Dämonen, in denen er die Silvani und Fauni der Heiden wiederfindet, als incubi mit Frauen Unzucht treiben können. Augustinus folgt hierbei der Überlieferung. Denn zur Zeit des Horaz wurde in Rom das nächtliche Alpdrücken einem gespenstigen Wesen, Ephialtes, Incubus, zugeschrieben, das später dem Geschlechte der Faune und Silvani eingeordnet und auf wollüstige Träume übertragen wurde, indem man annahm, daß diese Incubi den Frauen nachstellten.

Dabei aber kennt Augustin auch sehr wohl den Trost, den der Christ gegenüber dem Treiben der Dämonen aus dem Evangelium gewinnt. In seiner Schrift de civitate Dei ruft er daher (XVIII. 18) den Gläubigen zu: „Je größer die Gewalt über die irdische Welt ist, die wir den Dämonen verliehen sehen, um so fester laßt uns an dem Erlöser halten, durch den wir uns aus dieser Tiefe nach oben hin erheben sollen."

Indem nun diese Dämonenlehre zurzeit kirchlich anerkanntes Dogma war, so mußte die Stellung der ersten christlichen Kaiser zum Dämonismus, zur Zauberei usw. notwendig die sein, die wir in ihren Gesetzen ausgesprochen finden.

Für sie war die Auffassung der Götter des alten Heidentums als böser Dämonen gegeben. Dazu kam, daß viele geheime Anhänger, die das Heidentum namentlich in den Volksmassen hatte, jetzt nach der Unterdrückung des bisherigen heidnischen Kultus gerade in dem Gebrauche der Zauberei ihre heidnische Religiosität ausübten und befriedigten. Daher begreift sich die enorme Strenge und Härte, mit der die christlichen Kaiser gegen die Zauberei als heidnisches Teufelswerk einschritten. Constantin († 306) befahl, daß jeder Haruspex, der sich in das Haus eines Bürgers rufen lasse, um Haruspicien anzustellen, lebendig verbrannt, das Eigentum des Bürgers konfisziert, die Denunzianten aber belohnt werden sollten. Doch beschränkte ein zwei Jahre später erlassenes milderes Gesetz diese harte Strafe auf diejenigen, die durch magische Künste der Gesundheit anderer zu schaden oder in unschuldigen Gemütern Wollust zu erwecken suchten. Dagegen sollte der Gebrauch magischer Mittel zur Heilung von Krankheit oder zum Schutz der Fluren gegen Wind und Wetter als straflos gelten.

Dieses Schwanken Constantins erklärt sich aus seiner inneren Stellung zum Christentum, dem er sich in Wahrheit doch fremd fühlte.

Anders aber war es bei Constantius (317-361), der mit der Magie und dadurch mit dem Heidentum gründlichst aufräumen wollte. In einem der Gesetze klagt er, daß viele Magier vorhanden wären, die mit Hilfe der Dämonen Stürme erregten und andere an Leib und Leben schädigten. Die in Rom eingefangenen Zauberer sollten wilden Tieren vorgeworfen, die in den Provinzen aufgegriffenen gemartert und ihnen, wenn sie beharrlich leugneten, mit eisernen Haken das Fleisch von den Knochen gerissen werden. In diesem Sinne erließ Constantius Gesetze gegen Haruspices, Auguren, Chaldäer, Magier, Totenbeschwörer, Traumdeuter und solche, die gegen die Menschen und die Elemente freveln. Alles Weissagen ohne Ausnahme wird verboten, und selbst Personen aus dem Gefolge des Kaisers, wenn sie beteiligt sind, sollen der Tortur unterworfen werden. Die Furcht vor Komplotten hatte ihren wesentlichen Anteil hieran.

Nach dem kurzen Wiederaufleben des Heidentums unter Julian (361-368) ehrte Valentinian I. (364-375) die alten Erinnerungen der Nation und selbst die noch gegenwärtigen Überzeugungen eines großen Teils von ihr, indem er nach seinem allgemeinen Toleranz-Edikt noch in einem besonderen Reskripte erklärte, daß die Kunst der Haruspices an sich mit der Zauberei keinen Zusammenhang habe und nur dann einer Strafe unterliege, wenn man sie zum Schaden anderer mißbrauche. Freilich wurden der uralte Baumkultus, nächtliche Opfer und das mit ihnen so oft verbundene Zauberwesen (magici apparatus) neuerdings verboten.

Die von Valentinian gestatteten Übungen mußten aber seit Theodosius (379-395) wieder verschwinden.

Honorius (395-423) behandelte die Sache schon mehr von dem kirchlichen Standpunkt. Er gebot den sogenannten Mathematikern, ihre Bücher vor den Augen der Bischöfe zu verbrennen und unter Verwerfung ihres Irrtums zu den Religionsgebräuchen der katholischen Kirche sich zu verpflichten; wer sich dessen weigerte, sollte aus den Städten verwiesen und im Wiederbetretungsfalle verbannt werden.

So schwanken die Bestimmungen mannigfaltig, und die justinianische Sammlung enthält noch kein Gesetz, in dem sich die den christlichen Kirchenlehrern eigentümliche Ansicht von dem Dämonischen der Zauberei vollständig ausspräche. Dies geschieht erst in einer vom Kaiser Leo dem Philosophen erlassenen Verordnung (zwischen 887 und 893). Diese hebt in ihrem Eingange die Inkonsequenz des früheren Gesetzes hervor, das auf Beschädigungen Strafen setze, hingegen den Schutz der Saaten und Weinberge, Heilungen usw. erlaube. Man habe die Erfahrung gemacht, daß alle Zauberübungen (incantamenta, μαγγανείαι) den Menschen von Gott entfernen und dem Dienste greulicher Dämonen zuführen. Schaden am Seelenheil sei davon unzertrennlich, und es würden daher alle zauberischen Begehungen ohne Unterschied verboten. Der Übertreter dieses Verbotes soll als Apostat den Tod leiden.

Unter den Prozessen gegen Zauberer aus der Zeit der christlichen Kaiser möge hier nur desjenigen gedacht werden, der zu Antiochia unter den Augen des Kaisers Valens (364-378) vorging. Auch bei diesem konkurrierte das Majestätsverbrechen.

Mehrere Männer von Bedeutung wurden angeklagt, durch mantische Künste den Namen desjenigen erforscht zu haben, der des Kaisers Nachfolger sein würde. Im Verhöre gestanden sie, mittelst eines Zauberringes, der über einem mit dem Alphabet beschriebenen Becken schwebte, gefunden zu haben, daß ein gewisser Theodorus, ein Jüngling von ausgezeichneten Gaben, dieser Nachfolger sein werde. Wirklich schien hier, einem von Theodorus geschriebenen Briefe zufolge, eine Verschwörung gegen Valens vorzuliegen, und das ganze Orakel mochte nur vorgespiegelt sein, um Anhänger zu gewinnen. Aber das deshalb eingeleitete Verfahren war durchaus formlos und gewaltsam. Tausende von Personen wurden auf die nichtigsten Indizien hin verhaftet, maßlose Folterqualen angewendet, Schuldige und Unschuldige, zum Teil angesehene Staatsbeamte und Philosophen, unter Einziehung ihrer Güter als Teilnehmer oder Mitwisser erdrosselt, enthauptet oder lebendig verbrannt. Hierauf warf man, gleichsam zur Rechtfertigung vor dem über solche Greueltaten aufgebrachten Volke, die Bibliotheken der Hingerichteten ins Feuer; denn sie enthielten, sagte man, nichts als Zauberbücher. Während dieses Prozesses hatten zwei Nichtswürdige, Palladius und

Heliodorus, die, als sie selbst wegen Zauberei verhaftet waren, durch Denunziationen den ganzen Prozeß veranlaßt, die unbegrenzte Gunst des Kaisers und bedeutende Reichtümer erschlichen; es lag ihnen jetzt nichts näher, als das Erworbene auf demselben schändlichen Wege zu behaupten. Darum traten die beiden Hofsykophanten stets wieder mit neuen Denunziationen hervor. Sie machten, wie Ammianus Marcellinus sagt, eine förmliche Jagd auf ihre Opfer. Häuser wurden versiegelt, und bei der Versiegelung wurden allerlei Zauberapparate wie Formeln und Liebestränke untergeschoben. Männer und Weiber, Vornehme und Geringe wurden verhaftet, die Folter ruhte nicht, Güter wurden eingezogen, Menschen verwiesen und enthauptet. Eunapius vergleicht dieses Morden mit dem Hühnerschlachten bei Festgelagen, und Ammianus versichert, daß damals im Orient jedermann in der Angst seine Bücher verbrannt habe, um nur keinen Stoff zum Argwohn zu bieten. Als Heliodorus starb, zwang Valens die Honoratioren, und unter diesen zwei Konsularen, die als Angeklagte nur durch seltene Standhaftigkeit in der Folter dem Tode entgangen waren, die Leiche zu begleiten. Um aber die absolute Bodenlosigkeit und Dummheit seines Despotismus zu beurkunden, begnadigte Valens um dieselbe Zeit den Kriegstribunen Pollentianus unter Belassung seines großen Vermögens und seiner Würde; und doch war dieser überwiesen und geständig, ein schwangeres Weib geschlachtet zu haben, um mit der ausgeschnittenen Leibesfrucht nekromantische Befragungen wegen des künftigen Regierungswechsels anzustellen!

Siebentes Kapitel. Das Mittelalter bis zum dreizehnten Jahrhundert

Die Dämonenlehre und der auf ihr beruhende Glaube an Zauberei war also von den Kirchenvätern in die Doktrin der Kirche aufgenommen worden. Daher kann es uns nicht wundernehmen, wenn wir auch bei den germanischen Völkern, sobald sie in die Geschichte und in die Kirche eingetreten waren, einem Aberglauben begegnen, der seinen griechisch-römischen Ursprung nicht verleugnen kann.

Den Glauben an das Wettermachen haben wir sowohl im Griechentum wie in Roms frühesten und spätesten Zeiten gefunden; von seiner Fortdauer im Mittelalter geben die sogenannten Leges barbarorum, namentlich die der Westgoten, mehrere Konzilienbeschlüsse und die fränkischen Kapituliaren den besten Beweis. Der Gedanke des Herüberlockens fremder Ernten, das schon von dem Dezemviralgesetzen verboten war und von Tibull und Plinius erwähnt wird, trat im neunten Jahrhundert mit solcher Stärke hervor, daß man in Frankreich von einer gefährlichen Zaubergesellschaft träumte, die das Getreide massenweise in Schiffen durch die Luft nach dem Fabellande Magonia führte.

Die Tierwandlung, namentlich die Lykanthropie findet festen Glauben. Wilhelm von Malmesbury erzählt eine dem Apulejus nachgebildete Geschichte von der Wandlung eines Menschen in einen Esel. Kardinal Damiani suchte den Papst von ihrer Wahrheit zu überzeugen.

Die Philtra und das Nestelknüpfen ziehen sich durch das Mittelalter und die neuere Zeit; ebenso die Astrologie, Lekanomantie, Stichomantie, die Augurien aus dem Angange und andre Arten der Mantik, die Wachs- und Bleibilder, durch die man Menschen umbringt, die Faszination durch Lob und durch das böse Auge, die Amulette, Kräuter und Salben, Steine und Ringe, die Galgennägel und Totenglieder, das magische Ungeziefer und eine Menge andrer Dinge, die entweder unverändert oder mit geringen Aenderungen von den Alten herübergenommen wurden. Burkhard von Worms gibt davon in seinem Dekrete eine reiche Sammlung.

Von besonderer Wichtigkeit sind uns die Nachtfahrten der Zauberweiber. Zwar ist es bezweifelt worden, daß auch diese auf altklassischem Boden fußen, und noch Jakob Grimm hat ihren Ursprung lieber an das deutsche Altertum geknüpft; nichtsdestoweniger sprechen sehr gewichtvolle Gründe für jene Annahme. Nicht nur ist der Glaube an die Hexenfahrten kein den germanischen Völkern eigentümlicher, sondern seine Grundlagen treten auch bei den Römern in ungleich älterer Zeit hervor, als er sich bei den Deutschen nachweisen läßt, und die Übergänge und Anknüpfungspunkte sind ziemlich deutlich bezeichnet. Daß die Zeit in den Einzelheiten einiges änderte, kann nicht auffallen. Bei den Alten zieht schon Hekate, die Zauberpatronin, mit nächtlichem Spuke umher. Dort ist sie Göttin, den Christen mußte sie zum Dämon werden. Aber auch menschliche Zauberinnen wirken in der Nacht. Wir erinnern uns, wie Canidia zum nächtlichen Zauber schreitet, wie Pamphile bei Apulejus, gleich den späteren Hexen, zur geheimnisvollen Salbenbüchse greift und durch die Luft auf Liebesabenteuer ausschwebt, wie die Strigen geflogen kommen und ohne sichtbare Waffen den Menschen beschädigen, wie sie ihm Mark und Blut, Herz, Leber und Nerven rauben und den Defekt mit Stroh füllen, daß der Mensch langsam hinwelkt. Und diese Strigen des römisch-griechischen Heidentums treten, wie sie im Glauben der griechischen Christen fortleben, mit unveränderten Namen und Attributen und fast ohne chronologische Unterbrechung auch in den Gesetzen der zum Christentum bekehrten Germanen auf, namentlich bei den salischen Franken, den Langobarden und in Karls des Großen Kapitularien. Insbesondere redet die Lex Rotharis von einem innerlichen Aufzehren (intrinsecus comedere) durch die Strigen, wie dies von Plautus und Petronius angedeutet wird. Das Latein des Mittelalters bildete übrigens die Form Strix oder Striga öfters in Stria um. Mit Strega bezeichnet noch jetzt der Italiener eine Hexe. Dem Herzrauben und Stroheinlegen begegnen wir später wieder bei Burkhard von Worms, bei dem Stricker oder einem seiner Zeitgenossenund im Volksglauben der Bayern und Österreicher, wo Frau Berchta mit der langen Nase den faulen Knechten den

Leib aufschneidet und wieder mit Häckerling füllt; am beharrlichsten aber scheint gerade in diesem Punkte der serbische Hexenglaube gewesen zu sein.

Eine besonders merkwürdige Stelle über den Glauben an die Nachtfahrten findet sich auch in zwei kirchlichen Rechtsammlungen, in der des Abtes Regino von Prüm und in der hundert Jahre jüngeren des Bischofs Burkhard von Worms (geb. ca. 965, gest. 1025). Diese beiden systematischen Sammlungen des Kirchenrechtes erlangten, wenn sie auch auf deutschem Boden entstanden, durch ihre Aufnahme in die späteren Sammlungen große Bedeutung für die gesamte Kirche. Abt Reginos von Prüm zwei Bücher über die Kirchenzucht, Anweisungen zur Visitation einer Diözese, die um das Jahr 906 in Trier auf Veranlassung des Erzbischofs Ratbod ausgearbeitet worden sind, enthalten eine Menge von Bestimmungen gegen Aberglauben. Es sind zum größten Teil die älteren Synodalkanones und päpstlichen Dekretalen. Die eingehenden Erörterungen über die Luftfahrten der Weiber und über die angeblichen Verwandlungen finden sich in dem sog. Kanon Episcopi, der eine wichtige Rolle in der Geschichte des Hexenwesens gespielt hat. Die Mißdeutung der von Regino gewählten Überschrift hat noch Roskoff und Riezler diese Bestimmung auf das Konzil von Ancyra zurückführen lassen. Sie ist aber wahrscheinlich von Regino einem heute verlorenen fränkischen Kapitular entnommen worden.

Es wird darin den Bischöfen zur Pflicht gemacht, auf die Ausübung magischer Künste ein wachsames Auge zu haben und die Schuldigen aus der Kirchengemeinschaft auszuschließen. Regino setzt eine siebenjährige Buße auf die malefiziale Anwendung von Tränken, die Unfruchtbarkeit oder Tod herbeiführen oder Liebe bei Mann und Weib erzeugen sollen. Ferner fordert er die Vertreibung jener Frauen aus den Pfarren, die erklären, durch Malefizien und Inkautationen Haß und Liebe erzeugen und Menschen ihr Eigentum rauben zu können. Insbesondere habe man zu achten auf gewisse gottlose Weiber, die, vom Teufel und seinen Dämonen verblendet, sich einbilden und behaupten, daß sie zur Nachtzeit mit der Heidengöttin Diana, mit Herodias und einer Schar andrer Weiber auf gewissen Tieren reiten, große Länderstrecken durchfliegen und in bestimmten Nächten der Befehle ihrer Herrin gewärtig sein müssen. Dieses alles sei heidnischer Unsinn und werde vom bösen Geiste nur ihrer Phantasie vorgegaukelt.

Daß der in diesem Kanon erwähnte Aberglaube dem römisch-christlichen (und nicht dem germanischen) Altertum zuzuteilen ist, kann leicht erwiesen werden. Dafür spricht nämlich vor allem die Beziehung der fahrenden Weiber zur Diana, in der ihre zauberische Doppelgängerin Hekate nicht leicht zu verkennen ist. Die römische Diana hatte auch nach Deutschland ihren Weg gefunden. Noch im sechsten Jahrhundert zerstörte der Einsiedler Wulfilaich ein Standbild von ihr bei Trier, das von dem heidnischen Landvolke eifrig verehrt wurde. Bei den romanischen Völkern erscheint im Mittelalter an Stelle der Diana oft die Herodias, – der der Teufel für den an dem Täufer begangenen Mord den dritten Teil der Welt geschenkt hatte, und die nun nach Gottes

Strafgericht ruhelos umherziehen mußte. Die um sie gescharte Hexengesellschaft wurde auch ludus Dianae, societas Dianae, ludus bonae societatis genannt. Die Teilnahme an dieser Gesellschaft hieß später in Florenz und anderwärts andare in corso, andare alla brigata.

Der Werwolf von Onolzbach anno 1685 Georg Jakob Schneider, Nürnberg fec.

Sodann bezeichnet Burkhard von Worms in einer andern Stelle, die auf den obigen Kanon offenbar Bezug nimmt, in den Nachtweibern unverkennbar die Strigen des römischen Volksglaubens. Es zeigt sich dort der Nachtflug wie bei Apulejus, das Aufzehren von innen wie bei Plautus, Petronius und den auf römischem Grunde eingebürgerten Langobarden, endlich das Stroheinlegen wie ebenfalls bei Petronius. Es könnte nur etwa das Reiten der Hexen neu erscheinen. Aber auch dafür findet sich im klassischen Altertume nicht nur Analoges, wie denn bei Ovid Medea nach Hekates Anrufung in ihrem Drachenwagen über die Berge hinschwebtund Canidia bei Horaz auf des Dichters Schultern rittlings emporzusteigen droht, sondern es scheint auch in der Tat die Sache selbst ganz in der bezeichneten Weise den Römern bekannt gewesen zu sein. Wenn nämlich die Lebensbeschreibung des Papstes Damasus, die man in einem sehr alten Kodex (de vitis Sanctorum) in Sta. Maria Maggiore zu Rom aufbewahrt, Glauben verdient, so ist schon auf der römischen Synode im Jahr 367 von Weibern, die mit der Herodias und andern Weibern auf Tieren zu reiten und weite Reisen zu machen wähnen, die Rede gewesen.

Aus diesen Gründen müssen wir daran festhalten, daß der Kanon keinen anderen als römischen Aberglauben bespricht. Übrigens scheinen auch für die Annahme der Abfassung des Kanons auf anderem als römischem Boden, eben weil die Priorität der Sache für die Römer streitet, durchaus keine nötigenden Gründe zu sprechen. Daß die Stelle zuerst in deutschen Sammlungen angetroffen wird, beweist nichts, weil diese Sammlungen Nichtdeutsches in Menge enthalten. Wenn ferner Burkhard anderwärts ein Exzerpt aus einem Beichtbuche gibt, das von demselben Aberglauben redet, aber an Dianas Stelle die deutsche Holda nennt, so haben wir hier ohne Zweifel nur eine von denjenigen Übertragungen auf germanische Verhältnisse, deren das weitergreifende Christentum so manche mit sich brachte. Die Götter sanken eben zu schädigenden Dämonen herab, mit den Unholden verband sich wieder der kirchliche Begriff des Bösen, den die Germanen nicht kannten, wie dies den Göttern der Griechen und Römer und den Gottheiten der alten Indier gegangen war. Schon Paulus hatte erklärt, was man den alten Göttern darbringe, das opfere man den Dämonen.

Und außerdem ist zu beachten, daß Burkhard in seinem Korrektor den Aberglauben an die drei Schwestern, die man Parzen nenne, und die auf ihm beruhende divinatorische Magie als einen im Volke üblichen Unfug bezeichnet und ihn zu strafen befiehlt.

Von den beiden in Frankreich entstandenen Sammlungen des Kirchenrechtes, die wir Ivo von Chartres († 1115) verdanken, sind im achten und elften Buch eingehende Bestimmungen über den Zauberglauben enthalten. Sie fußen zum größten Teil auf Burkhards 10. Buch. Von besonderer Bedeutung ist, daß bei Ivo die Zauberei zum erstenmal auch in den das kirchliche Eherecht behandelnden Bestimmungen erscheint, und zwar wegen jener Impotentia ex maleficio, die bekanntlich einen uralten Bestandteil des Zauberglaubens bildete. Schon Hinkmar, der in St. Denis erzogene Erzbischof von Reims, wurde im Jahre 860 zur gründlichen Erörterung der Frage veranlaßt, „ob die Ansicht vieler richtig sei, daß Frauen durch Malefizien unüberwindlichen Haß und geschlechtliches Unvermögen zwischen Eheleuten und unsägliche Liebe zwischen Männern und Weibern hervorrufen könnten". Der schmähliche Ehescheidungshandel zwischen König Lothar II. und Teutberga war die Ursache des Gutachtens. Waldrada, Lothars Konkubine, sollte ihn durch Zauberkünste unfähig gemacht haben, die Ehe mit seiner Gattin zu vollziehen. Hinkmar ist vollkommen von der Tatsächlichkeit solcher Vorgänge und ihrer Ausführung durch Verbindung des Menschen mit Teufeln überzeugt. Einer seiner Bischöfe hatte durch kirchliche Mittel einem in dieser Form bezauberten jungen Mann den Verkehr mit seiner Frau ermöglicht. Das Bedürfnis solcher Untersuchungen war durch die seit dem neunten Jahrhundert wieder stärker betonte Unlöslichkeit der Ehe bedingt. Ivo von Chartres übernimmt Hinkmars Ansicht von der durch Maleficium erzeugten Impotenz und erklärt in Übereinstimmung mit Hinkmar, daß eine Ehe, die wegen des mit Erlaubnis des dunkeln, aber niemals ungerechten göttlichen Gerichts und mit Hilfe des Teufels bewirkten Eingreifens von Sortiariae und Maleficae nicht vollzogen werden könne, dann, wenn die kirchlichen Mittel das Hindernis nicht zu beseitigen vermöchten, getrennt werden, und daß den betreffenden Gatten eine neue Ehe gestattet werden dürfe.

Das Angeführte möge genügen, um an einigen wesentlichen Stücken zu zeigen, wie der Aberglaube der heidnischen Römer und Griechen sich auch auf ihre christlichen Nachkommen und durch diese auf die Christen überhaupt vererben konnte. Auch bei den germanischen Völkern ist allerdings nach ihrer Bekehrung ganz ohne Zweifel ein guter Rest alter Vorstellungen geblieben. Daß zu diesem Reste aber auch noch Griechisch-Römisches in Menge aufgenommen werden mußte, liegt teils in dem vielfachen Verkehr mit den Römern selbst, teils in dem großen Einfluß, den griechische und römische Bildung auf die Gestaltung des kirchlichen Lehrstoffes ausübte.

Meister mit dem Vogel: Satyrweib (Berlin, Kgl. Kupferstich-Kabinett)

Aber neben und mit dem Glauben fanden auch Übungen, die in ihm Wurzel schlagen, bei den Christen Eingang. Die Konzilienschlüsse und die Schriften der Kirchenväter liefern hierfür deutliche Beweise. Es ist hier nicht bloß die Rede von den zahlreichen Ketzern und Sekten der früheren Zeit, denen oft dergleichen Dinge vorgeworfen wurden, wie Simon dem Magier, den Basilidianern, Karpokratianern, Marcioniten, Montanisten, Manichäern und Priscillianisten. Die Nachrichten über alle diese sind teils so allgemein gehalten, daß man über die Gattung der ihnen vorgeworfenen Magie im Ungewissen bleibt und nur bei einigen etwa auf Philtra, astrologischen Aberglauben, Amulette und magische Ringe schließen darf; teils rühren sie von den Gegnern her und stimmen mit dem sonst bekannten Lehrsystem der Beteiligten wenig überein. Wir reden hier ganz besonders von demjenigen, was unter ganz rechtgläubigen Christen selbst im Schwange war.

Betrachten wir zunächst die Heilkunde.

Bereits seit dem vierten Jahrhundert galt es als eine lächerliche Behauptung, daß die Krankheiten nicht von dämonischer Einwirkung, sondern von Verderbnis der Säfte und anderen organischen Störungen herrührten. Die Annahme des Dämonischen in den Krankheiten, von der alle theurgische Therapie ausgeht, läuft rückwärts bis zu den Akkadern, den Urbewohnern Chaldäas. Agobard von Lyon, der alle dämonischen Krankheiten leugnete, steht noch im neunten Jahrhundert hierin ebenso vereinzelt unter seinen Zeitgenossen wie in allen übrigen Erkenntnissen seines klaren Geistes. Darum gebrauchte man selten wirklich arzneiliche Substanzen, und in diesen seltenen Fällen waren es auch nur die im achten oder neunten Jahrhundert entstandenen Rezeptensammlungen, die man zu Rat zog, mißratene Kompilationen grober Empiriker, die ihrerseits wiederum den älteren Plinius ausgebeutet hatten. Desto häufiger behandelte man dafür die Kranken mit Chrisam, Handauflegen, Besprengung mit Weihwasser, Formeln usw. Diese Art liturgischer oder ritualistischer Medizin war frühzeitig zum Monopol des Klerus oder der Mönche geworden. Essenische und neuplatonische Theurgie hat sich mit untergemischt, und selbst die Kunstgriffe der Asklepiaden wurden nicht verschmäht; wer nicht geheilt war, der hatte den Glauben nicht. Solche Mittel ließen sich Theodosius und Justinian gefallen; ja zuweilen traten christliche Kleriker mit solchen Waffen gegen heidnische Zauberer in die Schranken, wie denn der Bischof Maruthas den persischen König Jezderdgerd, der von den Magiern bereits aufgegeben war, mit Gebet und Sprüchen heilte. Mit Gebet und geweihtem Öl bringt der heilige Martin bei Venantius Fortunatus eine Gelähmte, die schon in den letzten Zügen liegt, zu augenblicklicher Genesung; mit Chrisam und Kreuzeszeichen behandeln Hospitius, Eparchius und andere Einsiedler die Taubstummen, Blinden, Blatternkranken und Aussätzigen, und bei Gregor von Tours ist zu lesen, daß die Kranken unmittelbar darauf hörten, sprachen, sahen und rein wurden. Durch den Exorzismus erhoben sich die Geistlichen zu Gebietern der Dämonen; den Reliquien, dem Rosenkranze, dem Agnus Dei legten sie Schutzkräfte bei wie kein Römer jemals einem Phylakterium.

Als der Bischof Gregor von Tours († 594) – so erzählt er selbst in seinem zweiten Buche von den Wundern des heiligen Martin– an einer schweren Ruhr darniederlag und alle ärztliche Kunst erfolglos aufgeboten worden war, sandte er einen Diakonus und ließ etwas Staub vom Grabe Martins holen. Daraus mußte der Arzt nach Vorschrift einen Trank bereiten, der Kranke genoß davon, fühlte sich erleichtert und begab sich am selben Tag drei Stunden nach der Anwendung des Mittels vollkommen gesund zum Mahle, fest überzeugt, daß er seine Genesung nur der Kraft des heiligen Staubes verdanke.

Die Verehrung solcher Heilungen stieg bis zu dem Grade, daß sie dem ärztlichen Heilverfahren feindlich entgegentrat und den Gebrauch natürlicher Mittel als strafwürdigen Eingriff in das Gebiet des Göttlichen erscheinen ließ. Wie er selbst bloß um eines frevlerischen Gedankens willen bestraft wurde, erzählt der gläubige Gregor im 60. Kapitel des angeführten Buches. Neunundneunzig Wundertaten des heiligen Martin hatte er bereits beschrieben und sah sich eben nach der hundertsten um, da wurde die linke Seite seines Kopfes plötzlich von so heftigem Schmerze befallen, daß die Adern ungestüm schlugen und die Tränen rannen. Einen Tag und eine Nacht hindurch ertrug er diese Leiden, begab sich dann in die Kathedrale zum Gebete und berührte die kranke Stelle mit dem Vorhange, der das Grab des Heiligen verbarg. Im Augenblick erfolgte Linderung. Nach drei Tagen befiel dasselbe Leiden die rechte Seite, und das gleiche Mittel half zum zweiten Male. Als er aber einige Zeit darauf einen Aderlaß angewandt hatte, da gab ihm drei Tage darnach der Böse, wie er meint, den Gedanken ein, daß sein früherer Kopfschmerz nur vom Blute hergekommen sein möge und ohne Zweifel durch unverzügliche Öffnung einer Ader auf natürlichem Wege eine baldige Abhilfe gefunden haben würde. Aber noch während dieses Gedankens fühlt Gregor seinen ganzen Kopf von dem alten Schmerze wieder furchtbar zerrissen. Er eilt reuig zur Kirche, fleht um Vergebung, berührt das Haupt mit dem Vorhange und sieht sich in kurzem vollkommen hergestellt.

Das Seitenstück hierzu liefert die Geschichte des Archidiakonus Leonastes zu Bourges. Dieser litt am Star, und kein Arzt vermochte ihm zu helfen. Endlich begab er sich in die Basilika Martins und brachte dort zwei oder drei Monate unter beständigem Fasten und Beten zu. Da wurde ihm an einem Festtage das Augenlicht wiedergegeben. Er eilte nach Hause, bestellte einen jüdischen Arzt und setzte auf dessen Rat zur Vollendung der Kur Schröpfköpfe an den Hals. Nun ereignete es sich aber, daß in demselben Maße, wie das Blut floß, die Blindheit wieder einzog. Voll Scham kehrte Leonastes zur Kirche zurück, betete und fastete wie zuvor, wurde aber der Wiederherstellung nicht gewürdigt. „Jeder Mensch" – schließt Gregor seine Erzählung – „möge aus dieser Begebenheit die Lehre ziehen, daß er, wenn ihm einmal die Wohltat wurde, himmlische Arznei zu erhalten, nicht wieder zu irdischen Künsten seine Zuflucht nehmen solle." Auch der heilige

Willibald wurde durch den Besuch der Kreuzkirche in Jerusalem vom Star geheilt. Ebenso war im alten Skandinavien die Heilkunde der Versuch, mit Hilfe der guten Geister die bösen aus dem Leibe des Kranken zu vertreiben, wie dies ja wohl bei den meisten Naturvölkern der Fall ist.

So ließ der Geist der Zeit die religiöse Therapie ihre Triumphe feiern über die pharmakologische, daß es scheinen mochte, als wäre die alte Zeit der griechischen Heiltempel jetzt in die christlichen Dome eingezogen, nur glänzender und mächtiger. Glaubten die Alten, durch Beschwörungen, Namen, Bilder und Zeichen Wirkungen, die außer dem Kreise der täglichen Erscheinungen lagen, hervorbringen zu können, so überbot sie der christliche Klerus noch um vieles, und zwar bis in die neueste Zeit herab. In den Exorzismen, schon in den frühesten Zeiten herübergenommen aus dem Judentum und später mannigfaltig erweitert und verändert, tönen die Namen Gottes und der heiligen Jungfrau durch alle Zungen und Synonymen hin; mit ihnen trieb man Teufel aus, gab dem Wasser die Kraft, im Gottesurteil den Schuldigen, wie man wollte, zu verschlingen oder auszustoßen, nahm dem Feuer seine Glut, wenn es die Glieder des Unschuldigen berührte, und stählte die Waffen des Kämpen zum Siege für die gerechte Sache. Aberglauben gegen Aberglauben stellend, empfehlen noch die Jesuiten Schott und David gegen Bezauberungen Heiligengebeine, Weihwasser und Agnus Dei. Papst Sixtux IV. erklärte durch eine Bulle vom 22. März 1471 das Verfertigen und Vergaben solcher Gotteslämmer für ein ausschließliches Recht des Papstes. Ihm zufolge erwirkt ihr Berühren außer der Sündenvergebung auch Sicherheit gegen Feuersbrunst, Schiffbruch, Sturm, Gewitter und Hagelschlag. Solche heilige Amulette, wie sie der Jesuit Delrio nennt, hing man später auch den verstockten Hexen im Verhöre um, und die Gesellschaft Jesu versichert, daß dann bei Anwendung der Folter alle vom Teufel geschenkte Unempfindlichkeit gegen den Schmerz verschwunden sei.

Wie die Priester mit der Divination verfuhren, lehrt eine naive Erzählung des Bischofs von Chartres, Johannes von Salisbury († 1181). Als er die Psalmen lernte, ließ der Priester, der ihn lehrte, ihn und einen andern Knaben zuweilen in ein spiegelblankes, mit Chrisma bestrichenes Becken schauen, um gewisse Aufschlüsse, die andre Personen begehrten, darin zu finden und mitzuteilen. Der Mitschüler zeigte sich anstellig und redete von allerlei Gestalten in nebelhaften Umrissen; Johann aber sah beim besten Willen nichts als ein blankes Becken und wurde in der Folge nicht mehr zugezogen. Wir haben hier ganz die alte Katoptromantie, nur mit dem Zusatze des geweihten Öles.

Mag es sein, daß Fälle wie der erwähnte mehr vereinzelt und ohne kirchliche Autorität vorkamen; es ist hier aber doch noch eines Gegenstandes zu gedenken, bei dem weder die allgemeine Verbreitung, noch die Genehmigung der höchsten Kirchenlehrer zweifelhaft ist. Es sind dieses die sogenannten Sortes Sanctorum, zuweilen auch Sortes Apostolorum oder Prophetarum genannt. Wie die Griechen ihre Stichomantie aus Homer, die Römer ihre virgilischen Lose hatten, so suchten die Christen Rat in den zufällig aufgeschlagenen Stellen der Bibel. Schon Augustin kennt diese Gewohnheit. Nach seiner Lehre zeigt das Los dem zweifelnden Menschen den göttlichen Willen an; er bezeichnet auch die Sortilegien aus der Bibel als göttliche Orakel, mißbilligt aber, daß man sie in weltlichen Geschäften zu Rate ziehe. In Gallien wurden sie indessen in weltlichen wie geistlichen Dingen bald so allgemein, daß die Konzilien auf Beschränkung denken mußten. Bei Gregor von Tours finden sich Beispiele in Menge.

Als Prinz Merowig, Chilperichs I. Sohn, auf Befehl des Vaters zum Priester geschoren, im Dome zu Tours eine Freistätte gesucht hatte, begab er sich, irre geworden an einem von einer Wahrsagerin erhaltenen Ausspruche, zu dem Grabe des heiligen Martin, legte auf ihn die Psalmen, die Bücher der Könige und die Evangelien und betete zu dem Heiligen, daß er ihm mit Gottes Hilfe offenbaren möge, ob er einst den Thron besteigen werde oder nicht. Nach dreitägigem Fasten trat er abermals zum Grabe, schlug die drei Bücher nacheinander auf und wurde über den Inhalt der gefundenen Stellen so bestürzt, daß er mit seinem Guntram wegzog und sich bald darauf von einem vertrauten Diener mit dem Schwerte durchbohren ließ.

Als Prinz Chramnus seinen Vater Chlotar stürzen wollte, ließ auch er sich unter den Augen des heiligen Tetricus zu Dijon von drei Priestern ein Orakel geben.

Mehr mit Augustins Ansicht von der Heiligkeit der göttlichen Orakel mag der Gebrauch übereinstimmen, den man bei streitigen Bischofswahlen von ihm machte. Durch sie wurde Martin auf den Stuhl von Tours, der heilige Anianus auf den von Orleans erhoben. Aber auch in nicht streitigen Fällen pflegte man bei der Einweihung von Bischöfen und Äbten unter bestimmten Feierlichkeiten die Schrift aufzuschlagen, um, wie man es nannte, dem Neugewählten das Prognostikon zu stellen. Hiervon berichtet als von einer althergebrachten Sitte das Kapitel von Orleans an Alexander III.; gleiches erzählt Wilhelm von Malmesbury von der Einweihung der berühmten Kirchenlehrer Lanfranc und Anselm von Canterbury.

Die Entscheidung zweifelhafter Fälle aus Zetteln, die man, mit Ja und Nein oder andern kurzen Antworten beschrieben, unter dem Altartuche hervorzog, ist ebenfalls alt und von den angesehensten Männern ausgeübt worden. Durch sie bestimmt, eilte der heilige Patroklus von Bourges in die Einsamkeit, durch sie wurde auch der Leichnam des heiligen Leodegar dem Bischof von Poitiers zugesprochen, als sich die Bischöfe von Autun und Arras darum stritten. Ja, daß man im neunten Jahrhundert in England selbst vor Gericht das Los zum gewöhnlichen Entscheidungsmittel gemacht hatte, beweist ein Verbot, das von Leo IV. an die britische Geistlichkeit erlassen wurde.

So trieb man eine Art christlicher Magie mit dem Ritual der Kirche. Das sah auch im 14. Jahrhundert der Kanzler Gerson († 1363) ein und suchte, was er nun einmal nicht abschaffen konnte, wenigstens zum Besten zu kehren.

Betrachten wir nun die Stellung der Kirche zur eigentlichen Zauberei und zum Zauberglauben.

Sobald die Verfolgung der Christen aufhörte und die Kirche zum Frieden gelangte, so daß sie auf Synoden ihre Angelegenheiten ordnen konnte, sahen wir sie auch sofort dem Aberglauben und der Zauberei, Wahrsagerei usw. als heidnischem Unwesen eifrigst entgegentreten, wobei freilich anfangs von der Kirche der Glaube an die Möglichkeit wahrer Zauberei und magischer Malefizien nur allzu stark ausgesprochen wurde. Schon die Synode zu Elvira (von 306) verordnete in Kan. 6, daß, wenn jemand durch ein „maleficium" (d. h. durch Zauberkünste) einen anderen töte, er bestraft werden sollte und ihm selbst auf dem Totenbette das Abendmahl nicht gereicht werden dürfe, „weil ein solches Verbrechen ohne Götzendienst (Idololatrie) nicht möglich sei". Ebenso bedrohte die Synode zu Ancyra im Jahr 314 „alle, die wahrsagen und den Gewohnheiten der Heiden folgen oder Leute (Zauberer) in ihr Haus aufnehmen behufs der Entdeckung von Zaubermitteln oder zum Zwecke von Sühnungen", dann die gewöhnlich mit zauberischen Mitteln versuchte Abtreibung der Leibesfrucht mit kanonischen Strafen; worauf die hochwichtige (im Anfange der zweiten Hälfte des vierten Jahrhunderts versammelte) Synode zu Laodicäa im Jahre 375 in Kan. 36 dekretierte, „daß die höheren und niederen Kleriker keine Zauberer, Beschwörer, Mathematiker oder Astrologen sein, noch auch sogen. Amulette tragen und fertigen sollen, die Fesseln für ihre eigenen Seelen sind" – bei Strafe der Exkommunikation. Ähnliche Strafen wie diese Synoden bestimmen die gleichzeitigen kanonischen Briefe vom h. Basilius und vom h. Gregor: Zauberei und die mit Götzendienst verbundene Wahrsagerei wird dem Totschlag gleichgestellt und mit neun bis zwanzig Jahren Buße belegt. Wer Zauberer und Wahrsager in sein Haus nimmt, büßt sechs Jahre.

Auch in den folgenden Jahrhunderten sehen wir die Synoden der Kirche dieselbe Stellung zur Zauberei und Wahrsagerei einnehmen, wie auf der Synode zu Elvira, indem sie diese als Überbleibsel des Heidentums (die meistens sich noch mit Resten heidnischer Kulte in Zusammenhang erhalten hatte) verpönte und verfolgte. So trat das Konzil zu Orles (443 oder 452) der Verehrung von Bäumen, Felsen, Quellen usw. entgegen. Der Gebrauch der Sortes Sanctorum zur Erforschung der Zukunft wurde von der Synode zu Vannes in der Bretagne im Jahr 465 (Kan. 16) den Klerikern und von dem westgotischen Konzil zu Agde in Südgallien im Jahr 506 (Kan. 42) auch den Laien bei Strafe der Exkommunikation untersagt. – Die erste Synode zu Orleans im Jahr 511 verbot (Kan. 30) alle „Wahrsagerei, Augurien und Sortes Sanctorum". – Das Provinzialkonzil zu Elusa (551) bestimmte für Zauberer, wenn sie höheren Ständen angehörten, die Exkommunikation, für Niedere und Sklaven Peitschung durch den Richter, also durch die weltliche Gewalt. Das Provinzialkollegium zu Narbonne ordnete dasselbe an, setzte nur für Freie statt der Prügel Verkauf in die Sklaverei zum Besten der Armen fest. Die zu Konstantinopel gehaltene Synodus quinisexta oder trullanische Synode von 692 verbot in Kan. 61 und 62 die Wahrsagerei, das Nativitätstellen, Wolkenvertreiben, Zaubern,

Verteilen von Amuleten und allerlei andere Reste des griechisch-römischen Aberglaubens, die Kalendenfeste, die Bota (zu Ehren des Pan), die Brumalia (zu Ehren des Bacchus), die Versammlungen am 1. März, öffentliche Tänze der Frauen, die Verkleidungen von Männern und Weibern, das Anziehen komischer, satyrischer und tragischer Masken, das Anrufen des Bacchus beim Weinkeltern und dergleichen altheidnische Überlieferungen mehr. – Beschlüsse im ähnlichen Sinne hatten schon vorher die Synoden zu Tours von 567, zu Auxerre von 578 und zu Lenia um 630 gefaßt. Aus dem Jahr 693 liegt ein Beschluß der sechzehnten Synode zu Toledo vor, der es den Bischöfen, Priestern und Richtern zur Pflicht macht, die in Spanien noch immer vorhandenen Reste des Heidentums als: Verehrung von Steinen, Bäumen und Quellen, das Anzünden von Fackeln, Wahrsagerei, Zauberei u. dgl. gänzlich auszurotten. Ebenso untersagte eine römische Synode im Jahr 743, die Kalenden des Januar und die Brumalien (Bacchusfeste am 25. Dezember) nach heidnischem Aberglauben zu begehen.

Daneben regte sich in der Kirche aber auch jetzt schon der Gedanke, daß alle Zauberei nur nichtiger Teufelsspuk sei.

Die zweite spanische Synode zu Braga (Bracara) im Jahr 563, die sich namentlich mit dem Priszillianismus beschäftigte, dekretierte nämlich im Kan. 8: „Wer da glaubt, daß der Teufel, weil er einige Dinge in der Welt hervorgebracht hat, auch aus eigener Macht Donner und Blitz, Gewitter und Dürre mache, wie Priscillian gelehrt, der sei verflucht!"

Unter den Kirchenlehrern des fünften und sechsten Jahrhunderts waren sogar nicht wenige, die vor aller Zauberei, auch vor der, die mit christlichen Formeln und Amuletten getrieben wurde, nachdrücklichst warnten. Dahin gehört z. B. der erleuchtete Patriarch Chrysostomus von Konstantinopel († 407), der gefeiertste Kanzelredner der alten Kirche, der in seinen Predigten und Traktaten zum öfteren den unter den Gliedern der Kirche herrschenden Aberglauben ins Auge faßt. „Du gebrauchst", sagt er z. B. in seiner Schrift „von dem Schmuck der Weiber", „nicht nur Amulette, sondern auch Zauberformeln, indem du trunkene und taumelnde alte Weiber in dein Haus einführst. Und du schämst dich nicht bei dem christlichen Unterrichte, den du empfangen, dich zu solchen Dingen zu wenden? Ja, man glaubt sich noch damit zu entschuldigen, daß das Weib eine Christin ist und nichts anderes spricht als den Namen Gottes! Gerade deshalb hasse und verabscheue ich sie um so mehr, weil sie den Namen Gottes schändet und, während sie eine Christin ist, heidnische Werke treibt." An einer andern Stelle (30. Homilie zum Ev. des Matth.) sagt er: „Die Priester hängen dem Menschen Phylakterien um den Hals, einige auch ein Stück des Evangeliums. Sage, du törichter Priester, wird nicht täglich das Evangelium in der Kirche gelesen und gehört? Wenn nun das Evangelium, das zu seinen Ohren dringt, nicht nützt, wie wird es ihn retten, so es ihm um den Hals gehängt ist? Ferner: worin besteht die Kraft des Evangeliums, im geschriebenen Buchstaben oder im Geiste? Wenn im Buchstaben, dann hänge es füglich um den Hals; wenn aber im Geiste, dann ist es heilsamer, wenn du es zu Herzen nimmst, als wenn du es um den Hals hängst."

Meister F. V. B.
Dämonen quälen den hl. Antonius

Über die Frage nach den gegen die Zauberei zur Anwendung zu bringenden Strafmitteln konnte die Kirche bei der in ihr feststehenden Auffassung der Zauberei kaum zweifelhaft sein. Sie galt als heidnisches Unwesen; daher konnte die Kirche, wenn kirchliche Belehrung und Warnung erfolglos blieben, gegen Zauberer und Zauberinnen nur mit dem Ausschluß aus ihrer Gemeinschaft vorgehen. In dieser Beziehung gewahren wir in den Beschlüssen der zahlreichen Synoden des fünften, sechsten und siebenten Jahrhunderts die vollste Übereinstimmung.

Dagegen lassen die bürgerlichen Gesetze dieser Periode gegen die Zauberei eine solche Übereinstimmung weniger erkennen. Allerdings war es natürlich, daß sich bei denjenigen germanischen Völkern, die durch die große Wanderung mit den Römern in die nächste Berührung kamen, auch Abhängigkeit von römischem Wesen, insbesondere von den Bestimmungen der christlichen Kaiser, zeigen mußte; aber nach und nach sehen wir das Gesetz der emporstrebenden Völker sich frei machen. So bediente sich der Ostgote Theodorich ganz der in Rom für die Magier bestehenden Strafen, drang aber auf den Schutz der unschuldig Angeklagten. Wer durch Zauberei Felder und Weinberge mit Hagel beschädigte oder einen Menschen krank machte, dem bestimmte das westgotische Gesetz 200 Peitschenhiebe, Abscheren des Haars und Gefängnis oder Verweisung. Wer einen Zauberer zu Hilfe nahm, erlitt ebenfalls körperliche Züchtigung und durfte vor Gericht nicht mehr zeugen; betraf es aber eine Anfrage wegen des Todes des Fürsten oder überhaupt eines Menschen, so fiel der freie Mann noch außerdem mit seinem ganzen Vermögen dem Fiskus anheim. In ähnlicher Weise war auch die Gewohnheit der Richter verpönt, bei ihren Untersuchungen sich zur Ermittlung des Tatbestandes der Hilfe von Wahrsagern zu bedienen. In diesem Gesetz wird der Gedanke durchgeführt: die Wahrheit komme von Gott, die Lüge vom Teufel; man solle die verborgene Wahrheit nicht durch das Prinzip der Lüge aufsuchen. Im bayerischen Gesetzbuche suchte man besonders zwei Arten von Malefizien vorzubeugen: der zauberischen Weihung der Waffen vor dem Wehadinc oder gerichtlichen Zweikampfe und der Bezauberung der Ernte auf einem fremden Acker, die das Gesetz Aranscarti (Ährenscharte) nennt. Die Lex Salica, setzte die Möglichkeit, daß eine Striga einen Menschen aufzehren könne, voraus und bestimmt für den Fall der Überführung eine Geldbuße von 200 Solidi, also die Strafe des Totschlags; eine fast ebenso hohe Strafe stand aber auch auf der falschen Beschuldigung der Teilnahme an zauberischen Handlungen. Bei den Langobarden verordnete Rothars Gesetz für die Beschuldigung der Hurerei und Zauberei die Probe des Zweikampfs und setzte eine Strafe für die

Überführten an; es erhebt sich aber schon hoch genug über das salische, um den Glauben, daß eine Striga oder Masca den Menschen innerlich aufzehren könne, für ungereimt und unchristlich zu erklären und jede unerwiesene Beschuldigung oder eigenmächtige Tötung einer angeblichen Striga mit angemessener Strafe zu belegen. Eine spätere Verordnung Liutprands bestraft den, der Wahrsager befragt oder verbergen hilft, auch die Richter, Schultheissen und Dekane, die sich in der Aufspürung lässig zeigen, um die Hälfte ihres eignen Wehrgeldes. Auch sollte es nicht gestattet sein, vor dem Gottesgerichte Chrisma zu trinken, um dadurch gegen Recht und Wahrheit sich einen günstigen Ausgang zu bereiten.

Wie oft oder selten, wie strenge oder gelind diese Strafbestimmungen zur wirklichen Anwendung gekommen sein mögen, darüber geben die Geschichtsschreiber vor Karl d. G. nur unvollständige Auskunft. Glücklicherweise aber sind wir bezüglich desjenigen Volks, das unter allen europäischen bald die erste Stelle einnehmen sollte, nicht ohne die nötige Auskunft. Was Gregor von Tours in zerstreuten Mitteilungen über den Zustand der Dinge unter den Franken berichtet, läßt eine ganz auffallende Milde und Mäßigung erkennen. Zwar fehlt es nicht an Beschuldigungen der Zauberei, aber sie führen nur dann zu blutigem Ende, wenn das Pelopidenhaus der Merowinger unmittelbar dabei beteiligt ist. Es mögen einige Vorfälle kurz berührt werden.

Als die Königin Fredegund zwei Söhne, die Prinzen Chlodobert und Dagobert, an einer Epidemie verloren hatte, ließ sie sich nicht ungern überreden, ihr verhaßter Stiefsohn Chlodowig habe die Kinder durch die bösen Künste der Mutter seiner Buhlerin aus dem Wege geräumt. Das Weib wurde eingezogen und ließ sich unter den Qualen einer langen Folter ein Geständnis abpressen. Fredegund erhob jetzt ein Rachegeschrei und brachte Chilperich, ihren Gemahl, dahin, daß er seinen Sohn der Wütenden preisgab. Der Prinz fiel unter den Messerstichen gedungener Mörder, das verhaftete Weib aber wurde trotz ihres Widerrufs lebendig verbrannt.

Bald darauf raffte die Ruhr einen dritten Sohn Fredegundens hin. Nach diesem Todesfalle äußerte der Majordomus Mummolus gelegentlich bei Tische, als er Gäste hatte, er habe ein Kraut, dessen Absud auch den hoffnungslosesten Ruhrkranken in kurzer Zeit wiederherstellen könne. Fredegund erfährt dies, greift etliche Weiber auf und zwingt sie durch die Folter zu dem Geständnisse, daß sie den Prinzen durch Zauberkünste für das Wohlergehen des Majordomus hingeopfert haben. Sie werden teils verbrannt, teils gerädert; die Reihe der Tortur kommt nun an Mummolus. Doch dieser bekennt nichts, ausgenommen, daß er von jenen Weibern zuweilen Salben und Getränke erhalten habe, die dazu dienen sollten, ihm die Gnade des Königs und der Königin zu erwerben. Von der Folter herabgenommen, sagt er zum Büttel: „Melde dem König, meinem Herrn, daß ich nichts Übles empfinde von dem, was man mir zugefügt hat.“ Da sprach Chilperich: „Muß denn dieser Mensch nicht ein Zauberer sein, wenn ihm alle diese Strafen nicht wehe getan haben?“ Und Mummolus wird von neuem gegeißelt und soll, nachdem man ihm Pflöcke unter die Nägel getrieben hat, enthauptet werden; doch die Königin verfügt endlich seine Begnadigung und verweist ihn nach Bordeaux. Mummolus aber starb auf der Reise an den Folgen der erlittenen Peinigung.

Bei den Karolingern vertrieben 830 die Söhne Kaiser Ludwigs des Frommen aus seiner ersten Ehe die im Kaiserpalast befindlichen Sortilegae, Wahrsager und Zauberer, um deren dämonischen Einfluß auf den Herrscher zu vernichten.

König Lothar I. ließ im Jahre 834 die Nonne Gerberga, Tochter des Grafen Wilhelm von Toulouse, als Malefica und Veneficia ertränken.

Ein weiterer Fall ereignete sich in Bayern. Gelegentlich des Regensburger Reichstages von 899 wurde König Arnulf von einem Schlaganfall getroffen, dem er erlag. Es entstand der Glaube, daß der im kräftigsten Mannesalter stehende König durch ein ihm beigebrachtes Mittel verzaubert worden sei. Ein dieser Tat verdächtiger Mann wurde zu Öttingen enthauptet, ein anderer entfloh. Einer Frau, namens Rudpurg, die als Urheberin des Verbrechens galt, wurde das Geständnis abgefoltert und sie dann zu Aibling in Oberbayern an den Galgen geknüpft.

Schon die Verschiedenheit in den Bestrafungen würde hinlänglich dartun, daß mehr nach der Laune der Machthaber, als nach gesetzlichen Bestimmungen verfahren wurde; wir werden aber um so mehr mit der fränkischen Praxis ausgesöhnt werden, wenn wir den vereinzelten Ausbrüchen merowingischer Grausamkeit das milde Verfahren der geistlichen Behörden entgegenhalten.

Eine Leibeigene in der Diözese von Verdun hatte sich aufs Wahrsagen gelegt. War irgendwo ein Diebstahl begangen worden, so gab sie den Täter, den Hehler und das Schicksal des gestohlenen Gegenstandes an. Sie erwarb sich dadurch ihre Freilassung, Gold und Silber in Menge und zog in kostbarem Schmucke umher. Der Bischof Agerich, dem sie vorgeführt wurde, behandelte sie als Besessene, versuchte den Teufel durch Salbungen auszutreiben, brachte ihn auch zu lautem Aufschreien. Da er aber doch nicht weichen wollte, ließ er das Mädchen in Frieden ziehen.

Ein andermal erschien zu Tours ein gewisser Desiderius, der sich großer Wundergaben rühmte und mit den Aposteln Petrus und Paulus einen Botenwechsel zu unterhalten vorgab. Blinde und Lahme strömten zu ihm; er ließ sie durch seine Diener an Armen und Beinen zerren und recken, daß etliche unter der Kur den Geist aufgaben. Öffentlich erschien er in einem Gewande von Ziegenhaaren und war enthaltsam in Speise und Trank, in seinem Zimmer aber schlang er mit so großer Gier, daß der Diener kaum genug herbeischaffen konnte. Obgleich man nun die Überzeugung hatte, daß dieser Mann durch teuflische Nekromantie seine Kuren betreibe, so begnügte man sich doch mit einfacher Verweisung aus dem Weichbilde der Stadt.

Die angeführten Züge charakterisieren hinlänglich den Geist, der schon vor Karl d. G. bei den Franken im Kirchenregimente waltete. Die Zeit war arm an Einsicht in den einfachsten Zusammenhang der Dinge und darum geneigt, in allem einigermaßen Auffallenden, was sich ihrem Blicke darbot, Wunder zu erkennen; aber dem Wunderglauben, der dem rohen Menschen natürlich ist, wohnte, eben weil er damals aus dem Volksgeiste selbst hervorging und nicht erst durch künstliche Mittel geschaffen und erhalten wurde, etwas Harmloses inne. Je weniger die Kirche ihre geheimnisvollen Heilwirkungen durch Zweifel und Unglauben bestritten sah, desto weniger bedurfte sie für sie eines Reliefs durch den Gegensatz diabolischer Greueltaten. Der Klerus, damals noch nicht zu ungemessener Machtausdehnung emporstrebend, war desto tätiger in seinem beschränkteren Kreise und achtete es für christlicher, durch Lehre und gemäßigte Zuchtmittel den Fehlenden noch für diese Welt zu bessern, als den sterblichen Körper den Flammen zu überliefern. Dieser gesunde Sinn, der sich auch in den Verfügungen der gallischen Konzilien vielfach ausspricht, mag wohl beachtet werden, wenn bei der Würdigung des merowingischen Zeitalters die ihm allerdings nicht ohne Grund vorgeworfenen Gebrechen über Gebühr hervortreten wollen.

Die entschiedenste Stellung zum überlieferten Zauberglauben nahm aber das Frankenreich unter der Herrschaft der Karolinger ein, indem in dieser Periode der deutsche Geist – der damals gegen den byzantinischen Bilderdienst die kräftigste Opposition machte – nicht nur die Reinigung der Kirche und des Volkslebens von allem Zauberwerk mit der größten Energie anstrebte, sondern auch mit dem Zauberglauben selbst ein für allemal brechen zu wollen schien.

Das am 21. April 742 unter Karlmann versammelte erste deutsche Nationalkonzil, gewöhnlich Concilium Germanicum genannt, befahl in Kan. 5: „Jeder Bischof soll in seiner Parochie mit Beihilfe des Grafen, der Schützer seiner Kirche ist, darauf bedacht sein, daß das Volk keine heidnischen Gebräuche mehr beobachte, als da sind: heidnische Totenopfer, Losdeuterei, Wahrsagerei, Amulette, Augurien, heidnische Opfer, welche die Toren oft neben den christlichen Kirchen den Märtyrern und Bekennern darbringen, oder die sakrilegischen Feuer, die sie „Nodfyr“ nennen.“ Karlmann bekräftigte diesen Synodalbeschluß noch einmal im März 743 auf einer Versammlung zu Lestines (Liptinae) im Hennegau. Auf die Beobachtung heidnischer Gebräuche wurde hier im Anschluß an eine Bestimmung von Karlmanns Vater eine Strafe von 15 Solidi gesetzt.

Karl der Große wiederholte diese Bestimmungen, ging aber in seiner Auffassung der Zauberei – und die Kirche des Frankenreiches mit ihm – noch weiter. Er bestätigte nämlich den Beschluß, den die im Jahr 785 zu Paderborn versammelte Synode in Kan. 6 aufgestellt hatte: „Wer vom Teufel verblendet nach Weise der Heiden glaubt, es sei jemand eine Hexe und fresse Menschen, und diese Person deshalb verbrennt oder ihr Fleisch durch andere essen läßt, der soll mit dem Tode bestraft werden.“ Allerdings bestimmt er dann wieder im sächsischen Kapitular (etwa 787), daß alle Wahrsager und

Zauberer der Kirche als Sklaven zu übergeben seien. Mit dem Tode sollte bestraft werden, wer dem Teufel, d. h. einer heidnischen Gottheit, opferte.

Nach dem Synodalbeschluß von 785 wird also mit dem Tode nicht die Zauberei, sondern der Glaube an sie bedroht. Daß aber diese Stellung der fränkischen Kirche zum überlieferten Zauberglauben nicht auf der Autorität des großen Kaisers beruhte, sondern in dem Geiste des fränkischen Staats- und Kirchenwesens begründet war, wird durch die Äußerungen des angesehensten und hervorragendsten Geistlichen bewiesen, den die fränkische Kirche unmittelbar nach Karls Tode aufzuweisen hatte.

Agobard, aus Spanien gebürtig, von 816 bis zu seinem Tode (840) Erzbischof von Lyon – unter den Geistlichen des fränkischen Reiches nach Karl d. G. Tode unstreitig der hervorragendste – war (trotz der Beschlüsse des Nizäner Konzils von 787), wie aus seiner Schrift de imaginibus zu ersehen ist, der entschiedenste Bekämpfer des Bilderdienstes (indem die Bilder der Gotteshäuser wohl zur Erinnerung, nicht aber zur Verehrung dienen sollten), der Ordalien (insbesondere der gerichtlichen Zweikämpfe) und des Aberglaubens jeder Art. Aus einer Schrift Agobards (um 820) Liber contra insulsam vulgi opinionem de grandine et tonitruis ersieht man, daß damals der Hexenglaube als Glaube an Wettermacherei bestand. Gegen diesen Wahn hebt nun Agobard hervor, daß Gott nicht nur der Schöpfer, sondern auch der Lenker aller Dinge sei, daß alle Naturereignisse ihren Grund in der göttlichen Weltregierung, nicht aber in menschlichem Bemühen hätten, und daß darum alles, was man über angebliche „tempestarii" sage, die das Getreide stehlen und in Luftschiffen nach Mangonia zum Verkauf bringen sollten, nur Torheit sei. Namentlich beklagt er die Verblendung des Pöbels, der einst vier Unglückliche aufgriff und steinigen wollte, weil er glaubte, daß sie aus den mangonischen Wolkenschiffen herabgefallen wären. Aus der genannten Schrift ersieht man auch, daß damals viele Personen zwar Zehnten und Almosen an Geistliche und Arme nur ungern gaben, dagegen unter dem Namen eines Kanons eine Getreideabgabe an Betrüger entrichteten, die sich die Miene zu geben wußten, als vermöchten sie die Fluren vor den Einflüssen des Wetters zu schützen. „So weit", sagt Agobard am Schlusse des Schriftchens, „ist es mit der Dummheit der armseligen Menschen gekommen, daß man jetzt unter den Christen an Albernheiten glaubt, die in früheren Zeiten niemals ein Heide sich aufbinden ließ."

In demselben Sinne schrieb Agobards Schüler und (seit 840) Nachfolger im Erzbistum zu Lyon, Amolo, an den Bischof Theutbold von Langres, daß man Reliquien, durch deren Berührung nach des letzteren Mitteilung Weiber und andere Personen von Zuckungen befallen worden wären, außerhalb der Kirche begraben sollte, damit der Aberglaube nicht genährt werde. Das Poenitentiale von St. Gallen aus dem 8. Jahrhundert bestimmt: „Ein Zauberer und Wettermacher (inmissor tempestatis) soll fünf Jahre Buße tun, davon drei bei Wasser und Brot. Wer am ersten Januar mit einem Böcklein oder einem alten Weibe spazieren gegangen ist, soll drei Jahre Buße tun." Mit der zauberischen

Vereitelung der Niederkunft einer Frau beschäftigen sich Bußbücher aus dem 7., 8. und 9. Jahrhundert.

Zur Kennzeichnung der Stellung der Kirche in der nachkarolingischen Zeit, im 10., 11. u. 12. Jahrhundert, zur Hexerei kommt vor allem der berühmte sogenannte Kanon Episcopi in Betracht, den Abt Regino von Prüm, wahrscheinlich einem heute verloren gegangenen fränkischen Kapitular entnommen hat. Er ist der klassische Kanon über die eigentliche Stellung der Kirche jener Jahrhunderte zum Hexenglauben.

In diesem für die Kirchengeschichte so bedeutungsvollen Kanon wird den Bischöfen zur Pflicht gemacht, den Glauben an die Möglichkeit von Nachtfahrten zu und mit Dämonen als bare Einbildung in ihren Diözesen und Gemeinden energisch zu bekämpfen und die ihm Ergebenen als Frevler am Glauben aus der Kirchengemeinschaft auszuschließen. Der Kanon leugnet den Glauben an die Nachtfahrten, aber damit keineswegs den an die Möglichkeit dämonischer Zauberei. Denn darin erhob sich die Kirche nicht über den Wahn der Menge. – Die Hauptstelle des Kanons lautet: „Es gibt verbrecherische Weibsleute, die, durch die Vorspiegelungen und Einflüsterungen des Satans verführt, glauben und bekennen, daß sie zur Nachtzeit mit der heidnischen Göttin Diana oder der Herodiasund einer unzählbaren Menge von Frauen auf gewissen Tieren reiten, über vieler Herren Länder heimlich und in aller Stille hinwegeilen, der Diana als ihrer Herrin gehorchen und in bestimmten Nächten zu ihrem Dienste sich aufbieten lassen. Leider haben nun diese Weibsleute ihre Unheil bringende Verkehrtheit nicht für sich behalten; vielmehr hat eine zahllose Menge, getäuscht durch die falsche Meinung, daß diese Dinge wahr seien, vom rechten Glauben sich abgewendet und der heidnischen Irrlehre sich hingegeben, indem sie annimmt, daß es außer Gott noch eine übermenschliche Macht gebe. Daher sind die Priester verpflichtet, den ihnen anvertrauten Gemeinden von der Kanzel herab nachdrücklichst einzuschärfen, daß alles dieses durchaus falsch und Blendwerk sei, das nicht vom Geiste Gottes, sondern von dem des Bösen herrühre. Der Satan nämlich, der sich in die Gestalt eines Engels verkleiden könne, wenn er sich irgendeines Weibleins bemächtige, so unterjoche er sie, indem er sie zum Abfall vom Glauben bringe, nehme dann sofort die Gestalt verschiedener Personen an und treibe mit ihnen im Schlafe sein Spiel, indem er ihnen fernab bald heitere, bald traurige Dinge, bald bekannte, bald unbekannte Personen vorführe. Dabei bilde sich dann der ungläubige Sinn des Menschen ein, während der Geist dieses erleide, daß dieses doch nicht in der Vorstellung, sondern in Wirklichkeit geschehe. Wer aber (heißt es weiter) ist nicht im Traume so aus sich herausgefahren, daß er vieles zu sehen geglaubt hat, was er in wachem Zustande niemals gesehen hat? Und wer sollte so borniert und töricht sein, daß er glaube, alles das, was nur subjektives Erlebnis ist, habe auch objektive Wirklichkeit? Ezechiel hat Gott nur im Geiste und nicht mit dem Körper geschaut. Es ist daher allen Leuten laut zu verkündigen, daß derjenige, der dergleichen Dinge glaubt, den Glauben verloren hat. Wer aber den wahren Glauben nicht hat, der gehört nicht Gott, sondern dem Teufel an“.

Der Bischof Burkard von Worms († 1025) nahm diesen Kanon in sein Sammelwerk auf. Er schließt sich als neunzehntes Buch dem Dekretum, als der sogenannte Korrektor oder Medikus an das ganze Werk an, der wichtigsten vorgratianischen Rechtssammlung der Kirche. Es enthält eine Reihe von Fragen, durch die ermittelt werden sollte, ob die Leute etwa an die Wirklichkeit der Hexerei glaubten, wobei zugleich von ihm die Strafen angegeben werden, mit denen dieser Aberglaube gesühnt werden soll. Ob der Korrektor von Burkard stammt oder von ihm schon fertig vorgefunden nur seiner Sammlung einverleibt wurde, ist für uns belanglos. Seine Bedeutung ist für die Geschichte der Hexenprozesse darin begründet, „daß er uns über die Fälle der in Deutschland um das Jahr 1000 verbreiteten Wahnvorstellungen und die ausgebreitete Tätigkeit von Zauberern und Wahrsagern vortrefflich unterrichtet," ferner, „daß er von allen zeitgenössischen Schriften den aufgeklärtesten Standpunkt einnimmt". Allerdings glaubt auch der Verfasser an die Realität einzelner zauberischer Wirkungen, aber eine ganze Anzahl von Wirkungen stellt er doch als Wahn hin und setzt Strafen auf den Glauben an sie. Vielleicht ist dies der Grund, daß gerade dieser Teil des Burkard'schen Dekrets, das eine Hauptquelle des Kirchenrechtes geblieben ist, hiervon allein ausgeschlossen wurde. Bußordnungen wie die Burkards wurden von den Bischöfen durch das ganze Mittelalter hin aufgestellt. In allen finden sich Fragen vor, die sich auf den Glauben an Zauberei und Hexerei beziehen, und bei denen zugleich die kanonische Bestrafung dieses Aberglaubens angegeben wird.

Der Glaube an die Nachtfahrten der Hexen galt also in der Kirche im Anfange und noch in der Mitte des Mittelalters als ein nichtiges Hirngespinnst, als eine vom Teufel herrührende Illusion, mit der der Teufel aber nur diejenigen berücken konnte, die sich in ihren Herzen von Gott ab- und dem Teufel zuwendeten, und die eben darum strafbar wären. Daneben kamen in der Kirche allerlei Zauberversuche vor, die als Überbleibsel des alten Heidentums angesehen wurden. Genau dem entsprechend richtete nun die Kirche ihr Strafverfahren gegen Zauberei und Hexerei ein. Noch immer galt die Handhabung der Kirchenzucht, eventuell die Exkommunikation als das eigentliche Strafmittel gegen Zauberei. In diesem Sinne sprechen sich alle Synoden jener Zeit aus. Sie verfügen meistens Pönitenzen von vierzig Tagen bis zu sieben Jahren, wobei es aus lokalen und zeitigen Verhältnissen zu erklären sein mag, daß dieselbe Sache bald strenger, bald milder genommen wird. Der Gedanke einer kriminalrechtlichen Verfolgung abergläubischer Übungen war der Kirche ganz fremd.

Die Synode zu Reisbach-Freisingen von 799 dekretierte im Kanon 15: „Zauberer, Zauberinnen etc. sollen eingekerkert und durch den Archipresbyter womöglich zum Geständnis gebracht werden; aber am Leben darf ihnen nichts geschehen.

Dieses war die schärfste Synodalverfügung aus dieser Zeit. Daß die Strafe für Geistliche schärfer sein sollte als für Laien, kann nur als angemessen erscheinen; aber auch hierin war nicht ein Jahrhundert dem andern gleich. Während das vierte Konzil von Toledo

(633) den Kleriker, der Magier befragt, ohne weiteres mit Absetzung und lebenslänglicher Klosterhaft bedroht, bestrafte Papst Alexander III. († 1181) einen Priester, der, um gestohlenes Kirchengut zu entdecken, bei einem Wahrsager in ein Astrolabium gesehen hatte, nur mit ein- bis zweijähriger Suspension, indem der an sich gute Wille dabei in Anschlag gebracht wurde.

Niemals ist es aber in der langen Periode vom Untergange des weströmischen Reiches bis zur Einführung der delegierten Inquisition vorgekommen, daß die Kirche den weltlichen Arm zu blutiger Verfolgung der Zauberei angerufen hätte; wohl sind dagegen Päpste und Synoden zum öfteren der barbarischen Strenge, mit der die Staatsgewalt hin und wieder die Zauberei verfolgte, entgegengetreten. Der Papst Nikolaus I. (858 bis 867) z. B., „einer der klügsten und kühnsten Priester, die je die Welt gesehen", erklärte sich in einem Schreiben an den Bulgarenfürsten nachdrücklichst gegen den Gebrauch der Folter, die man unter den Bulgaren gegen die des Diebstahls Beschuldigten anzuwenden pflegte. Ein solches Verfahren, schrieb er ihm, sei gegen alles göttliche und menschliche Gesetz. „Und wenn ihr nun durch alle von euch angewandten Strafen kein Bekenntnis von dem Angeklagten erpressen könnt, schämt ihr euch nicht dann wenigstens, und erkennt ihr dann nicht, wie gottlos ihr richtet? Gleicherweise, wenn einer durch die Marter dazu gebracht worden, sich dessen schuldig zu bekennen, was er nicht begangen, wird dann nicht die Schuld auf den fallen, der ihn zu einem solchen lügenhaften Bekenntnisse zwingt? Verabscheut also von ganzem Herzen, was ihr bisher in eurem Unverstande zu tun pflegtet!". – In demselben Sinne forderte Gregor VII., der gewaltige Hierarch, den König von Dänemark auf, es zu verhindern, daß in seinem Lande bei eintretenden Unwettern und Seuchen unschuldige Frauen als Zauberinnen, als Urheberinnen solchen Unglücks verfolgt würden.

Auch von seiten der weltlichen Gewalten kam übrigens ein peinliches oder blutiges Einschreiten gegen Zauberei nur recht selten vor. In der Lex Salica, dem um das Jahr 500 verfaßten fränkischen Rechtsbuch, wird derjenige, der ein Malefizium ausübt, indem er einen andern durch einen Gifttrunk tötet, als Mörder behandelt. Kann er das Wergeld nicht zahlen, so soll er auf dem Scheiterhaufen sterben. Das ostgotische Edikt Theodorichs (ca. 500) droht den Zauberern niederer Herkunft die Todesstrafe an. Im alamannischen Volksrecht (um 600) tritt deutlich hervor, daß das Volk eigenmächtig Weiber, die ihm als Zauberinnen (herbariae) verdächtig waren, dem Feuertod überantwortete, daß aber die Obrigkeit dieses Vorgehen scharf zu kontrollieren suchte. Die Nachricht in den sogen. Annalen von Corvey, daß im Jahr 914 in Westfalen viele Hexen verbrannt worden seien, ist zweifellos eine Fälschung des 1753 gestorbenen Falcke.

Sehr vereinzelt stehen historisch beglaubigte Beispiele von Hinrichtungen da, wie dasjenige, das sich nach Lambert von Aschaffenburg im Jahr 1075 zu Köln zutrug. Eine Frau wurde von der Stadtmauer herabgestürzt, weil sie im Rufe stand, durch

Zauberkünste den Verstand der Menschen verwirren (dementare) zu können. In Aquitanien war 1028 vor den Mauern der Stadt Angoulême eine Frau verbrannt worden, die man beschuldigt hatte, dem Grafen Wilhelm von Angoulême eine verzehrende Krankheit angehext zu haben. Um etwa die nämliche Zeit soll der spanische König Ramiro I. von Aragon (1035-1067) Zauberer dem Feuertod überantwortet haben.

In Vötting, am Fuße des Weihenstephaner Berges in Bayern, übte 1090 das Volk Lynchjustiz an drei der Zauberei verschrienen Weibern und verbrannte sie am Strande der Isar. Im Jahre 1128 wurde in Flandern von den Dienern des Grafen Dietrich vom Elsaß ein Weib verbrannt, das den Grafen „an Herz und Eingeweiden" geschädigt haben sollte.

In demselben Jahre töteten Genter Bürger eine Zauberin und trugen ihren Magen rund durch die Stadt. Um 1190 wurde in Beauvais eine Zauberin auf Grund ordentlichen Urteils durch den Bischof und die städtische Obrigkeit auf einem Scheiterhaufen vor den Toren der Stadt verbrannt. Auch in den Gesetzen Heinrichs I. von England blieb vorausgesetzt, daß durch einen Zauber, den man in vultu nannte, d. h. durch Verfertigung eines Bildes von Wachs oder Lehm (das man durchstach etc.) ein Mord begangen werden könnte.

Vollkommen klar liegen die damaligen Verhältnisse im Königreich Ungarn vor.

In der Gesetzgebung des Königs Stephan I. von Ungarn (997-1038) wird nämlich zwischen Hexerei und Wahrsagerei einerseits und Zauberei andererseits unterschieden. Der Zauberer – der veneficus aut maleficus –, der Menschen an Leib oder Leben schädigt, begeht ein bürgerliches Verbrechen und soll darum dem Geschädigten oder dessen Angehörigen zu beliebiger Behandlung übergeben werden. Dagegen galt die Hexerei als Dämonendienst und als rein kirchliches Vergehen. Daher bestimmt das Decretum Sancti Stephani (L. II. c. 31), daß, wenn man eine Hexe finde, sie in die Kirche geführt und dem Geistlichen empfohlen werden solle, der sie zum Fasten und zur Erlernung des Glaubens anhalten werde; nach dem Fasten möge sie nach Hause gehen. Werde sie zum anderenmal über demselben Vergehen ergriffen, so solle sie wieder fasten, darauf aber mit dem glühend gemachten Kirchenschlüssel auf der Brust, an der Stirn und zwischen den Schultern in Kreuzesform gebrandmarkt werden. Bei dem dritten Betretungsfall dagegen möge man sie dem weltlichen Gericht übergeben. Wer Wahrsagerei treibe (sortilegio utentes, ut faciunt incinere et his similibus), solle vom Bischof mit Geißelhieben auf den rechten Weg zurückgebracht werden.

Im wesentlichen hielten diesen Standpunkt für die Auffassung der Sache auch König Ladislaus der Heilige (1077-1095), der (im S. Ladislai Decretum I. 34) die Hexerei auf eine Linie mit der Hurerei stellte, und König Kolomann (1095-1114) fest, der (im Decretum Colomanni Regis I. 57) alle Zauberer dem Archidiakonus und dem Kreisgrafen zur Bestrafung zuweist, dagegen bezüglich der Hexen sagt: „Über die Hexen, die es nicht gibt, soll keine Untersuchung angestellt werden".

Im griechischen Kaiserreiche freilich sah es anders aus. Am Hofe von Byzanz, dem elenden Hofe der Grünen und der Blauen, der Bilderstürmer und Säulenheiligen, der Regenten mit geblendeten Augen und der Kriegsmänner mit Kaftan und Stock, der schreibenden Prinzessinnen und der disputierenden Kaiser, – an diesem Hofe sah man die notwendigen Konsequenzen der Gesetze Konstantins und seiner Nachfolger in grausiger Wirklichkeit hervortreten.

Einige Beispiele von Verfolgung angeblicher Zauberer gibt Nicetas Choniata im Leben des Manuel Komnenus (Lib. IV. Cap. 6. ed. Bekker). Der Protostrator Alexius wurde unter solcher Anklage von dem habsüchtigen Kaiser seiner Güter beraubt und ins Kloster gesteckt. Der Dolmetscher Aaron Isaacius, der Legionen von bösen Geistern zu seinem Dienste zitieren können sollte, wurde geblendet und später noch von Isaak Angelus mit Abschneiden der Zunge bestraft. Die Strafe der Blendung erlitten auch Sklerus Seth und Michael Sicidites, jener wegen Liebeszauber, den er durch eine Pfirsich verübt, dieser wegen seiner dämonischen Verwandlungskünste, durch die er einst in einem mit Töpfen beladenen Nachen eine ungeheuere Schlange erscheinen ließ, so daß der Eigentümer in der Angst der Selbstverteidigung seine sämtliche Ware zerschlug. Auch der Kaiser Theodor Laskaris, der seine Krankheit der Bezauberung zuschrieb, stellte Verfolgungen an, bei denen er sich der Feuerprobe bediente.

Im Abendlande dagegen waren die drakonischen Gesetze der christlich-römischen Kaiser längst vergessen. Staat und Kirche hatten sich hier zu ernster aber menschlicher Gegenwirkung gegen den althergebrachten Unfug des Zauberwesens vereinigt, und erleuchtete Kirchenlehrer konnten es kühnlich aussprechen, daß der Glaube an die Wirklichkeit der Hexerei Sünde wäre, die von der Kirche bestraft werde.

In Wahrheit lag aber im Glauben, Denken und Leben der Christenheit während der drei ersten Jahrhunderte des zweiten Jahrtausends ein tiefgehender Gegensatz vor, aus dem neben den frohesten Hoffnungen für die Zukunft der abendländischen Völker auch Gespenster auftauchten, die Schreckliches ahnen ließen.

Jene Zeit war eine Epoche der Rohheit und Finsternis für das christliche Abendland. Die sparsamen Lichtstrahlen, die für Mathematik, Naturkunde und Medizin aus dem muhammedanischen Südwesten herüberblitzten, fanden selten dankbare Aufnahme. Sie verblüfften und schreckten durch ihre Unbegreiflichkeit die dumme Volksmasse, störten den Klerus aus seiner gewohnten Trägheit auf, bedrohten sein Ansehen und selbst sein Einkommen. War er bisher in fast ausschließlichem Besitze eines eigentümlichen Heilverfahrens gewesen, so erfuhr man jetzt durch einige Wißbegierige, die bei den Arabern und Juden Spaniens gelernt hatten, von Hippokrates und Galen, Aristoteles und Maimonides, Dschaffar, Ebn Sina und Averroes, und die neue Kunde schien die ganze bisherige Mönchsgelehrsamkeit aus dem Sattel zu heben. Darum gebot der eigene Vorteil, die unwillkommenen Lehren als unchristlich und magisch zu verdächtigen; aber die Wahrheit wußte dennoch ihren Weg zu finden. Gerbert, in Sevilla und Cordova gebildet, wegen seiner mathematischen und physikalischen Kenntnisse als Schwarzkünstler verschrien, bestieg nichtsdestoweniger als Sylvester II. im Jahr 999 den päpstlichen Stuhl und arbeitete mit seinem Freunde Otto III. rüstig für das Emporkommen der Wissenschaft. Konstantinus Afrikanus, der getaufte Jude, bei den Arabern in Kairo mit medizinischen Kenntnissen bereichert, nach seiner Heimkehr ebenfalls verfolgt, fand freudige Aufnahme bei den aufgeklärten Mönchen von Monte-Cassino, wo er dem Abendlande griechische und arabische Schriftsteller durch Übersetzungen zugänglich machte und zur Hebung der neuen Arzneischule von Salerno nicht wenig beitrug. Freilich war es schade, daß aus der arabischen Medizin sich auch das astrologische Element herüberschlich und von den Christen nachgerade eifriger gepflegt wurde, als selbst das System der arabischen Ärzte gestattete; aber magischer wurde darum die christliche Medizin nicht, als sie in ihrer früheren theurgisch-rituellen Behandlungsweise gewesen war. – Auch gegen Gregor VII. und alle seine Vorgänger bis zu Sylvester II. hinauf ist das Geschrei der Zauberei erhoben worden. Es war ein Notschrei des schismatischen Kardinals Benno, der seiner Partei einen Stuhl durch Verleumdung zu erwerben gedachte, den der Sohn des Zimmermanns aus Saona durch böse Kunst bestiegen haben sollte.

Es standen sich eben damals in der Kirche geistvolle, angesehene Männer von ganz entgegengesetzter Geistesrichtung gegenüber, von denen die einen es als ihre Aufgabe ansahen, das Leben und Denken des Volkes von dem Dämonen- und Hexenglauben frei zu machen, während die anderen die Vertretung dieses Wahns als ihre kirchliche Pflicht betrachteten.

Johannes von Salisbury, Bischof von Chartres (1120 bis 1180), der, wenigstens in bezug auf die Nachtfahrten, der einreißenden Finsternis gleichsam den letzten Damm entgegenzusetzen suchte, sagt in seinem 1156-1159 verfaßten Policraticus“: „Manche behaupten, daß die sogenannte Nachtfrau oder die Herodias nächtliche Beratungen und Versammlungen berufe, daß man dabei schmause, allerlei Dienste verrichte und bald nach Verdienst zur Strafe gezogen, bald zu lohnendem Ruhme erhöht werde. Außerdem meinen sie, daß hierbei Säuglinge den Lamien beigegeben und bald in Stücke zerrissen und gierig verschlungen, bald von der Vorsitzerin begnadigt und in ihre Wiegen zurückgebracht werden. Wer wäre so blind, um nicht zu sehen, daß dieses eine boshafte Täuschung der Dämonen ist? Dies geht ja schon daraus hervor, daß die Leute, denen dieses begegnet, arme Weiber und einfältige, glaubensschwache Männer sind. Wenn aber einer, der an solcher Verblendung leidet, von jemandem bündig und mit Beweisen überführt wird, so wird augenblicklich der böse Geist überwunden oder weicht von dannen. Das beste Heilmittel gegen solche Krankheit ist, daß man sich recht fest an den Glauben hält, jenen Lügen kein Gehör gibt und solche jammervollen Torheiten in keiner Weise der Aufmerksamkeit würdigt.“

Der hl. Thomas von Aquin
Nach dem Gemälde im Karmelitenkloster zu Viterbo

In ähnlichem Sinne sprachen sich auch viele andere erleuchtete Kirchenmänner im zwölften und sogar auch im dreizehnten Jahrhundert aus. Aber derjenige Scholastiker, der unter allen Kirchenlehrern des dreizehnten Jahrhunderts unbestritten als der angesehenste hervorragte, Thomas von Aquino († 1274), den Johann XXII. im Jahr 1323 unter die Heiligen erhob, und den Pius V. im Jahr 1567 zum Doctor ecclesiae proklamierte, verkündete, daß es ein Irrtum sei, wenn man den Dämonenglauben aus Illusionen, und die Malefizien aus dem Unglauben herleiten wolle, indem es wirklich ein unter dem Teufel als seinem Oberhaupte stehendes Dämonenreich gebe, und daß der Teufel und dessen Dämonen mit göttlicher Zulassung die Macht besäßen, böse Wetter zu machen, Eheleute an der Ausübung der Geschlechtsgemeinschaft zu hindern und den Menschen sonst noch in allerlei Weise Schaden zuzufügen. Es gibt keinen theologischen Schriftsteller, der größeres Ansehen innerhalb des Ultramontanismus besitzt, als Thomas von Aquin. Er ist „Kirchenlehrer“ und „Kirchenvater“, er ist der „englische Lehrer“ (doctor angelicus), der „Fürst der Theologen“ (princeps theologorum), den eine Enzyklika Leos XIII. als den Lehrer für die gesamte Philosophie und Theologie erklärt. Er, der „princeps et magister omnium“ hat „der Sonne gleich den Erdkreis mit dem Glanze seiner Lehre erfüllt“. Sein Hauptwerk, die „Summa“ wird für würdig gehalten, mit den kanonischen Büchern auf dem Altare aufgelegt zu werden.

Thomas hat die schon von dem Byzantiner Psellusausgesprochene Annahme von dem Incubus und dem Succubus zu einer neuen Theorie ausgebildet. Sie lautet: „Wenn aus dem Beischlaf der Teufel mit Menschen Kinder geboren werden, so sind sie nicht entstanden aus dem Samen des Teufels oder des von ihm angenommenen menschlichen Leibes, sondern aus dem Samen, den der Teufel sich dazu von einem andern Menschen verschafft hat. Derselbe Teufel, der sich als Weib mit einem Manne geschlechtlich vergeht, kann sich auch als Mann mit einem Weibe geschlechtlich vergehen.“

Kalt und grausig blickte es aus dieser Doktrin des großen Kirchenlehrers der abendländischen Menschheit ins Angesicht. Denn schloß sich diese Dämonenlehre mit dem im Volke heimischen Aberglauben zusammen, so war die Möglichkeit gegeben, daß dem Zauberspuk von der Kirche volle Wirklichkeit zuerkannt wurde, und daß sich aus jener Lehre der ganze Dämonismus des Heidentums als Wahn von einem in der Kirche bestehenden Reiche des Satans erhob, gegen den dann alle christlichen Gewalten, vor allem die Kirche, zu einem Vernichtungskampf von Gott verpflichtet erscheinen konnten.

Der Irrtum aus Mißverstand der Wahrheit und des Zwecks der Erdichtung.
Kupfer von Dan. Chodowiecki aus Basedows Elementarwerk (1774).

Achtes Kapitel. Das Ketzerwesen in der Kirche bis zum dreizehnten Jahrhundert

Mit dem dreizehnten Jahrhundert haben wir einen Wendepunkt in der Geschichte des Zauberwesens erreicht. Es beginnt eine kurze Periode des Übergangs, die mit einer überraschenden Erscheinung endigt. An ihrem Schlusse sehen wir den bisher von der Kirche in seiner Realität oft bekämpften Zauberglauben kirchlich geboten und den Zweifel an dieser Realität als Ketzerei hingestellt. Der Umfang der Zauberei hat sich erweitert, ihr Charakter ist ein anderer geworden. Es handelt sich nicht mehr um Beschädigungen von Menschen, Tieren und Fluren, Liebeszauber, Luftfahrten, geheimnisvolle Heilungen, Sortilegien und Wettermachen als einzelne, untereinander unverbundene Künste: vielmehr sammeln sich alle diese Begehungen und noch andere, neu hinzutretende von nun an als Radien um einen gemeinschaftlichen Mittelpunkt, der nichts anders ist als ein vollendeter Teufelskultus.

Das ausdrückliche oder stillschweigende Bündnis mit dem Satan, die ihm dargebrachte obszöne Huldigung und Anbetung, die fleischliche Vermischung mit ihm und seinen Dämonen, die Lossagung von Gott, die förmliche Verleugnung des christlichen Glaubens, die Schändung des Kreuzes und der Sakramente, – dieses alles ist wesentliches Attribut der neueren Zauberei und stellt sie scheußlicher hin als alles, was die alte Zeit jemals unter diesem Namen begriffen hat.

Jetzt erhebt die Kirche das Panier einer blutigen Verfolgung, und das bürgerliche Gesetz trägt ihr eine Zeitlang das Schwert vor, um dieses zuletzt selbständig zu führen. Was früher neben der Magie den verfolgten Sekten vorgeworfen worden war, wie z. B. abscheuliche Einweihungszeremonien, Kindermord, Unzucht – das wurde jetzt in den Begriff der Zauberei mit hereingezogen. Man ließ jetzt die Zauberei in der öffentlichen Meinung als die praktische Seite der Ketzerei hervortreten und erhob sie selbst zur Häresie.

Das Vorbild der Anklagen, die man gegen die Ketzer erhob, können wir nämlich im wesentlichen in dem finden, was einst Minucius Felix seinen Cäcilius, als Repräsentanten der heidnischen Volksmeinung, gegen die christlichen Urgemeinden sagen ließ. Die Christen erscheinen dort als eine verworfene, verzweifelte und lichtscheue Rotte, zusammengesetzt aus verdorbenem Gesindel und leichtgläubigen Weibern, die gegen das Göttliche wütet, gegen das Wohl der Menschen sich verschwört und der Welt Verderben droht. Sie genießen in ihren nächtlichen Versammlungen unmenschliche Speise, verachten die Tempel, speien die Götter an und verspotten die heiligen Gebräuche; ihr eigner Kult ist nicht Gottesdienst, sondern Ruchlosigkeit. Sie erkennen sich an geheimen Zeichen, nennen sich untereinander Brüder und Schwestern und entweihen diesen heiligen Namen durch unzüchtige Gemeinschaft. Sie beten einen Eselskopf an, oder wie andere behaupten, die Genitalien ihres Oberpriesters. Vor allem abscheulich ist die Aufnahme in ihre Gesellschaft. Ein Kind, mit Mehl überdeckt, wird dem Aufzunehmenden vorgesetzt. Dieser muß wiederholt in das Mehl stechen. Er tötet das Kind; das fließende Blut wird von den Christen gierig aufgeleckt, die Glieder des Kindes werden zerrissen, und so wird durch dieses Menschenopfer ein Pfand hergestellt, das der Gesellschaft die Verschwiegenheit der einzelnen verbürgt. Am Festtage versammeln sich alle mit ihren Schwestern, Müttern und Kindern zum gemeinschaftlichen Mahle. Wenn bei diesem durch unmäßiges Essen und Trinken die Wollust gereizt ist, so wird einem an das Lampengestell festgebundenen Hunde ein Bissen hingeworfen, den er nicht erreichen kann, ohne durch Zerren und Springen das Gestell umzuwerfen. Sind nun auf diese Weise die Lichter erloschen, so gibt sich die Gesellschaft der abscheulichsten Unzucht hin.

Ein ganz auf dasselbe hinauslaufendes Gemisch von Anschuldigungen stellte sich nun die Kirche bezüglich der in ihr hervortretenden Ketzer und Sekten zusammen.

An der Spitze des Ketzerkatalogs erschien seit Irenäusals Erzketzer und Erzzauberer Simon Magus, der eben darum auch als der Erstgeborene des Satans galt. Seine Anhänger sollen, wie Irenäus sagt, mit Liebeszaubern, Familiargeistern und dem Bewirken von Träumen umgegangen sein. Mit Simon Magus und seinem Schüler brachte man früh die ganze heidnische Gnosis in Zusammenhang, deren phantastische Lehren und geheimnisvollen Kulte und Übungen zu den seltsamsten Verdächtigungen Anlaß gaben. Von den Ophiten berichtete Origenes, daß sie bei der Abendmahlsfeier eine gezähmte Schlange gebrauchten, in der sie den Teufel verehrten. Das Wunderlichste aber erzählt man sich von dem Schüler des Gnostikers Valentinian, Marcus, dessen Anhänger Marcosier genannt wurden. Irenäus legt ihm einen Dämon Paredros als Spiritus familiaris bei, mit dessen Hilfe er allen möglichen Zauberspuk getrieben haben soll. Namentlich wird gesagt, daß er seine Anhänger, meistens Weiber, durch Zauberei gewonnen habe. Bei der Abendmahlsfeier verwandelte er den weißen Wein in drei Glasbechern in roten, violetten und blauen Wein und goß den Inhalt des weit kleineren Bechers in einen viel größeren, und zwar so, daß dieser dennoch überlief. Die Weiber, die diese Magie mitansahen und sich durch sie gewinnen ließen, betrachtete Marcus als sein Eigentum, indem sie ihm zur Befriedigung seiner Lüste dienen und ihm alles Eigentum überlassen mußten. Überdies rühmten sich die Marcosier, daß sie sich unsichtbar machen könnten.

Über Lehre und Leben der Marcosier und einzelner anderer gnostischer Sekten liegen allerdings nur wenige zuverlässige und sichere Nachrichten vor. Von einer anderen, gleichzeitigen Sekte, nämlich von der der Montanisten, wissen wir auf das sicherste, daß in ihr die rigoroseste Sittenstrenge waltete; gleichwohl wurden gerade ihnen die entsetzlichsten Greuel nachgesagt. Sie sollten alljährlich ein Kind schlachten oder wenigstens am ganzen Körper mit ehernen Nadeln durchstechen und das abgezapfte Blut unter Mehl kneten, um daraus das Abendmahlsbrot zu bereiten. Außerdem wurden die Montanisten, weil sie sich des Besitzes einer ekstatischen Prophetin rühmten, als vom Teufel Besessene verschrien.

Begreiflich dagegen ist es, daß das manichäische Lehrsystem, – dieses glühend prächtige Natur- und Weltgedicht, wie man es genannt hat, – bei seinem streng dualistischen Aufriß als die Brutstätte einer spezifisch ketzerischen Dämonenlehre gelten konnte. Man sagte von den Manichäern, daß sie Amulette und Zauberformeln gebrauchten, daß sie allerlei böse Wetter machen könnten, und daß in ihren Versammlungen ein geheimnisvoller, blasser Mann erscheine, – nach der Meinung der einen der Häresiarch, nach der anderer der Teufel. – So ziemlich in demselben Rufe standen auch die Priscillianisten in Spanien (um 400), deren System ein Gemisch gnostisch-manichäischer Gedanken war. Namentlich sollten sie böse Wetter, Sturm und Hagel mit Hilfe des Teufels zu bewerkstelligen versuchen. – Im Geruche eines eigentlichen Satansdienstes, durch den sie sich gegen des Teufels Tücke schützen wollten, standen die Messalianer (im vierten Jahrhundert), sowie späterhin, ums Jahr 1000, auch die Bogomilen. Unter den ersteren (griechisch auch „Fuchiten" genannt), wollte man sogar eine Fraktion von „Satanianern" entdeckt haben, – die jedoch nie bestanden hat.

Die Häresie
Kupfer von Anton Eisenhut

Es erhellt hieraus, daß die Stellung der öffentlichen Meinung der Kirche zu den im Orient und in Griechenland auftauchenden Häresien zu allen Zeiten dieselbe war. Auch in den späteren Jahrhunderten traute man den Sekten ganz dasselbe zu, was man schon im zweiten Jahrhundert von ihnen erzählt hatte. Aber eine Tatsache war dabei vorgekommen, derengleichen die Kirche vordem noch nicht gesehen, auch nicht für möglich gehalten hatte: Priscillian war im Jahre 385 zu Trier hingerichtet worden. Das war das erstemal, daß ein Christ wegen Ketzerei am Leben gestraft wurde. Ein Schrei des Entsetzens ging damals durch die Kirche. Der Bischof Ambrosius von Mailand donnerte in sie hinein. Allein die Tatsache lag doch vor, daß wegen Ketzerei – mit der der Verdacht der Zauberei immer verbunden war – ein Christ am Leben bestraft werden konnte.

Caspar Reverdinus. Das jüngste Gericht
Berlin, Kgl. Kupferstichkabinett

Übrigens trat die Häresie im Abendlande während des ganzen ersten Jahrtausends der Kirche nur in einzelnen sporadischen und vorübergehenden Erscheinungen auf. Anders aber wurde der Stand der Dinge, als das erste Jahrtausend der Kirche abgelaufen war.

Als sein Schluß herannahte, war die ganze abendländische Christenheit voll banger Erwartung des bevorstehenden Endes der Welt. Was die Apokalypse von dem tausendjährigen Reiche Christi auf Erden verkündet hatte, das wurde auf die bestehende Kirche bezogen, unzählige, die sich um ihr ewiges Seelenheil Sorge machten, haben damals mit ausdrücklicher Hinweisung auf das herannahende Ende aller Dinge ihr Hab und Gut der Kirche geschenkt. Aber die gefürchtete Wende der Zeiten ging vorüber, und alles war geblieben wie es gewesen war. Der Gedanke an das Ende dieser Welt schwand daher sofort, und fester und immer fester richtete sich der Blick aller kirchlich Gläubigen auf die sichtbare Ordnung, die Gott angeblich für seine Kirche auf Erden aufgerichtet hatte. Die Hingabe an die Autorität der Kirche, an die Hierarchie, an das Papsttum galt nun allgemein als Bedingung alles Heiles. Denn mit derselben Gewißheit, mit der man vorher das Ende aller Dinge erwartet hatte, glaubte man jetzt an den unvergänglichen Bestand der Ordnung, die man nur im Reiche Gottes auf Erden sah.

Aber es gab auch unzählige Gemüter, es gab ganze Massen, die durch den ungeheuren Ernst dessen, was sie geglaubt und erwartet und durch die gewaltige Enttäuschung, die sie erlebt hatten, in ganz anderer Weise gestimmt wurden. Nach ihrer Meinung war die Zeit der Kirche, des hierarchischen Kirchen- und Christentums nun zu Ende gegangen, weshalb sie, der Kirche den Rücken kehrend, nun in voller Unabhängigkeit von ihr über die ewigen Grundprobleme aller Religiosität selbständig zu denken und sich zu ganz neuen Religionsgenossenschaften zu einigen begannen. Es war die Idee einer völligen Neugründung des Reiches Gottes, der diese Kreise beschäftigte; und zwar geschah dieses so, daß ihnen dabei der Gedanke an das Bestehen eines gottfeindlichen Reiches des Satans, zu dem Gottes Reich im schroffsten Gegensatze stehen müsse, vorschwebte. Je schroffer aber der Gegensatz war, an den man dachte, um so stärker, gewaltiger und umfänglicher hob sich in den Gedanken dieser Kreise die Idee der satanischen Macht und ihres Reiches hervor. Es gestaltete sich in ihnen eine geradezu dualistische Weltanschauung, die den Satan als ewiges Wesen wie Gott betrachtete, und die – ganz gnostizierend – das Alte Testament mit seinem Jehovahkult und die ganze äußere Kirche dem Reiche des Teufels zuwies. Denn in beiden war allerlei Unreines gehegt und gepflegt worden, während in dem Reiche Gottes nur reines Leben vorhanden sein darf.

So entstand vom Anfange des elften Jahrhunderts an von den verschiedensten Punkten aus, ähnlich wie im zweiten Jahrhundert die Gnosis, die Sekte der „Reinen" (καθαροί) oder das Katharertum, das noch im Laufe des Jahrhunderts alle romanischen Völker, auch die Dalmatiens und der umliegenden Lande, durchdrang und selbst nach Deutschland hin Eingang fand. Das Katharertum rang bald der Kirche ganze Gebiete ab, hatte einen eigenen aus Bischöfen und Diakonen bestehenden Klerus, zahlreiche Diözesen, trat auf Synoden zusammen und zog fort und fort immer zahlreichere Massen – auch aus dem Adel und der Geistlichkeit – an sich.

Es begreift sich, daß die Hierarchie die gegen sie heraufziehende Gefahr nicht gleichgültig lassen konnte. Der grimmige Haß, der sich in den Herzen der Katholiken gegen die Neuerer ansammelte, machte sich daher zunächst in allerlei Schimpfnamen Luft, mit denen man sie bezeichnete. Man nannte sie Bougres (Bulgaren, d. h. Bogomilen = liederliche Menschen), Poblicants (Verstümmelung von Pauliciani im Sinne von Publicani = Zöllner und Sünder), Albigenser (von dem katharischen Bistum zu Alby in Südfrankreich), Patarener (nach dem Revier der Lumpensammler zu Mailand, Patavia), am gewöhnlichsten aber Manichäer. Bald waren aber auch über ihre Sitten, über ihr Treiben bei ihren gottesdienstlichen Versammlungen die boshaftesten und ungeheuerlichsten Gerüchte in Umlauf gesetzt, und rasch nahm daher die Verfolgung der Ketzer ihren Anfang, wobei es sich zeigte, daß der Gedanke, Ketzer müßten ausgerottet, am Leben gestraft, verbrannt werden, der Kirche und den ihr dienstbaren weltlichen Machthabern nicht mehr fremd war.

Im Westen Europas machten sich bereits um das Jahr 1000 Katharerverfolgungen bemerkbar. In diesem Jahre wurde ein Bauer namens Leutard in Vertus bei Châlons überführt, priesterfeindliche Lehren verbreitet zu haben. Kurz darauf wurden Katharer in Aquitanien entdeckt, wo sie viele bekehrten. Ihre Ketzerei breitete sich im geheimen in Südfrankreich aus, trotzdem man mit Verbrennungen nicht sparte. Nach Orleans brachte ein weiblicher Missionar aus Italien die Lehre. Als König Robert der Fromme davon hörte, eilte er mit der Königin Konstanze nach Orleans, um mit einem Konzil der Bischöfe die Maßregeln gegen die drohende Gefahr zu beraten.

An der Spitze der dortigen Katharergemeinde standen einige Kanoniker, angesehen durch Bildung, Frömmigkeit und Stellung. Im Gegensatze zur katholischen Lehre verwarfen sie namentlich die Transsubstantiation, die Wassertaufe und die Anrufung der Heiligen. Sie redeten in schwärmerischen Ausdrücken von einer himmlischen Speise und der Erteilung des heiligen Geistes durch Auflegung der Hände. Die Verhafteten bekannten freimütig ihren Glauben und wiesen die Bekehrungsversuche mit Würde zurück. Die Angeklagten wurden degradiert und verbrannt. In dem Benehmen dieser Unglücklichen liegt nichts, was den Gottlosen bezeichnet. Aber schon der Mönch Glaber Radulf, ein Schriftsteller desselben Jahrhunderts, beschuldigt sie des Epikureismus und leitet ihre Ketzerei von einer Italienerin ab, die, voll vom Teufel, jedermann mit unwiderstehlicher Gewalt verführt habe. Noch weiter geht schon der gleichzeitige Ademar. Nach ihm waren die Kanoniker von einem Bauern betrogen, der den Menschen Asche verstorbener Knaben eingab und sie durch deren Kraft zu Manichäern zu machen verstand. Waren sie einmal eingeweiht, so erschien ihnen der Teufel bald als Mohr, bald als Engel des Lichts, brachte alle Tage Geld und befahl ihnen, Christus äußerlich zu bekennen, im Herzen aber zu verabscheuen und im Verborgenen sich allen Lastern zu ergeben. Am weitesten ausgeführt sind indessen diese moralischen Greuel in einem Aufsatze, den d'Achery aus dem alten Archive von St. Peter zu Chartres mitgeteilt hat. Was den Verlauf der Entdeckung, des Verhörs und der Hinrichtung, sowie die den

Kanonikern vorgeworfenen Glaubenspunkte betrifft, so scheint er sicherer zu führen, als Radulf und Ademar; sobald aber der Verfasser auf die himmlische Speise kommt, die Arefast verheissen wurde, kann er sich nicht enthalten, über die Art ihrer Bereitung ein höchst abenteuerliches Märchen einzuschalten. Doch muß bemerkt werden, daß er dabei wenigstens nicht tut, als sei Arefast sein Gewährsmann; er gibt es auf seine eigene Autorität, augenscheinlich aber ist es den von Psellus erzählten Messalianergreueln nachgebildet. Man versammelt sich in der Nacht, jeder mit einem Lichte. Die Teufel werden in bestimmten Formeln angerufen und erscheinen in Tiergestalt, darauf folgt Auslöschung der Lichter, Unzucht und Blutschande. Die erzeugten Kinder werden verbrannt und ihre Asche wie ein Heiligtum aufbewahrt. Diese hat eine so teuflische Kraft, daß, wer auch nur das Geringste davon kostet, unwiderstehlich an die Sekte gebannt ist, also genau dasselbe, was um dieselbe Zeit etwa Psellus den Euchiten nachsagt, ebenso wie es später von anderen Ketzern, sogar von den Templern und Fratizellen erzählt wird. Der Verfasser schließt seine Episode mit einer treuherzigen Aufforderung an alle Christen, vor solchen Verführungen auf der Hut zu sein. Im Jahre 1025 entdeckte man in Lüttich einen Ketzerherd, doch versprachen die Sektierer Bekehrung und wurden begnadigt. Zu gleicher Zeit werden im Schlosse Monteforte bei Asti in der Lombardei befindliche Ketzer von den benachbarten Adeligen und Bischöfen eifrig verfolgt und verbrannt.

Als um 1034 der Erzbischof Heribert von Mailand († 1044) nach dem Schlosse Monteforte kam und von dieser Katharergemeinde hörte, ließ er sie zu sich kommen und nahm sie mit nach Mailand. Da dort die Bekehrungsversuche seiner Priester so wenig Erfolg hatten, daß die Standhaftigkeit der Leute sogar in den neugierig herbeiströmenden Bauern noch Proselyten gewann, so errichteten die Turiner, gegen den Willen des Erzbischofs, einen Scheiterhaufen und ein Kreuz daneben und gaben die Wahl zwischen dem Feuertode und der Anbetung des Kreuzes. Wenige wurden abtrünnig, die meisten stürzten sich in die Flammen.

Wie aus den Akten der späterhin eingesetzten Inquisition zu ersehen ist, mußte das unter den Katharern übliche Consolamentum zu argen Verleumdungen Anlaß geben. Der in die Gemeinde Aufzunehmende näherte sich nämlich dem Bischof vorschriftsmäßig mit gesenktem Haupte, kniete nieder, küßte ein Buch und erhielt durch Handauflegung den Segen oder die Geistestaufe und den Bruderkuß. In zahlreichen Untersuchungsakten ist nun von der Zeremonie des Kniebeugens als einer Adoration die Rede, und es ward ihr gewöhnlich die Auslegung gegeben, daß die Katharer ihre Bischöfe anbeteten. Aber schon bei Alanus von Ryssel ist dies dahin entstellt, daß man in ihren Versammlungen den Teufel selbst in der Gestalt eines Katers erscheinen läßt, um einen obszönen Huldigungskuß zu empfangen. Schandbare Wollustsünden sollen nächstdem aus Grundsatz geübt werden und die Ehe deshalb von ihnen verdammt sein, weil sie der Unzucht Abbruch tue. Dasselbe wiederholt später der

Dominikaner Yvenot (um 1278) mit dem Zusatze, daß vor dem Beginne der Hurerei die Lichter ausgelöscht werden.

Mitten in dieser das ganze Volksleben, namentlich Frankreichs, in allen Schichten erregenden Bewegung, erwuchs nun allmählich eine neue religiöse Genossenschaft, von der anfangs nur zu sagen war, daß sie dem in den Kreisen der Katharer erwachten Eifer für Verbreitung des Verständnisses der Schriftlehre zu entsprechen mit besonderem Interesse bemüht war, so daß sie als eine Vorläuferin des Protestantismus angesehen werden kann.

Es waren dieses die in der zweiten Hälfte des zwölften Jahrhunderts in Lyon hervortretenden Waldenser, ursprünglich eine Kongregation von Evangelisten, die sehr bald in den weitesten Kreisen eine in der katholischen Kirche unerhörte Sehnsucht nach der Bibel erweckte, weshalb überall Übersetzungen einzelner Bücher der heiligen Schrift in der Landessprache begehrt wurden. In demselben Maße aber wie die heilige Schrift in der Landessprache Verbreitung fand und ganz von selbst zu Vereinigungen gleichgestimmter frommer Seelen führte, trat überall eine mehr und mehr anwachsende und immer kühner sich erhebende Opposition gegen die Kirche hervor, in der Waldenser und Katharer, in Frankreich „bons hommes" genannt, einander die Hand reichten, und der selbst Große, wie die Grafen von Toulouse und von Foix, Schutz gewährten. Die Landschaft Albigeois galt jetzt als ein Hauptsitz der Ketzer, der Name Albigenser kam zur Bezeichnung der französischen Katharer und angeblichen Manichäer in Umlauf. Die Priester der Kirche – so klagen gleichzeitige Schriftsteller– waren so in der Achtung gesunken, daß sie, wenn sie über die Straße gingen, die Platte mit den übrigen Haaren bedeckten, um nicht dem Hohn des Volkes ausgesetzt zu sein; die Edelleute gaben nicht mehr ihre Söhne, sondern nur ihre Leibeigenen zu Geistlichen her. Selbst Bischöfe hielten es mit den Ketzern, der Zehnte wurde verweigert, die Seelmessen brachten nichts mehr ein. Im Anfange des dreizehnten Jahrhunderts zählten fast sämtliche Fürsten, Grafen und Barone im südlichen Frankreich zu den bons hommes, die in Schlössern und Städten öffentlich ihre Versammlungen hielten, an vielen Orten auch ihre wohlbekannten Bethäuser und Schulen hatten.

Da bestieg am 11. Februar 1198 Innozenz III. den Stuhl Petri, der dem seit anderthalb Jahrhunderten hin und her wogenden Kampf des Katholizismus mit der Häresie um jeden Preis ein Ende zu machen beschloß. Im Jahre 1209 begann die grausige Arbeit, die bis zum Jahre 1229 dauerte. Innozenz bewaffnete die Habsucht der Großen gegen die Großen und den Aberglauben gegen die Freiheit. Ein Kreuzzug wurde gepredigt unter Verheißung gleicher Privilegien wie für die Streiter gegen die Sarazenen; waren ja, nach des Papstes eigener Verkündigung, die Albigenser noch weit ärger als diese! Die Untertanen der ketzerischen Grafen wurden der Treue gegen ihre Herren entbunden; wer das Land eroberte, sollte es besitzen. Der zwanzigjährige grausame Religionskrieg, erst von Simon von Montfort, dann von Ludwig VIII. geführt, raffte Tausende dahin und endete mit fast gänzlicher Ausrottung der Albigenser. Auch die Waldenser wurden teils niedergemacht, teils versprengt. Viele von ihnen fanden eine Freistätte in den Bergen von Piemont und Savoyen, später auch anderwärts; in Frankreich konnten sich ihre Gemeinden nur in der Provence und Dauphiné, zum Teil aber nur unter hartem Druck, auf längere Zeit erhalten. Zur Vertilgung der zerstreuten Reste und zur Unterdrückung jedes neuen Auftauchens antihierarchischer Bestrebungen wurde am Schlusse des Krieges das ständige Inquisitionsgericht zu Toulouse, dann an vielen andern Orten eingerichtet.

Ketzerorgie.
Tendenziöser Kupfer von F. Morellon la Cave

Die Ketzerei galt von jetzt an als eines der ärgsten öffentlichen Verbrechen. Das bürgerliche Gesetz bestrafte sie mit Ehrlosigkeit, Kerker, Tod und Konfiskation der Güter. Die Obrigkeit verfolgte und verhaftete, das geistliche Gericht entschied über Schuld und Unschuld, und der weltliche Arm ging blindlings zur Vollstreckung vor.

Auch Deutschland war, indem die katharische Bewegung in seine Gauen Eingang gefunden hatte, alsbald zum Schauplatz ihrer rohesten Verfolgung geworden.

Schon 1052 wurden zu Goslar von dem frommen Kaiser Heinrich III. Katharer zum Tode verurteilt. Im Jahre 1146 disputierte Evervin, Probst von Steinfelden, mit mehreren Häuptern der Sekte zu Köln, konnte sich jedoch nicht vor der Wut des Pöbels retten. Auch 1163 kamen in Köln Verbrennungen vor. Im Jahr 1212 ließ der Bischof von Straßburg an einem Tage gegen hundert Menschen verbrennen. Im Jahr 1232 erfolgte endlich die Reichsacht gegen die Ketzer im Reiche.

Schon vorher hatte Konrad von Marburgals Generalinquisitor (inquisitor generalis haereticae pravitatis) für ganz Deutschland seine Blutarbeit begonnen. Unter den Zeitgenossen herrscht über ihn fast nur eine Stimme. „Wer ihm in die Hände fiel, so berichtet der Erzbischof von Mainz an den Papst, dem blieb nur die Wahl, entweder freiwillig zu bekennen und dadurch sich das Leben zu retten oder seine Unschuld zu beschwören und unmittelbar darauf verbrannt zu werden. Jedem falschen Zeugen wurde geglaubt, rechtliche Verteidigung war niemandem gestattet, auch dem Vornehmsten nicht; der Angeklagte mußte gestehen, daß er ein Ketzer sei, eine Kröte berührt, einen blassen Mann oder sonst ein Ungeheuer geküßt habe. Darum, sagt der Erzbischof, ließen sich viele Katholische lieber um ihres Leugnens willen unschuldig verbrennen, als daß sie so schändliche Verbrechen, deren sie sich nicht bewußt waren, auf sich genommen hätten. Die Schwächeren logen, um mit dem Leben davonzukommen, auf sich selbst und jeden beliebigen andern, besonders Vornehme, deren Namen ihnen Konrad als verdächtig suggerierte. So gab der Bruder den Bruder, die Frau den Mann, der Knecht den Herrn an; viele gaben den Geistlichen Geld, um Mittel zu erfahren, wie man sich entziehen könne, und es entstand auf diese Weise eine unerhörte Verwirrung." Daß Konrad im Widerspruch mit den kirchlichen Gesetzen die Probe des heißen Eisens vorzunehmen pflegte, erzählt Trittenheim. Konrads Gewalttaten, die ihm bekanntlich selbst ein gewaltsames Ende zuzogen, hatten besonders im Elsaß, im Mainzischen und Trierischen ihren Schauplatz; das merkwürdigste Ereignis jedoch, in dem er als mitwirkende Person auftritt, ist der Kreuzzug gegen die Stedinger.

Die Bewohner des Gaues Steding im heutigen Oldenburg und Delmenhorst, ein freiheitsliebender, kräftiger Menschenschlag, lebten bereits seit vielen Jahren in Zwistigkeit mit dem Erzbischofe von Bremen, der nicht nur in manchen ihrer Wälder das Jagdrecht, sondern auch auf ihren Äckern den Zehnten in Anspruch nahm. Einige Geistliche dieses Prälaten, die des Zehnten wegen im Jahre 1197 an sie abgesandt waren, wurden mißhandelt. Dieses Vergehen betrachtete der Erzbischof als Ketzerei, weil der Zehnte von Gott eingesetzt sei, und als er auf seiner Wallfahrt nach dem Orient durch Rom kam, erwarb er sich die Erlaubnis zu einem Kreuzzuge gegen die Ungehorsamen. Aus dem Kreuzzuge wurden jedoch vorerst nur kleine Fehden, die von den Stedingern mit Tapferkeit ertragen und zuweilen durch Vergleiche beigelegt wurden. Da fiel 1207 der Erzbischof Hartwig ins Land ein, betrachtete, als man ihm eine Summe Geldes zahlte, seinen Zweck als erreicht und führte das Heer zurück. Im Jahr 1219 bestieg Gerhard II. den Stuhl von Bremen. Um diese Zeit gibt ein habsüchtiger Priester, unzufrieden mit dem von einer adeligen Frau ihm dargebrachten Beichtpfennig, beim Abendmahl ebendiesen Pfennig anstatt der Hostie der Frau in den Mund. Der Gemahl der Frau erschlägt den Priester, wird exkommuniziert, trotzt dem Banne und findet Anhang. Ähnliche Vorfälle reizen einen großen Teil der Bewohner auf. Gerhard fällt jetzt mit den benachbarten Fürsten ins Land, das Volk aber verteidigt sich so hartnäckig, daß dessen Besiegung unmöglich scheint. Der Erzbischof wendet sich daher an den Papst und schildert die Stedinger als arge Ketzer. Da erscheint im Jahr 1232 eine Bulle von Gregor IX. an die Bischöfe von Minden, Lübeck und Ratzeburg mit dem Befehl, das Kreuz predigen zu lassen. Diese Bulle wirft den Stedingern vor: Geringschätzung und Feindseligkeit gegen die Freiheit der Kirche, wilde Grausamkeit, besonders gegen die Geistlichen, Herabsetzung des Abendmahls, Verfertigung von Wachsbildern und Befragen von Dämonen und Wahrsagerinnen. Ein Kreuzheer von 40 000 Mann überschwemmt infolgedessen im Jahr 1233 das Land, ein Teil der Stedinger fällt im Kampfe, die übrigen versprechen dem Erzbischofe Ersatz und Gehorsam und werden hierauf vom Banne losgesprochen.

Dies ist in wenigen Worten der Hergang des in seinem Anlaß und Verlauf sehr einfachen Streites.

Der Erzbischof von Bremen und der Papst hatten sich zwar tunlichst bemüht, die ehrlichen Stedinger als Ketzer hinzustellen, aber sie waren gar keine Ketzer. Wären sie dieses gewesen, so würden wir in der Bulle von 1232 eine ähnliche Schilderung von

Ketzergreueln zu lesen haben, wie wir sie in einer Bulle desselben Gregor IX. aus dem Jahr 1233 vorfinden. In dieser erkennen wir den Widerhall der nichtswürdigen Berichte des Großinquisitors Konrad von Marburg über die angeblich in Deutschland von ihm entdeckten Ketzereien.

Die Bulleist an die Bischöfe von Paderborn, Hildesheim, Verden, Münster und Osnabrück gerichtet, erteilt dem Erzbischof von Mainz und dem Konrad von Marburg besondere Aufträge und befiehlt ebenfalls gegen die Ketzer das Kreuz predigen zu lassen. – Nach einem sehr rhetorisch gehaltenen Eingang klagt Gregor IX. über die Ketzer: „Wenn ein Neuling aufgenommen wird und zuerst in die Schule der Verworfenen eintritt, so erscheint ihm eine Art Frosch, den manche auch Kröte nennen. Einige geben ihm einen schmachwürdigen Kuß auf den Hintern, andre auf das Maul und ziehen die Zunge und den Speichel des Tieres in ihren Mund. Dieses erscheint zuweilen in gehöriger Größe, manchmal auch so groß wie eine Gans oder Ente, meistens jedoch nimmt es die Größe eines Backofens an. Wenn nun der Novize weiter geht, so begegnet ihm ein Mann von wunderbarer Blässe, mit ganz schwarzen Augen, so abgezehrt und mager, daß alles Fleisch geschwunden und nur noch die Haut um die Knochen zu hangen scheint. Diesen küsst der Novize und fühlt, daß er kalt wie Eis ist, und nach dem Kusse verschwindet alle Erinnerung an den katholischen Glauben bis auf die letzte Spur aus seinem Herzen. Hierauf setzt man sich zum Mahle, und wenn man sich von ihm erhebt, steigt durch eine Statue, die in solchen Schulen zu sein pflegt, ein schwarzer Kater von der Größe eines mittelmäßigen Hundes rückwärts und mit zurückgebogenem Schwanze herab. Diesen Kater küßt zuerst der Novize auf den Hintern, dann der Meister und so fort alle übrigen der Reihe nach, jedoch nur solche, die würdig und vollkommen sind, die unvollkommenen aber, die sich nicht für würdig halten, empfangen von dem Meister den Frieden. Wenn nun alle ihre Plätze eingenommen, gewisse Sprüche hergesagt und ihr Haupt gegen den Kater hingeneigt haben, so sagt der Meister: „Schone uns!" und spricht dies dem Zunächststehenden vor, worauf der dritte antwortet und sagt: „Wir wissen es, Herr!" und ein vierter hinzufügt: „Wir haben zu gehorchen!" Nach diesen Verhandlungen werden die Lichter ausgelöscht und man schreitet zur abscheulichsten Unzucht ohne Rücksicht auf Verwandtschaft. Findet sich nun, daß mehr Männer als Weiber zugegen sind, so befriedigen auch Männer mit Männern ihre schändliche Lust. Ebenso verwandeln auch Weiber durch solche Begehungen miteinander den natürlichen Geschlechtsverkehr in einen unnatürlichen. Wenn aber diese Ruchlosigkeiten vollbracht, die Lichter wieder entzündet und alle wieder auf ihren Plätzen sind, dann tritt aus einem dunklen Winkel der Schule, wie ihn diese Verworfensten aller Menschen haben, ein Mann hervor, oberhalb der Hüften glänzend und strahlender als die Sonne, wie man sagt, unterhalb aber rauh, wie ein Kater, und sein Glanz erleuchtet den ganzen Flaum. Jetzt reißt der Meister etwas vom Kleide des Novizen ab und sagt zu dem Glänzenden: „Meister, dies ist mir gegeben, und ich gebe dir's wieder", – worauf der Glänzende antwortet: „Du hast mir gut gedient, du wirst mir mehr und besser dienen;

ich gebe in deine Verwahrung, was du mir gegeben hast", – und unmittelbar nach diesen Worten ist er verschwunden. – Auch empfangen sie jährlich um Ostern den Leib des Herrn aus der Hand des Priesters, tragen ihn im Munde nach Hause und werfen ihn in den Unrat zur Schändung des Erlösers. Überdies lästern diese Unglückseligsten aller Elenden den Regierer des Himmels mit ihren Lippen und behaupten in ihrem Wahnwitze, daß der Herr der Himmel gewalttätiger, ungerechter und arglistiger Weise den Luzifer in die Hölle hinabgestoßen habe. An diesen glauben auch die Elenden und sagen, daß er der Schöpfer der Himmelskörper sei und einst nach dem Sturze des Herrn zu seiner Glorie zurückkehren werde; durch ihn und mit ihm und nicht vor ihm erwarten sie auch ihre eigene ewige Seligkeit. Sie bekennen, daß man alles, was Gott gefällt, nicht tun solle, sondern vielmehr das, was ihm mißfällt usw. –"

So weit das Wesentliche aus der päpstlichen Bulle. Man sieht, daß hier ohne erhebliche Veränderung dasselbe Lied wiedertönt, das den christlichen Urgemeinden, den Gnostikern und Manichäern, den Montanisten, Priscillianisten, Messalianern und Katharern gesungen wurde. –

Übrigens blieb die päpstliche Bulle für Deutschland ohne alle Bedeutung.

Als der Generalinquisitor Konrad von Marburg am 30. Juli 1233, auf seinem Wege von Mainz gen Paderborn, auf der Heide bei Marburg oberhalb des Dorfes Kappel überfallen und erschlagen wurde, hatte diese Gewalttat wenigstens die heilsame Folge, daß in Deutschland die Inquisition vor den Drohungen der Volksjustiz zurückbebte und ihre Blutarbeit für immer einstellte, wenn auch der Geist der Inquisition noch für Jahrhunderte fortlebte.

Neuntes Kapitel. Der Teufelsbund

Es kann dem Leser nicht entgangen sein, daß bei einigen der zuletzt besprochenen Sekten zu den alten Ketzergreueln ein neuer hinzugekommen ist, nämlich die dem Satan persönlich und förmlich dargebrachte Huldigung. Verträge mit der Geisterwelt waren schon dem römischen Altertum nicht ganz unbekannt. Lucanus berichtet im 6. Buch seiner Pharsalia von einem durch Pakte vermittelten Verkehr mit den Göttern. Die Idee eines Paktums und Homagiums war auch in der Versuchungsgeschichte Jesu ausgesprochen. „Dieses alles will ich dir geben, so du niederfällst und mich anbetest", hierin liegt das Paktum, sofern die Leistungen beiderseitig sind, das Homagium, sofern die Hoheit des Teufels anerkannt werden soll. Die Heiligenlegende bildete dieses vielfältig nach; ihre Helden triumphierten, wie der Heiland. Nun mußte aber auch ein Unterliegen gedacht werden können; ja, in dem Schwachen, dessen höchstes Ziel das Glück dieser Erde war, konnte der Wunsch nach einer solchen Versuchung und die Geneigtheit, ihr zu unterliegen, im voraus vorhanden sein. Diesen Fall veranschaulichen die Geschichte vom heiligen Basilius, Bischof von Cäsarea (370-379), in der ein Sklave Christus abschwört, um die Liebe der Tochter eines Senators zu erlangen, was ihm mit Teufelshilfe auch gelingt, und die Legende des Vicedominus Theophilus in Cilicien, für deren Glaubwürdigkeit der Patriarch Eutychius als Augenzeuge einstehen muß. Allgemein geschätzt und selbst des Bischofsstabes für würdig geachtet, verlor Theophilus unter Justinian I. um niedriger Verleumdung willen sein Amt als Ökonomus der Kirche zu Ada und ließ sich in der Verzweiflung von einem jüdischen Zauberer verführen, einen förmlichen Vertrag mit dem Teufel einzugehen. Für das Versprechen seiner Wiedereinsetzung sagte er sich von Christus und den Heiligen los und gab sich dem sichtbar erscheinenden Teufel durch eine Handschrift zu eigen. Nur nach aufrichtiger Zerknirschung und langwieriger Buße gelang es ihm später, seine Verschreibung durch die Fürsprache der heiligen Jungfrau wieder zu erhalten und sich mit Gott auszusöhnen. Diese Theophilussage erscheint nun mit verschiedenen Ausschmückungen im Abendlande bei Roswitha von Gandersheimdem Kardinal Damiani, Sigebert von Gemblours, Vincentius von Beauvais und vielen andern. Einmal von den Mönchen aufgenommen, mußte der Glaube an die Teufelsbündnisse bald genug auch unter dem Volke sein. Cäsarius und Vinzenz von Beauvais brachten die ersten Berichte von solchen wirklich zustande gekommenen Teufelspakten, und bald teilten päpstliche Geschichtsschreiber selbst (Martin der Pole u. a.) mit, daß wirklich ein Papst, Silvester II. (999-1003) – der als Mönch Gerbert etwas mehr gelernt hatte als die meisten anderen seiner Zeit – durch einen mit dem Satan abgeschlossenen Bund auf den Stuhl *Petri* gekommen sei! Doch beschränkte sich der Glaube an die Teufelsbündnisse zunächst auf das Verhältnis der Zauberer zum Teufel, deren Gemeinschaft mit ihm schon von Augustin mit einem Bündnisse verglichen worden war.

Hierzu trat aber Entsprechendes aus dem Ketzerwesen. Die Ketzer waren bereits von den Kirchenvätern als Werkzeuge, Kinder, Diener oder Krieger des Satans betrachtet worden; den Manichäern und den von diesen abgeleiteten Parteien hatte man sogar eine Verehrung des bösen Prinzips vorgeworfen. Das Christentum kennt einen alten und einen Bund Gottes mit den Menschen und heilige Mysterien dieses Bundes; es schien daher nahe zu liegen, auch dem Teufel einen solchen mit den Ketzern unter bestimmten Formen zuzuweisen. Doch bildete sich das alles nur langsam aus. Bei Tertullian findet sich von dem Gedanken des Teufelsbundes eine erste Spur, indem er vom Teufel sagt, daß er beim Götzendienste die Sakramente nachahme, seine Gläubigen und Getreuen taufe und seine Krieger auf der Stirne zeichne. Bei den Messalianern läßt man die persönliche Dahingebung an die sichtbaren Dämonen schon deutlicher hervortreten. Der förmliche Akt der Huldigung kommt jedoch erst im Abendlande zum Abschlusse.

In der Tat hatte die abendländische Ketzerei eine so feindliche Stellung gegen die römische Kirche eingenommen, daß sie alles bisher Erlebte zu überbieten schien. Schon der heilige Bernhard findet zwischen den alten und neuen Ketzern den Unterschied, daß diese nicht, wie jene, einen menschlichen Stifter haben, sondern von unmittelbarer satanischer Eingebung herrühren; ja schon vorher hatte die Sage die Abtrünnigkeit der Chorherren zu Orleans von der Wirkung eines eingenommenen Pulvers abgeleitet. Nun aber ist sicher, daß einige jener Sekten, namentlich die Katharer, eine bestimmte Feierlichkeit hatten, in der der Übertretende sich von dem Verbande der römischen Kirche lossagte. Diese Lossagung vom Papsttum aber und die Verwerfung der Wassertaufe erschien den Katholiken als Lossagung vom Christentum und von Gott, als das diabolische Gegenstück zur abrenunciatio diaboli. Inquisitoren wußten bald das ausdrückliche Geständnis zu erpressen, daß der Aufzunehmende Christum verleugnen müsse.

In den Katharern des Mittelalters wollte man die alten Manichäer wieder erkennen; von dem diesen zugeschriebenen Glauben an zwei Grundwesen bedurfte es nur eines kleinen Schrittes, um auch eine Anbetung des Bösen zu folgern. Dieser Anbetung lieh man nun die Form des skandalösen Kusses, der offenbar nichts anders ist, als eine Verdrehung des Bruderkusses bei der Adoration. Die alten Heiden ließen die Urchristen die Genitalien ihrer Priester verehren; die Ketzermacher des Mittelalters lassen ihre Mitchristen dem Teufel selbst den obszönsten Körperteil küssen. Jene erdichteten nur eine Unfläterei, diese legten in die Unfläterei noch die abscheulichste Sünde; denn der Kuß ist das Zeichen des Homagiums, nach ihm und durch ihn ist der Ketzer der Mann oder Vasall (homo) des Teufels. Der erste, der von diesem Kusse erzählt, ist angeblich Alanus von Ryssel, der ihn den Katharern aufbürdet. Über die Bedeutung des Aktes spricht sich deutlicher die Anklage gegen den Bischof von Coventry (1303) aus, quod diabolo homagium fecerat et cum fuerit osculatus in tergo.

Tiergestalten und andere abenteuerliche Formen hatte man schon in früher Zeit den erscheinenden Dämonen beigelegt; bei Jamblich treten sie als Löwen, Säcke und Geschirre auf, bei Basilius d. H. fallen sie als Katzen, Hunde und Wiesel die Menschen an. In den Ketzerorgien begegnen wir den Dämonen zuerst bei den Messalianern, dann bei den Chorherren von Orleans, wo der Graf Arefast weiß, daß sie allerlei Tiergestalten annehmen. Daß Alanus bei den Katharern gerade die Katzengestalt wählt, geschieht offenbar nur, um ihren Namen von *catus* ableiten zu können. Dieser etymologische Einfall machte indessen das Glück des Katers, den wir gleich darauf auch in der Bulle von 1233, im vierzehnten Jahrhundert in dem Prozesse der Templer und noch öfter wiederfinden. Noch im siebenzehnten Jahrhundert leitet der Jesuit Gretser die Namen Katharer und Ketzer von Kater und Katze ab. Statt des Katers erschien, aber anderwärts auch ein Frosch, eine Kröte, ein Hund, ein Bock, ein blasser Mann oder die unzweideutige Gestalt des Satans selbst, um die Huldigung zu empfangen.

Versuchung des hl. Antonius (Dämonen in Tiergestalten)

Neben dem Homagium durch den Kuß findet sich für den Ketzerbund auch die Form des Chirographums, späterhin freilich immer seltener und mehrenteils nur für die Teufelsverbündeten höheren Rangs, ohne Zweifel deshalb, weil die geringe Verbreitung der Schreibekunst unter dem gemeinen Volke von selbst zu solchen Unterscheidungen führte.

Zwei Ketzer – erzählt Cäsarius von Heisterbach, – kamen nach Besançon, taten Wunder und fanden viele Anhänger. Voll Angst über ihren Erfolg forderte der Bischof einen in der Nekromantie bewanderten Geistlichen auf, durch Teufelsbeschwörung zu ermitteln, was jenen Leuten die Kraft gebe, im Wasser nicht unterzugehen und im Feuer nicht zu verbrennen. Es ergab sich, daß sie die Chirographa, worin sie dem Teufel das Homagium geleistet hatten, zwischen Haut und Fleisch unter der Achsel trugen und sich dadurch schützten. Des Zaubers beraubt, wurden sie verbrannt. – In andern Erzählungen desselben Schriftstellers erscheint der Teufel mit der Frage: Vis mihi facere homagium? ohne die Art weiter zu bezeichnen. Auch bei Berthold von Regensburg, dem gewaltigsten Volksprediger des 13. Jahrhunderts, gibt es Leute, die „sich dem Teufel um des Gutes willen“ verschreiben.

Die Verschreibungen geschahen mit dem eigenen Blute des Menschen. In den Hexenprozessen findet sich späterhin auch die Form des Paktums, daß man etwas von seinem Blute in ein mit Totenknochen unterhaltenes Feuer laufen läßt.

Zehntes Kapitel. Die Teufelsbuhlschaft

In den von den Katharern und von den Ketzern in Deutschland erzählten Greueln hatte sich die Phantasie ihrer Feinde noch keineswegs erschöpft; das Jahrhundert war im Fortschreiten. Der Vorwurf gemeiner Unzucht war bereits an den altern Ketzern verbraucht worden, den deutschen Ketzern hatte man dann schon das Verbrechen der Sodomie aufzubürden gewagt. Was blieb daher noch übrig, als der Vorwurf des Geschlechtsverkehrs mit dem Teufel selbst? Von diesem gibt das große Autodafé, das 1275 zu Toulouse unter dem Inquisitor Hugo von Beniols gehalten wurde, soviel man weiß, das erste Beispiel. Unter den lebendig Verbrannten war auch die sechsundfünfzigjährige Angela, Herrin von Labarethe. Man hatte sie gestehen lassen, allnächtlich fleischlichen Umgang mit dem Satan gepflogen zu haben; seine Frucht sei ein Ungeheuer mit Wolfskopf und Schlangenschwanz gewesen, zu dessen Ernährung sie in jeder Nacht kleine Kinder habe stehlen müssen.

Mit der Beschuldigung der fleischlichen Vermischung mit den Dämonen war ein entscheidender Schritt weiter getan; sie erscheint bald darauf wieder im Gefolge der Anklagen, unter denen der Templerorden erlag, und wiederholt sich in allen folgenden

Hexenprozessen. Die Vorstellung von einem solchen Umgange war weit älter als ihre Anwendung.

Der vielfache Liebesverkehr der Götter und Halbgötter mit den Menschen, von dem das klassische Altertum zu erzählen weiß, blieb innerhalb der Grenzen der Mythologie, Poesie und Volkssage. Keinem Lebenden in Rom und Griechenland hat man hieraus jemals einen Vorzug oder ein Verbrechen abgeleitet. Als aber in den ersten Jahrhunderten des Christentums Kirchenlehrer, Rabbiner und heidnische Philosophen sich fast um die Wette in dämonologische Spekulationen vertieften, wurde der Grund zu einem Systeme gelegt, das, unter mancherlei Widerspruch ausgebildet, die gerichtlichen Anklagen begründete, wie wir sie soeben kennen gelernt haben.

Albrecht Dürer. Der Gewalttätige
Berlin, Kgl. Kupferstichkabinett

In dem späteren theurgischen Wesen der Griechen war nicht nur von männlichen und weiblichen Göttern und Dämonen, sondern auch von doppelgeschlechtigen und zwiefacher Geschlechtsfunktion die Rede; so bei Selene und Bacchus.

Weitere Anhaltspunkte geben die Schriften der Juden. Das Buch Henoch kennt den Umgang der Geister mit Gott, und wie sehr der Glaube an Dämonen und andere Geister im jüdischen Volke verbreitet war, zeigen uns viele Stellen im Talmud. So Chagiga 16a, Erubim 18b, Chullin 105b, Pesachim 110a, Sabbath 67a, Erubim 18b, Gittin 13b u. a. m.. Allerdings suchte der Talmud im Interesse einer streng monotheistischen Weltanschauung die Dämonen wie die Engel tunlichst als Personifikationen von Ideen hinzustellen. „Überaus charakteristisch für die Tendenz des Talmud ist die Weise, in der er diese Engels- und Dämonenlehre in den Dienst des strengen Monotheismus zu pressen sucht. Die Engel werden ihm einfach zu Trägern von Gedanken, Gefühlen, göttlichen Idealen. Die Dämonen ihrerseits sind die unsichtbaren Schädiger, im Menschen mehr denn außer ihm. Satan nimmt allerdings genau die Stelle des „bösen Geistes“ der persischen Mythologie ein. Er ist Verführer, Ankläger und Todesengel; allein der Talmud erklärt das Wort absolut als „Leidenschaft“, die da reizt, Gewissensbisse schafft und tötet. Satan nimmt darum proteusartig allerlei Gestalten an. Ihn zum „Gegner“ Gottes zu machen, blieb der urchristlichen Anschauung vorbehalten. Dem Talmud hätte dieses nichts Geringeres als Gotteslästerung erschienen.“

Allein zwei Wesen waren es, an die sich nicht nur in der Volksüberlieferung, sondern auch in Lehrdarstellungen der Rabbiner allerlei wunderliche Erzählungen anknüpften, die wir hier beachten müssen, nämlich die Lilith und die Sehirim.

Lilith, ein Nachtgespenst, das als daemon succubus unter der Bezeichnung Kielgelal bei den Akkadern vorkommt und von den Assyrern den Namen Lilit erhielt, findet sich – nachdem Vorstellung und Name von den Assyrern zu den Hebräern gelangt war – bei

Jesaias (34, 14) und wird bei den Rabbinen zu dem kinderfressenden Seitenstück der Lamien, Strigen und Empusen. Nach Rabbi Bensira war Lilith Adams erste Frau und verließ ihn aus Hochmut, um ihm nicht untertan zu sein. Drei Engel, auf Adams Klage von Gott nachgesandt, holten sie am Roten Meere ein und drohten, wenn sie die Rückkehr verweigere, sie selbst ins Wasser zu werfen und täglich hundert von ihren Kindern zu töten. Lilith ging die Bedingung hinsichtlich der Kinder ein und sprach: „Laßt mich ziehen, weil es nun einmal meine Bestimmung ist, Kindern nach dem Leben zu trachten, den Knaben nämlich vor dem achten Tage nach der Geburt, den Mädchen aber vor dem zwanzigsten. Doch verspreche ich und schwöre bei dem lebendigen Gotte, daß ich die Kinder verschonen will, so oft ich entweder euch selbst, oder eure Namen oder eure Zeichen auf einem Amulett erblicke." Dies wurde genehmigt und daher kommt es, daß alle Tage hundert Teufel sterben und daß man den neugeborenen Judenkindern ein Amulett mit den Namen der drei Engel Senoi, Sansenoi und Samangaloph umhängt und ebendiese Namen in den vier Ecken der Wochenstube anschreibt.

Lilith erscheint hier also auch als Mutter von Teufeln, als die sie auch 1480 der „Meßpfaffe" Theodoricus Schernberk zu Mühlhausen in dem Spiel von Frau Jutta auf die Bühne brachte. Über diese Teufelsmutter sagt Rabbi Elias weiter, Adam habe während dieser 130 Jahre nach dem Sündenfalle, in denen er im Banne und von Eva getrennt lebte, mit vier Müttern, Lilith, Nahamah, Ogereth und Machalath, sämtliche Dämonen gezeugt. Andere wiederum behaupten, während dieser 130 Jahre habe sich Adam mit weiblichen und Eva mit männlichen Dämonen vermischt, so daß von jenem die weiblichen, von dieser die männlichen Geister abstammen.

Es verdient bemerkt zu werden, daß die Lilith bei Jesaias in der Vulgata durch Lamia übersetzt wird, wodurch nun auch in der Schrift ein dauerndes Zeugnis für die Realität des römisch-griechischen Glaubens niedergelegt erschien.

Wir müssen hier ferner der Sehirim gedenken. Dieser Ausdruck, der zunächst Böcke bedeutet (wie 3 Mos. 4, 14 und 16, 9), bezeichnet anderwärts einen Gegenstand abgöttischer Verehrung (3 Mos. 17, 7). Bei Jesaias (13, 21 und 34, 14) sind die Seherim Bewohner der Wüste, die tanzen und einander zuschreien. Obgleich nun einige Ausleger, wie Van Dale, in den jesaianischen Stellen unter diesen Wesen nur wilde Tiere oder Waldtiere verstehen wollen, so wird doch das Wort bereits von den alten Erklärern auf Dämonen gedeutet und auch Gesenius ist der Ansicht, daß hier von bocksgestaltigen Waldmenschen, den Satyrn der Griechen ähnlich, die Rede sei. Auch eine Sekte der Zabier verehrte, nach Maimonides, Dämonen unter Bocksgestalt. Die ursprüngliche Bedeutung des hier auf Dämonen bezogenen Ausdrucks scheint über die Grundlage der späteren christlichen Vorstellung vom Teufel in Bocksgestalt Licht zu verbreiten. Diese Vorstellung, schon frühzeitig in einzelnen Spuren vorhanden, konnte erst dann recht allgemein werden, als der Glaube an die fortwährenden Beweise von der Bocksnatur des Satans sich begründet hatte.

Auf den Grundlagen der heidnischen und jüdischen Vorstellungen hat sich die Ansicht der Kirchenlehrer über den Geschlechtsverkehr zwischen Teufeln und Menschen, jedoch nur allmählich und nicht ohne Widerspruch, ausgebildet. Galten einmal die mythologischen Wesen im allgemeinen für Dämonen, so mußten die in den gangbarsten Bibelübersetzungen aufgenommenen Namen der Lamien, Sirenen, Onokentauren und Faune auch zu spezielleren Anwendungen führen. Es ist bereits bemerkt worden, wie schon Justin der Märtyrer und Lactanz die Stelle 1. Mos. 6, 1 ff. auf eine Vermischung der Dämonen mit den Töchtern der Menschen deuteten. Andere Kirchenväter taten dasselbe, und man verschmähte es hierbei nicht, sich auf Analogien, wie den Besuch der Schlange bei Alexanders d. G. Mutter, zu berufen. In Chrysostomus, Cassianu. a. fand nun zwar die Vernunft bessere Vertreter, auch schüttet der sonst so leichtgläubige Epiphanius seinen Unwillen über die Behauptung der Gnostiker aus, daß ein weiblicher Dämon vom Propheten Elias habe gebären können. Die Zeugung sollte durch das im Schlafe vergossene und vom Dämon geraubte semen virile erfolgt sein. Epiphanius sagt hierüber: Welche alberne Behauptung! Wie kann ein unreiner und körperloser Geist sich in irgendeiner Weise an Körperlichem beteiligen? Aber in Augustin erhielt dafür der Aberglaube der Folgezeit eine desto glänzendere Autorität. Obgleich in der Erklärung der mosaischen Stelle selbst zurückhaltend, leugnet Augustin doch nicht die Möglichkeit einer Vermischung der Dämonen mit den Menschen im allgemeinen und verweist ausdrücklich auf die Faune, Sylvane und gallischen Dusii, die solchen Verkehr treiben. Daß Drachen in Menschengestalt mit Weibern buhlten, war ebenfalls ein im Orient verbreiteter Glaube, der schon früher in einer eigenen, angeblich von Johannes von Damask herrührenden Schrift einer Widerlegung gewürdigt worden war.

Als ein besonders wichtiger Zeuge der Anschauungsweise seiner Zeit ist hier der jüngere Michael Constantinus Psellus († um 1106) zu nennen, – der fruchtbarste theologische Schriftsteller der griechischen Kirche im Mittelalter und von seiner Zeit als Polyhistor bewundert. Unter seinen zahlreichen Schriften findet sich ein Gespräch De operatione daemonum vor (1615 von G. Gaulmin zu Paris herausgegeben). Psellus teilt in dem Buche mit, daß ein Grieche, namens Marcus, der niemals an das Dasein von Geistern geglaubt, sich in die Einsamkeit zurückgezogen und sich dabei alsbald von Geistern umringt gesehen habe. Marcus habe nun den lebhaftesten Verkehr mit den Geistern gehabt und habe ihm deren Aussehen, Leben und Treiben auf das genaueste beschrieben. Auf Grund dieser Mitteilungen will nun Psellus ein philosophisches, im wesentlichen neuplatonisches System der Lehre von den Geistern und deren Hierarchie geben. Dieses System hat sein Fundament in dem Satze, daß alle Dämonen Körper haben, was er aus der kirchlich anerkannten Lehre folgert, daß sie die Feuerqual erdulden. Doch haben ihre Körper nicht bestimmte, feste Gestalt, sondern sie sind den Wolken vergleichbar, indem sie bei der Feinheit ihrer Materie jede beliebige Gestalt annehmen und in jede Öffnung eindringen können. Sie haben darum auch keinen bestimmten Geschlechtscharakter, aber sie können bei ihrer Beweglichkeit sowohl männliche wie weibliche Gestalt annehmen. Einige Arten der Dämonen können sich auch besamen, woraus dann ein eigentümliches Gewürm entsteht (– was an die Elben in den Hexenprozessen erinnert). Von Natur kalt, suchen sie gern Lebenswärme in Badestuben und in menschlichen und tierischen Körpern, in die sie einzudringen pflegen. Daher die vielen Besessenheiten und deren Folgen, der Wahnsinn. – Auch das Wesen und Treiben der Incubi wird von Psellus erwähnt.

Es konnte nun nicht fehlen, daß die Kreuzfahrer mit diesen griechischen Spekulationen bekannt wurden, so wie mit den sehr materiellen Geistern des Muhammedanismus, namentlich den Dschinns, die den Mädchen nachstellen. Vielleicht liegt hierin eine Hauptursache, weshalb mit dem Anfange des dreizehnten Jahrhunderts auch das Abendland fast plötzlich mit zahllosen Buhlgeschichten von Dämonen und Feen überflutet wurde. Solche erzählt schon Cäsarius von Heisterbach aus seiner eigenen Zeit in Menge. Doch gab es vorerst noch unter den Gelehrten verschiedene Ansichten. So führt Vincentius Autoritäten an, die die Zeugungsfähigkeit der Dämonen leugnen und den wunderbaren Ursprung Merlinsentweder auf Selbsttäuschung der Mutter oder Unterschiebung und Blendwerk zurückführen. Dagegen hat sich Cäsarius von den Gelehrten eine Theorie mitteilen lassen, in der, so sehr sie der von Epiphanius verworfenen gnostischen nahekommt, die Grundzüge des späterhin allgemein geglaubten Incubenwesens vorgezeichnet sind. Es machte in der Sache keinen Unterschied, daß die Theologen des Abendlands, abweichend von den älteren Kirchenvätern, Muhammedanern und Byzantinern, die vollkommene Körperlosigkeit der Dämonen und damit deren ursprüngliche Zeugungsunfähigkeit zu behaupten anfingen; das Vermögen einen fremden Körper anzunehmen und durch diesen auf die Sinnenwelt zu wirken, blieb auch bei den Scholastikern dem Dämon immer zuerkannt.

Am folgenreichsten scheint gewesen zu sein, daß auch Thomas von Aquino die Existenz der Buhlgeister im alten Testament begründet zu finden glaubte. Behemoth und Leviathan (bei Jesaias 40) deutet er auf den Satan, der hier der Überlegenheit seiner Bosheit wegen unter dem Bilde der gewaltigsten Tiere des Landes und des Wassers, des Elefanten und des Walfisches, beschrieben werde. Die einzelnen Teile in der Beschreibung der Tiere werden hierbei vom Ausleger den einzelnen Verhältnissen des Satans angepaßt, somit auch diejenige Stelle, wo der Text von den geschlechtlichen Beziehungen des Behemoth spricht. Hierbei nun wird mit Augustin der Koitus der Dämonen mit den Weibern eingeräumt, jedoch so, daß es dem Dämon nicht um Befriedigung der eigentlichen Wollust zu tun sei, sondern nur um die Verführung der Menschen zum Laster und seiner dadurch vergrößerten Herrschaft. – Die Frage, wie sich der Teufel seine Hexen zur Stelle schaffe, machte dabei keine Schwierigkeit. Nach dem Evangelium hatte der Satan den Erlöser durch die Luft getragen und ihn auf eine Zinne des Tempels gestellt. Thomas von Aquino meinte daher, wenn der Teufel dieses mit einem Körper zu tun vermöge, so könne er es auch mit vielen und mit allen Körpern tun. –

Über die Frage, ob aus einem solchen Koitus auch eine Zeugung erfolgen könne, waren zu Thomas' Zeit die Meinungen noch immer geteilt; er selbst bejaht sie. Nach seiner Theorie hat der unkörperliche Geist die Fähigkeit, einen Körper anzunehmen und mit ihm den Koitus zu üben. Die hierdurch erfolgende Zeugung wird jedoch weder durch den aus dem angenommenen Körper abgesonderten Samen, noch durch den eigenen Organismus des Dämons bewirkt, sondern auf die Weise, daß der Dämon sich erst einem Manne als Sukkubus hingibt und dann den in diesem Beischlafe in sich aufgenommenen Samen auf ein Weib überträgt, mit dem er sich als Inkubus vermischt. Den auf diesem Wege erzeugten Sohn betrachtet Thomas zwar ganz folgerichtig als den Sohn desjenigen Mannes, von dem der verwendete Samen stammt, räumt jedoch ein, daß solche Kinder an Größe und Stärke die gewöhnlichen übertreffen können, weil der dämonische Erzeuger vermöge seiner höheren Kenntnisse den günstigen Augenblick richtiger treffe.

Von einem solchem Inkubuskinde, das 1249 in Herfordshire geboren worden, berichtet Matthäus Paris, daß es vor Ablauf eines halben Jahres vollkommen ausgezahnt und die Größe eines siebenzehnjährigen Jünglings erreicht gehabt habe. Die Mutter aber sei sogleich nach der Geburt schwindsüchtig geworden und auf jammervolle Weise gestorben.

Vor dem oben erwähnten Inquisitionsfalle finden wir kein Beispiel, daß das Strafrecht sich um dämonische Buhlschaften bekümmert hätte; sie gehörten bis dahin der Volkssage, der Legende, der Poesie und der Spekulation einiger Gelehrten an. Bald hatte die fromme Einfalt einen Kirchenheiligen verherrlicht, indem sie seine Keuschheit von Dämonen in Frauengestalt versuchen ließ; bald war von der Stammeitelkeit das Geschlecht der Häuptlinge an die Unsterblichen geknüpft worden, wie im Norden an Odin, in Sachsen an Wotan; bald hatte der Volkshaß am Feinde Rache geübt, wie an den Hunnen, denen man vertriebene Zauberweiber und unreine Geister der Wüste zu Ahnen gab; bald war es die schrittweise aus dem Einfachen ins Wunderbare übertretende Volkspoesie, die in der übernatürlichen Zeugung geheimnisvoller Männer, wie des Zauberers Merlin, Ergötzung gesucht hatte.

Wechselbalg von einem Fahrenden gezeigt
Nach der Miniature einer Handschrift des 12. Jahrhunderts in der Brüsseler Kgl. Bibliothek

So war das dreizehnte Jahrhundert herangekommen, unter allen Jahrhunderten, wie Leibnitz sagt, das dummste, wenn ihm nicht etwa das nächstfolgende den Rang streitig macht. Vergebens hatte Johann von Salisbury, der am Schlusse der bessern Zeit steht, den Verächtern und Verderbern der gründlicheren Wissenschaft seinen Metalogikus entgegengesetzt. Vor dem vollendeten römischen Geistesdespotismus mit seinen Interdikten, Ketzerkreuzzügen und Inquisitionen mußte jede freiere Regung verstummen und der Aberglaube desto üppiger wuchern; früher heftig bestrittene Lehren finden jetzt ihre unantastbare Sanktion, die Philosophie wurde Magd der Theologie, Bettelmönche mit ihren Wundergeschichten waren die Gebieter des Zeitalters. Selbst der Minnegesang gab sich zum Prediger des lächerlichsten Wunderglaubens her. Diese allgemeine Verdummung machte die Menschen selbst zur Erkennung des Tatsächlichen ihrer eigenen Zeit unfähig. Die Kirchengeschichte wurde in dem Mirakelwesen des heiligen Franziskus und der Legenda aurea des Jakob de Voragine zum Märchen, der Profangeschichte ging's kaum besser. Während Konrad von Marburg durch Feuerprobe und Tortur die abgöttische Verehrung des Satans in Krötengestalt zur gerichtlich erhobenen Tatsache stempelte, erzählten Schriftsteller wie Gervasius Tilberiensis und Cäsarius von Heisterbach unter dem Anspruche auf historische Glaubwürdigkeit Wunder- und Schauergeschichten als selbst erlebt, die noch kurz vorher der gesundere Sinn eines Abälard, Johannes von Salisbury oder Otto von Freisingen als alberne Fabeln verworfen haben würde.

Beide Schriftsteller charakterisieren ihre Zeit und mögen daher an dieser Stelle eine flüchtige Beachtung finden.

Gervasius, Marschall des arelatensischen Reiches, ein Mann nicht ohne Gelehrsamkeit und Einsicht in bürgerlichen Dingen, widmete um 1211 seine Otia Imperialia dem Kaiser Otto IV.Er hat die Alten gelesen, namentlich Virgil und Apulejus, und gibt viele Geschichten von ihnen fast nur mit der einzigen Veränderung wieder, daß er sie in sein Land und seine Zeit verlegt. Die Werwolfsgeschichten des Apulejusereignen sich bei ihm zu Vienne, in der Auvergne oder in England. Die Weiber Griechenlands und Jerusalems läßt er die Verächter ihrer Reize in Esel verwandeln, die Fabel von Amor und Psychewird für die Abenteuer eines Ritters Raimund zugeschnitten. Hinsichtlich der Nachtweiber (lamiae, mascae, striae) kennt er zwar die Behauptung der Ärzte, daß solche nächtliche Schreckbilder auf eine erhitzte Einbildungskraft, dicke Säfte und daher rührende Beängstigungen zurückzuführen seien; aber sogleich beweist er dann wieder das Dämonische dieser Erscheinungen aus Augustin und mengt die kinderfressende Lamia der Römer mit ein, die er a laniando lieber Lania genannt wissen will. Nachdem er hierauf von den nachtfahrenden, Laternen anzündenden und Kinder raubenden Weibern in einer Weise gesprochen hat, als wolle er sich nur zur allgemeinen Sage herablassen, stellt er es wiederum als eine unbezweifelte, tägliche Erfahrung hin, daß Männer von Feen geliebt, bereichert und im Falle der Untreue empfindlich gestraft werden. An einer andern Stelle führt er Weiber als Zeugen an, daß sie selbst dem Flug der Lamien über Berg und Tal beigewohnt haben, und daß diejenige, die den Namen Christus ausgesprochen, sogleich herabgestürzt sei; ja er selbst will eine Frau gesehen haben, die bei solcher Veranlassung um Mitternacht in die Rhone herabfiel. Auch laufen Weiber des Nachts in Katzengestalt umher, und wenn man sie verwundet, finden sich am Morgen nach ihrer Rückverwandlung noch die Spuren. Leibnitz zeiht unsern Gervasius einer gewissen Lust am Lügen.

Ein noch bedeutenderer Zeuge des Teufels- und Dämonenglaubens seiner Zeit ist der Zisterziensermönch Cäsarius, der den Namen des Klosters Heisterbach bei Bonn trägt und zwischen den Jahren 1240 und 1250 gestorben ist. Cäsarius hielt es für ganz nützlich, den Unterricht, den er als Mönch den Novizen erteilte, durch Vorführung von Beispielen aus dem Leben und durch sonstige Erzählungen, die er aus dem Munde der Leute gesammelt hatte, lebendiger zu machen. Auf Befehl seines Abtes trug er (um 1222) nun alle diese Erzählungen in ein Manuskript zusammen, dem er die Form eines Gesprächs zwischen einem Mönch und einem Novizen gab. So entstand sein zwölf Abteilungen (Distinctiones) umfassender Dialogus miraculorum. Es gibt kaum ein zweites Werk des Mittelalters, das mit solcher Anschaulichkeit das Denken und Leben der Zeit darlegte wie dieser Dialogus. Die Distinctio „de daemonibus" läßt uns namentlich den Teufelsglauben, der die abendländische Christenheit in der ersten Hälfte des 13. Jahrhunderts beherrschte, auf das genaueste erkennen. Wir ersehen hier aus einer Legion von Erzählungen, wie nach der Überzeugung aller Schichten der Gesellschaft jener Zeit der Teufel mit seinen Dämonen überall in die Angelegenheiten des Menschen eingreift und überall die Hand im Spiel hat. Er erscheint bald in Tier- (Kröte, Affe, Hund, Katze etc.), bald in Menschengestalt, und zwar ebenso als Weib wie als Mann. Ist es ihm um die Verführung einer Frau oder eines Mädchens zu tun, so tritt er als schmucker Reitersmann auf. Sonst erscheint er auch als Mohr, als Drache etc., immer aber fehlt ihm der Rücken. Macht er sich mit Weibern zu schaffen, so ist er ein Incubus, während er sich bei Männern zum Sukkubus macht. Die Unzucht ist überhaupt eine Hauptsache im Verkehr des Teufels mit Menschen. Dabei werden Frauen oft von Teufeln gemißbraucht, ohne daß die daneben im Bette liegenden Ehemänner etwas davon merken. Der Teufel und die Dämonen – die immer um uns herum sind – können dem Menschen an Leib und Seele und an allem schaden, was er hat. Schutzmittel gegen die Anläufe der Bösen sind: das Zeichen des Kreuzes, Weihwasser, geweihtes Wachs, Weihrauch, Gebet und das Aussprechen des christlichen Glaubensbekenntnisses.

Der Teufel, den uns Cäsarius malt, ist aber nicht ein Mephistopheles voll Menschenkenntnis, Erziehung und feiner Berechnung; er ist gleichsam der Teufel in den Flegeljahren, plump, hochfahrend und trotzig, prahlend, gewalttätig wie ein nordischer Recke, oft linkisch in der Wahl seiner Mittel und zuweilen sogar so schwach, daß er das gegebene Wort hält oder Gnade für Gewalt ergehen läßt. Er buhlt mit Männern als Weib und mit Weibern als Mann, mißhandelt die ihm Widerstrebenden mit Fauststößen, und betet, wenn er jemanden treuherzig machen will, das Vaterunser, jedoch mit Auslassungen und grammatischen Fehlern, auch das Kredo, aber falsch. Viele Geschichten sind nur dazu da, in köstlich naiver Unverfrorenheit für den Zisterzienserorden Reklame zu machen.

Dieser Teufelsglaube, dem wir vom Anfange des dreizehnten Jahrhunderts die ganze abendländische Christenheit ergeben sehen, war die Grundlage, auf der sich der Begriff des Hexenwesens aufbaute; zurzeit jedoch war dieser noch nicht entwickelt. In Cäsarius'

Auseinandersetzungen und Erzählungen tritt, was wohl zu beachten ist, die Idee eines eigentlichen, dauernden Teufelsbundes noch nicht hervor. Allerdings sucht sich der Teufel der Menschen zu bemächtigen, und ist ihm dieses gelungen, so verlangt er von ihnen das Homagium. Auch erinnern die seltsamen Gaben, die er dafür bietet, an die im sechzehnten Jahrhundert landläufig gewordenen Vorstellungen von der Undankbarkeit des Teufels. Auch der Gedanke der Teufelsbuhlerei ist bereits vollständig ausgebildet; die übrigen Momente des Hexenglaubens dagegen fehlen noch. Man weiß noch nichts von einem Teufelsbündnis, durch das sich der Mensch für immer von Gott los- und dem Teufel zusagt, man nimmt auch nicht an, daß alle, die sich dem Teufel ergeben haben, mit dessen Hilfe oder mit teuflischen Hilfsmitteln anderen Schaden tun, sondern man weiß nur, daß es Besessene gibt, in deren Körper der Teufel oder dessen Dämonen so Eingang gefunden haben, daß sie nun das Böse und Boshafte durch diese, als durch ihre Werkzeuge selbst, tun.

Der Antichrist, unterstützt von drei Teufeln, sucht sich gegen einen Engel den Zugang zum Himmel zu erzwingen. Rechts predigen Elias und Henoch für den wahren Glauben, links sucht der Teufel durch den Mund eines Geistlichen die Menschheit zum Abfall zu bringen.
Schedels Chronik, Nürnberg 1493

Meister L. Cz. Versuchung Christi

Himmel und Hölle. Holzschnitt aus dem 16. Jahrhundert

Elftes Kapitel. Die Kirche und das Gesetz im dreizehnten Jahrhundert

Im Laufe der Jahrhunderte hatten sich die religiösen Vorstellungen der abendländischen Christenheit unter der Leitung der Hierarchie allmählich vielfach, zum Teil von Grund aus, geändert. Namentlich war dieses bezüglich der kirchlichen Lehre vom Teufel und dessen Dämonen der Fall. Das eigentlich christliche Element, das die ursprüngliche Lehre der Kirche vom Satan charakterisiert hatte, war durch die Hierarchie aus ihr entfernt worden. Die evangelische Verkündigung der Väter und der Kirche in den ersten Jahrhunderten: „Unser Glaube ist der Sieg, der alle Teufel und Dämonen überwindet", war zum Schweigen gebracht, und das Gebot des Kirchenvaters Hermas: „Ihr sollt den Teufel nicht fürchten" hatte die Hierarchie in das entgegengesetzte Gebot umgewandelt. Die alte Kirche war von dem Bewußtsein erfüllt gewesen, daß der Christ über Dämonen Gewalt habe und daß der Teufel vor ihm fliehen müsse; in der Kirche des Mittelalters dagegen ging der Glaube um, daß der Teufel und dessen Dämonen mit göttlicher Zulassung in allerlei Weise auch über den Christen Gewalt hätten, weshalb der Christ vor ihrer Tücke nirgends sicher wäre. – An Stelle der christlichen Lehre von dem Teufel und dessen Reich gewann daher allmählich der heidnische Dämonismus wieder Platz.

Hierdurch allein wurde es möglich, daß auf der Grundlage der Lehre vom Teufel die Lehre von der Zauberei und Hexerei, die in späteren Jahrhunderten die Völker des Abendlandes beherrschte und zerfleischte, erwachsen, und daß sie die Bedeutung und Ausdehnung gewinnen konnte, in der sie sich uns geschichtlich darstellt. Doch hat dabei die Stellung der Hierarchie zur Ketzerei wesentlich mitgewirkt.

Auf die bisherigen, in der öffentlichen Meinung der Kirche feststehenden Ketzergreuel war freilich der Name der Zauberei zur Bezeichnung des Ganzen noch nicht angewandt worden; nur Gerüchte von einzelnen Zauberübungen wurden im Gefolge der übrigen Beschuldigungen laut. Doch haben wir uns, indem wir die progressive Ausbildung der Ketzermärchen schrittweise begleiteten, zu einem Punkte hingeführt gesehen, von dem aus es nicht mehr als ein Sprung erscheinen darf, wenn zu jenen Greueln jetzt auch noch der Vorwurf verderblicher Zauberkünste als wesentliches und sogar überwiegendes Moment in der Weise hinzutritt, daß er dem aus dieser Vermischung entstehendem Ganzen den Namen gibt, und daß unter der generalisierten Benennung der Zauberei jene Ketzerlaster hinfort in der Regel als mitinbegriffen verstanden werden.

Vernehmen wir zuvörderst, wie der Dominikaner Nikolaus Jaquier († 1472) 1458 die Ketzereien seiner Zeit charakterisiert!

Er berichtet von einer neu entstandenen Sekte, die an Verruchtheit alle bisherigen Ketzer weit überbiete; bei ihr gehe alles aus bösem Willen, nichts aus Irrtum hervor. Sie versammeln sich an bestimmten Tagen zu einem Teufelskulte (synagoga diabolica), wo man den Bösen in Bocksgestalt anbete und Unzucht mit ihm treibe. Ihr Hauptbestreben sei, im Dienste des Teufels den katholischen Glauben anzufeinden, weil dieser allein selig mache. Darum werde zwar von dem aufzunehmenden Juden und Mohammedaner die Verleugnung des väterlichen Glaubens nicht gefordert, der Christ dagegen müsse, wie er einst bei der Taufe dem Teufel entsagt, nun Gott und seinem Dienste absagen, das Kreuz anspeien und treten, Abendmahl und Weihwasser lästern, dem Teufel durch Kuß und Kniebeugen Ehre erweisen, ihn als Herrn erkennen und nach bestem Vermögen mit Opfern bedenken.

Bis hierher hat sich Jaquier noch nicht von Bekanntem entfernt; nun fügt er aber hinzu, daß diese Ketzer in ihren Teufelssynagogen vom Satan allerlei Zaubermittel empfangen und sich verpflichten, durch diese ihren Mitmenschen in jeder Weise zu schaden, indem sie Krankheiten, Wahnsinn, Sterben unter Menschen und Tieren, männliches Unvermögen und weibliche Unfruchtbarkeit, Verderben der Saaten und anderer zeitlichen Güter hervorrufen. Diejenigen Menschen nun, die sich zu dem beschriebenen Kultus bekennen, bilden nach Jaquier die Ketzer- und Zaubersekte (secta et haeresis maleficorum fascinariorum). Auch in den angeführten magischen Wirkungen ist, wie man sieht, nichts Neues; eine geschlossene Zaubersekte aber mit festbestimmtem Kult und Streben war den früheren Zeiten ein ebenso undenkbares Ding, wie eine Häresis der Mörder, Diebe und Brunnenvergifter. Auch ist sich Jaquier dessen wohl bewußt; die Zauberketzer sind, wie er selbst bemerkt, erst in neueren Zeiten (modernis temporibus) entstanden. Gewinnen wir für diese wichtige allgemeine Zeitangabe eine nähere Bestimmung durch den Inquisitor Bernhard von Como(† 1510), der die Sekte der Hexen (secta strigarum) – was mit obiger Bezeichnung gleichbedeutend ist – aus der ersten Hälfte des vierzehnten Jahrhunderts datieren läßt, so ist hiermit im allgemeinen die Epoche bezeichnet, in der zuerst aus Ketzerei und Zauberkünsten jenes eingebildete Monstrum zusammengesetzt worden ist, dem mehr als vierhundert Jahre hindurch so viel unschuldiges Blut geopfert wurde.

Albertus Magnus. Holzschnitt aus „Secreta Mulierum“ (Köln, um 1480)

Das traurige Verdienst, das Ketzer- und Zauberwesen zu dem Ganzen der Hexerei theoretisch vereinigt und die Hexenprozesse der neueren Zeit in Gang gebracht zu haben, gebührt den Inquisitoren und ihren gelehrten Schildträgern. Um diesen Satz in helleres Licht zu stellen, werden wir zuvor auf das Verhältnis der Magie zu der öffentlichen Meinung und dem Strafgesetze in der den Hexenprozessen zunächst vorangehenden Zeit einen Blick werfen, um sodann aus der eigentümlichen Lage der Inquisitoren die Ursachen zu entwickeln, die so Verderbliches zur Erscheinung gebracht haben.

Die Kreuzzüge haben der christlichen Welt unter anderen auch den wesentlichen Dienst erwiesen, daß sie sie der arabischen Bildung näher brachten. Um die Wette sieht man Deutsche, Franzosen und Engländer zu den Schulen von Toledo und Cordova wallfahrten und bereichert an mathematischen, physikalischen, mechanischen, chemischen und medizinischen Kenntnissen heimkehren. An die Namen eines Roger Bacon, Albert von Bollstädt, gewöhnlich Albertus Magnus genannt, Raimund Lullus, Peter von Apono, Arnold von Villeneuve u. a. knüpfen sich dankbare Erinnerungen in dieser Beziehung. Die bequemeren arabischen Zahlzeichen kamen jetzt in allgemeineren Gebrauch, gleichzeitig bemächtigte sich die Scholastik durch Alexander von Hales der Arbeiten der Araber über den noch kurz vorher zum Feuer verurteilten Aristoteles, und Friedrich II. verbreitete die Schriften dieses Philosophen nach Übersetzungen aus dem Arabischen. Wenn sogar der Dominikaner Raimond von Pennaforte das Studium der arabischen Literatur empfehlen konnte und die Synode zu Vienne, wo Clemens V. den Templerorden verdammte, Lehrstühle für sie zu errichten beschloß, so geht daraus hervor, daß man selbst von Seiten der Kirche die Notwendigkeit der Sache tief genug fühlte, um sie nicht aus dem einseitigen Grunde zu verdammen, weil sie gerade von den Ungläubigen stammte.

Aber mit dieser Ausbeutung des Orientalischen war das doppelte Übel verbunden, daß nicht nur die Gelehrten selbst mit dem Guten auch mannigfache Verirrungen herüberbrachten, sondern daß auch das Richtige, das sie gaben, bei der Menge vielfältiger Mißdeutung unterlag. So heftete sich an die Fortschritte einer erleuchteteren Medizin die Verbreitung der Astrologie. Die Chemie, so verdient um die Pharmakologie, konnte sich nicht losringen von dem alchimistischen Anstriche, den ihr schon Dschaffar gegeben hatte; man war überzeugt von der Möglichkeit der Metallverwandlung und der Gewinnung eines lebensverlängernden Elixirs oder einer Panazee, die einige schon in einer Goldauflösung u.dgl. gefunden zu haben wähnten.

Aber auf der andern Seite, welche imponierenden Tatsachen hatte nicht die Wissenschaft jener Zeit in Wirklichkeit dem Volke entgegenzuhalten! Wenn die fortgeschrittene Pharmakologie Wunden heilte, wo der Grabesvorhang des heiligen Martin vergebens aufgelegt worden war, war dies nicht schon ein halber Beweis für den Satz von der Lebenstinktur? Wenn Bacon (1214-1294) kühn die Ahnung aussprach, daß auch ein schwererer Körper unter gewissen Bedingungen sich in die Luft zu erheben vermöge, schien er damit nicht sagen zu wollen, daß er dies mit seinem eigenen Leibe könne, wie einst, der verbreiteten Sage zufolge, der Magier Simon zu Rom getan? Und wenn Bacon vollends von einer chemischen Mischung Donner und Blitz, die Vernichtung eines Heeres und die Zerstörung einer Stadt verspricht, tut dann der Unkundige zuviel, wenn er an die furchtbarste Entladung eines landverheerenden Gewitters denkt? Der Gedanke an magische Künste mußte hier um so eher kommen, als die Gelehrten sehr oft nur mit den Wirkungen prunkten und die Mittel dazu in unverständliche Formeln hüllten. Man nehme z. B. das Rezept zu Bacons explodierender Substanz, oder dasjenige, worin Raimund Lullus (1235-1315) Anweisung gibt, wie man aus dem Merkur der Weisen in verschiedenen Durchgängen grüne und rote Löwen, kimmerische Schatten, einen Drachen, der seinen Schweif verschlingt, und endlich brennendes Wasser und menschliches Blut gewinnen soll, womit, nach Dumas, nichts anderes als die Gewinnung des Brenzessiggeistes aus Blei dargestellt ist! Die arithmetischen Tabellen, die mit ihren wenigen krausen, ausländischen Zeichen auf die schwierigsten Fragen augenblickliche Antwort gaben, waren schon ihrer Natur nach für die Menge ein unauflösliches Rätsel. Hieran heftete sich nun das vergrößernde Gerücht. Gerberts metallener Kopf, der vorgelegte Fragen beantwortet, im zwölften Jahrhundert zuerst erwähnt, wiederholt sich dann bei Roger Bacon und wird bei Albert dem Großen gar zu einem vollständigen Menschen, der das Verborgenste enthüllt, um später im Prozesse der Templer wieder zum redenden Kopfe herabzusteigen. Arnold von

Villeneuve bildet bei Mariana gleichfalls einen Menschen auf künstliche Weise. Peter von Apono, weil er in den sieben freien Künsten so sehr bewandert war, muß sieben Familiargeister in einer Flasche aufbewahren. Gerberts Rechentisch, den er den Sarazenen gestohlen haben sollte, mußte jetzt Belehrungen über die Bedeutung des Singens und Fliegens der Vögel und über die Heraufbeschwörung der Schatten aus der Unterwelt enthalten. Ja, von Artephius, der im zwölften Jahrhundert gestorben war, wollte man wissen, daß er mit Apollonius von Tyana eine Person gewesen sei und folglich durch geheime Künste über tausend Jahre sein Leben hingehalten habe.

So warf sich auf diese Männer selbst und ihr Treiben ein Schein des Wunderbaren, Übermenschlichen, und es fragte sich nur, ob ihre Wirkungen von Gott oder vom Teufel stammten; denn daß sie die Frucht des eigenen Nachdenkens und der Naturbeobachtung sein könnten, fiel nur wenigen ein. Auch Thomas von Aquino glaubte entschieden an die Wirklichkeit der Magie. Was er mit Eifer gegen ihre Erlaubtheit vorbringt, ist zum Teil so subtil, daß es von manchen Verehrern der geheimen Wissenschaften zu ihren Gunsten umgedreht wurde. Für den Teufel, von dem das Jahrhundert voll war, entschied man sich immer am liebsten, und jedenfalls dann, wenn der Inhaber jener Geheimnisse zugleich auch einige Selbständigkeit in Religionssachen mitgebracht hatte und es sich herausnahm, dem Pfaffentum und der Orthodoxie entgegenzutreten, wie Roger Bacon, Peter von Apono und Arnold von Villeneuve. Zu milderem Urteil war man geneigt, wo etwa scholastische Verdienste um die Stützung des Dogmas vorlagen, wie bei Albert d. G., oder ein Bekehrungseifer wie bei Raimund Lullus. Wußte man ja von Albert, dem großen Lehrer des noch größeren Thomas, daß die heilige Jungfrau ihm die Gnade verliehen hatte, alle Wissenschaft der Philosophen zu erlernen, ohne am wahren Glauben Schaden zu nehmen, und daß er überdies fünf Jahre vor seinem Ende seine ganze Weisheit freiwillig wiedervergessen hatte, um eines christlichen Todes desto sicherer zu sein. Seine Magie ward darum auch für eine natürliche erklärt, wie er selbst diese Bezeichnung schon gebrauchte.

Das Beispiel reizte zur Nachahmung. Viele wären gerne im Besitz der Künste gewesen, die man an Albertus und anderen pries; was diese auf dem von der Menge ungeahnten Wege der Forschung erreicht hatten, erstrebte man auf dem Wege abergläubischer Gebräuche; man suchte die alten theurgischen Übungen hervor, mischte sie mit dem Zeremoniell, mit dem die Priester seit Jahrhunderten Geister gebannt und anderen Unfug getrieben hatten, und gedachte hiermit zur Herrschaft über die Geister und die von diesen repräsentierten Naturkräfte sich zu erheben. So kam dasjenige in Gang, was man weiße Magie oder weiße Kunst nannte. Trotz ihrer steten Bemühung, sich einen christlichen Anstrich zu geben, und trotzdem sie sich längere Zeit auf einzelnen Universitäten, namentlich zu Salamanka und Krakau eines gewissen Rufes erfreute, hat es indessen dieser weißen Magie in ihren verschiedenen Erscheinungen als Theurgie, Theosophie, Rosenkreuzerei usw. niemals recht gelingen wollen, von der Kirche anerkannt zu werden. Ein Bezwingen der Dämonen kann nach Thomas von Aquinonur durch die Kraft Gottes geschehen, und wo dies geschieht, da ist überhaupt keine Magie, sondern eine Wirkung der göttlichen Gnade vorhanden. Hiernach sei, fährt Thomas fort, dem König Salomo, den man so gerne zum Erzvater der weißen Magie machte, entweder alle Magie abzusprechen, sofern man von seinen Geisterbezwingungen aus derjenigen Zeit rede, wo er im Stande des Heils war, oder er habe gleich jedem andern durch die Kraft des Teufels gewirkt, sofern er zur Zeit seines Götzendienstes Übernatürliches getan. Dies stimmt mit Augustins Ansicht überein, der zwischen Goetie und Theurgie nur in der Benennung einen Unterschied findet.

Der Name der weißen Magie ist übrigens jünger als der der schwarzen, der ihn erst als Gegensatz hervorrief. Der letztere entstand durch die Korrumpierung des Wortes Nekromantie in Nigromantie (nigromantia). Unter Nekromantie verstand man bereits zu Anfang des dreizehnten Jahrhunderts nicht mehr die bloße Totenbefragung, sondern böse Zauberkünste überhaupt. Noch in demselben Jahrhundert kommt die Nigromantie in gleicher Bedeutung vor. Wer diese Wortform zuerst gebraucht hat, ist uns unbekannt. Schon Vincentius von Beauvais bedient sich ihrer (Spec. nat. II. 109), ebenso Ottokar von Horneck in seiner Erzählung vom Pseudo-Friedrich:

> Ettleich jahen zu dem mal
> Er war ein Aeffer gewesen
> Und hiet die Puch gelesen
> Von Nigramanczey,
> (Man gicht, daz die Chunst sei
> Also gemachet und gestalt,
> Wer jr hat Gewalt,
> Der peget mit Zawber und tut
> Darnach ym stet sein Mut)
> Die Chunst chund er von dem Puch
> Und hiez dieser Mann Holzschuch.

Als Grundlage aller nicht von Gott ausgehenden Weissagung betrachtet diese Zeit schon ein Bündnis mit dem Teufel, das entweder ausdrücklich oder stillschweigend eingegangen wird. Man berief sich deshalb auf Jesaias XXVIII. 15: Percussimus foedus cum morte et cum inferno fecimus pactum. Vincentius setzt für das, was er Nigromantie nennt, das ausdrückliche Pactum voraus.

Das Land, wo die Weisen des Jahrhunderts ihr Wissen holten, galt jetzt als Hauptsitz der Zauberei. Bayerische und schwäbische Jünglinge studieren, sagt Cäsarius von Heisterbach, zu Toledo die nekromantische Kunst. Ein Magister aus Toledo muß die von Konrad von Marburg verfolgten Teufelsgreuel verbreitet haben. Was aber aus Spanien nur dunkel und bruchstückweise verlautete, ergänzte sich die Neugierde aus der zugänglicheren römischen Literatur. Virgil, Apulejus und Petronius, letzterer der

Liebling der Klöster, konnten hier aushelfen. Hier gab es Luftfahrten, Tierverwandlungen, Donner und Blitz. In dem Zauberer Virgilius stellt schon Gervasius einen Tausendkünstler dar, der dem späteren, von der Sage vergrößerten Albertus kaum etwas nachgibt. An Bacons Flugkünste ketteten sich die Nachtweiber mit ihren Tier- und Stockritten und gewannen in den Lamien und Strigen eine bestimmtere Gestalt, während sie zugleich die Zaubersalbe der Pamphile bei Apulejus beibehielten. Sein Rezept für Donner und Blitz rief die alten Tempestarier ins Gedächtnis; und wenn schon einst die Synode von Braga (563) den Glauben an das Gewittermachen des Teufels für ketzerisch erklärt hatte, so weiß doch die Scholastik die Klippen des Manichäismus geschickt zu umschiffen, indem sie den Teufel auf künstlichem, nicht auf natürlichem Wege diese Erscheinungen herbeiführen läßt.

Liebeszauber
Flandrisches Gemälde aus dem 15. Jahrhundert

In den Malefizien gegen Personen hielt sich die nächste Folgezeit ebenfalls vorzugsweise an römische Muster. Bezauberung durch das böse Auge, geschmolzene Wachs- und Bleibilder, magische Ringe, Stricke, Haare und Nägel von Gehängten, Erde von Begräbnisplätzen, Turteltaubenblut, Kräuterabsude und ähnliches kommt in Akten aus der ersten Hälfte des vierzehnten Jahrhunderts vielfältig vor und mag zum Teil schon vorher praktisch versucht worden sein. Den Haß Philipp Augusts gegen seine verstoßene Gemahlin Ingeburg leitet schon Vincentius von einer Bezauberung her; der Glaube an die Möglichkeit einer solchen hatte bereits in Gratians Dekret eine Autorität gefunden.

Längst war nämlich die Einwirkung auf die Leidenschaften des Menschen, die Erregung unüberwindlichen Abscheus oder der leidenschaftlichsten Liebe gerade in solchen Lebensverhältnissen, wo die Natur und das Gebot Gottes den entgegengesetzten Affekt forderten, als eine der gewöhnlichsten Übeltaten der Zauberer allgemein anerkannt. Nicht selten sollte ein boshaftes Weib ein irdisches Feuer in der Brust eines Mönches entzündet und ihn zu Falle gebracht haben. Auch nahm der Böse wohl bei seinen Bewerbungen die Gestalt eines angesehenen Geistlichen an, dessen Ruf der Heiligkeit er dadurch für immer zerstört. Daneben machten sich Zauberer und Zauberinnen ein besonderes Geschäft daraus, Neuvermählte an ihrer geschlechtlichen Vereinigung zu hindern. Eine ganze Reihe von Synoden und Konzilien hat alle Urheber einer solchen Untat mit dem Banne bedroht!

Die Furcht vor den geheimen Malefizien der Werkzeuge Satans, die sich der Gemüter bemächtigte, wurde noch durch den (z. B. auch von Thomas v. Aquino bestätigten) weit verbreiteten Wahn gesteigert, daß die Dämonen die Körper ihrer Werkzeuge verändern könnten, worauf namentlich der Glaube an die *Lykanthropie* – der Verwandlung der Hexen in Wölfe beruhte.

Auf diese Weise hatte sich im dreizehnten Jahrhundert vieles vereinigt, um zahlreiche einzelne Vorstellungen von magischem Wesen in Umlauf zu bringen, die sich mehr und mehr im tiefsten Schwarz zusammenzogen und den Begriff der Hexerei und der Hexe zum Abschluß bringen sollten. Die Schriftsteller verunstalteten ihre Werke mit den aberwitzigsten Geschichtchen, und mancher betrogene Bösewicht mag in jener Zeit den wirklichen Versuch gemacht haben, durch die ihm angepriesenen Zauberkünste seine Feinde zu verderben oder sich selbst emporzuschwingen; wenigstens finden sich dergleichen Klagen bald nachher selbst am päpstlichen Hofe zu Avignon. Noch aber ist die Sache nicht zur Festigkeit gelangt; obgleich man das Paktum mit dem Teufel kennt, so bildet es doch noch nicht den gemeinschaftlichen Mittelpunkt zu einem Ganzen verbundener Zaubergreuel wie im späteren Hexenwesen. Der Zauberer des dreizehnten Jahrhunderts treibt das eine oder das andere; er ist noch weit mehr Gelehrter, den der Bund mit dem Satan des Studiums nicht überhebt; die spätere Hexe erhält ihr ganzes Können durch den Bund mit einem Male; jener steht für sich, diese ist nur Glied einer großen Gesellschaft.

Wie übrigens der Glaube an die nachtfahrenden Strigen schon in Synodalbeschlüssen und fränkischen Kapitularien als ein unchristlicher und sündhafter erklärt worden war, so fand er auch jetzt noch Widerspruch, wo man ihn aus den Schriften der Römer hervorzusuchen anfing. Merkwürdig ist in dieser Beziehung eine Stelle, die Grimm aus einer Wiener Handschrift des Striker oder eines von dessen Zeitgenossen mitgeteilt hat.

So erklärt auch Vincentius diese Nachtflüge für eine Täuschung, die der Mensch im Traume erleide; ebenso der Roman de la Rose.

Indessen konnte doch über das Maß des Sündhaften in der Beschäftigung mit der Magie jene Zeit noch keine feste Ansicht haben, eben weil sie über die Wirklichkeit und Natur jener Künste noch nicht im klaren war. Im ganzen ließ man den guten oder schlimmen Gebrauch den Ausschlag geben, und selbst die so arg gebrandmarkte Nekromantie unterlag in geeigneten Fällen einer milderen Beurteilung. Zwar fahren bei Cäsarius und seinen Zeitgenossen die Seelen der verstorbenen Nekromanten zum Teufel; aber das hatten sie nicht nur mit den Seelen anderer Sünder und selbst mit leblosen Gegenständen gemein. Ein Mensch, dem ein Stiefel nicht angehen will, wünscht, daß diesen der Teufel holen möge; sogleich fliegt der Stiefel durch die Luft fort. Man hat sogar Seelen aus der Hölle zurückkehren und Zisterzienseräbte werden sehen. Erinnern wir uns weiter, wie bei Cäsarius ein Nekromant als gläubiger Katholik vor dem Bilde der Jungfrau für die Seele seines verstorbenen Gefährten Psalmen liest, und wie selbst der Bischof von Besançon durch einen nekromantischen Priester unter Zusicherung des Sündenerlasses zwei Ketzerhäupter entlarven läßt. Thomas von Aquino gestattet schließlich sogar den Besitz magischer Kenntnisse als unsündlich, sofern man sie nicht zur Ausübung, sondern zur Widerlegung der Magie anwenden will. Hieraus geht hervor, daß Thomas, obgleich auch er im allgemeinen einen Teufelsbund kennt, ihn dennoch zur Erwerbung magischer Kenntnisse nicht unbedingt notwendig hält.

Was die kirchlichen Strafmaßregeln gegen Zauberübungen betrifft, so finden sich zurzeit noch keine Abweichungen von den früheren Disziplinarbestimmungen, da als eigentlich kirchliches Strafmittel noch immer die Exkommunikation gilt; wohl aber entschließt sich das bürgerliche Gesetz in Deutschland zu einer Neuerung. Der Sachsenspiegel sagt: „Swelk kerstenman [oder wif] ungelovich is unde mit tovere ummegat, oder mit vorgiftnisse [unde des verwunnen wirt], den sal men upper hort bernen." Eine Neuerung nennen wir dies, weil vor dem Sachsenspiegel in Sachsen keine Spur einer gesetzlichen Verbrennung der Zauberer gefunden wird, und besorgen hierbei nicht den Einwurf, daß diese Sammlung nur Altüberliefertes aufgenommen habe. Nicht um das, was einst gegolten hatte, sondern um dasjenige, was galt oder gelten sollte, hatte sich der Sammler für praktische Zwecke zu kümmern, und sein Werk trägt in der Tat das Gepräge des Neuaufgenommenen auch sonst noch, z. B. in seinen Sympathien für die römisch-hierarchischen Grundsätze von den zwei Schwertern, die den alten Sachsen vollkommen fremd waren. In der Zeit, wo der Sachsenspiegel entstand, fing eben der Teufel überall wieder zu spuken an. Damals gerade erzählte Cäsarius seine Geschichten von den Homagien, unterhielt Gervasius den Sachsenkaiser Otto mit seinen Werwölfen und Weibern in Katzengestalt und galt Philipp August für behext. Besonders aber ist zu beachten, was jene Zeit von den Magistern aus Toledo, den bleichen Männern, bei deren Kusse der Glaube aus dem Herzen weicht, und der Betreibung nekromantischer Studien in den mohammedanischen Ländern fabelte. Eine solche Zeit konnte auch wohl ein Gesetz, wie das erwähnte ist, entstehen sehen. Für den späteren Begriff der Hexerei zeigt sich übrigens hier noch keine Spur gesetzlicher Anerkennung.

Teufel nehmen eines Menschen Leib
Geiler von Kaisersberg Emeis. Straßburg 1517

Der Schwabenspiegel hat das besprochene Gesetz fast mit denselben Worten, in seinen späteren Redaktionen jedoch mit manchen Erweiterungen und mit deutlicher Hereinziehung des Homagiums, aufgenommen.

Auf demselben Standpunkte halten sich die seitdem aufgestellten sächsischen Stadtrechte von Hamburg, Lübeck, Bremen, Riga, Stade, Verden. Das Hamburger Stadtrecht von 1270 z. B. bestimmt (XII. 6): „So welck Kersten Man offte wyff, de ungelovich ist, offte mit Toveryn ummegeit, offte mit Vergiftenisse vnde mit der verschen Daet begrepen werd, de schall me vpe der Hord bernen, vnde so schall man ock don enen vorreder." Um also auf die Strafe des Scheiterhaufens erkennen zu können, war erforderlich: 1. daß der Verbrecher oder die Verbrecherin sich zum Christentum bekannte, 2. daß die Person ungläubig war, 3. daß sie mit Zauberei oder Vergiftung umging und 4. daß sie auf frischer Tat ergriffen worden war. Durch diese letztere Bestimmung unterschied sich aber das Hamburger Stadtrecht von dem Sachsenspiegel und den mit ihm übereinstimmenden Stadtrechten. Während diese nur wollen, daß der Täter „des verwunden wird" und dadurch der späteren Anwendung der Tortur Raum schafften, wird dort das richterliche Verfahren auf den Fall der Handhaftigkeit beschränkt.

Zwölftes Kapitel. Die Inquisition im dreizehnten Jahrhundert. Ausbildung des Hexenprozesses in Frankreich. Hexenprozesse in Irland und Italien.

Im Jahr 1183 versammelte Papst Lucius III. in Verona gemeinschaftlich mit Kaiser Friedrich eine Anzahl von Prälaten der Kirche um sich. Neben vielem anderen wurde hier auch die Ketzerei in Südfrankreich und das zu deren Ausrottung anzuwendende Verfahren besprochen. Nicht lange nachher (1183) ließ Lucius durch den Erzbischof von Rheims als päpstlichen Legaten in Flandern eine ganze Anzahl von Ketzern verbrennen.

Dieses Jahr 1183 kann als ein verhängnisvoller Wendepunkt in der Geschichte der Kirche angesehen werden. Von diesem Jahre an wurde nämlich allmählich der Begriff der Ketzerei und das Strafverfahren der Kirche gegen diese ein anderes. Dieses wie jenes geschah aber dadurch, daß sich das Papsttum in ganz neuer Weise als Prinzip alles Glaubens und Lebens der Kirche geltend machte.

Die Auffassung der Ketzerei betreffend, hatte man bisher in der Kirche den Gesichtspunkt festgehalten, von dem einst die römischen Kaiser in ihrer Strafgesetzgebung gegen Ketzerei ausgegangen waren; man hatte zwischen den Irrlehren unterschieden und nur Ketzereien von größerer Bedeutung mit Strafen belegt. Jetzt aber wurde der Gedanke zur Geltung gebracht, daß jedes Dogma auf der Autorität der Kirche, auf dem Papsttum beruhe, daher also auch die geringste Abweichung von der Kirchenlehre eine Verleugnung der Autorität des Papsttums, die Ketzerei, sei, daß also die Ketzerei, in welcher Form sie auch auftrete, immer gleich fluchwürdig und gleich strafbar sei.

Als die der Größe des Verbrechens der Ketzerei – des Abfalls von der Kirche, von Gott – allein entsprechende Strafe betrachtete man den Tod durch Feuer.

Allerdings wurden noch im elften und im Anfange des zwölften Jahrhunderts viele Stimmen in der Kirche laut, die vor der Hinrichtung Irrgläubiger warnten. Ernste, fromme Kirchenmänner wie der Bischof Wazo von Lüttich, der Bischof Hildebert von Le Mans, Rupert von Deutz, der heil. Bernhard von Clairvaux u. a., erinnerten daran, daß ein solches Verfahren gegen Christi Willen sei, daß man dadurch nur die Heuchelei großziehe, die Kirche verhaßt mache usw. – Allein der von dem Papsttum vertretene Gedanke, daß die Ketzerei vom Teufel stamme, daß darum deren Bestrafung Ausrottung der Ketzer sein müsse, gewann in der Kirche mehr und mehr Raum. – Der altkirchliche Gedanke, daß Ketzerei mit Exkommunikation zu ahnden sei, war bald vergessen.

Aber auch der altkirchliche Gedanke, daß die Verfolgung der Ketzerei den Bischöfen zustehe, wurde bald vergessen gemacht. Indem nämlich das Papsttum das eigentliche Wesen der Ketzerei in der Verleugnung seiner Autorität sah, so lag es nahe, daß dieses die Verfolgung und Bestrafung der Ketzerei als eine ihm ausschließlich zugehörige Sache ansah. Daher erhob sich jetzt das Papsttum durch seine Legaten, die von ihm mit den ausgedehntesten Befugnissen ausgestattet waren, das Strafrecht der Kirche gegen die Ketzer selbst auszuüben.

Doch mochte man dabei anfangs die Diözesangewalt der Bischöfe noch nicht eigentlich zur Seite schieben. Als Innocenz III. den Entschluß faßte, Einrichtungen ins Leben zu rufen, durch die eine ununterbrochene Aufspürung und Verfolgung der Ketzer sichergestellt würde, ließ er durch das vierte Laterankonzil verfügen, daß jeder Bischof seine Diözese entweder durch seinen Archidiakon oder durch andere geeignete Personen bereisen und an allen verdächtigen Orten entweder einzelne unbescholtene Leute oder die ganze Einwohnerschaft durch einen Eid alle ihnen bekannten ketzerischen Personen anzeigen lassen sollte. Die Verweigerung des Schwures sollte als Zeichen der Ketzerei gelten; der Bischof aber, der sich in der Verfolgung der Ketzerei lässig zeigen würde, sollte abgesetzt werden. – Formell waren also die Bischöfe mit der Ketzerverfolgung betraut; aber die päpstlichen Legaten waren angewiesen, sie zu beaufsichtigen und zu leiten. – Von dem Konzil zu Toulouse 1229 wurde diese Einrichtung noch erweitert.

Allein so sehr auch die Delegaten des Papstes die Bischöfe zur Aufspürung und Verfolgung der Ketzer antrieben, so hatte die ganze Einrichtung doch nicht im entferntesten den in Rom gewünschten und gehofften Erfolg. Die Denunziationen, ohne die man die Ketzer nicht ermitteln konnte, waren nicht in Gang zu bringen.

Daher entschloß sich Papst Gregor IX., die Inquisition den Bischöfen ganz zu entreißen, sie als ein rein päpstliches Institut einzurichten, dem auch die Bischöfe unterworfen sein sollten, und die „Inquisitio haereticae pravitatis“ den Dominikanern zu übertragen, die dieses „heilige Offizium“ in seinem unmittelbaren Auftrage ausrichten sollten. Mit dem Jahre 1232 trat dieses neue päpstliche Institut ins Leben, zunächst in Südfrankreich, in Aragonien, in der Lombardei, in Oesterreich und Deutschland.

Schon damals hatte Kaiser Friedrich II., um in Italien die Welfen niederwerfen zu können, die 1238 und 1239 noch vermehrten Blutgesetze erlassen, die den letztern alle rechtlichen Schutzmittel entzogen, sie der Inquisition ganz und gar preisgaben und als ihre Strafe den Feuertod und die Konfiskation ihres Vermögens anordneten.

So begannen nun die Päpste mittels ihrer Dominikaner, neben denen späterhin gelegentlich auch Franziskaner herangezogen wurden, ihre Blutarbeit. Mit der Inquisition war die päpstliche Autorität ganz unmittelbar in die Kirche hereingetreten, alle Ordnungen der bischöflichen Diözesanregierung durchbrechend und niedertretend. Jeder einzelne Inquisitor arbeitete im unmittelbaren Auftrag, und vom dreizehnten Jahrhundert an bis zur Reformation hin ist „nie ein Mensch anders als im Namen des Papstes und auf dessen allgemeinem oder speziellem Auftrag zur Folterbank geführt und auf den Scheiterhaufen gestellt worden".

Mit brutalem Übermut erhoben sich daher die Inquisitoren nicht nur gegen die Bischöfe, sondern auch gegen landesherrliche Gewalten. Sie waren genötigt, den Inquisitoren Kerker zu bauen und deren Urteile zu vollstrecken, ohne sich um den Gang der Untersuchung kümmern zu dürfen. Taten sie dieses und wollten sie nicht willfährig die Scheiterhaufen aufrichten und die Verurteilten verbrennen lassen, so verfielen sie dem Kirchenbanne; und hatten sie sich von ihm nicht nach Jahresfrist befreit, so waren sie der Inquisition selbst verfallen. Darum mußte sich in den Dienst der Inquisition alles, alles stellen, und darum wurde ihr auch die Wissenschaft dienstbar, die sich alsbald dazu herbeiließ, das Institut der Inquisition zu rechtfertigen. So namentlich Thomas v. Aquino, der (Summa, II. 9. 11 Art. 3 u. 4) aus symbolischen Bezeichnungen der Ketzer, die das Neue Testament gebraucht, die Pflichtmäßigkeit ihrer Hinrichtung in folgender Weise abzuleiten sucht: Die Häretiker werden im N. T. Diebe und Wölfe genannt; Diebe aber pflegt man zu hängen und Wölfe totzuschlagen. Auch sind die Ketzer Söhne des Satans. Deshalb ist es nur billig, daß ihnen das Los ihres Vaters schon hier auf Erden zuteil werde, d. h. daß sie brennen wie er. An die Worte des Apostels Johannes, daß man einen Häretiker, nachdem man ihn zweimal vergebens belehrt habe, fliehen solle, knüpft er die Bemerkung, daß diese Meldung am besten durch Hinrichtung zuwege gebracht werde. Bei Rückfälligen aber hält er jede Belehrung für unnütz und empfiehlt, sie kurzweg zu verbrennen.

Wie nun die Einsetzung der Inquisition als solche die willkürlichste Durchbrechung der bestehenden hierarchischen Ordnung der Kirche seitens des Papsttums war, so beruhte auch das Prozeßverfahren – der Inquisitionsprozeß – auf dem vollständigsten Bruche mit dem bisherigen Prozeß.

Vor dem Autodafé: Zug der Inquisitoren mit den Ketzern zur Messe
Kupfer von Picart 1723

Die Kirche hatte sich von Anfang an das von ihr vorgefundene römische Recht angeeignet, sowohl zur Normierung ihrer mannigfachen inneren und äußeren Verhältnisse als auch für die Form ihres Strafverfahrens, insbesondere bei der Ausübung des Strafrechts. Daher kannte das kanonische Recht bis etwa zum Jahre 1200 ebenso wie das römische Recht keinen anderen Prozeß als den auf wirklicher Anklage beruhenden, – den AkkusationsprozeßWie im römischen, so war auch im kanonischen Strafverfahren die Inscriptio et in crimen subscriptio d. h. die vom Ankläger zu unterzeichnende schriftliche Aufstellung der Anklage im gerichtlichen Protokoll oder in einem vom Ankläger eingereichten Libellus accusationis die eigentliche Basis des ganzen Prozeßverfahrens. Durch sie war dem Prozeß seine bestimmte, nicht zu überschreitende Grundlage gegeben und zugleich die Verantwortlichkeit des Anklägers dem Angeklagten und dem Staate gegenüber gesichert.

Allerdings war in der Kirche aus dem Bedürfnisse der kirchlichen Disziplin schon frühzeitig ein anderes Strafverfahren, das der Inquisitio erwachsen, was später insbesondere durch Innocenz III., und durch die Beschlüsse des Laterankonzils von 1215 bestimmter geregelt wurde. Es kam nämlich insbesondere in Betracht, daß der Akkusationsprozeß zur Handhabung des Strafrechts den Geistlichen gegenüber darum nicht genügen konnte, weil im kanonischen Recht die Erhebung einer förmlichen Anklage gegen einen Geistlichen durch einen Laien oder gegen einen höher stehenden Geistlichen durch einen niederen ausgeschlossen war. Daher waren die geistlichen Gerichte ermächtigt, namentlich in Beziehung auf Kleriker, bei Delictis manifestis s. notoriis, von Amts wegen einzuschreiten, auch wenn kein Ankläger aufgetreten war. Doch konnte der Beschuldigte, wenn er sich schuldfrei wußte, sich eidlich reinigen.

Nach dem damaligen kanonischen Recht galt es daher als Regel, 1. daß der Anklageprozeß, der auf der Inscriptio eines fähigen Anklägers beruhte, das ordentliche Prozeßverfahren war; 2. daß das Prozeßverfahren (wie das römisch-rechtliche) öffentlich und mündlich und streng an die Akkusationsschrift des Anklägers gebunden war, und 3. daß das Geständnis, das der Richter von dem Angeklagten zu gewinnen bemüht sein müsse, nur dann Wert habe, wenn es ein in keiner Weise mit Gewalt erpreßtes, durchaus freiwillig abgelegtes war.

In diesem Punkte wich das Strafrecht der Kirche von dem römischen Recht ab, das bei Majestäts- und anderen Kapitalverbrechen die Anwendung der Folter zuließ.

In Rom war man sich schon bei der ersten Einleitung der Ketzerverfolgung darüber klar geworden, daß der Ketzerrichter, wenn er zum Abwarten einer gesetzlich gültigen Anklage verpflichtet sein sollte, unmöglich Ketzer entdecken könnte. Daher setzte das Papsttum die ganze Rechtsordnung, die im Anfange des dreizehnten Jahrhunderts in der Kirche noch bestand, ebenso wie die Iurisdictio ordinaria der Bischöfe für das ganze Gebiet der Inquisitio haereticae pravitatis außer Kraft, indem es 1. den Akkusations- durch den Inquisitionsprozeß verdrängte, 2. alle Erwachsenen eidlich zur Anzeige der ihnen bekannten Ketzer verpflichtete, 3. für den Inquisitionsprozeß die Geheimhaltung der Namen der Zeugen, und 4. (seit Innocenz IV.) die Anwendung der Tortur zur Erpressung von Geständnissen anordnete, und 5. die Verurteilung der überführten Ketzer zum Feuertode einführte.

Dieses ganz neue Prozeßverfahren stand nun zu dem deutschen Recht in ebenso grellem Gegensatz wie zu dem bisherigen Kirchenrecht. Denn auch die deutschen Volksrechte, die Kapitularien der fränkischen Könige, die Rechtsbücher des Mittelalters setzten sämtlich den Anklageprozeß als das allein rechtsgültige Verfahren voraus und bestätigten die alte Regel des germanischen Volksbewußtseins: „Wo kein Kläger, da ist auch kein Richter." – Als Hauptbeweismittel galt im deutschen Strafrecht neben der Zeugenaussage und dem Gottesurteil der Eid des unbescholtenen Mannes. – Dieses Beweissystem des deutschen Rechts erhielt sich mit dem Akkusationsprozeß in Deutschland bis über das Ende des fünfzehnten Jahrhunderts hinaus.

Ein spanisches Inquisitionsgericht im Beisein des Königs und des Großinquisitors Kupfer von Picart 1723

Die Kanonisten dagegen eigneten sich den Gedanken eines Prozeßverfahrens ex officio ohne Akkusation, nur auf böses Gerücht oder Denunziation hin, an, entwickelten ihn zu einem vollständigen System, was (mit der Folter) auch bei den italienischen Zivilisten, und durch diese auch in Deutschland Eingang fand. Bald wurde der Inquisitionsprozeß als der eigentlich gültige Strafprozeß angesehen und anerkannt.

Durch ihn hatten nun die Inquisitoren im Prozeß völlig freie Hand, und die Verdächtigten waren ihrer Willkür vollständig preisgegeben. Daher war der Inquisitionsprozeß, so wie er im dreizehnten, vierzehnten und fünfzehnten Jahrhundert geführt wurde, die Ausgeburt der niederträchtigsten und boshaftesten Rabulistik, die bis dahin auf dem Gebiete der Rechtspflege hervorgetreten war. Schon der Verdacht oder die Denunziation, daß jemand einer ketzerischen Meinung ergeben sei, berechtigte zur Verhaftung. Keinem Verhafteten aber durfte, wie schon die Konzilien von Beziers und Narbonne 1235 bestimmt hatten, ein Belastungszeuge namhaft gemacht werden. Papst Innocenz IV. bestätigte dieses 1254 in der Bulle Cum negotium. Zugelassen wurden als Zeugen alle möglichen Personen, die für den Akkusationsprozeß nicht in Betracht kamen: Mitschuldige, Meineidige, Kuppler und sonstige Ehrlose, außerdem auch die allernächsten Familienangehörigen. Aus diesen vorgeladenen Zeugen holte das grausige Gespenst der Inquisition sehr bequem alle möglichen Anzeigen heraus; und um die Angeklagten zur Anerkennung der gegen sie gemachten Depositionen, zum „Geständnis" zu bringen, brachte man sehr bald mit bestem Erfolg die Folter zur Anwendung. Die Hilfe eines Rechtsbeistandes und das Recht der Berufung an eine höhere Instanz waren im Inquisitionsprozeß ausgeschlossen. Dem Inquisitor war verboten, Milde und Schonung zu zeigen. Kein Widerruf, keine Versicherung der Übereinstimmung mit dem Glauben der Kirche konnte den Angeschuldigten retten. Man gewährte ihm Beichte, Absolution und Kommunion, glaubte also im Forum des Sakraments seiner Versicherung der Reue und Sinneswandelung; zugleich aber, wenn er ein Rückfälliger war, wurde ihm erklärt, daß man ihm gerichtlich nicht glaube und er daher sterben müsse. Und endlich, um das Maß voll zu machen, wurde seine unschuldige Familie ihres Eigentums durch die gesetzlich ausgesprochene Konfiskation beraubt. Nur das Leben allein, sagt Innocenz III., soll den Söhnen von Irrgläubigen, und auch dieses nur aus Barmherzigkeit gelassen werden. So wurden sie denn auch zu bürgerlichen Ämtern und Würden für unfähig erklärt.

Ihren Unterhalt bezogen die Inquisitoren anfänglich von den Gemeinschaften, unter denen sie wirkten, bald aus Teilen des konfiszierten Vermögens. Innocenz IV. wies sie 1252 auf das Drittel an und ließ ihnen im Grunde auch noch ein zweites Drittel zugute kommen, indem er dieses für künftige Inquisitionszwecke zu deponieren befahl. Dabei blieb man nicht. Bernardus Comensis, selbst Inquisitor, kennt es im fünfzehnten Jahrhundert schon als eine rechtliche Gewohnheit, daß die Inquisition das ganze Vermögen der Verbrannten oder sonstwie Hingerichteten an sich zog, und Pegna im sechzehnten nimmt dies überall da als Recht in Anspruch, wo die Inquisition ihre eigenen Diener und Gefängnisse hat und folglich dem Staate keine Ausgaben verursacht.

Das also, was den Inquisitionsprozeß – das „Negotium fidei" – vorzugsweise charakterisierte, war 1. die Anwendung des Inquisitionsverfahrens, durch das die Akkusation als Basis des Prozesses verdrängt wurde, 2. der Gebrauch der Tortur und 3. der des Scheiterhaufens.

Die Folter tritt als Inquisitionsmittel zuerst unter Papst Innocenz IV. hervor. Indessen in einer Bulle („Ad exstirpanda"), die er 1252 erließ, um den Gebrauch der Tortur kanonisch zu regeln, und die von Alexander IV. 1259, von Clemens IV. 1265 erneuert wurde, erscheint die Tortur als längst zu Recht bestehendes Verfahren. Aber nur wenn andere Beweismittel vorlagen, sollte sie ausgeschlossen sein. Auch sollte sie nicht bis zur Membrorum diminutio et mortis periculum gesteigert werden. Ihr Zweck war ein zwiefacher: die Folter sollte dem Verdächtigen das Geständnis seiner eigenen Schuld und die Anzeige seiner Mitschuldigen erpressen.

So begannen nun die Inquisitoren das „Negotium fidei" zu betreiben, mit ihrer Folter Unzählige zu peinigen und deren Leiber zu zerfleischen. Das geschah im Namen und zu Ehren des Gottes, der den Tod des Sünders nicht will. Daher war freilich die Zerbrechung der Glieder und die Gefährdung des Lebens in der Tortur sogar mit Exkommunikation und Irregularität bedroht. Diese aber und deren kanonische Aufhebung legte den Inquisitor auf eine gewiße Zeit lahm und störte also das „Negotium fidei". Damit dieses daher in voller Schwunghaftigkeit ungestört betrieben werden könnte, erließ Papst Urban IV. im Jahr 1261 eine Bestimmung, die über alle Schwierigkeiten hinaushalf, indem er verfügte, daß in allen Fällen, wo Inquisiten aus Übereilung oder menschlicher Schwachheit bis zur Membrorum diminutio et mortis periculum gefoltert wären, die geistlichen Inquisitoren sich sollten untereinander absolvieren können! Hatte also ein Inquisitor einen Unglücklichen auf der Folter zu Tode gepeinigt, so war er allerdings sofort vom Gericht getroffen, indem er ipso facto exkommuniziert und irregulär war;

beides aber konnte auch sofort wieder aufgehoben werden, wenn ein anderer bei der Inquisition beschäftigter Geistlicher zu ihm die kanonische Formel sprach: Ego absolvo te in nomine etc..

Hiermit war nun das Ergebnis jedes einzelnen Inquisitionsprozesses entschieden und die Erreichung seines Zieles sichergestellt. War jemand der Ketzerei verdächtig und von dem Inquisitionsgericht eingezogen, so wurde er von diesem auch als der Ketzerei, Zauberei etc. unzweifelhaft schuldig angesehen. Es galt nur noch durch die Tortur das Geständnis seiner Schuld zu erpressen.

War das „Geständnis" zuwege gebracht, so mußte das nunmehr erwiesene Verbrechen durch Verbrennung des Verbrechers gesühnt werden. Zu dem Akte wurde öffentlich, wohl auch durch reitende Boten, eingeladen.

Die nächsten Vorgänge hingen davon ab, ob der Luftstrom den Opfern des theokratischen Fanatismus den Qualm ins Gesicht oder von ihm hinwegtrieb. In diesem Falle hatten sie den bitteren Kelch bis auf die Neige zu leeren und alle Stadien des langsamen Verbrennens durchzumachen. Manche hatten moralische Kraft genug, lautlos den letzten Schlag des Herzens zu erwarten. Andere brachen, vom Schmerz übermannt, in ein schreckliches Gebrülle aus. Damit nun den „Kleinen kein Ärgernis gegeben" würde, ward den Delinquenten nach dem Zeugnis des Simancasdie Mundsperre – eine Art Bremse – angelegt und die Zunge gebunden. So vernahmen die Zuschauer nichts als das Knistern des brennenden Holzes und den monotonen Wechselgesang zwischen einem Priester der Inquisition und seinen Chorknaben beim Rezitieren der Litanei,– bis der Leib des Ketzers verkohlt zusammensank.

Dieses in seiner Idee unnatürliche, in seiner Ausführung terroristische und schamlose Verfahren mußte natürlich auf Widerstand stoßen. Während das Leben, die Lehre, die Zwecke und Schicksale der Verfolgten überall, wo sich Sehnsucht nach einem besseren Zustand regte, mächtige Sympathien fanden, war die Inquisition, wie der Abt Fleury bezeugt, Ketzern und Katholiken, Bischöfen und Magistraten, Behörden und Privaten gleich furchtbar und verhaßt. Der Anmaßung, Willkür, Habsucht, Unehrlichkeit und Grausamkeit der Inquisitoren sind darum zu verschiedenen Zeiten Päpste, Könige und Fakultäten mit Entrüstung entgegengetreten. Die Sorbonne führte Beschwerde gegen das unverantwortliche Wüten der unwissenden Mönche, Parlamentsbeschlüsse schritten gegen das bisher unerhörte Rechtsverfahren ein. Königliche Edikte haben wir von Ludwig d. h., Philipp dem Schönenund Ludwig XI. Schon 1243 hatte sich das Konzil zu Narbonne veranlaßt gefunden, die Ketzerrichter von der Auflegung von Geldstrafen um der Ehre ihres Ordens willen abzumahnen. Hinsichtlich der Erpressungen traten sie in die Fußtapfen der für die Sendgerichte tätigen sogenannten Exploratores criminum oder Promotores, über die Nikolaus von Clemanges Klage führt. Wo die Herrschenden auf seiten der Inquisitoren standen, oder ihre Einsprüche nicht zum Ziele führten, da hat das mißhandelte Volk sich selbst Recht verschafft. Im Jahre 1233 wurden zwei

Dominikaner, die nach Cordes geschickt worden waren, um Ketzer ausfindig zu machen, von den Bürgern erschlagen. Am 30. Juli desselben Jahres erlag in der Nähe von Marburg Konrad von Marburg Edelleuten, gegen die er den Kreuzzug gepredigt hatte. 1235 wurden die Inquisitoren mit Gewalt aus Toulouse vertrieben. Fünf Jahre später tötete man in Carcassonne kalten Blutes dreißig Geistliche, 1242 fielen die Inquisitoren in dem Städtchen Avignonet als Opfer ihres Fanatismus. 1252 erlag in Barlassina bei Como der Inquisitor Peter und ein Ordensbruder den Streichen gedungener Mörder. Am 26. Dezember 1277 erschlug Konrad von Venosta den Bruder Konrad Pagano und seine Begleiter, die sich auf der Ketzerjagd im Veltlin befanden. Man wird es daher begreiflich finden, daß die Stellung der Inquisitoren schon frühzeitig, wenn sie mächtig und einträglich sein sollte, auch eine sehr gefährliche war.

(1559-81)

Dieses änderte sich jedoch, als die Inquisition allmählig eine ganz neue Richtung, nämlich die gegen Zauberei und Hexerei einschlug.

Schon mit der Einsetzung der Inquisition war eine ganz veränderte, erweiterte Auffassung des Begriffs der Ketzerei gegeben. Jede, auch die geringste Abweichung vom Dogma der Kirche, jedes Wort und jede Handlung, worin ein Mangel an Unterordnung unter die absolute Autorität des Papsttums gefunden werden konnte, galt jetzt als Ketzerei. Mit der Ketzerei ging aber nach der in der Kirche längst herrschend gewordenen Vorstellung die Zauberei Hand in Hand. Die Ketzerei war ein Abfall von der Kirche, von Gott, und die Zauberei war ein Wirken mit Kräften des Teufels. Der Gedanke, daß der Zweck des Abfalls vom Reiche Gottes der Eintritt in das Reich des Teufels sei, lag daher nahe und die Inquisition konnte die Zauberei als die praktische Seite der Ketzerei in ihr grimmiges Auge fassen. Dieses muß auch wirklich recht frühzeitig geschehen sein, indem sich Papst Alexander IV. (1254-1261) veranlaßt sah, am 13. Dezember 1258 und am 10. Januar 1260, die Inquisitoren, die gegen alles im Kirchenrecht Verbotene, gegen Zinswucher, Wahrsagerei, Zauberei etc. vorzugehen pflegten, in ihre Schranken zu verweisen. Gegen den üblichen Unfug mit Divinationen und Sortilegien sollten sie nur dann einschreiten, wenn er offenbar auf Ketzerei hinweise; anderenfalls sollten sie jenen, die diese Dinge trieben, den zuständigen Richtern, d. h. den Bischöfen überlassen.

Diese Verordnung Alexanders IV., die die Inquisitoren in der Verfolgung der mantischen Zauberei beschränkte, wurde nun aber von ihnen als stillschweigende Gutheißung der Verfolgung der ausübenden Zauberei mit Freuden begrüßt, weshalb die Inquisition gerade seit der Publikation jenes Breves die Verfolgung der Hexerei eifrigst zu betreiben begann.

In dem Hexenprozesse gewann jetzt der Inquisitor einen geschmeidigen und unerschöpflichen Stoff, weil, wo die Natur des im Reiche der Einbildungen einheimischen Verbrechens dem Richter den Vorwand leiht, von der Erhebung des objektiven Tatbestandes abzusehen, nirgends eine Grenze gezogen ist. Nicht minder gewann er an Popularität; denn er rechtfertigte die Grausamkeit seines Verfahrens durch die Größe der zu unterdrückenden Greuel und vertauschte die gehässige Rolle eines Verfolgers freierer Religionsansichten mit der dankenswerten eines Wohltäters, der die menschliche Gesellschaft von einer Rotte gemeingefährlicher Bösewichter befreit und dem Furchtsamen schon auf bloße Denunziation hin Schutz bietet, wo der weltliche Richter die förmliche Anklage mit allen ihren Gefahren auferlegt hätte. In dem Hexenprozesse siegte endlich die Inquisition über alle Anfechtungen ihrer Kompetenz im Zauberwesen. Als Sünde hätte die Zauberei vor den Bischof, als Verbrechen – z. B. bei Tötungen, – vor die Obrigkeit gehört; als Ketzerei aber war sie, mit Hintansetzung des ordentlichen Richters, der Inquisition verfallen. Alexanders IV. beschränkende Verordnung ist in der Tat zur privilegierenden geworden, indem sie den Scharfsinn der Inquisitoren darauf hinwies, in der Zauberei häretische Elemente geltend zu machen. Diese Geltendmachung beginnt unmittelbar nach dem päpstlichen Erlasse, kämpft sich durch alle Einwände der Gerichte und der gesunden Vernunft hin und endigt damit, daß sie die Zauberer geradezu zur geschlossenen Sekte erhebt. Nur durch die Aufdrückung eines häretischen Charakters war es möglich, daß magische Vergehungen, für die die Kirche von jeher nur disziplinare Bestrafung gehabt und diese selbst noch im dreizehnten Jahrhundert bestätigt hatte, von nun an zum Scheiterhaufen führten. Nur hierdurch wird es erklärlich, wie in den Prozessen der Inquisitionsgerichte auch Mord, Ehebruch und andere der bürgerlichen Justiz unterworfene Verbrechen eine Stelle gefunden haben. Es wird aber auch bei dieser Ineinanderziehung der Magie und Ketzerei weiter begreiflich, daß, wenn die Inquisitoren den ordentlichen Gerichten gegenüber das Häretische der Magie hervorhoben, es auch ebenso leicht, wie geraten war, in solchen Zeiten, wo die Ketzereien mehr Sympathie zu finden anfingen, das Volk mit dem Magismus der Häresie zu schrecken.

Im Schoße der Inquisition ist der Hexenprozeß erzeugt und großgezogen worden; die Männer, die ihn durch ihre Schriften theoretisch begründet und im einzelnen weitergeführt haben, Eymericus, Nider, Bernhard von Como, Jacquier, Sprenger, Institorius u. a., sind sämtlich Dominikaner und Inquisitionsrichter gewesen.

Über zweihundert Jahre hat sich die Inquisition in fast ausschließlichem Besitze des Hexenprozesses behauptet, und als sie in den meisten Ländern zu Grabe getragen wurde, hat sie ihn den weltlichen Gerichten als ein trauriges Erbteil hinterlassen.

Allerdings konnte dieses nur dadurch erreicht werden, daß der Kanon Episcopi, der im Kirchenrecht stand, unschädlich gemacht wurde. Dieses aber konnte nur durch hundertjährige und noch längere Arbeit geschehen. In Spanien hielten die Minoriten die

Geltung des Kanons lange Zeit aufrecht, und es konnte daher gleichzeitig vorkommen, daß man in Spanien als Ketzer verurteilt wurde, wenn man die Möglichkeit der nächtlichen Hexenfahrt behauptete, in Italien aber, wenn man sie leugnete. Allmählich aber siegte die dreifache Autorität des Papsttums, des Thomas von Aquino und des Dominikaner-Ordens. Man machte geltend, daß die Autorität eines Konzils doch von der des Papsttums unendlich überragt werde, und indem man die Hexen ohne weiteres zu verbrennen pflegte, so gestaltete sich in der Kirche ein auf der Autorität des Papsttums beruhendes Gewohnheitsrecht, dem gegenüber der Kanon Episcopi nicht mehr in Betracht kam. –

Verfolgen wir jetzt die allmähliche Entwicklung des Unheils!

Um 1271 sieht man die Inquisition in Languedoc beschäftigt, die Überbleibsel der Ketzer, namentlich der Waldenser (vaudoisie), zu vertilgen. Diese Sekten verschwinden für einige Zeit von dem Schauplatze und geben erst wieder zwischen 1285 und 1300, nachdem sie besonders in der Diözese von Albi Zuwachs aus der Lombardei und andern Ländern erhalten haben, Stoff zu neuer Tätigkeit. In der Zwischenzeit aber sind die ersten eigentlichen Hexenprozesse vor den Tribunalen von Carcassonne und Toulouse verhandelt worden. In Toulouse veranstaltete der Dominikaner Hugo von Boniols 1275 eine Ketzer- und Zaubereiverfolgung, in deren Verlauf eine angesehene Frau, die 56jährige, anscheinend geistesgestörte Angela de la Barthe verbrannt wurde. Sie gestand, im Umgang mit dem Teufel ein Monstrum empfangen zu haben, oben Wolf, unten Schlange, zu dessen Fütterung sie kleine Kinder benutzt habe, die sie auf nächtlichen Streifzügen herbeiholte. Kurz vorher war in Poitou ein gräfliches Edikt ergangen, durch das allen Untertanen auferlegt wurde, in Sachen der Magie und der Sortilegien vor der Inquisition zu Toulouse auf Verlangen eidliches Zeugnis abzulegen. Gegen die von den Inquisitoren in Languedoc begangenen Exzesse schritt Philipp der Schöne mehrmals einund band ihr Vorschreiten an die Mitwirkung der Bischöfe und des königlichen Seneschalls; dagegen verschmähte er es nicht, alle Ränke der Ketzerrichter für seine eigenen Zwecke spielen zu lassen, als er die welthistorische Ungerechtigkeit an dem Templerorden beging, und er hatte volle Ursache, mit den ihm hierbei geleisteten Diensten zufrieden zu sein.

Der Prozeß dieses Ordens ist zwar nicht ein Hexenprozeß an sich, aber er enthält Elemente, die sich im Hexenprozesse wiederfinden, wie der Vorwurf des Abfalls vom Glauben, der Beschimpfung des Kreuzes, der Verachtung der Sakramente, des Kusses, des Homagiums und der Teufelsunzucht. Der angebliche Kopf in den Templerkapiteln scheint da, wo er nicht einfach auf Götzendienst zu deuten ist, nach den astrologischen Bildern Gerberts und Bacons kopiert zu sein. Dasselbe Konzilium zu Vienne, das die Sache dieses Ordens verhandelte, beschränkte die Vollmachten der Inquisitoren, indem es sie abermals enger an die Vorschriften der Ordinarien band, doch wollte es mit Entschiedenheit die Unterdrückung der alten und neuen Ketzereien.

Darstellung der Vauderie in einer Brüsseler Handschrift von etwa 1460 aus Jos. Hansen, Quellen und Untersuchungen für Geschichte des Hexenwahns

Papst Johann XXIII.

Der Liber Sententiarum der Inquisition zu Toulouse liefert Beweise von der Tätigkeit dieses Tribunals in dem Zeitabschnitte von 1307 bis 1323. Die Urteile betreffen bis dahin meistens noch Albigenser, Waidenser und Beghinen, doch befinden sich unter ihnen schon Verhöre von Zauberern und Zauberinnen.

Dagegen werden von dieser Epoche an die Autodafés gegen die Sekten in Languedoc in eben demselben Maße seltener, wie sich die Verurteilungen wegen Zauberei mehren.

An dieser Steigerung scheint die persönliche Furcht Johanns XXII. (1316-34) vor magischem Unwesen nicht geringen Anteil gehabt zu haben. Bereits im Anfange seiner Regierung lebte er in steter Angst vor seinen Feinden, unter denen selbst mehrere Kardinäle ihm nach dem Leben getrachtet haben sollen. Nachdem er einmal durch genommenes Gegengift sich gerettet zu haben glaubte, verhängte er bald darauf eine peinliche Untersuchung gegen den Arzt Johann von Amanto und andere Leute seines Hofes, die bezichtigt waren, durch Gift und Wachsbilder unter Anrufung der Dämonen sein Verderben beabsichtigt zu haben. Wenige Jahre später (1320) wies Johann die Inquisitoren von Carcassonne unter ausdrücklicher Erweiterung seiner Vollmachten zu eifriger Verfolgung derjenigen an, die den Dämonen opfern, ihnen das Homagium leisten und eine Verschreibung geben, um dann mit allerlei Zaubermitteln Missetaten zu begehen. Das Jahr 1327 brachte neue Klagen und Strafandrohungen Johanns; diesmal hatte man den König Karl durch Blei- oder Steinbilder – er weiß es nicht genau – aus der Welt schaffen wollen. Wirklich hatten die königlichen Beamten zu Toulouse deshalb eine Untersuchung angestellt und in diese auch den Neffen Johanns verwickelt. Im Jahr 1330 ließ sich endlich der unermüdliche Papst Akten und Berichte über den Stand des Zauberwesens einsenden. Da er das Übel nicht gemindert fand, griff er zu neuen Maßregeln. Hatte er doch selbst die Kränkung erleben müssen, daß der Astrolog Franziskus Asculanus den Römerzug Ludwigs des Bayern voraussagte, eine Ungebühr, die der Magier zu Florenz auf dem Scheiterhaufen büßte. Der französische Hof, selbst in Furcht vor der Macht jener Bildermagie, gab dem Inquisitionsunfug mehr Vorschub, als er ihm Einhalt tat. Zwar hatte Philipp von Valois bald nach seiner Thronbesteigung den zu Paris versammelten Prälaten sechzig Artikel über den Mißbrauch der geistlichen Gerichtsbarkeit vorlegen lassen, doch hatte ein Beschluß des Pariser Parlaments, wodurch die Inquisition für einen Königlichen Gerichtshof erklärt wurde, in der Tat eine bedeutende Machterweiterung dieses Tribunals zur Folge, und Philipp selbst erklärte

1334 ausdrücklich die Kompetenz der Inquisitoren im Punkte der Magie mit der nichtssagenden Einschränkung „sicut eorum officium tangi aut tangere potest“.

Unter diesen Verhältnissen konnte es an Schlachtopfern nicht fehlen. In Carcassonne verurteilte man von 1320-1350 über vierhundert Zauberer, von denen mehr als die Hälfte zum Tode geführt wurde. Hier stand 1329 der Karmelitermönch Peter Recordi vor den beiden Inquisitoren Heinrich von Chamay und Peter Bruni. Er war angeklagt, verschiedene Wachsbilder angefertigt und dabei den Teufel unter Beschwörungen angerufen zu haben. Diese Wachsbilder hatte er, mit Giftstoffen und Krötenblut vermischt, zunächst dem Teufel geopfert, indem er sie in der Bauchgegend mit Blut und Speichel besprengte, und sie dann unter die Schwelle der Häuser von Frauen gelegt, mit denen er in geschlechtlichen Verkehr zu treten wünschte. Er hatte dieses starke Mittel dreimal mit vollem Erfolge benutzt. Der Karmeliter hatte jedesmal, wenn sein Werk gelungen war, die Wachsbilder in den Fluß geworfen, dem Teufel einen Schmetterling geopfert und dabei Satans persönliches Erscheinen aus einem Windstoß oder in anderer Weise feststellen können. Die Strafe des bußfertigen und zum Abschwören seiner Ketzerei bereiten Sünders, der die Milde der Kirche anflehte, wurde besonders darnach bemessen, daß er sich im Kerker das Verdienst erworben hatte, die Tätigkeit der Inquisition in der Weise zu unterstützen, daß er andere gefangene Ketzer, die leugneten, zum Geständnis veranlaßte und durch Verrat dessen, was er von ihnen gehört, den Inquisitoren auch sonst Dienste geleistet hatte. Demnach, und mit Rücksicht auf den Orden, dem er angehörte, wurde er von der Exkommunikation losgesprochen und zu ewigem Kerker bei Wasser und Brot und mit eisernen Arm- und Beinfesseln begnadigt. Zu Toulouse wurden in demselben Zeitraume etwa sechshundert Urteile gefällt, und ungefähr zwei Dritteile lauteten auf Auslieferung an den weltlichen Arm. Dergleichen Exekutionen wiederholten sich auch in der zweiten Hälfte des Jahrhunderts; unter andern hat das Jahr 1357 in Carcassonne allein 31 Hinrichtungen erlebt. Es war damals jene grausige Zeit hereingebrochen, wo der schwarze Tod durch die Völker Europas hinging und im Laufe von wenigen Jahren das Leben von Millionen verschlang, wo die Geißelbrüder in wilder Ekstase durch die Lande wanderten, wo Tausende und aber Tausende in den Niederlanden und in Deutschland von der Epidemie des Veitstanzes erfaßt wurden, mit lautem Geschrei den bevorstehenden Triumph des Satans verkündeten und von Eigennutz geschürter Fanatismus unzählige Juden abschlachtete. Alle Stützen des Lebens schienen zu brechen und ganzer Millionen bemächtigte sich eine unheimliche Stimmung, in der sie sich überall von unsichtbaren, bösen Mächten gefährdet und geschädigt glaubten.

Martern der zum Richtplatz geführten Juden
Holzschnitt um 1475

Der Verfasser der Geschichte von Languedoc macht die Bemerkung, daß um dieselbe Zeit, wo die Fratricellen und Beghinenin Narbonne ihre Irrtümer verbreiteten (1326 ff.), eine große Menge von Menschen sich der Magie ergab, und daß die angestrengteste Tätigkeit der Bischöfe und Inquisitoren nicht vermocht habe, dem Unwesen Einhalt zu tun. Die Ketzerei der Fratricellenbestand hauptsächlich darin, daß sie, als strenge Anhänger der Armutsregel des hl. Franziskus, die päpstliche Dispensation von ihr für ketzerisch erklärten und diejenigen aus ihrer Mitte, die deshalb den Scheiterhaufen hatten besteigen müssen, als Märtyrer priesen. Außerdem gaben sie sich apokalyptischen Schwärmereien hin, nannten die römische Kirche die babylonische Hure und eine Synagoge des Satans, erblickten in Johann XXII. den Vorläufer des Antichrists und verkündeten eine gewaltsame Umwälzung der Dinge und blutige Kriege als nahe bevorstehend. Auch ist in den Akten niedergelegt, daß sie den Staub und die Knochen ihrer Märtyrer, die sie als Reliquien aufbewahrten, küßten und heilsame Wirkungen von ihnen erwarteten. Die spätere Tradition modelt das Treiben der Fratricellen wiederum ganz nach dem Typus der Katharergreuel. Auch hier wieder Lichterlöschen, Kinderbraten und Einweihung des Novizen mittelst eines Trankes aus Kinderasche und Wein.

Rädern und Verbrennen von Juden
Holzschnitt um 1475

Kehren wir zum Hexenwesen zurück!

Ein Blick auf die Akten des vierzehnten Jahrhunderts zeigt uns hier überall nur dieselbe Kombination des alten Ketzer- und Zaubermaterials.

Man hat sich dem Teufel ergeben und alle Exzesse der Zusammenkünfte mitgemacht, die gewöhnlich in der Nacht von Freitag auf Sonnabend auf dem Berge Alaric zwischen Carcassonne und Narbonne und auf den waldigen Hügeln und Gebirgen bis zu den Pyrenäen hin stattfinden. Der Teufel erscheint mit feurigen Augen oder als riesiger Bock und fordert die Neulinge zur Leistung des Homagiums auf. Die Teilnehmerinnen geben sich ihm und den übrigen Anwesenden hin. Er bläst dem Bejahenden in den Mund; durch seinen bloßen Willen versetzen sich die Geworbenen zum Sabbath. Dort ißt man von dem Fleische geraubter Säuglinge und andern ekelhaften Speisen, ohne Salz, und lernt Zaubermittel, wie man mit Kräutern, Giften, Wachsbildern, Stücken von Leichnamen, die man sich auf den Kirchhöfen oder an den Hochgerichten verschaffte, Zaubereien ausüben konnte, wie man Wetter machte, Hagel erzeugte, giftige, die Weinberge und die Äcker schädigende Nebel hervorbrachte, Tiere und Menschen krank machte und tötete. Natürlich fehlen auch Liebeszauber, die Sterilitäts- und die

Impotenz-Malefizien nicht, obschon sie nicht ausdrücklich erwähnt werden. Ebensowenig der Hexentanz. Den Hexentanz finden wir zum ersten Male bei einem Autodafé zu Toulouse im Jahr 1353 erwähnt.

Der Bund mit dem Satan wird zuweilen so geschlossen, daß man sein Blut in ein Feuer laufen läßt, in dem Totenknochen brennen. Man bereitet Liebeszauber aus einem Streifen vom Hemde des Geliebten, aus Galgenstricken, Taubenherzen und dem eigenen Blute, das alles zusammen vergraben wird. Man parodiert die Messe zum Behufe eines Sortilegiums. Zum Zurüsten des Zaubers günstig sind die Nächte vor Johannistag, Weihnachten und die des ersten Freitags im Monat. Zwei Schäfer haben Brunnen durch Magie vergiftet und den Teufel, dem sie ein schwarzes Huhn opferten, nachts auf einen Kreuzweg berufen, um Krieg über das Land zu bringen. Ein anderer Hirt hatte völlig nackt eine Messe gelesen, um ein Zaubermittel wirksam zu weihen. Die Inquisitin hat Hagel, Regen und giftigen Nebel gemacht, Getreide und Reben erfrieren lassen, Ochsen und Schafe der Nachbarn verderbt; sie hat eine Frau getötet, indem sie deren wächsernes Bild am Feuer schmolz.

Teufelskult
Kupfer von Gillot

Papst Johann XXII., der überall Zauberer und Hexen sah, die mit Teufel und Dämonen verbündet wären, redet in seinen Erlassen von Wachsbildern, mit denen die Zauberer ihm und anderen nach dem Leben trachteten. Diese Wachsbilder seien nämlich von den Zauberern auf den Namen bestimmter Personen getauft, und wenn sie dann das Wachs durchstächen, so würde dadurch der Tod der Personen herbeigeführt, deren Namen sie trügen. Solche Bilderzauberei (envoûter) war es auch, die Enguerrand de Marigny, Philipps des Schönen gewesener Minister, gegen Ludwig X. verübt haben sollte, als der Graf von Valois eines Vorwands bedurfte, um die beschlossene Verbannung des gestürzten Günstlings in die Todesstrafe umzuwandeln. Auch in den Tagen der Katharina von Medici war es üblich, Wachsbilder von seinen Feinden anzufertigen und zu durchbohren, wie es die rachsüchtige Japanerin noch heute tut.

Andere haben durch Formeln oder durch das böse Auge getötet, aus der Hand, den Sternen und Spiegeln geweissagt, wahrsagende Geister in Ringe eingeschlossen usw. Daß die Teufelsunzucht nicht vergessen wurde, versteht sich von selbst. Alvarus Pelayo, Bischof von Sylva (gest. 1352), der um 1332 sein Buch De planctu ecclesiae schrieb, hat viele Nonnen gekannt, die sich den Umarmungen des Teufels ohne Scheu hingaben, wie er aus ihren gerichtlichen Bekenntnissen ersah.

Ein Hexenprozeß von 1344 in Irland ließ in sonnenhellster Weise erkennen, daß er sich auf der Unterlage des Ketzerprozesses gestaltete, und daß damals noch der Vorwurf der Zauberei nur eine Steigerung des Vorwurfs der Ketzerei war. Der Urheber der Verfolgung war hier der Bischof von Ossory im Palatinat Kilkenny, Richard de Ledred aus dem Minoritenorden. Der Kirchenfürst hatte es sich zur Aufgabe gestellt, zunächst in seiner Diözese und weiterhin in ganz Irland der Ketzerei und Zauberei ein Ende zu machen. Daher trat er zunächst in Hirtenbriefen gegen die „gens pestifera novella" auf, die keine kirchlichen Abgaben und Zehnten entrichten wollte, die Rechte der Bischöfe nicht achtete und die Kirchengüter plünderte; – denn dieses war ihm Ketzerei. Im Jahre 1324 wurde nun eine vornehme Dame, Alice Kyteler, mit ihren beiden Zofen, ihrem Sohne William Outlaw, den sie vermutlich zu „kirchenräuberischen" Praktiken, d. h. zur Ketzerei verleitet haben sollte, und mehreren anderen vor das geistliche Gericht geladen, weil sie der Zauberei angeklagt wären. Alle Angeklagten sollten auch, um zaubern zu können, für eine bestimmte Zeit den christlichen Glauben abgeschworen haben. Alice Kyteler insbesondere sollte auf Kreuzwegen (in quadriviis) Zusammenkünfte mit einem bösen Geiste von der armseligsten Sorte (ex pauperioribus inferni) haben, der sich „Robinus filius artis" nenne. Diesem ihren Liebhaber setze sie bei besagten Zusammenkünften neun rote Hähne und eine unbekannte Zahl von Pfauenaugen vor. Sie bereite auch Pulver, Salben und Kerzen aus ekelhaftem Gewürm, giftigem Kraut, dem Fett und Hirn ungetaufter Kinder nebst anderen greulichen Ingredienzen, die sie allesamt in dem Schädel eines vom Galgen gestohlenen Missetäters mische und koche. Ferner trieb die Angeklagte mit ihrem Liebhaber bei den Zusammenkünften Unzucht und höhnte das heilige Meßopfer. An diese Handlung schlössen sich dann noch Verwünschungen gegen alle ihre Feinde, ihre Ehemänner mit eingeschlossen, die sie in allen Gliedern ihrer Körper einzeln verfluche, und deren sie bereits vier durch ihre Teufelskünste umgebracht, wie denn auch ihr gegenwärtiger Ehemann, Lord John de Poer, in einen solchen Zustand geraten, daß ihm Nägel und Haare ausgegangen wären. Alle diese Schandtaten sollte sie ihrem Liebhaber, dem Teufel Robin Artysson zu Gefallen verübt haben. Als ganz besonders erschwerender Umstand wurde noch angeführt, daß Robin einer der gemeinsten aus der Hefe aller Teufel in der Hölle wäre, denn er erscheine immer nur in Gestalt eines Katers oder schwarzhaarigen Hundes oder allenfalls, wenn er bei sehr guter Laune sei, in Gestalt eines Mohren und bringe dann gemeiniglich zwei andere Mohrenteufel für die Zofen Petronilla und Basilia zur Gesellschaft mit.

Allerdings gelang es nun William Outlaw der Gefahr, die ihm und seiner Mutter drohte, einstweilen insoweit zu entgehen, als er es erreichte, daß dem Bischof die Verhaftsbefehle gegen die Angeschuldigten verweigert wurden. Allein Dame Alice wurde exkommuniziert, William Outlaw vor das geistliche Gericht geladen, um sich wegen einer Anklage auf Ketzerei und Anreizung zur Ketzerei vernehmen zu lassen, und endlich setzte es der Bischof, der, ermuntert durch ein besonderes Schreiben Papst Johannes XXII. an König Eduard III. von England, als Inquisitor auftrat, durch, daß das Parlament erklärte, den Lauf der Gerechtigkeit gegen Ketzerei und Zauberei nicht länger aufhalten zu wollen. Bald war nun eine neue Anklageakte gegen Alice Kyteler und deren

Angehörigen zuwege gebracht. Die Angeklagten wurden jedoch zu ihrer Sicherstellung in eine entfernte Gegend Irlands geschafft, wo sie in tiefster Verborgenheit lebten. Nur Petronilla geriet in die Hände der Häscher und wurde, als der Ketzerei und Zauberei überwiesen, zum Scheiterhaufen verurteilt. Die Folter übte man damals noch nicht; allein das unglückliche Weib ward sechsmal wegen ihrer „Sortilegien" in grausamster Weise gegeißelt. Nach der sechsten Geißelung legte sie die verlangten Geständnisse ab, wobei sie die Alice Kyteler als die Hauptzauberin des Landes und als die Lehrerin aller anderen Zauberinnen bezeichnete; aber das Benehmen der Unglücklichen am Pfahle bewies, daß sie unter den erlittenen Mißhandlungen wahnsinnig geworden war.

Hernach wandte sich die Bosheit des Bischofs wiederum gegen die Outlaw und gegen andere; diesen jedoch wurde jetzt nur „Ketzerei" zur Last gelegt. – Die Hinrichtung der unglücklichen Petronilla war das erste wegen Hexerei in Irland vollstreckte Bluturteil.

Etwa 1358 schrieb ein spanischer Dominikaner, der Generalinquisitor von Aragon Nicolaus Eymericus (1320 bis 1399) sein Directorium Inquisitorum, die erste systematische Unterweisung für den Ketzerrichter, das, obwohl eine Privatarbeit, doch bald das Ansehen einer amtlich aufgestellten Kriminalordnung erlangt und als solche Jahrhunderte hindurch den Inquisitionsprozeß beherrscht hat. Eymericus hat auch Schriften über Logik und Physik verfaßt – aber nicht diesen Arbeiten, sondern seinem „Directorium", dem sich noch zwei umfangreiche Traktate über denselben Gegenstand anschlossen, verdankt er seine Unsterblichkeit. Er hat sein Amt als Generalmenschenquäler 44 Jahre verwaltet und ist während dieser Zeit, wie sein Biograph von ihm rühmt, ein acer haereticae pravitatis inquisitor gewesen. Was damals irgend möglich war, das hat er getan, um seinen Kollegen die Blutarbeit zu erleichtern. Ein Brevier, ein Kruzifix und dieses Buch in der Tasche – und der Inquisitor war für seine Menschenjagd vollkommen ausgerüstet. Eymericus hat sich aber auch dadurch vor seinen Vorgängern hervorgetan, daß er seinen Amtsgenossen ein alphabetisch geordnetes Verzeichnis von Ketzereien vorgelegt hat, auf die sie inquirieren konnten. Dieser Katalog ist zwölf eng gedruckte Seiten stark; allein der Buchstabe A umfaßt vierundfünfzig Ketzereien!

Die von dem Kanonisten Franz Pegna 1578 mit Kommentaren versehene Ausgabe (ein mäßiger Folioband) hat Gregor XIII. als praecipua catholicae fidei capita continentem unter dem 13. August 1578 mit einem Privilegium gegen Nachdruck versehen.

In diesem Kodex finden wir nun die Theorie schon so weit fortgeschritten, daß es, die Chiromantie etwa ausgenommen, fast nicht eine einzige magische Übung gibt, von der der Verfasser nicht nachwiese, daß sie ketzerisch sei oder wenigstens nach Ketzerei schmecke, mithin vor das Forum des Inquisitors gehöre.

Auch in Italien zeigen sich um diese Zeit schon Hexenprozesse. Doch ist aus dem Gutachten, das der seiner Zeit in Gelehrtenkreisen hochangesehene, bei dem Volke aber wegen seiner Härte verhaßte Jurist Bartolus von Sassoferraco (Severus de Alphanis) (1314-1357) ausstelltezu ersehen, daß die Hexenprozesse in Italien noch nicht recht im Zuge waren, und daß die Kriminaljustiz zum Verbrennen der Hexen noch nicht den rechten Mut hatte. Johann Visconti, Bischof von Novara (1331-1342), ein eifriger Ketzervertilger, und der päpstliche Inquisitor hatten bei Bartolus angefragt, welche Strafe einer von ihnen gefaßten aus Orta bei Novara stammenden mulier striga gebühre. In seinem Gutachten spricht sich Bartolus ganz entschieden für Bestrafung der Hexen mit dem Feuertod aus, er hält es aber dabei für ratsam, zur Stützung seines Urteils sich auf das zu berufen, was in der kirchlichen Theologie der Zeit unbeanstandet gelehrt wurde. In dieser war es nun längst üblich geworden, das, was Christus und die Apostel, eine geistliche Auffassung ihrer Worte voraussetzend, von dem Reiche Gottes verkündet hatten, auf äußere Verhältnisse, auf die mit äußerer Zwangsgewalt operierende Kirche zu beziehen. Das Wort des Apostels, daß der geistliche Mensch alles richte, verstand man, wie in der Bulle Bonifacius VIII. „Unam sanetam" gelehrt wurde, dahin, daß der Papst nach Christi Ordnung der oberste Richter der Fürsten und Völker sei. Wenn der Prophet Jeremias im Alten Bunde seinen ihm von Gott erteilten Auftrag, göttliche Strafgerichte anzukündigen, in orientalischer Redeweise als einen Befehl, zu verderben und zu verwüsten, bezeichnete, so sollte nach päpstlicher Auslegung hierin eine typische Darstellung der Gewalt des Papstes zu erkennen sein, indem Gott hier eigentlich dem Papsttum habe die Macht verleihen wollen, nach freiem Ermessen zu verderben und aus dem Lande der Lebendigen auszurotten. Wenn es in den Psalmen von dem Könige des zukünftigen Messianischen Gottesreiches auf Erden heißt, er werde mit eiserner Rute die Völker bezwingen, so sah man darin den Beweis für das Recht und die Pflicht der Päpste, die Völker mit ihrer todbringenden Inquisition heimzusuchen.

Auf Grund dieser und ähnlicher Ausführungen erklärte daher der große Bartolo in seinem Gutachten, daß ein zauberisches Weib zu verbrennen sei, weil nach Christi Gebot, wer nicht in seiner Gemeinschaft verbleibe, hinwegzuwerfen sei wie eine verdorrte Rebe, die man verbrenne. – Von dem Bekanntwerden dieses Gutachtens an nahm das regelmäßige Verbrennen der Hexen seinen Anfang.

Aus Paulus Frisius. Deß Teuffels Nebelkappen
Frankfurt a. M. 1583

Eines der Titelblätter aus der deutschen Übersetzung von Joh. v. Bodinus
„Daemonomania"
Hamburg 1698

Dreizehntes Kapitel. Abnahme der Hexenprozesse in Frankreich. Ihr Übergang in die angrenzenden Länder.

Mit dem Schlusse des vierzehnten Jahrhunderts bereitet sich eine Veränderung der Dinge vor. Von Wichtigkeit war es, daß der Hexenprozeß durch Beschluß des Pariser Parlaments im Jahre 1390 dem geistlichen Richter abgenommen und dem weltlichen zugewiesen wurde. Wenngleich dadurch nicht jeder Anspruch der Inquisition auf ein einmal geübtes Recht verstummte, so sah sie sich doch von der Ausübung ausgeschlossen, und die geistliche Wirksamkeit war wieder auf einen andern Weg gewiesen. Unter dem Vorsitz Johann Gersons, des Kanzlers der Universität, gab am 19. September 1398 die Sorbonne ein Gutachten ab, in dessen 28 Artikeln sie die Verbreitung magisch-astrologischen Unwesens beklagt und als Irrtum verdammte. Sie behauptet hierin ebensosehr die Realität der magischen Wirkungen, wie sie jeden Versuch der Magie, sich durch Anschmiegen an die christlichen Kultusformen den Anschein einer erlaubten Herrschaft über die Geisterwelt zu geben, entschieden zurückweist. Weder Bilder noch andere Zaubermittel haben durch sich selbst oder durch Weihungszeremonien ihre Kraft, sondern alles beruht auf einem ausdrücklichen oder stillschweigenden Bündnisse mit den Dämonen, die sich durch Zeremoniell und Sprüche niemals in Wirklichkeit zwingen lassen, wohl aber sich bisweilen so stellen, um die Menschen zu berücken.

Wie sehr magische Übungen insbesondere zum Zwecke der Heilung damals in Frankreich verbreitet gewesen sein müssen, erhellt auch aus einer Schrift des Kanzlers Gerson († 1429). Er ist unzufrieden mit den kirchlichen Heilungen durch Wallfahrten, Weihwasser, geweihtes Wachs usw. und betrachtet sie als alte, nur nicht leicht auszurottende Mißbräuche. Die menschliche Ungeduld aber, wenn diese Mittel fehlschlagen, führt zur Anwendung der eigentlichen Magie. Sie sollen fest sein im Glauben wie Philipp von Frankreich, der einst ein Wachsbild, an dessen Schmelzen ein Zauberspruch den Tod des Königs gebunden haben sollte, selbst ins Feuer warf mit den Worten: Wir wollen sehen, ob der Teufel mächtiger ist, mich zu verderben, oder Gott, mich zu erhalten!

Mit den Hinrichtungen wollte es von jener Zeit an in Frankreich nicht mehr recht gehen. Wo von zauberischen Tötungen und Beschädigungen die Rede war – und es mögen zuweilen wirkliche Vergiftungen für Zauberei gegolten haben – da machten jetzt die Parlamente ihre Rechte geltend, und die Verfolgung angeblich häretischer Greuel mußte sich gelähmt fühlen, seitdem das große römische Schisma die ganze katholische Christenheit mit dem Banne geschlagen hatte, zur Hälfte von Rom aus, zur Hälfte von Avignon.

So geriet die französische Inquisition in allmählichen Verfall, und in gleichem Maße minderten sich die Hexenprozesse. Die Synode von Langres (1404) suchte wieder auf dem Wege der Belehrung und der Disziplin zu wirken; sie stellt die Wahrsagungen als Betrügereien gewinnsüchtiger Menschen dar, verbietet magische Heilungen als unchristlich und arbeitet insbesondere dem Glauben entgegen, daß ein Mensch, der sich dem Teufel ergeben, nicht durch Reue und Buße aus dessen Klauen gerettet werden könne. Hinsichtlich der Büßungen sind die Bestimmungen des Konzils sehr mild. Dreizehn Personen, die 1406 vor dem Tribunale von Toulouse standen, wurden nur zu Geldstrafen, Pilgerschaften, Fasten und andern guten Werken verurteilt. Bald darauf aber wurde der Inquisitor der Unterschlagung konfiszierter Güter angeklagt, und Karl VI. ließ ihm seine Einkünfte zurückbehalten.

Der politische Justizmord an der Jungfrau von Orleansbietet nur einzelne Momente dar, die sich auf das Zauberwesen beziehen. Als Jeanne d'Arc vom englischen Hofe an den Bischof von Beauvais zur Untersuchung abgegeben war, zog dieser den Bruder Magistri, Vikar des abwesenden Generalinquisitors, hinzu und erklärte sie für angeklagt und verrufen wegen mehrerer Anrufungen der Teufel und anderer Übeltaten. Johanna verteidigte sich mit Mut und Geistesgegenwart, namentlich auch hinsichtlich des ihr vorgehaltenen Umgangs mit den Feen. Am Schlusse der Untersuchung wurde ihr jeder einzelne der sie belastenden Punkte mit dem Ausspruche der Pariser Universität vorgelesen. Über die von der Jungfrau vorgegebenen Erscheinungen der Engel und Heiligen sagt das Gutachten, daß diese Offenbarungen von bösen Geistern ausgegangen, die ihnen erwiesene Ehrerbietung aber, wenn sie eingestanden werde, als Götzendienst, Teufelsanrufung und Irrglaube zu strafen sei; das Tragen der Männerkleidung wird für Übertretung des göttlichen Gesetzes und heidnisch erklärt. Der Kanzler Gerson hatte ein Separatvotum beigelegt, worin er darzutun suchte, daß Johannas Taten von Gott, nicht von bösen Geistern stammten. – Hierauf las man der Jungfrau einen Revers vor, durch den sie einfach das Tragen weiblicher Kleidung versprechen sollte, schob aber dann eine Abschwörung, worin sie sich aller ihr gemachten Vorwürfe schuldig bekannte, zur Unterzeichnung unter und verlas hierauf das Endurteil, das auf ewiges Gefängnis (avec pain de douleur et autre tristesse) lautete. – Durch unmenschliche Schikane nötigte man sie im Kerker, anstatt des ihr weggenommenen Frauengewandes ein Mannskleid anzulegen, und verbrannte sie dann als Rückfällige.

Einem deutschen Schriftsteller zufolge traten gleichzeitig in der Nähe von Paris zwei Weiber auf, die von Gott gesendet zu sein vorgaben, um der Jungfrau beizustehen. Vor den Inquisitor von Frankreich gestellt, kam die eine zu der Überzeugung, daß sie vom bösen Geiste betrogen sei, und schwur ab; die andere aber beharrte und wurde verbrannt. 1432 wurden in Toulouse vierundzwanzig Personen „accusées d'hérésie et de pratiques superstitieuses“ auf Grund von Inquisitions-Urteilen verbrannt. 1430-1458 finden in der Dauphiné und Umgebung starke Ketzer- und Hexenverfolgungen durch Franziskaner als Inquisitoren statt. Am 25. Oktober 1440 wird in Nantes das Ungeheuer Gilles de Rais, das Urbild des Blaubarts erst gehängt und dann verbrannt. Er war kein Hexenmeister und Ketzer, als der er verurteilt wurde, wohl aber ein Sadist, der zahlreiche

Kinder, „hundert, zweihundert und mehr", heißt es im Urteil, vielleicht aber die drei- und vierfache Zahl, hinschlachtete, um sich an den Todesqualen seiner Opfer zu berauschen, ein würdiges Seitenstück zu jener blutdürstigen Bestie, der ungarischen Blutgräfin, Elisabeth Báthory; die Zahl ihrer Opfer schwankt zwischen 51 und 650!

In Bern waren bereits um 1400 männliche und weibliche Zauberer von dem weltlichen Gericht verbrannt worden. So erzählt der schwäbische Dominikaner Johannes Nider, der um die Zeit des Baseler Konziliums durch seinen „Formicarius" in der Form eines belehrenden Dialogs auch Deutschland in die Mysterien des Hexenprozesses einzuweihen suchte. Nider, zuerst Professor der Theologie zu Wien, dann Prior des Predigerklosters in Nürnberg, war einer der gefeiertsten Kanzelredner seiner Zeit, ein eifriger Reformator der Klöster seines Ordens, daneben ein Hauptvertreter des kirchlichen Aberglaubens. Im Formicarius bietet er eine Sammlung der wüstesten Gespenster- und Hexengeschichten, oft unter Berufung auf analoge Erzählungen der Heiligenlegenden. Nider, obgleich selbst Inquisitor, beruft sich nicht ein einziges Mal auf eigene Amtserfahrungen, sondern immer nur auf fremde, zum Teil französische Quellen hinsichtlich des Tatsächlichen. Ein weltlicher Richter zu Bern, Peter von Greyerz, um 1400 Hexenvertilger im Simmental, und ein ehemaliger Inquisitor zu Autun liefern ihm die Hauptbelege zu den theoretischen Meinungen, die er auf die Autorität seiner Kollegen, der Baseler Theologen, und der älteren Scholastiker baut. Andere Belehrungen verdankt er der freiwilligen Mitteilung eines bekehrten Nekromanten. Nach der späteren Praxis wäre dieser unfehlbar dem Scheiterhaufen verfallen gewesen; damals aber durfte der Verfasser noch offen erzählen, daß sein Gewährsmann, nachdem er sich von der Zauberei losgesagt, Benediktiner geworden sei und als Prior des Schottenklosters zu Wien in Segen und anerkannter Frömmigkeit wirke. Desgleichen entging ein Mädchen zu Köln, das die Rolle der Jungfrau von Orleans spielte und in dem Streit um die Trierische Kurwürde die Partei des einen Kompetenten ergriff, durch den Schutz des Adels den Klauen des Kölner Inquisitors Heinrich Kalteisen, obgleich sie beschuldigt war, zerrissene Tücher und zerbrochene Gläser durch Zauberei wiederhergestellt zu haben. Verbrennungen kennt Nider nur in Bern. Nichtsdestoweniger stellt seine Schrift fast das vollständige System des Hexenwesens dar. Eine kurze Andeutung der Hauptpunkte wird genügen: Verleugnung der christlichen Religion und der Taufe; Treten des Kreuzes; Paktum mit dem Teufel und Homagium; Versammlungen, wo der Teufel in Menschengestalt erscheint; Luftfahrten; Hagel und Blitz machen; Getreide locken; Pferde aufhalten; Erregen von Haß und unkeuscher Liebe; Verhinderung des Beischlafs und der Konzeption bei Menschen und Tieren durch eine unter die Türschwelle gelegte Eidechse; Verwandlung des eigenen Körpers in Tiergestalt, z. B. in die einer Maus; Tötung der Frucht im Mutterleibe; Salbe aus den Leichnamen gemordeter Kinder, zur Verwandlung gebraucht, – „de liquidiori vero humore flascam vel utrem replemus, de quo is qui potatus fuerit, additis paucis caerimoniis, statim conscius efficitur et magister nostrae sectae" (wie bei den Chorherren von Orleans); Inkuben und Sukkuben, besonders aus Thomas von Aquino bewiesen. So wird berichtet, daß Scharen von Sukkuben unter der Maske von Huren sich auf dem Konzil zu Konstanz einfanden und viel Geld verdienten. – Der an das Bett eines von einem Inkubus verfolgten Mädchens gesteckte Stab des hl. Bernhard verbietet dem Dämon den Eintritt in das Gemach. Die Zauberer erscheinen bei ihm als eine Sekte mit ruchlosem Kult, gegen deren gemeingefährliches Wirken es keine andere Hilfe gibt, als den Glauben und das Zeremoniell der katholischen Kirche. Dem Richter aber, der gegen solche Frevler verfahren will, wird die beruhigende Versicherung gegeben, daß Hexenmacht gegen die Obrigkeit nichts vermag.

Durch solche Lehren bahnte Nider seinen Kollegen, den Inquisitoren, den Weg zur allmählichen Erweiterung ihrer bisher auf deutschem Boden so sehr beschränkten Macht. Er ist lange Zeit eine Autorität geblieben, bis die Sache beinahe von selbst ging. Gleichzeitig (1437) erließ Papst Eugen IV. ein Umschreiben an sämtliche Inquisitoren, in dem er zu strengster Verfolgung der Zauberei auffordert. Er geht hierin zwar nicht in allen Punkten so weit wie Nider – namentlich gedenkt er der Inkuben und Sukkuben nicht – doch kennt er die Teufelsanbetung, das Homagium, das Chirographum und die Kraft der Zauberer, unter Anrufung der Dämonen durch Worte, Berührung, Zeichen und Bilder Krankheiten hervorzurufen und zu heilen, Gewitter zu machen und Wahrsagungen zu erteilen, wozu man auch die Hostie, die Taufe und das Kreuz mißbrauche. Der Papst ermächtigt die Inquisitoren, summarisch und geräuschlos zu verfahren und nötigenfalls die Schuldigen dem weltlichen Arme zu übergeben. Schließlich erweitert er diese Befugnis auch für diejenigen Diözesen, die durch frühere päpstliche Privilegien und Indulte von der delegierten Inquisition befreit waren, und gestattet dem Inquisitor, über die Grenzen seines Gerichtssprengels hinauszugreifen. Unter dem 17. Juli 1445 wiederholt der Papst diesen Erlaß dem in Carcassonne tätigen Inquisitor aus dem Dominikanerorden.

Diese Verfügungen blieben für Deutschland nicht ohne Wirkung.

In Frankreich dagegen müssen Eugens Worte nicht viel gefruchtet haben; denn schon 1451 fand es Nikolaus V. nötig, eine noch weit volltönendere Vollmacht für den Oberinquisitor des Königreichs, Hugo Lenoir, auszufertigen. Um alle Kompetenzzweifel abzuschneiden, wird dieser ausdrücklich ermächtigt, gegen alle Lästerer Gottes und der heiligen Jungfrau, so wie gegen alle Zauberer, auch wenn sie nicht ketzerischen Charakter verraten, in jeder geeignet erscheinenden Form, selbst mit gänzlicher Übergehung des Diözesanbischofs, zu verfahren und alle, die gegen diese Verfügung reden, als Rebellen zu bestrafen.

Zwei Jahre nach dem Erlaß der obigen Bulle fiel ein aufgeklärter Geistlicher als Opfer seiner Freimütigkeit. Wilhelm Adeline, Doktor der Theologie, früher Professor an der Universität Paris und Prior zu St. Germain en Laye, hatte von der Kanzel herab sich gegen den Glauben an die Wirklichkeit der Hexenfahrten ausgesprochen. Dafür sehen wir ihn den 12. September 1453 in der bischöflichen Kapelle zu Evreux vor dem geistlichen Gericht fußfällig und weinend bekennen: wie er selbst wirklich und körperlich mit andern den Satan in Bocksgestalt verehrt, den Glauben und das Kreuz verleugnet habe und von dem Teufel angestiftet worden sei, in seinen Predigten zur Mehrung des satanischen Reichs und zur Beschwichtigung des Volkes die Zaubersekte für ein Ding der Einbildung zu erklären. Er schwur abund wanderte dafür nun auch nicht zum Holzstoße, sondern bloß in den Kerker auf Lebenszeit; denn er hatte, wie ein Gleichzeitiger versichert, sein Verbrechen freiwillig gestanden – ungefähr so, wie zweihundert Jahre nach ihm Galilei das seinige. Er starb nach vier Jahren im Gefängnis.

Indessen war Adelines Stimme nur eine von den vielen gewesen, die sich in Frankreich für die Sache der Vernunft erhoben. Der Dominikaner Nikolaus Jaquier, Inquisitor von Nordfrankreich, der im Jahre 1458 sein Flagellum haereticorum fascinariorum schrieb, erklärt in der Vorrede, er tue dies notgedrungen wegen der häufigen, der Amtsführung des Inquisitors entgegentretenden Schwierigkeiten, und klagt darüber, daß sehr viele Menschen, gestützt auf gewisse verkehrte Ansichten, zum großen Nachteil des katholischen Glaubens sich der Zauberer annehmen. Man versichere, daß der Teufelssabbat mit allen seinen Greueln nur eine Täuschung der Träumenden sei, und berufe sich deshalb sehr ungeeigneterweise auf den Kanon Episcopi; ja man finde es unglaublich und mit der Allgütigkeit Gottes unvereinbar, daß den Dämonen eine so große Macht zum Schaden der Menschen verliehen sein sollte.

Hiernach begreift es sich von selbst, daß ein guter Teil der Schrift der Beseitigung des Kanons Episcopi gewidmet ist. Es wird geltend gemacht, daß dieser Kanon 1. nur von einer Partikularsynode herrühre, 2. eine falsche Argumentation enthalte und 3. von Fällen handle, die ihre Wahrheit haben können, ohne daß darum die durch neuere Erfahrungen bestätigte körperliche Ausfahrt der Hexen unwahr werde. Hierbei ist nun freilich dem Verfasser selbst die Inkonsequenz begegnet, daß er die Diana und Herodias nur als nichtige poetische Fiktionen behandelt, während er doch etwas später den Neptun als wirklichen Dämon aufführt. Aus Scholastikern, Legenden und Bekenntnissen von Inquisiten wird sodann die Realität der Zauberei in allen ihren Zweigen erwiesen. Mit Jaquiers Schrift kann das System der Hexerei als abgeschlossen betrachtet werden. Spätere haben nichts wesentlich Neues hinzugefügt, sondern nur modifiziert, weiter ausgeführt und subtiler begründet.

Folgende Stellen werden die Grundzüge des Ganzen hervortreten lassen. „Die Handlungen und Zusammenkünfte dieser Zaubersekte sind nicht Täuschungen der Phantasie, sondern verwerfliche, aber wirkliche und körperliche Handlungen Wachender. Es ist ein feiner Kunstgriff des Teufels, daß er den Glauben zu verbreiten sucht, als gehörten die Hexenfahrten nur ins Reich der Träume. – In der Sekte oder Synagoge dieser Zauberer erscheinen nicht bloß Weiber und Männer, sondern, was schlimmer ist, sogar Geistliche und Mönche, die dastehen und mit den sinnlich wahrnehmbar in mancherlei Gestalt erscheinenden Dämonen reden, sich von ihnen mit eigenen Namen benennen lassen und sie, unter Verleugnung Gottes, des katholischen Glaubens und seiner Mysterien, mit Opfern, Kniebeugungen und Küssen als Herren und Meister anbeten. Dafür versprechen die Dämonen Schutz und Hilfe, erscheinen auf den Ruf der Zauberer auch außer der Synagoge, um ihre Wünsche zu erfüllen, und geben ihnen „Venefizien" und Stoffe, um Zaubereien zu vollbringen. – Dies Verhältnis beruht auf einem Vertrage und Bund mit den Dämonen. Ein Bezwingen der Dämonen durch Nekromantie ist nicht möglich, nur göttliche Kraft, wie sie dem Diener der Kirche verliehen, ist ihnen gewachsen. – Die Zauberer bewirken Krankheiten, Wahnsinn, Tod von Menschen und Tieren, Unglück im ehelichen Leben, Verderben der Feldfrüchte und anderer Güter. – In den Versammlungen, die meist am Donnerstag stattfinden, wird das Kreuz bespien und getreten, besonders zur Osterzeit eine geweihte Hostie geschändet und dem Teufel geopfert und fleischliche Vermischung mit den bösen Geistern getrieben. Keiner darf das Zeichen des Kreuzes machen, sonst verschwindet im Augenblick die ganze Gesellschaft, woraus ein Beweis für die Vortrefflichkeit des den Dämonen so verhaßten katholischen Glaubens genommen wird. Jedem Zauberer wird ein unvertilgbares Zeichen, das stigma diabolicum, aufgedrückt."

Merkwürdig ist die Argumentation, durch die Jaquier die Gültigkeit eines gerichtlichen Vorschreitens auf Grund des Zeugnisses angeblicher Komplizen dartut. Man hatte nämlich geltend gemacht, daß ein beim Hexensabbat Anwesender gar nicht mit Gewißheit behaupten könne, diese oder jene bestimmte Person dort gesehen zu haben, weil es möglich sei, daß der Teufel nur ein Trugbild in der Gestalt jener Person habe erscheinen lassen. Wollte man diese Ausrede gelten lassen, so würde, wie Jaquier sehr richtig meint, dem Inquisitor der Weg zur Verfolgung der Hexensekte sehr bald verschlossen sein. Um diesem zu begegnen, gibt er folgende Anweisung: „Sagt der von Mitschuldigen Angeklagte, der Teufel habe nur sein Scheinbild vorgeführt, so antworte man ihm, daß der Teufel dies nicht ohne die Erlaubnis Gottes habe tun können. Behauptet der Angeklagte weiter, daß Gott diese Erlaubnis gegeben habe, so erwidere man ihm, daß der Behauptende dem Richter genügende Beweise deshalb beizubringen habe; tut er dies nicht, so ist ihm kein Glauben beizumessen, weil er nicht dem Rate Gottes beigewohnt hat. Denn so wie der Prokurator des Glaubens die Malefizien zu beweisen hat, die er dem Angeklagten zur Last legt, so liegt auch dem Angeklagten der Beweis dessen ob, was er zu seiner Verteidigung anführt."

Am Schlusse führt Jaquier den Satz durch, daß die Zauberer, auch wenn sie bereuen, nicht wieder in den Schoß der Kirche aufzunehmen, sondern dem weltlichen Arme zu übergeben seien. Denn bei ihnen gehe alles aus bösem Willen, nichts aus Irrtum hervor, und sowohl ihre abscheuliche Ketzerei an sich, als die mit ihr verbundenen Verbrechen, Mord, Sodomie, Apostasie und Idololaterie verlangen die strengste Bestrafung. Um aber vollkommen sicher zu gehen, behauptet der Verfasser, daß selbst, wenn man auch die Realität der Hexenfahrten als unerweislich ansehen wollte, dennoch die Mitglieder der

Zaubersekte sich der Ketzerei schuldig machen, sofern sie im Wachen tun, was ihnen der Satan im Traume befohlen hat. z. B. sie unterlassen, die göttlichen Mysterien zu verehren, und beichten nicht, was ihnen begegnet ist.

Ein Jahr später als Jaquier schrieb der Beichtvater des Königs Johann von Kastilien, Alphonsus de Spina, ein getaufter Jude, geboren etwa 1420, sein Fortalitium fidei. Das fünfte Buch handelt von der Dämonologie und Zauberei. Der Verfasser kennt die gewöhnliche Theorie der Inkuben und Sukkuben und der Erzeugung menschlicher Wesen durch ihre Vermittlung; den Hexenflug aber erklärt er unter ausdrücklicher Anführung der Worte des Kanons Episcopi für ein Blendwerk des Teufels, ohne indessen die Weiber, die derartiges an sich erfahren, von Schuld und Strafe freizusprechen.

Pierre le Broussart, Dominikaner und Inquisitor zu Arras, ließ 1459 während der Abwesenheit des dortigen Bischofs ein Weib von Douay, namens Deniselle, verhaften. Sie war von dem Eremiten Robinet de Vaux, den man kurz vorher zu Langres als Waldenser verbrannt hatte, als Mitschuldige bezeichnet worden. Die Geistlichen des Bischofes schritten zum Verhöre. Deniselle gestand auf der Folter, daß sie auf der Waldenserei (vauderie) gewesen und dort verschiedene Personen gesehen habe, unter diesen Jean Lavite, genannt Abbé de peu de sens. Demzufolge wird auch dieser eingezogen und gefoltert; er gesteht und veranlaßt seinerseits wiederum Verhaftungen von Vornehmen und Geringen, Geistlichen und Weltlichen, so daß sich die Sache immer weiter verzweigt. Viele Stimmen erheben sich jetzt für die Niederschlagung des Prozesses; aber der Franziskaner Johann, Bischof von Barut und Suffragan von Arras besteht auf der Fortsetzung – man sendet den Theologen zu Cambray die Akten zu, und diese bestimmen, daß die Angeklagten, wenn sie Widerruf tun, nicht am Leben zu strafen seien. Gegen diesen milderen Spruch erheben sich der Kanonikus Dubois und Johann.

Ein von der Inquisition verurteilter Ketzer
Stich von Picart, 1723

Vor einer zahlreich versammelten Volksmenge schritt man zum Gerichte; die Angeklagten standen auf einem hohen Gerüste, Mützen auf dem Kopfe, auf denen die Anbetung des Teufels gemalt war. Broussart erklärte, daß sie der Waldenserei schuldig seien, und beschrieb die Einzelheiten ihres Verbrechens. Sie ritten, hieß es in der Anklage, auf gesalbten Stöcken durch die Luft zur Vauderie, speisten da, huldigten dem als Bock, Hund, Affe oder Mensch erscheinenden Teufel durch den bekannten obszönen Kuß und durch Opfer, beteten ihn an und ergäben ihm ihre Seelen, träten das Kreuz, spien darauf und verhöhnten Gott und Christus; nach der Mahlzeit trieben sie untereinander und mit dem Teufel, der bald die Gestalt eines Mannes, bald die eines Weibes annehme, die abscheulichste Unzucht. Der Inquisitor setzte hinzu, daß die zum

Fliegen dienende Salbe aus einer mit geweihten Hostien gefütterten Kröte, gepulverten Knochen eines Gehängten, dem Blute kleiner Kinder und einigen Kräutern zubereitet sei. Der Teufel predigte in den Versammlungen, verbiete die Messe zu hören, zu beichten und sich mit Weihwasser zu besprengen; er befehle, wenn man seiner persönlichen Sicherheit wegen das eine oder das andere zum Schein zu tun genötigt wäre, vorher immer zu sagen: Ne déplaise à notre maître.

Nach dem Vortrage fragte der Inquisitor jeden einzelnen, ob dies nicht alles wahr sei? Alle bejahten. Hierauf wurden die Angeklagten dem weltlichen Arm überliefert, ihre Liegenschaften dem Landesherrn und ihre bewegliche Habe dem Bischof zugesprochen. In Verzweiflung schrien jetzt die Verurteilten: man habe sie betrogen; es sei ihnen, wenn sie gestünden, eine leichte Pilgerfahrt, wenn sie leugneten, der Tod angesagt worden, die Folter habe das übrige getan; sie hätten niemals an der Vauderie teilgenommen und wüßten nicht, was das wäre. – Sechs dieser Personen starben 1460 unter Beteuerung ihrer Unschuld auf dem Scheiterhaufen.

Auf die Angabe der zu Arras Hingerichteten wurden bald darauf mehrere Personen in Amiens wegen der Vauderie verhaftet. Doch der Bischof von Amiens ließ sie alsbald wieder frei und erklärte, daß er es ebenso mit allen anderen, die man ihm noch zuführen sollte, machen würde, weil er das, was man ihnen vorwürfe, für unwahr und unmöglich hielte. Ebenso in Tournay, wo ein von dem Theologen und Rektor der Kölner Universität Jean Taincture (Tinctoris, 1400-1469)verfaßter Traktat die Folge hatte, daß alle Verhafteten die Freiheit erhielten.

Mittlerweile lieferte ein zweites Autodafé zu Arras drei Männer und fünf Frauen auf den Holzstoß, die ebenfalls protestierend starben. Es waren reiche Leute unter ihnen. Zwei andere wurden, „weil sie gutwillig gestanden hatten," nur zum Kerker verurteilt. Gleich darauf gab es neue zahlreiche Verhaftungen, besonders unter Begüterten. Viele Einwohner flohen, Arras verlor seinen kaufmännischen Kredit. Die öffentliche Meinung erhob sich laut gegen das Unwesen. Der Herzog Philipp von Burgund, der aus Frankreich schlimme Urteile über die Verfolgung der Reichen hören mußte, rief eine Versammlung von Theologen nach Brüssel, die wenigstens die Einstellung fernerer Verhaftungen bewirkte. Die noch anhängigen Prozesse wurden jedoch zu Ende geführt. Ein Herr von Beaufort, obgleich derselben Vergehungen geständig wie die Verbrannten – aber ohne Folter, wurde zu öffentlicher Geißelung durch den Inquisitor, siebenjährigem Gefängnis und einer Geldbuße von 5000 Goldtalern für den Stock zu Mecheln und außerdem 620 Pfund an verschiedene Kirchen verurteilt; zwei andere traf noch längere Kerkerstrafe; der vierte, ein sehr reicher Mann, der Kinder zur Bereitung der Hexensalbe getötet und Pulver zur Beschädigung von Menschen und Feldfrüchten gemacht haben sollte, wurde, obgleich nicht geständig, verbrannt, und seine Güter wurden eingezogen. Einer von diesen Unglücklichen war fünfzehnmal gefoltert worden. Viele wurden, nachdem sie die kanonische Reinigung geleistet hatten, gänzlich freigesprochen. Indessen mußten alle ohne Ausnahme die Verpflegungskosten und die Gebühren für die Inquisitoren zahlen.

1461 brachten es die Verwandten des eingekerkerten Beaufort dahin, daß die Sache der Waldenser von Arras vor dem Pariser Parlament verhandelt wurde. Hierbei kamen nun alle begangenen Schändlichkeiten zur Sprache: die heuchlerischen Zureden und Versprechungen des Kanonikus Dubois, die Suggestionen, die barbarische Folter. Endlich die Erpressungen der Richter für sich selbst, den Herzog und den Grafen von Etampes. Bei einigen noch laufenden Prozessen schlugen sich der Bischof von Paris und der Erzbischof von Reims ins Mittel. Auch der abwesende Bischof von Arras hatte mittlerweile von Rom aus etliche Freilassungen verfügt.

Dreißig Jahre später, nachdem unterdessen Artois an Frankreich gefallen war, wurde auch dem Andenken und den Erben der Verbrannten Gerechtigkeit zuteil. Ein Spruch des Pariser Parlaments von 1491 kassierte die Urteile von Arras, stellte den ehrlichen Namen der Verurteilten wieder her und legte dem Herzog, dem Bischof und den Richtern außer der Erstattung der Kosten eine namhafte Geldstrafe auf, um daraus eine Messe für die Hingerichteten zu fundieren. Auf königlichen Befehl wurde dies Urteil öffentlich vor dem bischöflichen Palaste zu Arras verlesen und der Tag, an dem dies geschah, für einen Feiertag erklärt.

Bald brach auch in der Dauphiné eine Verfolgung der Waldenser aus. Als der sonst so bigotte Ludwig XI. dem schamlosen Unwesen der Inquisitoren auf eine für sie nicht sehr ehrenvolle Weise gesteuert hatte, wiederholte bald darauf Innocenz VIII. ganz ähnliche Anklagen gegen die Waldenser Südfrankreichs.

So stand es in den romanischen Landen.

In Deutschland dagegen, wo die Inquisition seit dem Tode Konrads von Marburg nie wieder hatte Boden gewinnen können, war die Lage der Dinge noch in der ersten Hälfte des Jahrhunderts eine günstigere. Hier galt noch immer – wenigstens vorherrschend – der Gedanke, daß Hexerei ein nichtiger Aberglaube sei, den die Kirche ganz ebenso wie die Ausübung sonstigen heidnischen Unwesens nur mit Exkommunikation zu bestrafen habe. Ein von dem Erzbischof Balduin 1310 in der Peterskirche zu Trier versammeltes Provinzialkonzil stellte bezüglich des heidnischen Aberglaubens eine Reihe von Kanons auf, in denen wir folgendes lesen: 79. Wahrsagerei, Sortilegien, die Anwendung von Mitteln zur Erweckung der Liebe etc. werden verboten. 80. Namentlich auch die Sortes sanctorum, apostolorum vel psalterii, wobei man die Bibel zur Erforschung der Zukunft mißbraucht. 81. Kein Weib darf vorgeben, daß sie nachts mit der heidnischen Göttin Diana oder mit der Herodias ausreite. 82. Beim Kräutersammeln darf man keine Zaubersprüche und keine anderen Formeln anwenden als das Vaterunser und das Symbolum. Auch darf man auf die Zettelchen, die getragen werden, nichts anderes schreiben. Besessene dürfen Steine und Kräuter, aber ohne

Zaubersprüche, anwenden. Es ist nicht erlaubt, auf die ägyptischen Tage, zwei von den ägyptischen Astrologen als unglücklich bezeichnete Tage jedes Monats, auf Konstellationen und Lunationen (Mondswandlungen), auf die Kalenden des Januars und der übrigen Monate, auf den Lauf der Sonne, des Mondes und der Sterne abergläubisch zu achten, als ob hierin besondere Kraft liege. 83. Es gibt keine Tage und Zeiten, die an sich glücklich oder unglücklich sind, so daß man da irgend etwas beginnen soll oder auch nicht. Auch darf man nicht aus dem Fluge und Geschrei der Vögel oder aus dem Anblick eines Tieres auf Glück oder Unglück schließen. 84. Aus dem Sternzeichen, in dem jemand geboren ist, darf man nicht seine Sitten und Schicksale voraussagen, auch sich nicht nach diesen Zeichen richten, wenn man ein Haus bauen oder eine Ehe schließen will u. dgl.

Milchzauber
Aus Hans Vintlers Tugendspiegel, Augsburg 1486

Pieter Brueghel, Die Besessenen

In gleichem Sinne dekretierte ein im Jahr 1349 zu Prag versammeltes Provinzialkonzil, daß alles Zauberwerk purer Aberglaube und darum mit Exkommunikation zu bestrafen sei. Dieselbe Bestrafung war übrigens 1296 von einem italienischen Provinzialkonzil zu Grado und später (1335) auch von einer spanischen Synode zu Salamankaangeordnet worden.

Hinrichtungen wegen Zauberei finden wir in Deutschland erst um die Mitte des fünfzehnten Jahrhunderts; doch kamen sie damals nur noch ganz vereinzelt vor. Wie 1446 etliche Frauen zu Heidelberg und Thalheim auf Grund von Urteilen der Ketzerinquisition verbrannt wurden, überliefert Dr. Johann Hartlieb aus Neuburg an der Donau, Rat und Leibarzt des Herzogs Albrecht III. von Bayern und später seines Sohnes Sigmund. Im folgenden Jahre, als man ein anderes Weib, das als die Lehrmeisterin der Hingerichteten galt, eingezogen hatte, erwirkte sich Hartlieb bei dem Pfalzgrafen die Erlaubnis, die Gefangene in Gegenwart des Inquisitors über die Kunst, Regen und Hagel zu machen, befragen zu dürfen. Als er jedoch vernahm, daß diese Kunst nicht erlernt werden könnte, ohne Gott, die Heiligen und die Sakramente zu verleugnen und sich drei Teufeln zu ergeben, stand er davon ab. Das Weib wurde verbrannt. Auch diese Tatsachen teilt Hartlieb in seinem 1456 verfaßten, „Buch aller verbotenen Kunst, Unglaubens und der Zauberei“ mit, das „den besten und einen überraschenden Einblick in die Fülle und Mannigfaltigkeit des damals herrschenden Aberglaubens“ gewährt. Einen Auszug daraus geben Riezlerund Hansen. Ein Kompendium des Volksaberglaubens um die Wende des fünfzehnten Jahrhunderts bieten die „Pluemen der Tugent“ des Tiroler Dichters Hans von Vintler. Vintler trägt in nahezu tausend Versen alle Formen des

Aberglaubens zusammen, die in Tirol im Schwange waren und von denen manche noch heute in anderen Gegenden fortbestehen. Der Dichter selbst nimmt gegenüber dem Hexenwahn eine wenigstens teilweise aufgeklärte Stellung ein. Er glaubt weder an die Realität der Hexenfahrten noch überhaupt an zauberische Künste alter Weiber. „Die solche Dinge glauben, sind der Wahrheit fern.“ Hingegen glaubte er († 1419), der Richter auf dem Ritten bei Bozen, fest an Teufelsbündnisse.

Zauberei am Weinfaß (Hans von Vintlers Pluemen der Tugent. Augsburg 1486)

Als im Triptis 1433 der schnell schmelzende Schnee die Felder verdarb und Überschwemmungen hervorrief, schrieb man die Schuld den Juden, Tataren, Zauberern, Hexen, Scharfrichtern und Abdeckern zu, an denen das Volk seine Wut ausließ.

In Hamburg wurde nach den Kammerrechnungen der Stadt von 1444 in diesem Jahre eine Mulier divinatrix und eine andere Incantatrix verbrannt. Auch aus dem Jahre 1458 wird die Verbrennung eines Weibes erwähnt. Die nächstfolgende derartige Hinrichtung kam erst 1482 vor. Damals hatte eine Bauersfrau in dem Hamburgischen Dorfe Harvestehude, um ihren Kohl im Garten zu besserem Gedeihen zu bringen, eine Hostie in ihrem Garten unter einem Kohlstrauch vergraben. Die Sache wurde ruchbar, und die Geistlichen des im Orte befindlichen Klosters fanden bei Vornahme einer feierlichen Nachgrabung, daß die Wurzel dieses Strauches wie ein Kruzifix geformt war. Das Weib wurde mit dem Tode bestraft.

In Frankfurt a. M. ließ 1471 der Rat ein zauberisches Weib stäupen, das unter anderem in einem Spiegel gestohlene Sachen erkannte. 1486 wurde ein Gaukler, der sein Glück auf den Messen versuchte, als der Zauberei schuldig, im Main ertränkt. Der Henker Diepolt Hartmann von Miltenberg gibt in einem Verhör am 14. Februar 1494 vor dem Frankfurter städtischen Gericht seine Erfahrungen, die er 1492-1494 an etwa dreißig Zauberinnen gemacht, zum besten. Über die Bereitung eines Zaubermittels sagt er: „Item sie nemen die crucifix in den wegen und verpfrennen es zu pulfer und des unschuldig kindlins beyn auch zu pulvermele am Gründornstag gemalen und wasser, daruß machen sie eyn deigk und lassen eyn messe daruber lesen uff eyn Gründornstag, domit bezaubern sie die mentzschen.“

Hexenbrand in Amsterdam 1571
Kupfer von Jan Luyken

In den Ratsprotokollen von Mainz finden sich aus den Jahren 1505-1511 Zeugenverhöre über Hexen, die auf Grund müßigen Klatsches in Untersuchung gezogen worden waren. Zwei „Hexen“, sittlich durchaus verkommene, zur Vergiftung des Junkers Hans Röder zu Tiersperg und seines Töchterleins gedungene Vetteln, „bekannten“ auf nicht weniger als fünf Teufeln, mit denen sie zu schaffen gehabt hätten. Sie brachten die Neuigkeit vor, auf eine ihrer Fahrten sei jede von ihnen „auf ihrem Teufel geritten". Vom Schöffengericht zu Tiersperg verurteilt, wurden sie am 29. August 1486 hingerichtet.

„Item uff montag darnach (13. August 1509) verbrante man drei böse wiber zauberische zu Pfeddersheim seßhaft, hatten viel bös zauberei und wetter gemacht und vollnpracht lut irer erkantnus", schrieb der Wormser Chronist Reinhart Noltz in sein Tagebuch.

In Pforzheim standen 1491 zwei Hexen vor ihren Richtern. Weitere Prozesse spielten sich 1524, 1531 und 1533 ab. In Erfingen bei Pforzheim stand eine Hebamme in so schwerem Verdacht der Hexerei, daß in ihrem Beisein kein Pfarrer ein Kind mehr taufen wollte.

In Hildesheim hieb man 1496 zwei „boven" die Köpfe ab, denn ihre Besitzer konnten durch ihre teuflische Kunst „alle frauwen und jungfrauwen to falle bringen".

1504 wurden in dem pfälzischen Bretten mehrere Unholde eingeäschert. Die vor Bretten liegenden württembergischen Söldner beschuldigten sie, ein Hagelwetter gemacht und die Leute in Angst versetzt zu haben. Es seien noch mehr Unholde als die verbrannten in dem Ort: „Das ist aber nit wahr", erklärt der Chronist jenes Vorfalles, der Schultheiß Georg Schwarzerdt, Melanchthons Bruder.

In Osnabrück fand während der ganzen ersten Hälfte des sechzehnten Jahrhunderts nur eine einzige Hexenverbrennung im Jahre 1501 statt. Um dieselbe Zeit mußte in Braunschweig ein Weib wegen Milchzaubers auf den Scheiterhaufen. In Koblenz schwor am 22. September 1494 Gerdt Junkeren von Moselweiß, die wegen Zauberei ins Gefängnis gekommen, aber wieder entlassen worden war, dem Erzbischof und dem städtischen Rat Urfehde. Am 9. Oktober 1500 wird in Horchheim in der Nähe von Koblenz eine Frau verbrannt und eine andere in Untersuchung gezogen.

In Köln fing das Hexentreiben fast fünf Dezennien früher an. Im August 1456 fällt das städtische Gericht das Todesurteil über zwei Hexen; die eine davon ist eine Metzer Bürgerin. Im April 1483 ließ der Gewölbmeister Frank Wartz zu Köln eine alte Frau, die er der Zauberei verdächtigte, scheren und zu Tode peinigen, um einen auf ihn gefallenen Verdacht auf diese abzuwälzen. 1487 gesteht von zwei Mörderinnen, Mutter und Tochter, die letzte, daß ihre Mutter auch Zauberei getrieben habe. – 1491 beschuldigt in Hochkirchen bei Düren eine Frau vor ihrem Tode eine andere der Hexerei, die aber trotz der schwersten Folterungen zu keinem Geständnis gebracht werden kann.

Eine lakonische Eintragung in einer handschriftlichen Konstanzer Stadtchronik von 1453 lautet: „Dis jars schlug der Hagel umb Triboldingen (am Untersee) alles, was da was. Die von Constanz viengent sy und den man und ein sun; umb Allerheiligentag ward sy verbrennt und der mann ledig gelassen." – Ulrich Molitor erzählt einen selbsterlebten Vorfall, der sich in Konstanz zutrug. Dort wurde nach Urteil des weltlichen Gerichts 1458 auf die Beschuldigung eines Mannes ein Malefikus verbrannt, der seinem Ankläger auf einem Wolfe reitend begegnet sein sollte. Der Angeklagte wurde nicht gefoltert, da sich auch andere Zeugen fanden, die von ihm bezaubert zu sein vorgaben. Ein Verteidiger, der ihm zur Seite stand, vermochte ihn nicht vom Scheiterhaufen zu retten.

Von Duisburg, Ruhrort und Walsum erzählt die Chronik Johann Wassenberchs zu den Jahren 1513 und 1514, daß „veyl toyferschen gebrant".

Die erste Aufzeichnung eines sächsischen Prozesses findet sich 1424 in Zwickau, in welchem Jahre eine Frau wegen „czubernisse und duberey" vier Meilen weit aus der Stadt verwiesen wird. 1510 wird eine Zauberin wegen ihrer „yrregleubig kunst", mit der sie viel Böses angerichtet, auch „den hurmeydelin durch ire falsche Art die Frucht abgetrieben", mit ihren Büchern und Zaubergeräten verbrannt. In Konstanz wurde am 1. August 1493 gegen eines Schuhmachers Weib aus Bregenz, „ein unhold", verhandelt, der im Kerker der Teufel den Hals umdrehte. Zwei Jahre nachher, am 3. Juli wurde Adelheid von Frauenfeld, die mit einem Teufel namens „Krüttle" zu schaffen gehabt, verbrannt.

Schon vor dem Auftreten der Inquisitoren leidet Metz stark unter dem Zauberwahn. Vom 22. April bis zum 18. Mai 1456 starben Männer und Frauen wegen Wettermachens auf dem Scheiterhaufen, ebenso im darauffolgenden Jahre, dann 1481 im Juni und Juliund 1488.

1516 bis 1521 fand in Dinslaken ein Prozeß gegen die Nonne Ulanda Dämerts, auch Ulent Dammertz oder Ulanda Dammars geschrieben, aus dem Kloster Marienbaum bei Kalkar statt. Die Nonne bekannte. Ob sie aber in „vuer und vlammen" starb oder nur zu langem Gefängnis verurteilt wurde, wie verschiedene Chroniken abweichend voneinander erzählen, ist ungewiß.

In den Niederlanden kamen wohl hier und da im fünfzehnten Jahrhundert Leute zur Anzeige, die mit dem Teufel im Bunde stehen und verderbliche Zauberei (wigchelary) treiben sollten; allein aus der Zeit vor 1472 liegt keine Nachricht über eine deshalb vollzogene Hinrichtung vor. Man bestrafte die Hexen und Zauberer mit Ausstellung auf dem Pranger, Landesverweisung und Geldbußen. In den Registern der bischöflichen Stadt Utrecht findet sich zum Jahr 1440 die Eintragung vor, „daß in der Stadt viel Zauberei im Schwange sei und von Männern und Weibern ausgeübt werde, und daß daher der Rat das Zaubern unter Glockenschall habe verbieten lassen, unter Androhung von einjähriger Verbannung aus der Stadt, weil das Zaubern gegen Gottes Wort sei". Erst aus dem Jahr 1472 wird aus Zutphen ein Todesurteil erwähnt, an einer Dienstmagd zu Almen wegen Hexerei vollzogen.

In der Schweiz treten im vierzehnten und fünfzehnten Jahrhundert viele Fälle von Zauberei hervor. Das eigentliche Hexenwesen aber war dem Volke noch fremd, weshalb auch die von den Päpsten im fünfzehnten Jahrhundert angeordnete kriminelle Verfolgung hier nur sporadisch auftrat. Als die Berner in der Mitte des Sommers 1383 vor Olten zogen und das Schloß stürmen wollten, vernahm Graf Eberhard von Kyburg, der sich darin befand, es sei dort eine Frau, „die könne etwas“, womit dem Schloß und den Leuten zu helfen sei. Der Graf ließ sie holen, und nachdem er versprochen, er wolle nichts gegen sie vornehmen und sie auch nicht anzeigen, stellte sie sich neben ihn auf die Zinne und sprach heimlich einige Worte, worauf alsbald eine Wolke über den Berg hereinkam und sich mit einem solchen Unwetter entlud, daß die Berner eiligst abziehen mußten. 1467 schrieben Schultheiß und Rat zu Bern an den Bischof von Sion, den Walliser Hexentilger, daß in ihrem Lande nur eine Hexe zu finden gewesen sei, die sie nach kaiserlichem Recht „mit füres brand verderben lassen“. Die große Hexenschlächterei des Bischofs von Sion übte auf Bern üblen Einfluß aus, denn 1473 wurden im Berner Gebiet auf einmal 14 Personen beiderlei Geschlechts der Hexerei bezichtigt.

1482 fühlte sich die Berner Obrigkeit veranlaßt, zur Besserung gemeiner Landesbresten gegen Gespenst, Hexenwerk, Zauberei und Ungewitter gewisse Schutzmaßregeln zu ergreifen und ordnete als die wirksamsten hierzu dienlichen Mittel besondere Gottesdienste, Messen, Prozessionen sowie den Gebrauch von geweihten Palmen, Salz, Kerzen u. dgl. an.

In Basel war die gewöhnliche Strafe für Zauberei die „Leistung vor den Kreuzen“, den Grenzsteinen der Stadt, d. h. zeitweilige oder ewige Landesverweisung. In dem noch jetzt vorhandenen „Leistungsbuch“ von 1390 bis 1473, einer Sammlung von Ratsbeschlüssen und Straferkenntnissen, liegen Nachrichten über Zaubererprozesse vor, die merkwürdigerweise gerade Personen aus den adeligen und vornehmsten Bürgerfamilien der Stadt betrafen. Im Jahr 1399 wird eine Frau verurteilt, „fünf Jahre vor den Kreuzen zu leisten“, weil sie mit ihrer Zauberei einen Mann zur Armut gebracht hatte. Großes Aufsehen machte ein Prozeß gegen einige Frauen aus dem städtischen Patriziat wegen Zauberei im Jahre 1407, dem ähnliche 1414 und 1416 nachfolgten. In Nieder-Hauenstein bei Basel wurde eine Unholdin zum Tode verurteilt, von der ein Bauer eidlich erklärte, sie sei eine Hexe, und sie sollte auf einem Wolf geritten sein. Im Jahr 1433 schwur ein Mann bezüglich einer in Läufelfingen in Haft sitzenden Frau zu Gott und den Heiligen: „Als er an einem Donnerstag um Pfingsten vor einem Jahr um Mittag gegen Bukten zum Wein gehen wollte, sah er die Verhaftete von Bukten gegen ihn heranfahren, auf einem Wolfe reiten, und lief der Wolf für sich, und saß sie hinter sich und hielt dessen Wedel in der Hand. Er erschrak zum Zittern und lief hinter einen Baum sich zu verbergen. Da sah er das Weib schnell dahinfahren, ging dann weiter und war froh, so davongekommen zu sein.“ 1451 wurde in Basel eine Hexe hingerichtet, desgleichen im Mai 1482 in Liestal bei Basel.

In Luzern führen die ersten Spuren eines Zauberprozesses zum Jahre 1398. Damals klagte eine Frau, sie sei durch eine andere um vierhundert Gulden geschädigt worden, die habe ihren Mann verzaubert und wollte sie zu „einer huren han gemacht“. 1400 liegen sich wieder Weiber wegen Zauberei vor dem Rat in den Haaren. Die eine hatte der anderen „ihr brunzelwasser in ir augen“ geschüttet. 1406 wird Anna Kollers wegen Verabreichung eines Liebestrankes verklagt. 1419 wird schon ein Mann wegen „Hexereye“ gefoltert. In diesem Prozeß wird das Wort Hexerei zum ersten Male von Amts wegen gebraucht. In den Fasten 1423 verbrennt man in Sursee bei Luzern die Hexe Verona Rehagin. Von 1450 ab fanden in Luzern zahlreiche Hexenprozesse statt, die, besonders seit 1454 mit Bränden schließen. So werden in den Jahren 1460, 1461, 1482, 1490, 1519 stets mehrere Hexen auf den Holzstoß gebracht. 1526 gesteht Elisabeth Meyer von Sarmensdorf und büßt in den Flammen, ebenso 1528 Barbara Haller von Vaumarcus. 1531 und 1532 sind zwei Personen der Hexerei verdächtig; eine wird verbrannt.

In Zürich finden 1462 Verhandlungen gegen zwei der Hexerei anrüchige Weiber statt. Eines der beiden muß die Stadt verlassen. Das Geschick der andern ist in Dunkel gehüllt. Am 20. Januar 1459 wurde in Andermatt am St. Gotthard eine Hexe aus Steinberg im Urserental zur Richtung durch das Schwert mit nachfolgender Verbrennung abgeurteilt.

Solothurn den 25. November 1466 datiert die Urfehde der Anna Schwebin, die wegen „schweren, großen, ungelimpflichen und unchristenlichen lümbden, das ich sölle ein hegß sin und mit sollichen Sachen umbgan“ gegen das Versprechen, die Eidgenossenschaft für immer zu meiden, entlassen wurde. Etwa 1490 wurde hier eine Frau in der Aar ertränkt, die einen zauberischen Diebstahl auf der Folter gestanden hatte. Dreiundvierzig Jahre früher war in Büren bei Solothurn Anna Vögtin auf dem Scheiterhaufen hingerichtet worden, weil sie gestanden hatte, sich dem Teufel ergeben, in Bischoffingen und Ettiswil das Altarsakrament entwendet und damit vielfache Malefizien ausgeführt zu haben.

Von besonderer Bedeutung sind die Nachrichten von den in der französischen Schweiz vorgekommenen Prozessen. Sie sind noch wesentlich Ketzerprozesse, zeigen aber, daß der ganze Wahnsinn, den man aus den Hexen im siebzehnten Jahrhundert herausfolterte, auch den Ketzern im fünfzehnten Jahrhundert unterschoben wurde, und daß die Hexerei als wesentliches Moment der Ketzerei galt.

Die Inquisition lag hier in den Händen des bischöflichen Offizialats zu Lausanne, das sie durch Predigermönche im Waadtland und in den Landen von Freiburg und Neuchâtel ausüben ließ. Die Aufgabe der Inquisitoren war, alle aufzuspüren, die des Verbrechens der Ketzerei, Zauberei und Waldenserei verdächtig waren. Das Vermögen des Hingerichteten wurde regelmäßig konfisziert. Zwei Drittel fielen dem Fiskus zu und ein Drittel dem Offizium der Inquisition.

In Wallis setzen die großen, von einer weltlichen Instanz inszenierten Hexenverfolgungen 1428 ein. Ihre Urheber sind die Walliser Bauerngemeinden unter Führung der Bischöfe von Sion und deren Statthalter. In einer Versammlung zu Leuk bestimmen sie gemeinsam, daß allerwärts die durch zwei bis zehn Personen der Zauberei verdächtigten Einwohner gefangen genommen, der Tortur unterworfen und nach abgelegtem Geständnis verbrannt werden sollten. In eineinhalb Jahren waren über zweihundert Hexen und Zauberer verbrannt. Dabei hatten sich noch viele zu Tode foltern lassen, ohne zu gestehen. Auch das schamlose Abrasieren der Körperhaare, um das Teufelsstigma zu finden, an dem man ohne weiteres die Hexe zu erkennen vermochte, verpflanzte sich hier von den gleichzeitigen Inquisitionsprozessen in die weltlichen. Hier führen die Zauberer und Hexen außer Unwettern auch Lawinenstürze herbei.

Besonders heftig wüteten die Freiburger im Üchtland gegen die „Wodeis". 1440 werden von Angehörigen dieser Sekte zwei Männer gerädert und vier Frauen verbrannt. Der „Carnacier" hatte dann zu tun in den Jahren 1454, 1457, wo der den „ Woudeises" angehörige Cristin Bastardet überführt wurde 1. der Bestialität mit einer Kuh, einer Gemse (!) und einer Ziege, 2. des dem Teufel geleisteten Homagiums, 3. des Wettermachens, dann in den Jahren 1462, 1479und 1482.

Vom 6. Oktober bis zum 1. Dezember 1481 leitet in Neuchâtel P. Franz Grenet, Ord. Praed., Stellvertreter des Generalinquisitors in den Diözesen Genf, Lausanne und Sion, Verhandlungen gegen vier „Valdois", die der Hexensekte angehörten. Die angeklagten Männer wurden dem weltlichen Arm übergeben und starben auf dem Scheiterhaufen. Der Prozeß knüpfte an das 1439 in derselben Stadt stattgefundene Verfahren gegen Hanchemand-le-Mazelier, den Häuptling der Sekte, der gleichfalls verbrannt worden war, an.

Zur näheren Charakteristik dieser „Ketzerprozesse" teilen wir den Verlauf eines dieser 1481, also kurz vor dem Erscheinen der Bulle Innocenz VIII. und des Hexenhammers vorkommenden Prozesse mit. Er betraf einen gewissen Rolet Croschet, der am 27. November 1481 „pour cas d'hérésie" dem Inquisitor vorgeführt wurde. Croschet gestand, unzweifelhaft nach vorgängiger Tortur: Er sei ein Ketzer und vor etwa vierzig Jahren in die „Sekte" eingetreten. Bei der ersten Versammlung, die er besucht, sei der Teufel als großer, schwarzer Mann zugegen gewesen. Er habe sich jedoch in einen Hammel verwandelt, worauf der Angeklagte ihm zum Zeichen seiner Huldigung den Hinteren geküßt habe. Darauf habe ihm der Teufel, der sich selbst Robin genannt, um ihn als sein Eigentum zu zeichnen, den Nagel des Mittelfingers der rechten Hand, jedoch ziemlich schmerzlos, abgenommen. Gleichzeitig habe er Gott, den katholischen Glauben und die Sakramente der Kirche verleugnet und ein in den Fußboden gezeichnetes Kreuz mit Füßen getreten und verflucht. Auch habe er wiederholt die in der hl. Kommunion empfangene Hostie dem Teufel gebracht, der sie einem schwarzen Hunde gegeben oder sonstwie geschändet und verderbt habe. Die Versammlungen der Sekte fänden regelmäßig am Freitag statt. Bei ihnen brenne ein grünes, mit gewöhnlichem gar nicht zu vergleichendes Feuer. Die Stimme des immer schwarz gekleideten Teufels töne rauh und heiser durch die Versammlung. Der Teufel habe ihm auch verboten, gesegnetes Brot und Wasser zu gebrauchen und sich dem Kreuze zu nähern. Das eigentliche Fest der

Versammlung beginne mit einer gemeinsamen Mahlzeit, wobei namentlich das Fleisch kleiner Kinder verzehrt werde. Nach Beendigung der Mahlzeit gehe man zum Tanze über, auf den dann die wildeste geschlechtliche Vermischung zu folgen pflege. Einer aus der Sekte sei Probst, der allen Genossen Geld gäbe, ihnen die Malefizien auftrage, die sie den Menschen zufügen sollten, und ihnen für den Fall, daß diese Malefizien nicht ausgeübt würden, mit Entziehung der Unterstützungen drohe. Von dem Teufel habe er eine harte Salbe in der Größe einer Nuß erhalten. Mit ihr bestreiche er den Besenstiel, auf dem er zur Sekte fahre. Zur Zubereitung dieser Salbe würden namentlich die Herzen kleiner Kinder verwendet. – Schließlich gab der Inquisit noch eine Reihe von Personen an, die er als Mitschuldige und Angehörige der „Sekte" auf den Freitagsversammlungen gesehen haben wollte. – Nach diesen Geständnissen ward Rolet Croschet auf dem Platz vor dem Schlosse Boudry lebendig verbrannt.

Der Teufel im Kampfe mit einem alten Weibe

Wenige Jahre später wurden die Prozesse, die man bisher als „Ketzerprozesse" geführt hatte, ganz in der bisherigen Weise unter dem Titel „Hexenprozesse" fortgeführt.

Eine weitere umfassende Verfolgung ist 1457-1459 in dem damals zu Uri gehörenden Val Leventina, dem oberen Tessintal, nachweisbar, wo die Ketzerinquisition kurz vorher sich auch mit Hexenverfolgung befaßt hatte. Auch dort wurden zahlreiche Männer und Frauen nach schwerer Folter verbrannt. Hexensabbat und Flug, Verzehren kleiner Kinder, Malefizien, Milchzauber und Wettermachen spielten hier die herkömmliche Rolle, auch Verwandlung in Tiere kam häufig vor. Der Verhafteten waren so viele, daß Notare und Schöffen sich an der Bewachung beteiligen mußten und die Behörden Scharfrichter und Folterknechte von auswärts zu verschreiben genötigt war. Dennoch erlahmte der Eifer der Justiz erst nach mehrjähriger Betätigung.

Ungarn war selbst noch im fünfzehnten Jahrhundert von der Hexenverfolgung ganz frei. Das Ofener Stadtrecht, dessen letzte Redaktion vor 1421 fällt, bestimmte, daß man Hexen und Zauberer, wenn man sie zum ersten Male ergreife, an einem Freitage auf einem besuchten Platze der Stadt auf einer Leiter, mit einem Judenhut auf dem Kopf, auf dem die heiligen Engel gemalt wären, vom Morgen bis zum Mittag sollte stehen lassen. Darauf hatten sie zu schwören, von ihrem Irrtum ablassen zu wollen, und alsdann sollen sie frei sein. Würden sie aber zum zweitenmal um desselben Vergehens willen eingebracht, so sollte man sie wie Ketzer brennen. – Mit dieser Bestimmung des Ofener Stadtrechts sind zwei Verfügungen des Erzbischofs von Gran von 1447 und 1450 über die der geistlichen Gerichtsbarkeit unterworfenen Sachen zusammenzustellen. In ihnen wird wohl die Ketzerei, nicht aber die Zauberei erwähnt, was hinlänglich beweist, daß man sie von der Ketzerei nicht trennte, und daß man ihr nicht die selbständige Bedeutung beilegte, die sie in den romanischen Ländern bereits erlangt hatte.

Das Treiben der Hexen und Zauberer
Aus dem Laienspiegel von Ulrich Tengler, 1511

Vierzehntes Kapitel. Die Hexenbulle von Innocenz VIII. der Malleus Maleficarum

Im ganzen Mittelalter ist kein deutscher Säkularkleriker zu nennen, der den Aberwitz der Inquisitoren so dummgläubig nachgebetet hätte wie der Oberpfälzer Matthias von Kemnat, Hofkaplan Friedrichs des Siegreichen von der Pfalz", sagt Riezler. Matthias, ein armer Kleriker, den Friedrich „aus dem Kote" zu sich erhoben hatte, erzählt in seiner Chronik, daß er viele Hexen zu Heidelberg und an anderen Orten (1475) verbrennen gesehen habe. Was er dann von den Hexenprozessen erzählt, ist nichts anderes als der Hexenwahn der Inquisitoren, der den Unglücklichen auf der Folter stückweise beigebracht wurde. Nach ihm gibt es eine geschlossene Organisation der Hexen und Zauberer. „Nun komme ich auf die allergrößte Ketzerei und Sekte und heißt ein Irrsal und Sect Gazariorum, d. i. des Unholden und die bei der Nacht fahren auf Besen, Ofengabeln, Katzen, Böcken oder anderen dazu dienenden Dingen. Ist die allerverfluchteste Sekt und gehört viel Feuers ohne Erbarmen zu." Wer in diese Sekte kommen will, muß schwören, auf den Ruf eines Mitgliedes alles im Stiche zu lassen und mit dem Rufer in die „Sinagoga" zu gehn. Dort wird dann der Verführte dem Teufel überantwortet, der in Gestalt einer schwarzen Katze, eines Bocks oder auch eines Menschen erscheint. Er hat zu schwören, daß er dem Ketzermeister und seiner Gesellschaft getreu sein und Fleiß anwenden werde, möglichst viele neue Mitglieder zu werben. Ferner, daß er bis in den Tod verschwiegen sein, alle Kinder unter drei Jahren töten und in die Gesellschaft bringen, auf jeden Ruf sofort in diese eilen, alle Eheleute verwirren und impotent machen wolle usw. Dann betet er den Ketzermeister an und gibt sich ihm hin. Die Schilderung der nun folgenden gräßlichen Orgie, wobei gesottene und gebratene Kinder gegessen und die widernatürlichste Unzucht verübt wird, entspricht bis in kleine Einzelzüge hinein den einst gegen die Tempelherren geschleuderten Verleumdungen. Man braucht nur diese Übereinstimmung in den am Beginne des vierzehnten Jahrhunderts gegen französische Ritter und fast zwei Jahrhunderte später gegen pfälzische Landleute gerichteten Anklagen ins Auge zu fassen, um sofort im Ankläger das verbindende Glied zu erkennen. Weiter wird geschildert, wie das neue Mitglied gelehrt wird, seinen Stab zu schmieren mit einer aus dem Fett der gebratenen Kinder und giftigen Schlangen, Eidechsen, Kröten und Spinnen bereiteten Salbe. Durch Bestreichen mit dieser Salbe können sie Menschen töten, durch Pulver aus Eingeweiden die Luft vergiften und ein großes Sterben hervorrufen. „Und das ist Ursach, daß in etlichen Dörfern Pestilenz regiert und zu allernächst dabei ist man frisch und gesund“.

Der deutsche Boden war demnach wohl vorbereitet, die giftige Saat zu empfangen, die zwei Inquisitoren nun mit vollen Händen ausstreuen sollten.

Im letzten Viertel des fünfzehnten Jahrhunderts waren Heinrich Institor (Krämer) für Oberdeutschland und Jakob Sprenger für die Rheingegenden als Inquisitores haereticae pravitatis bestellt worden und hatten es für zweckmäßig erachtet, ihr Geschäft vorerst durch Verfolgung des Hexenwesens zu popularisieren. Aber auch hierbei stießen sie auf heftigen Widerspruch. Aus ihren eigenen Klagen entnehmen wir, daß dieser nicht nur gegen ihre richterliche Kompetenz, sondern auch gegen die Sache selbst gerichtet war. Dergleichen Ansichten bewirkten es, daß sich die Inquisitoren ihre Opfer mehrfach durch den Schutz der weltlichen Macht entzogen sahen. In dieser Verlegenheit wandten sich Sprenger und Institor nach Rom und erwirkten sich die Bulle Summis desiderantes (vom 5. Dezember 1484). Dieses verhängnisvolle Aktenstück ist deswegen von entscheidender Wichtigkeit, weil es der im Widerspruch mit dem Kanon Episcopi in den beiden letzten Jahrhunderten allmählich erwachsenen Lehre von der Häresie des Zauberwesens und dem Inquisitionsverfahren gegen die Zauberei eine neue und für manche Punkte sogar die erste päpstliche Sanktion erteilt und somit die Verbreitung des Unwesens über ganz Europa wesentlich gefördert hat. Innocenz VIII., der Verfolger der Hussiten und Waldenser, ist der Vater dieses heillosen Machwerks.

Daß der Papst in dieser Bulle nur über einzelne ihm bekannt gewordene Greueltaten historisch referieren und keine dogmatische Entscheidung treffen wollte, ist recht zweifelhaft. „Es lag zu einer Glaubensdefinition an dieser Stelle keinerlei Veranlassung vor. Diese vielerörterte Frage hat übrigens kein besonderes historisches, sondern nur ein esoterisches katholisches Glaubensinteresse, da sie für die tatsächliche Wirkung der Bulle irrelevant ist“, sagt Hansen. Die katholische Tendenzhistorik schrotet diese Ansicht Hansens weidlich aus und sucht durch sie zu beweisen, „daß weder der Inhalt noch die Veranlassung der Bulle zu der Annahme berechtige, daß der Papst eine Definition in betreff des Glaubens hat erlassen und zur Verbindlichmachung der Kirche durch diese seine Erklärung von seiner obersten Gesetzgebungsgewalt Gebrauch machen wollen, da er nur den Inquisitoren die ihnen bestrittene Kompetenz in betreff der von diesen bezeichneten, den Tatbestand der Hexerei erfüllenden Vergehen beilegt“. Ja, ein klerikaler Rechtsgelehrter geht so weit, zu erklären: „Der Papst wollte bloß das Crimen magiae dem geistlichen Richter zuweisen, weil die Angeklagten unter den Händen der rohen und völlig unwissenden weltlichen Richter eine aller Gerechtigkeit hohnsprechende Behandlung erfuhren“.

Die Bulle beginnt mit den Worten: „Mit sehnlichstem Verlangen wünschen wir, wie es die Pflicht pastoraler Obhut erfordert, daß der katholische Glaube zumal in unseren Zeiten wachse und blühe, und daß alle ketzerische Verworfenheit weit von den Grenzen der Kirche vertrieben werde. Daher erklären und gewähren wir gern alles das, wodurch dieser unser fromme Wunsch verwirklicht werden kann." Dann klagt der Papst, daß, wie ihm zu Ohren gekommen sei, jüngst in einigen Teilen von Oberdeutschland, wie auch in der Salzburger, Mainzer, Kölner, Trierer Kirchenprovinz viele Personen beiderlei Geschlechts vom Glauben abgefallen seien, mit dem Teufel gottlose Bündnisse eingegangen, Menschen und Vieh großes Unheil zugefügt und auch sonst argen Schaden verursacht hätten. Er sagt nämlich: „Gewißlich, es ist neulich nicht ohne große Beschwehrung zu unsern Ohren gekommen, wie daß in einigen Theilen des Oberteutschlandes, wie auch in den Mäinzischen, Cöllnischen, Trierschen, Saltzbergischen und Bremenschen Ertzbistümern, Städten, Ländern, Orten und Bistümern sehr viele Personen beyderley Geschlechts ihrer eigenen Seligkeit vergessend und von dem catholischen Glauben abfallend, mit denen Teufeln, die sich als Männer (incubis) oder Weiber (succubis) mit ihnen vermischen, Mißbrauch machen und mit ihnen Bezauberungen, und Liedern und Beschwerungen, und anderen abscheulichen Aberglauben und zauberischen Uebertretungen, Lastern und Verbrechen, die Geburthen der Weiber, die Jungen der Thiere, die Früchte der Erden, die Weintrauben und die Baumfrüchte, wie auch die Menschen, die Frauen, die Thiere, das Vieh, und andere unterschiedene Arten Thiere, auch die Weinberge, Obstgärten, Wiesen, Weiden, Korn und andere Erdfrüchte, verderben, ersticken und umkommen machen und verursachen, und selbst die Menschen, die Weiber, allerhand groß und klein Vieh und Thiere mit grausamen sowohl innerlichen als äußerlichen Schmertzen und Plagen belegen und peinigen und eben dieselbe Menschen, daß sie nicht zeugen, und die Frauen, daß sie nicht empfangen, und die Männer, daß sie den Weibern, und die Weiber, daß sie den Männern die eheliche Werke nicht leisten können, verhindern. Ueberdieses den Glauben selbst, welchen sie bey Empfangung der heiligen Taufe angenommen haben, mit eidbrüchigem Munde verleugnen. Und andere überaus viele Leichtfertigkeiten, Funden und Laster, durch Anstiftung des Feindes des menschlichen Geschlechts zu begehen und zu vollbringen, sich nicht fürchten, zu der Gefahr ihrer Seelen, der Beleidigung göttlicher Majestät und sehr vielen schädlichem Exempel und Aergerniß."

Teufel bei der Messe
Ritter vom Turn, 1493

Daher werden die beiden Dominikaner Jakob Sprenger und Heinrich Institor, denen als Notar ein Geistlicher des Bistums Konstanz, Johannes Gremper, beigegeben wird, aufs neue für die Kirchenprovinzen Salzburg, Mainz, Trier, Köln, Bremen, also fast für ganz Deutschland, mit Ausnahme des nordöstlichen Teils, als Inquisitoren über das Verbrechen teuflischer Zauberei mit der Vollmacht autorisiert, gegen die Übeltäter mit Einkerkerung und sonstigen Strafen einzuschreiten und von den Kanzeln herab das Volk über das Wesen der Hexerei zu belehren und vor ihr zu verwarnen. Zugleich wird der

Bischof von Straßburg aufgefordert und ermächtigt, die Inquisitoren auf jede Weise zu schirmen und zu unterstützen, die Gegner der Hexenverfolgung, wes Standes und Würden sie seien, mit Suspension, Bann und Interdikt zu belegen und nötigenfalls auch den weltlichen Arm gegen sie anzurufen.

Es wurde verkündet, daß in Deutschland ein geheimes Reich des Satans bestehe, zu dessen Vernichtung sich der Statthalter Gottes erhob. Dazu mußte freilich einem großen Teile des Klerus und der Gemeinden der Glaube an das wirkliche Bestehen dieses Reiches erst noch beigebracht werden. Daher werden nicht allein die Inquisitoren ermächtigt, überall, namentlich da, wo Bischöfe und Pfarrer sich zur Hexenverfolgung nicht geneigt zeigen, zur Aufregung des Volkes beizutragen, die Kanzeln zu gebrauchen und alle Mittel des kirchlichen Strafrechts zur Anwendung zu bringen, sondern es wird auch der geldgierige Bischof von Straßburg, Albert von Bayern, zum Oberaufseher über die Hexenverfolgung bestellt und in ganz unkanonischer Weise autorisiert.

Die Lehre aber, die den Deutschen von den Inquisitoren verkündet werden soll, ist folgende: 1. Es gibt in der Christenheit eine Hexerei, die eine mit Hilfe des Teufels bewirkte Zauberei zum Zwecke vielfacher, entsetzlicher Schädigung der Menschen ist; 2. diese Hexerei beruht auf einem mit dem Teufel abgeschlossenen Bund, und 3. dieser Bund fußt auf den Abfall vom christlichen Glauben, indem die Zauberer und Hexen sich von Gott los- und sich dem Teufel zusagen und dadurch ihres ewigen Seelenheils verlustig gehen.

Von Hexenfahrten, von Vermischungen der Hexen mit dem Teufel etc. wird nichts gesagt.

Die in der Bulle aufgezählten Malefizien gegen Personen und deren Eigentum würden an und für sich vor das weltliche Forum gehört haben; allein sie werden hier der kirchlichen Inquisition und Verfolgung zugewiesen, weil sie als Wirkung des Abfalls von Gott und vom Glauben, als Werke des Teufels gelten sollen.

Mit der Bulle des Papstes ausgerüstet, begannen nun die beiden Inquisitoren in Deutschland ihre grausige Arbeit. – Binnen fünf Jahren waren in der Diözese Konstanz und im Städtchen Ravensburg 48 Personen – weil sie Dämonen als Inkuben zugelassen haben sollten – auf den Scheiterhaufen gebracht. Der Kollege der beiden Inquisitoren, Cumanus, ließ in dem einen Jahre 1485 in der Grafschaft Wormserbad sogar 41 Unglückliche verbrennen. Indessen fanden die Genannten doch alsbald, daß die methodisch betriebene Hexenverfolgung überall in Deutschland weder nach dem Sinne der Hierarchie noch nach dem des Volkes war.

Selbst in Tirol und Salzburg vermochte Heinrich Institor für seine Mission nirgends rechten Boden zu gewinnen. Zwar wurde in Tirol am 23. Juli 1485 wie überall in Deutschland die Bulle Innocenz VIII. durch den Bischof von Brixen, Georg Golser, publiziert, und am 14. Oktober desselben Jahres nahm die Hexenverfolgung ihren Anfang.

Alle wegen Hexerei verdächtigen Personen wurden nach ihren Vergehen und ihren Mitschuldigen befragt. Die Folge davon war, daß über zahllose Familien namenloses Elend kam. Sogar die eigenen Familienangehörigen wurden von den Gefolterten als Mitschuldige angegeben, und selbst in das Haus des damaligen Regenten von Tirol, des Erzherzogs Sigmund, griff die Denunziation ein. Ein Sturm der Entrüstung ging durch das ganze Land. Schließlich befahl der Bischof dem Inquisitor in sehr gemessener Weise, das Land zu verlassen und in sein Kloster zurückzukehren. Am 8. Februar 1486 schrieb der Bischof an einen Freund: „Mich verdreust des Münchs, ich find in des Papstes Bullen, daß er bei viel Päpsten ist vor Inquisitor gewesen, er bedunkt mich aber propter senium ganz kindisch sein worden, als ich ihn hier zu Brixen gehört habe mit dem Kapitel."

Auch die Landesstände wollten von Hexenverfolgungen nichts wissen. Auf dem Tiroler Landtag, der im August 1487 zu Hall im Inntale versammelt war, wurde dem Erzherzog Sigmund gegenüber darüber geklagt, daß in jüngst vergangener Zeit „viele Personen gefangen, gemartert und ungnädiglich gehalten worden seien, was doch merklich wider Gott und Sr. Fürstl. Gnaden Seelen Seligkeit und wider den Glauben ist." – Der Erzherzog, der die Hexenverfolgung gern begünstigte, kam darüber ins Gedränge und forderte, um sich womöglich auf eine juristische Autorität berufen zu können, den angesehenen Juristen Ulrich Molitoris auf, der zu Pavia die Würde eines Doktors des kanonischen Rechts erlangt hatte und seit achtzehn Jahren die Stelle eines Prokurators bei der bischöflichen Kurie zu Konstanz bekleidete, ihm ein Gutachten über das gegen die wegen Zauberei Angeklagten zur Anwendung zu bringende Verfahren auszustellen. Molitoris war so vorsichtig, sein Gutachten, ehe er es dem Erzherzog übergab, dessen damaligem Obergeheimschreiber Konrad Stürtzel von Buchheim vorzulegen, dessen Vorlesungen über Jurisprudenz und Rhetorik er einst zu Freiburg gehört hatte. Molitoris hatte es für angemessen erachtet, seiner Arbeit die Form eines Gesprächs zwischen sich und dem Erzherzog zu geben, in das er als dritte Person noch den damaligen Schultheißen von Konstanz, Konrad Schatz, verflocht, der in Hexenprozessen viele Erfahrung hatte. Am 10. Januar 1489 hatte Molitoris das Manuskript abgeschlossen. Sein Titel lautet: Tractatus ad illustrissimum principem, Dominum Sigismundum – de Lamiis et pythonicis mulieribus, per Ulricum Molitoris – ad honorem eiusdem principis ac sub suae Celsitudinis emendatione scriptus. – Ex Constantia a. 1489.

Der Wolfritt
Aus Molitors „De laniis et phitonicis mulieribus", Straßburg
Der behexte Schuh
Aus Molitors „De laniis et phitonicis mulieribus", Straßburg

Seine eigenen Ansichten läßt Molitoris kläglich den Erzherzog aussprechen, der darum als Mann von überraschender Aufklärung erscheint. Schon auf die erste Äußerung des Schultheißen, daß man die Hexen allgemein beschuldige, Unwetter hervorzubringen, und daß sie, peinlich befragt, dies selbst geständen, erwidert der Herzog ganz verständig: auf bloßes Gerede gebe er nichts, und ebensowenig könne er von Aussagen, die auf der Folter erpreßt wären, etwas halten. Durch Furcht, Schrecken und Qual könne man jemanden leicht dazu bringen, auch das Unmögliche zu bekennen. Als sich nun der Schultheiß weiterhin auf die Erfahrung beruft, bemerkt der Erzherzog treffend, daß gerade diese gegen den Hexenglauben spreche. Denn hätte es mit ihm seine volle Richtigkeit, so brauchte ein Fürst für den Krieg keine Armee zu unterhalten, indem er dann nur eine Hexe unter sicherem Geleite an der Grenze aufzustellen hätte, die das feindliche Land schon genugsam durch Hagel und sonstiges Unwetter verwüsten würde. Der Schultheiß flüchtet nun zur Hl. Schrift, schiebt zunächst aus dem A. Testament die Gaukler am Hofe des Königs von Ägypten usw. vor und zieht dann aus der Apokalypse die vier Engel heran, die bestimmt seien, Land und Meer zu verderben. Auf eine Erörterung des A. Testaments läßt sich indessen der Erzherzog nicht ein, und bezüglich der apokalyptischen Engel meint er, Johannes habe sie nur im Traume gesehen und erzähle daher eine Fabel. – Schließlich resümiert der Verfasser das Ergebnis des Gesprächs in folgenden Sätzen: „Der Teufel kann weder unmittelbar durch sich, noch mittelbar durch die Menschen den Elementen, Menschen oder Tieren schaden. Da Gott allein Herr der Natur ist, so kann nichts ohne seine Zulassung geschehen. Geister können keine Kinder erzeugen; kommen aber angeblich doch solche vor, so sind sie untergeschoben. Menschen können keine andere Gestalt annehmen und sich nicht an entfernte Orte versetzen; sie können sich nur einbilden, daß sie seien, wo sie nicht sind, und daß sie sehen, was sie nicht sehen. Ebensowenig können Hexen viele Meilen weit zur Nachtzeit wandern und von diesen Wanderungen zurückkommen, sondern indem sie träumen und an allzu reizbarer Phantasie leiden, kommt ihnen Eingebildetes so lebhaft vor die Augen, daß sie, erwachend, durch Selbsttäuschung glauben, sie hätten Nichtverstandenes in Wirklichkeit gesehen."

Das Hexenmahl
Aus Ulrich Molitors „De laniis et phitonicis mulieribus", Reutlingen

Der Teufel verführt Betende zu „geschwetz und gelechter"
Ritter vom Turn, 1493

So hell und klar wußte scheinbar Molitoris die Nichtigkeit des Hexenglaubens zu durchschauen; allein die praktischen Folgerungen aus dieser Einsicht zu ziehen, hatte er doch nicht den Mut. Schließlich erklärt er nämlich: „Obschon also dergleichen böse

Weiber in der Tat nichts ausrichten, so müssen sie nichtsdestoweniger deshalb, weil sie – von Gott abfallen und mit dem Teufel ein Bündnis eingehen, wegen ketzerischer Bosheit mit dem Tode bestraft werden." Das Endergebnis der Erörterung ist also, daß die der Hexerei Angeklagten zwar keine Hexen, daß sie aber Ketzer, und daß sie eben darum in üblicher Weise zu behandeln und zu bestrafen sind. In diesem Sinne richtete Molitoris am Schlusse seiner Abhandlung an das weibliche Geschlecht die Ermahnung, des Taufgelübdes eingedenk zu bleiben und sich dem Teufel nicht zu ergeben.

Die gemachten Erfahrungen und allerlei andere Kundgebungen der öffentlichen Meinung jener Zeit mußten nun die beiden päpstlichen Inquisitoren allmählich zu der Überzeugung bringen, daß für die Hexenverfolgung, wenn sie wirklich in Gang kommen sollte, notwendig eine breitere und praktischere Grundlage geschaffen werden müsse. Beide beschlossen daher einen Kodex des Hexenprozesses herzustellen, dem eine ganz genaue und vollständige Belehrung über das fluchwürdige Wesen und Treiben der Hexen beigegeben werden mußte.

Den Hauptteil der Arbeit übernahm Sprenger, der alle Elemente des Aberglaubens, die sich zerstreut und vereinzelt unter dem Volke vorfanden, zusammentrug und dadurch ein System des Hexenglaubens schuf, das weit über die in der Bulle vom 5. Dezember 1484 gegebene Darstellung des Hexenwesens hinausging, indem es namentlich die Hexenfahrt zum Teufels-Sabbat und die geschlechtliche Vermischung mit ihm als wesentliches Moment des Hexenwesens hinstellte.

So entstand im Jahr 1487 der berüchtigte Malleus maleficarum, ein Werk, so barbarisch an Sprache wie an Gesinnung, spitzfindig und unverständlich in der Argumentation, originell nur in der Feierlichkeit, mit der die abgeschmacktesten Märchen als historische Belege vorgetragen werden, „das verruchteste und zugleich das läppischste, das verrückteste und dennoch unheilvollste Buch der Weltliteratur," das nur ein Görres ein „in den Intentionen reines und untadelhaftes Werk" nennen konnte.

Mit einer seltsam aussehenden Bescheidenheit erklären die Verfasser in der Vorrede, daß sie keine Poesien schaffen, keine sublimen Theorien entwickeln, sondern nur aus früheren Schriftstellern schöpfen und von dem Ihrigen weniges hinzutun wollen, weshalb ihr Buch dem Inhalte nach ein altes und nur in der Zusammenstellung ein neues sei.

Dieses Werk umfaßt drei Hauptteile. Im ersten wird die Realität der Hexerei aus der Hl. Schrift und aus dem kanonischen und bürgerlichen Rechte erwiesen. An die Spitze der ganzen Ausführung wird der Satz gestellt: Das Leugnen der Hexerei ist – Ketzerei, womit der Satz: „Es gibt Hexen, die mit teuflischer Hilfe den Menschen schaden" als Dogma hingestellt war. Dann folgt die Lehre vom Bunde der Hexen mit dem Teufel, von den Inkuben und Sukkuben, von der Macht der Dämonen, von den eigentlichen Malefizien, die Erörterung, warum vorzugsweise das weibliche Geschlecht sich diesem

Verderben hingebe, der Beweis, daß das Verbrechen alle übrigen an Strafbarkeit übertreffe, und die Entkräftung verschiedener von Laien erhobenen Einwürfe. Augustin, Thomas von Aquino und Nider müssen die Hauptargumente liefern. Namentlich wird hinsichtlich der Inkuben und Sukkuben die Theorie des Thomas festgehalten und die Versicherung gegeben: die Ansicht, daß durch Inkuben Menschen erzeugt werden, sei so sehr katholisch, daß die Behauptung des Gegenteils nicht nur den heiligen Kirchenlehrern, sondern auch der Tradition der Hl. Schrift widerstreite. Die sechste Quästion bürdet dem weiblichen Geschlechte alles Schlimme auf, das nur denkbar ist, insbesondere unersättliche Wollust, die zum Umgang mit den Dämonen reize; daher sage man auch nicht Haeresis maleficorum, sondern maleficarum (a potiori), obgleich das männliche Geschlecht keineswegs ausgeschlossen sei. Bei der Beantwortung der Frage, warum bei den Weibern die Zauberei mehr Eingang finde als bei den Männern, meint der Verfasser, diese Hinneigung des Weibes sei schon in seinem Namen angedeutet; denn das Wort femina sei gebildet aus fe und minus, quia femina semper minorem habet et servat fidem.

Von eyner edlen frowen wie die vor eym spiegel stund, sich mutzend vnnd sy jn dem spiegel den tüfel sach jr den hyndern zeigend
Ritter vom Turn, Basel 1493

In der Lehre von der „Enormitas maleficorum" heißt es, daß seit Luzifers Fall keine so arge Sünde begangen worden sei, und daß daher die Schuldigen, auch wenn sie bereuen und zum Glauben zurückkehren, nicht, wie andere Ketzer, mit Gefängnis, sondern am Leben bestraft werden sollen. Mit Vorliebe kommen die Verfasser mehrmals darauf zurück, daß die Hexen von der Ohrenbeichte nichts halten. Unter den von Laien erhobenen Einwänden sind einige sowohl durch ihre eigene Verständigkeit, wie durch die Albernheit der Widerlegung bemerklich. Wie kommt's – hatte man gefragt – daß die Hexen trotz ihrer Macht meistens nicht reich werden? Weil – lautet die Antwort – der Teufel zur Schmach des Schöpfers den Menschen um den möglichst niedrigen Preis haben will; dann auch, damit die Hexen durch Reichtum nicht auffallen sollen. Ferner war gefragt worden: Warum schaden die Hexen den Fürsten nicht? Warum nicht den Feinden derjenigen Fürsten, bei denen sie Schutz finden? Die Antwort ist: Weil sie alles aufbieten, um mit den Fürsten in Freundschaft zu bleiben, und weil ein guter Engel die Zaubereien gegen die Feinde hexenfreundlicher Fürsten vereitelt.

Der zweite Hauptteil zerfällt wiederum in zwei Abhandlungen. Die erste gibt das Nähere über die Art, wie die Zauberer aufgenommen werden, das Homagium leisten, durch die Luft fliegen, mit den Dämonen sich vermischen, Tiergestalt annehmen, Hagel machen, Krankheiten bewirken usw. In der zweiten entfaltet sich der Schatz der kirchlichen Heilmittel gegen allerlei Zauberschäden. In diesem ganzen Hauptteile bietet sich den Verfassern häufige Gelegenheit dar, außer den scholastischen Autoritäten und

Nieders und Erzählungen gleichzeitiger Inquisitoren auch eigene Amtserfahrungen mitzuteilen. Wir erfahren, daß die beiden Kollegen in Zeit von fünf Jahren in der Kostnitzer und andern Diözesen nicht weniger als achtundvierzig Weiber dem Scheiterhaufen überantwortet haben, die sämtlich in vieljähriger Buhlschaft mit dem Teufel gelebt hatten. Sie berichten uns ferner aus den ihnen gemachten Bekenntnissen, wie neben dem solennen Teufelsbund, der in voller Versammlung vollzogen wird, auch noch ein schlichter besteht, der zu jeder Stunde eingegangen werden kann; wie eine Inquisitin einst in einer Nacht von Straßburg bis Köln geflogen ist, wie der Teufel solche, die unter der Tortur gestanden hatten, anstiftete, sich im Gefängnisse zu erhängen, um sie dadurch um die Buße und Aussöhnung mit der Kirche zu bringen usw.

Unter den Zaubermitteln begegnen wir nichts wesentlich Neuem, interessant aber ist es, den Schweizerhelden Wilhelm Tell unter den Freischützen (sagittarii) anzutreffen.

Bei aller scholastischen Subtilität sind indessen den Männern in ihrem Eifer doch einige Inkonsequenzen begegnet. So ist trotz des früher ausgesprochenen Grundsatzes, daß alle Hexen dem Scheiterhaufen verfallen seien, dennoch hin und wieder von solchen die Rede, die man zu anderen Bußen zuließ. Anderwärts heißt es, daß die Obrigkeit gegen Zaubereien gesichert sei, und wir lesen nichtsdestoweniger von Hexen, die den Richter durch ihren bloßen Anblick bezaubern.

Der dritte Teil des Malleus, der das gerichtliche Verfahren behandelt, beginnt mit einer Vorfrage in betreff der richterlichen Kompetenz. Eben dieselben Männer, die, bevor sie ihr bluttriefendes Buch schrieben, bereits achtundvierzig Hexen verbrannt und sich für ihre Blutarbeit die ausgedehntesten päpstlichen Vollmachten erwirkt hatten, erklären sich plötzlich geneigt, von der persönlichen Mitwirkung an der Verfolgung der Zauberer zurückzutreten (se exonerare) und sie den Bischöfen und weltlichen Gerichten zu überlassen. Ja, sie strengen sich nicht wenig an, ihre Berechtigung zu diesem Zurücktreten der päpstlichen Bulle und den widersprechenden Ansichten der spanischen Inquisitoren gegenüber mit Gründen zu erweisen, indem sie das pflichtmäßige Einschreiten des Inquisitors auf diejenigen Fälle beschränken, wo die Zauberei einen ketzerischen Charakter an sich trage. Man sieht, daß die beiden Männer Zeiten und Verhältnisse schlau genug zu erwägen wußten. Durch ihre ausgesprochene Maxime entwaffneten sie auf der einen Seite den zu befürchtenden Widerspruch der bischöflichen und weltlichen Gerichte; auf der andern aber sicherten sie sich vollkommen freie Hand, sowohl gefährliche Prozesse von sich abzulehnen – vielleicht war ihnen Konrad von Marburg im Traume erschienen – wie auch auf günstigem Boden nach vollem Belieben zu inquirieren, da ja über den häretischen Charakter der einzelnen Fälle niemand anders entschied als sie selbst.

Für das Verfahren selbst liegt im wesentlichen das Direktorium des Eymericus zugrunde, mit den im Laufe der Zeit weiter ausgebildeten Gewohnheiten,

Grausamkeiten und Kniffen der delegierten Inquisition, natürlich mit denjenigen Modifikationen, die der besondere Gegenstand zu erheischen schien.

Von der päpstlichen Vorschrift ausgehend, daß in Sachen des Glaubens simpliciter et de plano zu verfahren sei, verwirft der Malleus vor allen Dingen das Anklageverfahren; es sei nicht nur mit allzuvielen Förmlichkeiten verbunden, sondern auch wegen des Jus talionis von zu großer Gefahr für den Kläger. Der Richter soll demjenigen, der mit einer Anklage auftreten will, abraten und die Weisung geben, statt dessen den Weg der Denunziation zu betreten.

Der Denunziant verpflichtet sich nämlich nicht zur Beweisführung für das Ganze, sondern beschwört lediglich die Wahrheit seiner Aussagen, die nur auf einzelne Indizien, bösen Ruf u. dgl. gerichtet zu sein brauchen. Zu solchen Denunziationen soll der Richter durch öffentlichen Anschlag auffordern. Es wird angenommen, daß derjenige, der sie anbringt, nicht in eigener Sache, sondern aus Glaubenseifer oder aus Furcht vor den dem Schweigenden angedrohten kirchlichen und bürgerlichen Strafen handle, und es trifft ihn keinerlei Nachteil, wenn auch der Denunzierte losgesprochen wird.

Den Namen des Inquisitionsprozesses gebraucht der Malleus für diejenigen Fälle, wo der Richter auf den öffentlichen Ruf (infamia) hin von Amts wegen einschreitet. Diese Unterscheidung des Denunziations- und Inquisitionsprozesses ist übrigens eine sehr unfruchtbare, da der erstere Ausdruck nicht in dem Sinne der späteren Kriminalistik zu nehmen ist, sondern hier durchaus nichts anders bezeichnen will wie einen Inquisitionsprozeß, der von einer gemachten Denunziation seinen Ausgang nimmt. Das Inquisitionsverfahren wird übrigens dem weltlichen Richter in Zaubersachen nicht weniger empfohlen als dem geistlichen, und es ist daher Tatsache, daß gerade die Hexenprozesse späterhin der allmählichen Verdrängung; des Anklageverfahrens durch das inquisitorische in Deutschland einen besonders wirksamen Vorschub geleistet haben.

Da eine Untersuchung wegen Zauberei es nicht nur mit durchaus unwirklichen Dingen zu tun hat, sondern auch auf einen Komplex unter sich verschiedener Handlungen gerichtet ist, von denen ein großer Teil als keine Spuren des Verbrechens zurücklassend gedacht wurde, so begreift es sich von selbst, daß es in dieser Anweisung mit der abgesonderten Aufnahme eines Tatbestandes sehr mißlich stehen muß. Im ganzen ließ man die Ermittlung des Tatbestandes selbst mit der Erforschung des Verhältnisses des Angeklagten zu ihm zusammenfallen.

Brach z. B. ein Hagelwetter los, und es wurde zu gleicher Zeit eine alte Frau im Felde bemerkt, so war man überzeugt, dieses Wetter rühre von ihrer Zauberei her, und ein einfaches Zusammentreffen zweier außer allem Zusammenhange stehenden Umstände wurde zugleich für das objektive wie für das subjektive Verbrechen entscheidend. Wurde jemand krank, nachdem ihm ein Erzürnter gedroht hatte, er werde sein Benehmen einst bereuen, so zweifelte man nicht, daß er behext sei, und hatte zugleich auch ein dringendes Indizium gegen den Täter gefunden. Allerdings empfiehlt der Malleus, der Sicherheit halber einen Sachverständigen, d. i. einen Arzt oder eine Hexe, darüber zu vernehmen, ob die fragliche Krankheit ein Morbus maleficialis (Nachtschaden) sei oder nicht – wenngleich nur in denjenigen Fällen, wo etwa der Verteidiger gegen die zauberische Natur des Schadens Einrede erheben sollte. Im Ganzen hält sich der Richter an den überall ausreichenden Satz: Damnum minatum et effectus subsecutus, – ohne sich weder über den Sinn der Drohung, noch über die Beschaffenheit des eingetretenen Übels, noch über den ursächlichen Zusammenhang beider viele Sorgen zu machen.

In höchst verworrener Weise handelt der Malleus weiter von den Indizien, dem üblen Rufe, den verschiedenen Graden des Verdachts und ihren Wirkungen, den Zeugen, der Einkerkerung und dem Verhöre der Inkulpaten, der Folter, der Defension, die er so gut wie ganz abschneidet, und den Endurteilen, zu denen er eine Menge sehr umständlicher Formularien gibt. Diese schließen, wenn sie auf Ablieferung an den weltlichen Arm lauten, stets mit der den Inquisitoren von jeher geläufigen heuchlerischen Phrase, in der die Obrigkeit gebeten wird, wenn es möglich sei, das Blut des Verurteilten nicht zu vergießen.

Die Einzelheiten des Verfahrens, wie sie hier unter fast steter Berufung auf das kanonische Recht empfohlen werden, haben sich großenteils auf die Folgezeit vererbt und selbst in der Praxis der weltlichen Richter Eingang gefunden. Nach dem Grundsatze der allgemeinen Inquisition will der Malleus die Namen der deponierenden Zeugen weder dem Inkulpaten selbst, noch dessen Verteidiger, wenn dieser nicht etwa ein anerkannt glaubenseifriger und verschwiegener Mann ist, genannt wissen. Es wird somit selbst die einzige Einrede, die man im Ketzer- und Hexenprozesse nach kanonischem Recht dem Inquisiten gegen die Zulässigkeit eines Belastungszeugen übrig ließ, die der Todfeindschaft, fast unmöglich gemacht. Damit aber doch der Schein gewahrt bliebe, so soll der Angeklagte gleich am Anfang gefragt werden, ob er Todfeinde habe, und wer diese seien. Hierbei wird aber nicht nur der Begriff der Todfeindschaft auf möglichst enge Grenzen zurückgeführt – gewöhnliche, wenn auch heftige Feindschaft macht den Zeugen nicht unfähig, sondern der Richter erhält auch allerlei pfiffige Ratschläge, wie er gerade aus den zu Protokoll gegebenen Feindschaften neue Vermutungen für die Schuld des Inquisiten herauszukonstruieren habe.

Dem nüchternen Sinne der Gegenwart erscheinen die vom Malleus gebotenen Inquisitionsmittel an sich schon vollkommen ausreichend, um einem halbwegs gewandten Richter über alle Gefahr des Steckenbleibens in einem angefangenen Hexenprozesse hinauszuhelfen; das fromme Gemüt eines Sprenger und Institor hingegen war allzutief von der Überzeugung durchdrungen, daß menschliche Weisheit ohne den Segen des Himmels eitel Torheit sei. Darum wird der Richter wiederholt und eindringlichst aufgefordert, sich der kirchlichen Schutzmittel bei seinem Geschäfte nicht zu entschlagen; er soll geweihtes Wachs, geweihtes Salz und geweihte Kräuter bei sich tragen. Selbst die Tortur, sagt der Malleus, ist unwirksam, wenn nicht Gott die vom Teufel eingegebene Verstocktheit bricht. Darum soll man der Hexe unter Anrufung der Dreieinigkeit Weihwasser, mit etwas geweihtem Wachs vermischt, eingießen, einen Zettel mit den sieben Worten, die Christus am Kreuz gesprochen, umhängen und das Verhör vornehmen, während eine Messe gelesen wird und das Volk die Engel um Hilfe gegen die Dämonen anruft.

Mit dem Malleus, der Bulle Summis desiderantes und einem Patente des neuerwählten römischen Königs Maximilian I. vom 6. November 1486 erschienen nun Sprenger und Institor im Mai 1487 zu Köln und erbaten sich die Approbation der Kölner Universität, die sie aber, nach Hansens abschließenden Forschungen, nicht erhielten. Nur vier Kölner Professoren der Theologie gaben ihr Gutachten ab. Das zweite, mit acht Unterschriften versehene, den Malleus energisch empfehlende Vorwort ist eine Fälschung. Aber auch hierbei zeigte es sich, daß die Doktrin des Hexenwesens in der Gestalt, in der sie im Hexenhammer vorlag, neu war und den Gelehrten wie dem Volke erst noch eingeimpft werden mußte. Jene Approbation der vier Kölner Theologen ist nämlich ziemlich zurückhaltend und verklausuliert; insbesondere werden die über die Bestrafung der Hexerei aufgestellten Grundsätze nur insoweit gebilligt, "als sie den heiligen Kanones nicht widersprechen," und der Traktat soll nur erfahrenen und gottesfürchtigen Menschen in die Hände gegeben werden. – Die von Maximilian ausgestellte Urkunde wird im Malleus maleficarum nicht wörtlich mitgeteilt. Sie ist zwar nicht nachweisbar, an ihrer Echtheit besteht jedoch kein Zweifel; es wird in ihr gesagt, daß sie die päpstliche Bulle zu schützen verspreche und den beiden Inquisitoren Vorschub zu leisten gebiete.

So war denn für Deutschland der Hexenprozeß anerkannt. Er hatte zugleich durch den Malleus eine bestimmte Gestalt gewonnen. Bald folgten für andere Länder Bullen ähnlichen Inhalts nach, die aber ebenfalls bewiesen, daß die Hexenverfolgung mit dem im Hexenhammer symbolisierten Hexenglauben dem Widerstreben der Völker gegenüber sich überall nur allmählich Raum schaffen konnte.

1484 – 1492

Alexander VI. (1492-1503) trug dem Dominikaner Angelus als Inquisitor der lombardischen Provinz auf, über die sich dort umtreibenden Frevler, die Menschen, Vieh und Felder zu schädigen suchten, fleißig seines Amtes zu warten, zu welchem Zwecke er ihm – alle etwa entgegenstehenden früheren apostolischen Verfügungen aufhebend, plenam et omnimodam facultatem erteilte.

Papst Julius II.

Leo X. klagte in einem an die Bischöfe Venetiens gerichteten Breve vom 15. Januar 1521 darüber, daß einige, die in der Umgegend von Brescia und Bergamo wegen Zauberei aufgegriffen wären, hartnäckig lieber ihr Leben preisgegeben, als ihre Verirrungen bekannt hätten, und daß der Senat der Republik Venedig den Hauptleuten des Landes verboten habe, die Strafsentenzen der Inquisition zu vollziehen, indem er in seiner Feindseligkeit gegen die Freiheit der Kirche so weit gehe, die Prozeßakten und die Urteile der Inquisition selbständig prüfen und über sie entscheiden zu wollen. Die Bischöfe sollten daher den Senat vor einem solchen Unterfangen verwarnen und ihn nötigenfalls mit kirchlichen Zensuren gefügig machen.

1492 – 1503

Schon vorher hatte Julius II. an den Inquisitor Georg de Caseli zu Comoe in Breve erlassen, worin er seinen Schmerz darüber ausgesprochen, daß seine Inquisitoren in der Verfolgung und Ausrottung der Zauberei von vorwitzigen Geistlichen und Laien an der Ausrichtung ihres Amtes gehindert worden, indem sie von diesen für inkompetent erklärt und der öffentlichen Mißachtung preisgegeben würden. Daher habe er jetzt die Inquisitoren mit apostolischen Briefen versehen und beglaubigt, durch die er allen, die den Inquisitoren beistehen würden, dieselben Ablässe zusichere, die durch päpstliches Indult den Kreuzfahrern zugesichert wären.

Dieses Breve wurde in einem Erlaß Hadrians VI. vom 29. Juli 1523 wiederholt. – Der Dominikaner Bartholomäus de Spina erwähnt in seiner Schrift De strigibus noch ein von Clemens VII. unter dem 18. Januar 1524 an den Governatore von Bologna erlassenes Breve, in dem dieser aufgefordert wird, den Inquisitoren in der Verfolgung und Bekämpfung der Haeresis strigatus jeden möglichen Vorschub zu gewähren.

Indem nun das Papsttum für den Hexenglauben eingetreten war, kamen jetzt die Hexenprozesse allerorten in Gang; und indem in den Prozessen nach dem Hexenhammer verfahren, und die in diesem enthaltene Doktrin des Hexenwesens in der Form von Suggestivfragen den wegen Verdachts der Hexerei Eingezogenen und den Zeugen vorgetragen ward, so wurde die Hexenlehre des Malleus mehr und mehr unter die Leute gebracht.

Zunächst freilich stieß der Malleus maleficarum fast überall auf den heftigsten Widerspruch. Gerade aus den Schriften, die zur Verteidigung des Hexenhammers ebenfalls unter dem Titel „Malleus maleficarum“ zuerst 1598 zu Frankfurt a. M. in vier Bänden erschienen, ist es in sonnenheller Weise zu ersehen, wie wenig das christliche Abendland trotz des allgemein herrschenden Aberglaubens für die systematische Hexenverfolgung vorbereitet war. Sprenger belehrt die Geistlichen, wie man den Zweifeln der Laien an der Zauberei und deren Wirksamkeit als einem argen Irrtum entgegenzutreten habe. Denn gar viele Leute wollten an die Wirklichkeit des Unwesens gar nicht glauben, gegen das der Hexenhammer gerichtet war. Noch auffallender aber war, daß in der Erzdiözese Köln, als in ihr auf Grund der Bulle Innocenz VIII. die Hexenverfolgung begann und überall Schrecken und Entsetzen hervorrief, einzelne Priester die im Volke hervorgetretene Aufregung dadurch zu dämpfen suchten, daß sie die Wirklichkeit des Verbrechens der Zauberei in Frage stellten. Ein Beschluß der Doktoren der Universität Köln rügte daher (im Jahre 1487) in den schärfsten Ausdrücken den in dieser Skepsis hervortretenden Mangel kirchlicher Denkweise.

Höllenqualen. Compost et calendrier des Bergers
Paris 1497

Etwa dreißig Jahre später, im Jahr 1522, gab der Predigermönch Bartholomäus de Spina seine Quaestio de strigibus heraus. Aus ihnen ist zu ersehen, daß die Hexenverfolgung nach dem Schema des Hexenhammers in einzelnen Gegenden die heftigste Auflehnung des Volks hervorgerufen hatte. Namentlich war dieses in Oberitalien der Fall gewesen. Darum klagt Spina: „Die Unwissendsten, die Gottlosesten und die Ungläubigsten wollen nicht glauben, was sie glauben sollten; und was noch bedauernswerter ist, sie bieten allen ihren Einfluß auf, um diejenigen zu hemmen, die die Feinde Christi vernichten."

Titelkopf der ersten Ausgabe von Ulrich Molitors Tractatus
(vor 1500)

Fünfzehntes Kapitel. Das Verbrechen

1. Das Treiben der Hexen

Indem wir nun dazu übergehen, die Verbrechen der Hexerei im Zusammenhange vorzuführen, dürfen wir den ersten besten konkreten Fall aus den Untersuchungsakten irgendeines beliebigen Landes herausgreifen; er wird im ganzen ein treues Bild aller übrigen geben. Wir wählen, der anschaulichen Darstellung wegen, die von Llorente mit geteilten Bekenntnisse der Hexen, die im Jahre 1610 zu Logroño in Spanien verurteilt und zum Teil hingerichtet wurden. Einzelne Abweichungen und Eigentümlichkeiten, wie sie sich in deutschen und anderen Prozeßakten finden, werden sich Llorentes Berichte anschließen.

Den Ort ihrer Zusammenkunft nannten die neunundzwanzig Verurteilten, sämtlich aus dem Königreich Navarra gebürtig, in gaskonischer Sprache Aquelarre, d. h. Bockswiese, weil dort der Teufel in Gestalt eines Bockes zu erscheinen pflegte. Montag, Mittwoch und Freitag jeder Woche waren für die gewöhnlichen Zusammenkünfte bestimmt, für die solenneren dagegen die hohen Kirchenfeste, wie Ostern, Pfingsten und Weihnachten, auch Johannistag und andere Heiligenfeste; denn so wie diese Tage dem feierlichsten Gottesdienste geweiht sind, so gefällt es dem Teufel, gleichzeitig von seinen Anbetern eine besondere Verehrung entgegen zu nehmen. Er erscheint in der Gestalt eines düsteren, jähzornigen, schwarzen und häßlichen Mannes, sitzt auf einem hohen, verzierten Stuhl von Ebenholz und trägt eine Krone von kleinen Hörnern, zwei große Hörner auf dem Hinterkopfe und ein drittes auf der Stirne; mit diesem erleuchtet er den Versammlungsplatz. Sein Licht ist heller als das des Mondes, aber schwächer als das der Sonne. Aus den großen Augen sprühen Flammen, der Bart gleicht dem der Ziege, die ganze Figur scheint halb Mensch, halb Bock zu sein. Die langen Nägel der Finger spitzen sich wie Vogelkrallen zu, die Füße ähneln den Gänsefüßen. Wenn der Teufel spricht, so ist seine Stimme rauh und furchtbar, wie die Stimme des Esels. Nach lothringischen Akten singen die Teufel mit einem heisern Geschrei, „gleich als wenn sie durch die Nase trommeten"– oder sie geben eine Stimme von sich „gleich denen, so den Kopf in ein Faß oder zerbrochenen Hafen stecken und daraus reden". Oft redet er undeutlich, leise, ärgerlich und stolz; seine Physiognomie verkündet üble Laune und Trübsinn.

Bei Eröffnung der Versammlung wirft sich alles nieder, betet den Satan an, nennt ihn Herrn und Gott und wiederholt die bereits bei der Aufnahme ausgesprochene Lossagung vom Glauben; hierauf küßt man ihm den linken Fuß, die linke Hand, den After und die Genitalien.

Um neun Uhr abends beginnt die Sitzung und endet gewöhnlich um Mitternacht; über den Hahnenschrei hinaus darf sie nicht dauern.

An den Hauptfeiertagen der katholischen Kirche beichten die Zauberer dem Teufel ihre Sünden, die darin bestehen, daß sie dem christlichen Gottesdienst beigewohnt haben. Der Teufel macht Vorwürfe, legt nach den Umständen die Buße der Geißelung auf und gibt die Absolution, wenn Besserung verheißen wird. Hierauf nimmt der Teufel im schwarzen Ornat, mit Infel und Chorhemd, Kelch, Patene, Missale usw. eine Parodie der Messe vor. Er warnt die Anwesenden vor der Rückkehr zum Christentum, verheißt ein seligeres Paradies, als das der Christen ist, und empfängt auf einem schwarzen Stuhle, den König und die Königin der Hexen neben sich, die Opfergaben, die in Kuchen, Weizenmehl u. dgl. bestehen. In französischen Prozessen im fünfzehnten Jahrhundert opfert man Geflügel und Korn, in lothringischen des sechzehnten Jahrhunderts schwarze Tiere und andere Dinge, in deutschen von 1628 auch Geld. Hierauf betet man wiederum den Satan an, küßt ihm abermals den After, was er dadurch erwidert, daß er Gestank von sich gehen läßt, während ein Assistent ihm den Schweif aufhebt. Dann nimmt und gibt der Teufel nach einer Einsegnungszeremonie das Abendmahl in beiderlei Gestalt; was er zum Essen darreicht, gleicht einer Schuhsohle, ist schwarz, herb und schwer zu kauen, die Flüssigkeit, in einer Kuhklaue oder einem becherartigen Gefäße dargereicht, ist schwarz, bitter und ekelerregend.

Nach der Messe vermischt sich der Teufel fleischlich mit allen Manns- und Weibspersonen und befiehlt Nachahmung; am Ende vermischen sich die Geschlechter ohne Rücksicht auf Ehe und Verwandtschaft.

Hierauf sendet der Teufel alle fort und gebietet jedem, an Menschen und Früchten des Feldes nach Möglichkeit Schaden zu stiften, wozu man sich teils in Hunde, Katzen und andere Tiere verwandelt, teils Pulver und Flüssigkeiten anwendet, bereitet aus dem Wasser der Kröte, die jeder Zauberer von dem Augenblicke seiner Aufnahme an bei sich trägt, und die eigentlich der Teufel selbst ist. Zuletzt verbrennt sich der als Bock darstellende Teufel zu Asche.

Wer aufgenommen werden will, muß seinen Glauben abschwören und den des Teufels annehmen. Er entsagt Gott, Jesu Christo, der heiligen Jungfrau, allen Heiligen und der christlichen Religion, verzichtet auf die ewige Seligkeit, erkennt den Teufel als Gott und Herrn, schwört ihm Gehorsam und Treue, um alle Üppigkeit dieses Lebens zu genießen und dereinst in das Paradies des Teufels einzugehen.

Rudolf Reußteilt zwei Abschwörungsformeln mit, die eine 659 im Elsaß vorkommende: „Hiermit fahre ich dem lebendigen Teufel zu, der soll mich behüten und bewahren, bin auch Gott nicht mehr angehörig." – Die andere lautet:

> „Da stehe ich auf dem Mist,
> Verleugne Gott, alle Heiligen
> Und meinen Jesum Christ."

Diese war in der einen oder in der anderen Modifikation die gebräuchlichste Formel. Im protestantischen Hessen z. B. begegnet man in den Prozeßakten öfters der Formel:

> „Ich stehe hier auf der Mist
> Und verleugne Jesum Christ."

Bei Horstbekennt eine protestantische Hexe, die 1651 verbrannt wurde, „sie habe müssen an einen weißen Stock fassen, der gewesen, als wenn er von einer Weide geschnitten und abgeschülfert wäre, und zwei Finger der linken Hand auf ihre Brust legen, sich an einen Berg lehnen und also sprechen:

„Hier greife ich an diesen Stock,
Und verleugne hiermit unsern Herrn Gott
Und seine zehn Gebote.“

Katholische Hexen gebrauchten auch die Formel:

„Ich fasse an diesen weißen Rock
Und verleugne Mariäs Sohn und Gott.“

Andere Hexen gestehen, Glockenspäne vom Teufel erhalten und mit den Worten ins Meer geworfen zu haben: „So wenig diese Späne je wieder zur Glocke kommen, ebensowenig ich zu Gott und seinen Heiligen.

Hierauf drückt der Teufel mit den Klauen der linken Hand dem Novizen ein Zeichen auf irgendeinen Teil des Körpers, gewöhnlich auf der linken Seite, der dadurch vollkommen unempfindlich wird (Stigma diabolicum), oder er zeichnet mit einem Goldstücke in den Stern des linken Auges die Figur einer Kröte zum Erkennungszeichen für andere Zauberer. Freilich waren nicht alle Hexen mit dem Stigma behaftet, sondern im allgemeinen nur diejenigen, denen der Böse nicht recht traute und die er daher als sein Eigentum zu bezeichnen für ratsam erachtete. Er tat es gewöhnlich durch einen Griff mit der Hand oder einen Schlag mit der Klaue an den Schultern oder auch an den Hüften, Schenkeln oder an anderen Körperteilen, d. h. er hatte es überall da getan, wo man im Prozeß an einer Inquisitin ein Muttermal, eine Warze, einen Leberflecken oder des etwas vorfand. Das Stigma findet sich nach mecklenburgischen Hexenprozessen hinter den Ohren, zwischen den Lefzen, unter den Augenbrauen, auf oder unter der Achsel, an der Brust oder Hüfte. Die Stelle ist ein wenig erhaben, wegen der Narbe hüglig, ganz ohne Blut, unempfindlich, so daß man mit einer Nadel hineinstechen kann, ohne daß der Betroffene es merkt. Zuweilen finden sich auch schwarze Strichlein oder Fleckchen an Stirn, Augen oder sonstwo, die man nicht abwaschen kann, zuweilen Zeichen in Gestalt eines Krötenfußes. Im Badischen sind die Hexenzeichen auf den rechten Arm gepetzt, in die linke Seite gebissen, auf die linke Schulter geschlagen, an das rechte Auge gestoßen, an den linken Fuß gegeben, ins linke Auge gestochen, auf das rechte Knie gebissen usw. (Mones Anz. 1839, S. 124). In Frankreich: J'avoue, que la première fois qu'on va au sabbat, tous masques, sorciers, sorcières et magiciens sont marqués avec le petit doigt du diable, qui a cette charge ... J'avoue, que j'ai été marqué au sabbat, de mon consentement et y ai fait marquer Magdelaine. Elle est marquée à la tête, au cœur, au ventre, aux cuisses, aux jambes, aux pieds et en plusieurs autres parties de son corps. Dann übergibt er dem Paten eine für den Neuling bestimmte Kröte, die ihm hinfort die Kraft verleiht, sich unsichtbar zu machen, durch die Luft zu fliegen und allen möglichen Schaden zu stiften. Die Kröte findet sich in englischen, französischen und deutschen Prozessen. In englischen ist es auch zuweilen ein weißer Hund, eine

Katze, eine Eule, ein Maulwurf etc. Diese Tiere müssen sorgfältig gepflegt und geliebkoset werden, die Hexen sind sogar verpflichtet, die bösen Geister öfter an sich saugen zu lassen.

Hat er seine Probezeit ausgehalten, d. h. sich hinlänglich oft am Christentum vergangen, so weiht ihn der Teufel definitiv zum Seinigen, indem er ihm mit den unanständigsten Geberden den Segen erteilt.

An manchen Tagen wird nach der Musik der Querpfeife, der Leier, Trompete oder Trommel getanzt. Um sich zum Fliegen vorzubereiten, bestreicht sich der Zauberer mit dem aus der Kröte ausgedrückten Safte. Gifte aus Pflanzen, Reptilien und Christenleichnamen werden unter besonderer Aufsicht des Teufels zubereitet. Nicht alle Zauberer haben bei der Bereitung Zutritt, aber allen wird von der Salbe mitgeteilt, damit sie ihre Malefizien damit ausführen.

Wenn der eine Ehegatte die Bockswiese besuchen will, ohne daß der andere es bemerkt, wird dieser entweder in tiefen Schlaf gesenkt, oder es wird ein Stock, der die Gestalt des Abwesenden annimmt, zu ihm ins Bett gelegt.

Oft macht der Teufel auch seine unkeuschen Besuche in den Wohnungen der Hexen.

Ein kleines, in die Türe gebohrtes Loch genügt den Hexen zum Ausgang.

Sie lieben es, kleine Kinder durch Blutaussaugen zu töten.

Bei zufälliger oder absichtlicher Nennung des Namens Jesus verschwindet plötzlich der Teufel und die ganze Versammlung des Sabbats.

Übereinstimmend mit diesen Bekenntnissen der Hexen von Logroño in allen Hauptsachen und selbst in den meisten Einzelheiten sind die Aussagen in den übrigen Ländern; nur versteht es sich, daß jedes Land seine eigenen Orte für die Zusammenkünfte und mancherlei Modifikationen im einzelnen hat. Versammeln sich die Hexen von Navarra in Aquelarre, so hat Deutschland seit dem 15. Jahrhundert seinen Blocksberg, Inselsberg, Weckingstein bei Minden, Staffelstein bei Bamberg, am Wörth im Staffelsee, das Kaiserbachtal bei Kufstein, Ringberg bei Egern, am Niklasbrunnen zu Farchach am Würmsee, Brecherspitz am Schliersee, Peißenberg und Auerberg, die Wiege von Schöngeising, den dreieckigen Stein bei Türkenfeld, den hl. Kreuzwald bei Holzhausen, die Scharnitz, Heu- und Heuchelberg in Württemberg, Kreidenberg bei Würzburg, Hirschelberg bei Eisenach, den Kandel im Breisgau, Höberg in Thüringen, Bönnigsberg bei Lokkum, Hupella auf den Vogesen, Fellerberg bei Trier. Der Heuberg im Schwarzwald, der südwestlichste, höchste und rauheste Teil der Alb (wo noch jetzt bei Obernheim das „Hexenbäumlein" zu sehen ist), wird schon in einem 1506 geschriebenen und 1515 gedruckten Traktat des tübingischen Theologen Martin Plantsch erwähnt. Dann der Hörselberg in Thüringen, Blumenberg bei Oldesloe in Holstein und viele andere Bockhornsberge, Brochelsberge, Glockersberge. Schon um das Jahr 1300 (?) sagt ein alter deutscher Nachtsegen, wie Reichhardt angibt:

Gott möge mich heut Nacht bewahren
Vor den bösen Nachtfahrern,
Ich will mich bekreuzen,
Vor den Schwarzen und Weißen,
Die die guten werden genannt,
Und zum Brockelsberge sind gerannt,
Vor den Bilwissen (Korndämonen),
Vor den Manessern,
Vor den Wegeschrittern,
Vor den Zaunreitern,
Vor allen Unholden.

In Schlesien bezeichnet man als Versammlungsorte der Hexen Kreuzwege und Galgen. Ein Hirschberger Sprichwort aus der Mitte des achtzehnten Jahrhunderts sagt von einem recht liederlich aussehenden Menschen: „A sit aus, as wenn a om Wolpertoomde (Walpurgisabend) met a Hexa ufm Goljabarje getanzt hätte ." Frankreich hat seinen Puy de Dôme, Italien den Barco di Ferrara, Paterno di Bologna und namentlich Benevent, wo sich die Hexen unter einem Nußbaum versammelten und die „beneventische Hochzeit" feierten. In der deutschen Schweiz wird die „Brattelenmatte", von der man jedoch nicht weiß, wo sie zu suchen ist, als Stätte der Hexensabbate genannt.

Die Versuchungen des heiligen Antonius
Holzschnitt nach Hieronymus van Ackten

Oft sind dem Wohnorte der Inquisiten ganz nahe gelegene Lokalitäten genannt: die Hexen des Busecker-Tals versammeln sich in den Klimbacher Hecken, die trierischen zuweilen auf der Hetzeroder Heide, die offenburgischen auf der dortigen Pfalz, die coesfeldischen „ufr Vlaemschen Wieschen, ufm Voßkampfe"; oder es heißt auf der Wiese, unterm Nußbaum, auf dem Zimmerplatze, auf dem Bühel beim hl. Angesicht usw. Kirchhöfe werden in Genf, Frankreich und im Elsaß, die innern Räume der Kirchen in Berwick und England, Plätze vor Kreuzen in Poitou und Lothringen, Kreuzwege in Westphalen, Navarra und anderwärts, – kurz Örtlichkeiten der verschiedensten Art, unter denen Berge allerdings die Hauptrolle spielen, werden als Schauplätze des obszönen Sabbats bezeichnet.

Bei den Hexensabbaten präsidiert der Teufel, entweder in eigener Person oder durch einen ihm untergebenen Dämon, dem die Hörner fehlen, und der vom Platze weicht, sobald der Teufel erscheint. Als Zeit der Hauptversammlungen treten auch anderwärts die großen Kirchenfeste hervor; neben diesen der Johannistag, der in Frankreich und Bayern seine besondere Bedeutung hat, der Jakobstag, die übrigen Apostel und die Marientage und für einen großen Teil Deutschlands, besonders aber im nördlichen und nordwestlichen, ganz vorzüglich die Walpurgisnacht.

Außer den solennen Versammlungen, an denen bisweilen zehn- bis zwölftausend Hexen und Zauberer zusammen sind, finden auch wöchentliche mit geringerer Förmlichkeit statt; für diese haben sich die lothringischen Hexen den Mittwoch und Freitag, die französischen teils den Montag und Freitag, teils den Mittwoch, Donnerstag und Freitag, die trierischen und lombardischen aber den Donnerstag ausersehen. Hier und da kommt es vor, daß der Satan seine verführende Kraft einer Örtlichkeit mitteilt. Wer sie betritt, ist ihm verfallen. So befindet sich bei Trzebiatkow im östlichen Hinterpommern der Hexensee, von dem jeder Zauberkraft empfing, der in ihm badete. Um die Mitte des achtzehnten Jahrhunderts wurden mehrere Weiber beschuldigt, in ihm gebadet zu haben, um Zauberei zu treiben. Dadurch entstand ein Aufruhr, der die Behörde zum Einschreiten nötigte.

In Deutschland, in der Schweiz und anderwärts jedoch geht der Teufel selbst auf Werbung aus. Er erscheint dann gewöhnlich als schmucker Kavalier oder Krieger, legt sich irgendeinen mehr oder weniger bedeutsamen Namen bei. „Denn der Satan hat allezeit, um mehr Betruges willen schöne holdselige Zunamen gesucht, die ihm seinen rechten Vornamen beschönten.

Hier einige dieser Teufelsnamen: Alexander, Ariel, Auerhain (Urian), Bädel, Balebuck (Mecklenburg 1590), Baram (Pommern), Barrabas, Blümlin, Burseran (Franken), Bursian, Chim (Mecklenburg 1659), Chirkum (ebenso), Claus, Durst, Federhans, Hans Federlin, Federspiel, Feuerchen, Firlenhan, Flederwisch, Foland, Glöckel, Junker Greger, Größlin, Grünläubel, Junker Hahn, Haintzle, Haverliedt, Heinrich, Hemmerlin, Hundsfutt, Hurst, Hurstel, Joachim, Käsperlin, Knipperdolling (!), Kochlöffel, König Beltzamer (Hamburg), Krautle, Kreutlin, Krüttle, Kumbher (Hannover), Laub, Läubel, Leichtfuß, Löwer, Lukas, Luzifer, Luginsland (Schwarzwald), Machleid, Männel, Mephistopheles, Moyset, Müsgen, Nüßlin, Ognon, Peterling, Rauschen, Rauscher, Christoffer Rickert (Wesenberg 1612), Rotmentlin, Rufian (= Kuppler), Hans Rumpel, Schönhanß, Schiffmann, Schuhfleck, Schwarzkünstler, Schwarzlaster, Spitzhut, Strohbutz, Stumpfäfflin, Tieke (Hannover 1605), Uhrhahn, Urian, Valant, Volant, Zieglscherb, Zumwaldfliehen.

In Holland kommen die Namen Hanske, Harmen, Hendrik, Pollepel, Roltje vor, in der Schweiz Arlibus, Belzibock (Zürich), Hänsli, Barlaba, Cränzli, Hans Leng oder Hans Leug, Jean Wxla, Hürsch-Martin, Julius, Krütli, Kleinbrötli, Karlifas, Kempfer, Robet, Robin, Remomus, Schwarzhänsli, Turbini usw. In Schottland: Pastetenwächter, Beißindikrone, Thomas Weinessig usw. In Schweden: Loeyta.

Er, der Versucher, tritt vor ein einsames, einfältiges, trauerndes oder von Not bedrängtes Weib, tröstet, droht oder schreckt, zeigt und schenkt Geld, das jedoch fast immer am nächsten Morgen in Kot oder dürres Laub verwandelt ist, verheißt vergnügtes Leben und großen Reichtum, der indessen selten eintrifft. Nur wenn reiche Leute in Untersuchung waren, ließ man den Teufel sein Wort gehalten haben. So wurde bei einer Angeklagten zu Osnabrück der Reichtum als Indizium des Teufelsumgangs genommen (Wierus De Lamiis 51); dem Kaufmann Köbbing zu Coesfeld wurde ein geldbringender Sukkubus beigelegt (Niesert, Hexenproz. zu Coesfeld S. 37); in burgfriedbergischen und andern Akten findet sich Ähnliches, besonders im siebzehnten Jahrhundert, wo auf die Reichen häufiger Jagd gemacht wurde. Er betört die Arme, vermischt sich mit ihr fleischlich, wobei ihr die unangenehme Beschaffenheit seines Membrum virile und seine kalte Natur auffällt.

Er drückt dem Weibe das Stigma auf und läßt bei seinem Verschwinden die unzweideutigsten Zeichen seines gemeinen diabolischen Wesens hinter sich.

Nun gehen der Verblendeten die Augen auf, aber sie kann nicht zurück, setzt das Verhältnis fort, schwört den Glauben ab und läßt sich, nachdem zuvor das Chrisam abgestrichen ist, in des Teufels Namen taufen, wobei Paten und Zeremonien nötig sind. Im Elsaß erhalten die Hexen die Namen Saufvessel, Schwarzdesche, Zipperle, Grundt, Krautdorsche, Gänsfüßel, Kräutel, Blümel, Grünspecht, Sipp etc. In einem westfälischen Prozesse heißt ein Sukkubus Christine.

Seltener ist's, daß der Teufel gleich anfangs in Bocksgestalt oder mit Kuhfüßen und Hörnern einem Mädchen mit seinen Bewerbungen entgegentritt und durch Drohungen oder Gewalttätigkeiten zum Ziele gelangt.

Die Taufe wird mit Blut, zuweilen mit Schwefel und Salz vollzogen.

Ein Weib gegen sieben Teufeln. Holzschn. v. Günther Zainer, Augsburg

In den Hexenversammlungen kam auch ein teuflisches Weihwasser vor, womit die Versammelten besprengt wurden. „Sie brauchen auch weyhwasser, dann uns wahrhafftig gesagt ist, daß der Teuffel erst durch ein Loch pisset, darnach alle die auf dem Sabbath seindt, groß und klein, vnd daß bisweilen zween Teuffeln, bisweilen ein Mann das Volk damit besprengete."

Oft werden selbst unmündige Kinder dem Teufel zur Aufnahme von den Hexen zugeführt, und auch diese verschont er nicht mit seiner Unzucht.

Häufig finden sich beim Teufelsbunde eigentliche Verschreibungen mit Blut. Bisweilen ist diese Formalität mehr den Gliedern der höheren Klassen des satanischen Reiches als den gemeinen Hexen vorbehalten.

Manche Hexen dienen dem Teufel sechs bis zehn Jahre, ehe sie das Homagium leisten, andere tun dies gleich anfangs.

Hexenspuk. Bruder Johannes Pauli, Schimpf und Ernst, Augsburg 1533

Der Besuch des christlichen Gottesdienstes ist nicht ganz verboten; vielmehr gilt es als verdienstlich, der Messe beizuwohnen und während der Elevation auszuspeien und unanständige Worte zu murmeln oder zum Abendmahl zu gehen und die empfangene Hostie aus dem Munde zu nehmen, um sie später dem Teufel zur Schändung und Bereitung von Zaubermitteln auszuliefern.

Die Hexe tritt das Kreuz, fastet am Sonntag und ißt am Freitag Fleisch.

Zum Hexensabbat reitet man auf Böcken, Hunden, Ochsen, Schweinen, auf einer Geiß, auf einem schwarzen Pferd, auf einer dreibeinigen Ziege, Stöcken, Ofengabeln, Besen, Spießen oder anderen abenteuerlichen Vehikeln; der gewöhnliche Weg geht durch den Schornstein, häufig auch durch die Türe oder das Kammerfenster in die Luft. Seltener durchstreift man das Land zu Fuße in Katzen- und Hasengestalt. Ekkehard von St. Galens Weltchronik erwähnt im dreizehnten Jahrhundert die Zauberinnen, die auf Bänken und Besen und anderem Hausgerät auf den Brockenberg ritten.

Zum Flug wie zur Verwandlung ist eine Salbe nötig, meist wird auch eine Formel („Auf und davon, hui, oben hinaus und nirgend an") gebraucht. Ein äußerst sinnreiches Verfahren wendeten die schwedischen Hexen an, wenn sie ihre Nachbarinnen, Freundinnen, Kinder zur Fahrt nach Blaculla mitnehmen wollten. Sie steckten nämlich ihrem Bock eine Stange in den Hinteren, auf die sich die lieben Freundinnen setzten, worauf es dann sofort durch die Luft gen Blaculla ging. – In Schottland besteigt man Strohschütten, Bohnenstangen oder Binsenbündel und erhebt sich unter dem Rufe: Roß und Heuhaufen, in des Teufels Namen.

Erhellt wird die Mahlzeit durch „Leuchter", d. h. durch Hexen, die gebückt stehend im After brennende Kerzen tragen.

Wer den Sabbat versäumt oder sich auf ihm ordnungswidrig aufführt, erlegt eine Geldstrafe oder wird gezüchtigt.

Der Teufel ist indessen bei diesem Feste nicht immer ein mürrischer Gebieter. Oft sitzt er mit einem gewissen Ausdruck der Milde da, liebt einen Spaß, läßt die Hexen kopfüber springen oder zieht ihnen die Besen und Stangen unter den Beinen weg, daß sie hinfallen, lacht, daß ihm der Bauch schüttert, und spielt dann anmutige Melodien auf der Harfe.

Hexensabbat auf dem Blocksberg
Kupfer nach Michael Heer, 1661 †

In dem berüchtigten Hexenprozesse von Mora in Schweden (1669), der zweiundsiebzig Weibern und fünfzehn Kindern das Leben kostete, wird er auch zuweilen krank und läßt sich Schröpfköpfe ansetzen; einmal stirbt er sogar auf kurze Zeit und wird in Blaculla laut betrauert.

Die Mahlzeiten bei den großen Versammlungen – lauter Schaugerichte – bestehen aus schmaler und ekelhafter Kost. In badischen Akten (Mone, a. a. O.) Fische und Fleisch vom Geschmacke faulen Holzes, ohne Salz; Wein wie Mistlachenwasser oder saurer Wein. – Das Brot fehlt z. B. in burgfriedb. Akten von 1665. – Oft werden die Speisen von den Abdeckeplätzen geholt. Dann wieder müssen die Vorräte der Reichen das Ausgesuchteste und Schmackhafteste liefern, nur fehlt bisweilen Salz und Brot, oft auch der Wein – drei Dinge, die durch den Gebrauch der katholischen Kirche als geheiligt galten.

Als besonderer Leckerbissen der Hexen bei ihren Sabbaten galten kleine Kinder. Man nahm an, daß die Kinder, die hierbei scheinbar geschlachtet und verzehrt wurden, bald nachher sterben müßten.

Übrigens trinkt hier keiner dem anderen zu.

Nach dem Essen geht der Tanz an, ein runder Reigen, das Gesicht nach außen gekehrt. Eine Hexe in der Mitte des Kreises steht auf dem Kopfe und dient als Lichtstock. Tanzen einzelne Paare, so kehren die Tanzenden einander den Rücken zu. Sackpfeifen, Geigen, Trommeln ertönen, und der Chor singt: „Harr, Harr, Teufel, Teufel, spring hie, spring da, hüpf hie, hüpf da, spiel hie, spiel da!“ oder ein ähnliches Lied.

Auch Hexenhochzeiten werden in zahlreicher Versammlung gehalten. Offenburger Hexen fahren nach Obernehenheim „in die Sonnen“ und halten daselbst Hochzeit.

Außer der Würde des Königs und der Königin gibt es in der Hexenwelt auch verschiedene Militär-, Zivil und geistliche Chargen: man findet Offiziergrade vom General bis zum Leutnant und Fähnrich abwärts und selbst Hexenkorporale, ferner Gerichtsschreiber, Sekretäre, Rentmeister, Köche, Spielleute und Hexenpfaffen. General und Korporal in Lindheimer und Friedberger Akten; Oberst, Kapitän und Leutnant in Coesfelder Akten. Fahnenjunker auf der Insel Schütt (Theatr. Europ. VII. S. 327). – Der Gerichtschreiber protokolliert den Eid, der dem Satan beim Sabbat geschworen wird (Coesf. A.); der Rentmeister kassiert die für den König eingehenden Opferheller ein (Friedb. Akten); der Pfaffe reicht das Teufelsabendmahl (ebenda). In Schottland finden sich die Hexen zuweilen in Rotten (covines) und Schwadronen (sqads) abgeteilt, deren jede zwei Offiziere oder Befehlshaberinnen hat. (W. Scott II., 133). – In der Gascogne trägt der Zeremonienmeister einen vergoldeten Stab. (Dictionnaire infernal von Gollin de Plancy, Art. Aguerre.)

Die Offizianten werden mittelst zusammengeschossener Beiträge entlohnt.

Die Hauptverpflichtung der Hexe gegen den Teufel bestand darin, daß sie bemüht sein mußte, mit Hilfe und nach dem Bescheid des Teufels die Christen an Leib und Seele, an Hab und Gut zu schädigen und zu verderben. Dabei ist zu beachten, daß die Hexen, wenn sie Schaden stiften wollten, immer vereinzelt, fast nie in Gemeinschaft mit anderen operieren. Nur einmal, in Schiltach in Baden, sind alle Hexen des Städtchens an einer Brandstiftung beteiligt.

Das eigentliche Sakrament, durch das die Hexen ihre Wirksamkeit ausüben, ist die Hexensalbe, mit der die Hexen sich und die Spitzen ihrer Gabeln zur Ausfahrt bestreichen, mit der sie Menschen und Vieh schädigen und töten etc. Außerdem spielen Pulver, Kräuter und allerlei Zauberformeln eine Hauptrolle. Oft aber genügt schon ein Gruß, ein Hauch, ein Blick.

Das Bestreben des Teufels war besonders auch dahin gerichtet, durch die Hexen und Hexenmeister unter den Menschen Haß und Zwietracht zu säen, insbesondere Ehegatten einander zu entfremden. In einem Berner Prozeß von 1591 gestand ein Hexenmeister, der Teufel habe ihm geboten, die Leute gegeneinander aufzureizen und Uneinigkeit zu stiften, soviel er nur könne und möge. Im Jahr 1609 bekannte eine in Bern wohnhafte Weibsperson aus dem Kanton Zürich neben vielen Krankheiten, Lähmungen und Todesfällen, die sie durch Berührung mit der Hand, ja durch bloßes Streifen der Kleider verursacht habe, auch einige Versuche, die sie gemacht, selbst Ehen zu zerstören, indem sie den Ehegatten unüberwindliche Abneigung einzuflößen suchte, einen Zweck, den sie zwar nicht immer, aber doch öfters erreicht habe.

Wer könnte außerdem die Zwecke und Mittel der Hexerei alle im einzelnen verfolgen? Hier wird ein Weib durch einen dargebotenen Apfel zu sechsmaligem Abortieren gebracht, dort ein Mädchen durch einen Trunk Bier bezaubert, daß es die Haare verliert, ein Kind mit Sauerkraut oder einem leisen Schlag auf die Schulter behext, ein Mann durch einen Schluck Branntwein des Verstandes und des Lebens beraubt.

Über die zahllosen Störungen der ehelichen Freuden durch Nestelknüpfen klagen besonders die Franzosen Bodin und de Lancre. Bodin versichert, es gebe mehr als fünfzig Arten des Nestelknüpfens. Wie sehr in einem von diesem Aberglauben angesteckten Individuum schon die bloße Furcht vor solchen Malefizien psychisch niederschlagend wirken und mithin Erscheinungen herbeiführen konnte, die man dem Maleficium selbst zuschrieb, ist an sich klar.

Eine Hexe im Buseckertale melkt mittelst einer Spindel, die den Akten als Corpus delicti beigelegt wird, fremde Kühe. Eine Landsmännin der vorigen gibt der Nachbarin einen Wecken zu essen, worauf deren Knie so anschwellen, daß am folgenden Sonntage der Pfarrer von der Kanzel herab diese Übeltat straft. Die Täterin läßt sich bestimmen, den Zauber abzutun, legt einen Aufschlag von Bienenhonig und Tabak auf die

Geschwulst, diese öffnet sich, und es gehen, den Akten zufolge, anderthalb Maß Materie mit Kellerasseln, Engerlingen, Schmeißfliegen und haarigen Raupen heraus, die Kranke aber ist genesen.

Ein junger Lord in Rutlandshire wird dadurch getötet, daß man seinen rechten Handschuh siedet, durchsticht und in der Erde begräbt. An andern Orten ist die Rede von Dornen, Holzstücken, Steinen, Knochen, Glas, Nadeln, Nägeln und Haarknäueln, die den Leuten in den Leib gezaubert werden. Zahlreiche Bezauberte in England, Holland und Deutschland, die Nägel, Stecknadeln und andere harte Körper vomierten, haben oft Mitleiden und Almosen, zuweilen die Schande der Entlarvung ihres Betruges geerntet. Noch in dem berüchtigten Hexenprozeß zu Glarus (1782) bildet diese Art Malefiziums den Mittelpunkt der ganzen Sache.

Die Nonnen eines Klosters bekommen plötzlich steife Hälse, weil ein Weib ein Gebräu von Schlangen, Kröten und Sanguis menstruus bereitet hat.

Solche Mittel, gewöhnlich Gifte oder Giftgüsse genannt, werden häufig vor Türen ausgeschüttet oder unter der Schwelle vergraben; man verdirbt mit ihnen Menschen, Tiere und Bierbrauerei. Kochen die Hexen allerlei Obstblüte in einem Hafen, so mißrät das Obst; werfen sie gewisse Gegenstände in einen kochenden Topf zusammen, so entstehen Raupen und kleine Würmer, die das Eckerich (die Frucht der Buchen) zerstören; Mäuse werden durch ähnliche Künste in die Felder gezaubert.

Werwölfehaben ihren Zustand bald durch den Gebrauch einer Salbe, bald durch das Anlegen eines Gürtels, bald in anderer Weise herbeigeführt. Im Jahre 1598 brach im Jura eine Werwolfepidemie aus. „Die Menschen verfielen damals scharenweise dem Wahne der Lykanthropie und zerfleischten und verzehrten zahlreiche Menschen und Tiere, die ihnen in den Weg kamen".

In Italien verwandelten sich die Hexen in Katzen, wogegen die Werwölfe (loups-garous) namentlich in Frankreich vorkamen. Hier wurde es noch am Ende des sechzehnten Jahrhunderts aktenmäßig festgestellt, daß der Jäger, der die einem Wolfe abgeschossene Pfote als Jagdbeute in die Tasche steckte, nach Hause zurückgekehrt, zu seinem größten Entsetzen sah, daß es eine Hand seiner Frau war.

Übrigens ist sonst das gewöhnlichste Hexentier, in allerlei Beziehung und zu allerlei Beschädigung des Menschen, die Katze. Die Hexen verwandeln sich gern in Katzen, „denn die Katzen klettern auf dem Dach, kriechen in die Häuser, mögen in den Stuben, Kammern stehlen, zaubern, die Kinder verletzen". Zu Hildesheim wurde 1615 ein Knabe verbrannt, der nach seinem „Bekenntnis" den Leib einer Katze annehmen konnte.

Häufig dient auch eine Art Ungeziefer, das die Hexen als unmittelbare Frucht ihres Teufelsumgangs gebären, die sogenannten Elben, bösen Dinger, guten Holdchen oder guten Kinder, zur Peinigung der Bezauberten. In den von Carpzov zusammengestellten Urteilen des Leipziger Schöppenstuhls kommen diese Elben häufig vor. Z. B. Nr. XXI.

„Hat die Gefangene G. J. bekannt und gestanden etc.: Wenn sie mit ihren Bulen (dem Buhlteufel Lucas) zu schaffen gehabt, hätte sie weiße Elben, und derselben allezeit zehn bekommen, so gelebet, spitzige Schnäbel und schwarze Köpffe gehabt, und wie die jungen Rauben hin und wieder gekrochen, welche sie zur Zauberey gebraucht, ihr Bule ihr auch etliche gebracht, ehe sie mit ihm gebulet. Sie habe auch der Matthes Güntherin Kind ein bös Gesicht gemacht, indem sie es angesehen, und angehauchet, dazu sie diese Worte gebraucht: Ich wollte, daß du blind wärst; welches ihr Bule Lucas ihr also geheißen, und sie es in ihres Bulen Lucas und des Teuffels Namen thun müssen. Ferner habe sie auch die weiße Elben mit schwartzen Köpffen in den Brandtewein gethan, und darinnen zergehen lassen, dieselben auch klein zerrieben in Kuchen gebacken, und solches auf ihres Bulen Lucassen Befehl, welcher gesagt, wenn sie zu jemands Feindschaft hätte, solte sie demselben die Kuchen oder Brandtewein beybringen, darauf er an Gliedern und Leibe übel würde geplaget und gemartert werden. Hierüber hat Inquisitin bekannt, daß sie auf des Pfarrherrns zu Rotenschirmbach Acker mit ihrem Messer einen Ring gemacht, und drei Elben dahinein verstecket und vergraben, zu dem Ende, daß, wer darüber gienge, lahm werden und Reißen in den Gliedern überkommen solte, welches denn vorgedachtem Pfarrherrn zu Rotenschirmbach gegolten, weil er sie auf der Cantzel öffentlich für eine Zauberin ausgeschryen, sie hätte die Elben in aller Teuffel Nahmen eingegraben und darzu gesagt: Wer darüber gienge, der solte lahm und krumm werden; und es hat sich in eingeholter Erkundigung also befunden, daß Matthes Günthers Kinde und andern Personen durch Zauberey an ihrer Gesundheit Schade zugefüget worden usw." Ein 1687 nach einem Spruch der Juristenfakultät zu Frankfurt a. d. O. hingerichtetes Mädchen sollte vom Teufel Eidechsen geboren, sie verbrannt und mit der Asche Menschen und Tiere bezaubert haben.

Die Elben der Germanen sind überwiegend gute, dem Menschen zugetane und dienstwillige Geister. Die Elben auf Irland knüpfen Liebschaften mit Menschentöchtern an, bringen verlaufenes Vieh zurück, schenken ihren Freunden unter den Menschen wundertätige Gegenstände und heilen Siechtum. Doch schon die Snorra Edda kennt außer diesen Lichtelben die schwarzen Elben, böse Gesellen, die auf dieselbe Weise den Menschen schaden wie Hexen.

Nach altgermanischer Vorstellung kamen diese krankheitserzeugenden Elben, gespensterhaftes Ungeziefer aus dem wilden Wald zu Menschenund Vieh. „Der Baum, dessen Rinde sie beherbergt," meinte man „entsende sie entweder aus Lust am Schaden oder um sie los zu werden, weil sie in seinem eigenen Leibe, wie in den Eingeweiden des Menschen verzehrend wüten."

In dem späteren Hexenglauben ist es nicht mehr der Baum oder der Baumgeist, der die Würmer aussendet, sondern eine Zauberin. Entweder sind sie ihre Leibesfrucht, oder, in den Wald gehend, schüttelt die Hexe die „bösen" oder „guten Dinger", „fliegenden Elben", „Holdichen" oder „guten Kinder", die bald als Schmetterlinge, bald als Hummeln,

Grillen, Raupen und als Würmer beschrieben werden, von den Bäumen herab oder gräbt sie unter dem Hollunder hervor, um sich ihrer zur Hervorbringung von Krankheiten, Geschwulst bei Menschen und Vieh zu bedienen, indem sie sie in Haut und Gebein beschwört.

Teufelsgeburten in Menschengestalt, wie Robert der Teufel, Merlin, Calibanu. a.m., Wechselbälge und Kielkröpfe gehören mehr unter die streitigen Probleme der Theorie, als unter diejenigen Gegenstände, die im wirklichen Leben der Entscheidung des Richters zu unterliegen pflegten.

Auch von den Eier legenden Hexen, wie sie hin und wieder erwähnt werden, und die sogar ihre Erzeugnisse zu Markte gebracht haben sollen, sehen wir hier ab.

Das Merkwürdigste aber, was durch solche Teufelsbuhlschaften jemals zum Wehe der Menschheit gewirkt wurde, hat die Polemik des sechzehnten Jahrhunderts in den raschen Fortschritten der Reformation zu entdecken gewußt.

Martin Luther, behauptete man, habe nur darum so leicht ganze Völker um ihr Seelenheil zu betrügen vermocht, weil er der Sohn des Teufels gewesen, der sich einst unter der Maske eines reisenden Juweliers in das Haus eines Wittenberger Bürgers Eingang verschaffte und dessen Tochter verführte. So versicherte im Jahre 1565 ein Bischof von der Kanzel seiner Domkirche herab, und Fontaine wiederholte es in seiner Kirchengeschichte, wobei es denn freilich dem frommen Bischof nicht gefallen hat, die gemeine Meinung, die Luthers Erzeugung nicht nach Wittenberg, sondern nach Thüringen verlegt, einer weiteren Beachtung zu würdigen. Auch der Jesuit Delrio erzählt diese Überlieferung, ohne indessen für ihre Glaubwürdigkeit einstehen zu wollen.

Unter einen weit entschiedeneren Schutz glänzender Autoritäten stellt sich dagegen der Glaube an das Vermögen der Zauberer, ihre Feinde durch das Zusenden böser Geister wahrhaft besessen zu machen. König Jakob I. von England verficht ihn in seiner Dämonologie; eine Kommission des Kardinals Richelieu hat sich in den merkwürdigen Exorzismen von Loudun, eine Kommission von Jesuiten in dem nicht minder interessanten würzburgischen Hexenprozesse vom Jahr 1749 von seiner Wahrheit überzeugt.

Der Stab hat seit Circe und Pharaos Zauberern lange Zeit eine Rolle in der Magie gespielt. Im Mittelalter tritt er mehr zurück und ist in der eigentlichen Hexerei niemals wieder zu allgemeinerem Ansehen gelangt. Hier und da findet er sich noch als Attribut des gelehrteren Magus, der mit einem zu bestimmter Zeit und in bestimmter Form abgeschnittenen Haselschößling einen Kreis zieht und Geisterbeschwörungen anstellt. Auch griff gegen das Ende des siebzehnten Jahrhunderts besonders in Frankreich der Wahn um sich, daß man durch einen gabelförmigen Apfel-, Buchen-, Erlen oder Haselzweig, eine Wünschelrute (baguette divinatoire), die Spur eines verlorenen Eigentums oder eines Missetäter finden könne. Doch machte man die Kunst mit ihr umzugehen, von der Zeit und den Umständen der Geburt eines Individuums abhängig, und man hat lange darüber gestritten, ob diese Kunst, deren Realität nicht bezweifelt wurde, aus der Macht des Teufels oder aus geheimen Naturkräften zu erklären sei.

Das mantische Element tritt überhaupt in dem modernen Hexentum wesentlich zurück, zumal soweit von einem kunstmäßigen Verfahren die Rede ist. Wo die Hexe etwas Verborgenes weiß, da hat es ihr in der Regel der Teufel unmittelbar gesagt, der ihr nötigenfalls selbst im Beisein anderer als Mücke, Sperling oder in einer anderen Maskierung erscheint.

2. Begriff und Wesen der Hexerei

Die vorstehenden Einzelheiten mögen genügen, um die Natur derjenigen Dinge zu bezeichnen, die das christliche Europa während der letzten Jahrhunderte unter dem Begriffe der Hexerei zusammenfaßte. Der Malleus maleficarum suchte dieses alles theoretisch zu begründen; seine Dialektik ist jedoch sehr verworren. In mehr wissenschaftlicher Form taten dies viele seiner zahlreichen Nachfolger in allen Nationen, am gelehrtesten der Jesuit Martin Delrio, dessen Disquisitiones magicae 1599 zum ersten Male in Mainz gedruckt wurden. Delriodefiniert die natürliche Magie als eine tiefere Kenntnis der geheimen Naturkräfte, der Sympathien und Antipathien, des Sternenlaufs und seiner Bedeutung; sie ward schon Adam gegeben, und Salomo war ihrer in hohem Grade kundig. Sie zerfällt in die Ars operatrix und divinatrix. Beispielsweise erinnert Delrio hierbei an des Tobias Fischleber und an das Entzünden des Kalkes im Wasser. Die Magia artificiosa ist entweder mathematica (Brennspiegel des Archimedes, Automaten, Equilibristen), oder praestigiatoria (Blendwerke der Taschenspieler etc). In das Gewand der Ars naturalis und artificiosa hüllt sich oft die magia diabolica; diese ist eine facultas seu ars, qua, vi pacti cum daemonibus initi, mira quandam et communem hominum captum superantia efficiuntur; sie teilt sich wieder in Magia specialis, divinatio, maleficium und vana observantia.

Das Pactum mit dem Teufel war entweder ein wirklich vollzogenes, ein Pactum expressum, wenn beide Teile den Vertrag unterzeichnet hatten, oder, was gleichfalls ein todeswürdiges Verbrechen war, ein Pactum tacidum, implicitum – ein sehr einseitiges Kontraktverhältnis, bei dem wohl der Teufel, aber nicht der Mensch sich gebunden hatte. Jedes Anrufen des Teufels, jedes im Namen des Teufels ausgeführte Malefizium, jeder Akt, in dem man Zauberei durch Zauberei zu vertreiben suchte, galt nämlich als eine Handlung, die den Teufel (und folglich auch den Hexenrichter) berechtige, hierin den Eintritt in ein diabolisches Bundesverhältnis zu erkennen und geltend zu machen. Dieser Pakt ist die Basis und Bedingung, auf der die ganze Hexerei beruht. Ohne ihn kann keine dämonische Magie gedacht werden; der Teufel läßt sich vom Menschen nicht zwingen, er dient ihm freiwillig, aber nicht unentgeltlich. Die Zaubermittel haben nicht ihre Kraft in sich selbst – sofern diese nicht etwa eine pharmakodynamische ist – sondern sie sind bloße Formen, unter denen der Teufel vertragsmäßig den Zauberern seine Kraft zur Vollbringung der Malefizien verleiht.

Hendrik de Clerck, Der Sündenfall

Doktor Faust
Kupfer von Rembrandt

Welcher Gattung der Magie die alchimistischen Operationen angehören, kann nach Delrio nur aus der Beschaffenheit bestimmter Fälle beurteilt werden. Die Alchimie kann sich nämlich bald als Magia diabolica, bald als praestigiatrix, bald als naturalis darstellen; denn unmöglich ist es ja nicht, meint der Verfasser, daß jemand durch eigenes Studium die Kunst des Goldmachens ergründen könne. In diesen vagen Bestimmungen wußte Delrio dem Zeitgeist des sechzehnten Jahrhunderts, das die Alchimie zu Ehren brachte wie kein anderes, zu huldigen, ohne dem finsteren Wahne, der früher einen Roger Baco und andere Naturforscher verfolgt hatte, etwas zu vergeben.

Diese Ansichten erklären auch die Erscheinung, warum, während die ungelehrten Zauberer zu Tausenden den Scheiterhaufen bestiegen, alle, die sich mit den sogenannten geheimen Wissenschaften beschäftigten, ein Trittenheim, Faust, Agrippa von Nettesheim, Picus von Mirandola, Paracelsus u. a., bald als Koryphäen der Weisheit gepriesen, bald als Notabeln im Reiche Satans verschrien wurden, öfters hart genug an den Schranken der Inquisition vorbeistreiften, im wesentlichen aber ungekränkt blieben.

Der Geist der Wissenschaft war schon zu weit gediehen, als daß nicht das Wahre, das bei allen wunderlichen Verirrungen in ihren Studien geahnt wurde, Achtung geboten hätte. Der Priestergeist aber und sein Pflegling, der Pöbelglaube, rächten sich dafür durch das Märchen vom Faust, in dem ganz eigens der Beweis geführt wird, wie der Teufel auch in den vornehmeren Magiern seine Vasallen erkennt. Der Doktor Faust, als historische Person – man mag sich nun an den Georg Faustus des Trithemius, Begardi und Mutianus Rufus, oder an den Johannes Faustus Melanchthons und Weiers halten wollen – jedenfalls mehr abenteuernder Charlatan als Gelehrter, gehört in die Geschichte der Hexenprozesse in keiner andern, als in der angedeuteten Beziehung. Einem Zauberer auf freiem Fuße den Hals zu brechen, liegt sonst nicht in den Gewohnheiten des Teufels. Er greift zu diesem Auskunftsmittel in der Regel nur dann, wenn eine verhaftete Hexe ihm durch reumütiges Bekenntnis und Rückkehr zum Glauben abtrünnig zu werden droht, d. h. in die Sprache des neunzehnten Jahrhunderts übersetzt, der Teufel wurde als Täter vorgeschoben, wenn der Richter den durch die Folgen der Tortur herbeigeführten Tod oder den in der Verzweiflung begangenen Selbstmord einer Verhafteten zu rechtfertigen hatte.

In Übereinstimmung mit seinen Vorgängern, besonders Thomas von Aquino, behandelt Delrio auch die Lehre von den Inkuben und Sukkuben. Es steht ihm fest, daß ein Inkubus mit einem Weibe ein Kind erzeugen könne; dieses geschieht jedoch nicht durch seinen eigenen Samen, sondern durch den Samen eines Mannes, mit dem sich zuvor der Dämon als Sukkubus vermischt hat, so daß also das erzeugte Kind nicht eigentlich den Dämon selbst, sondern denjenigen Mann zum Vater hat, dem der Samen entwendet worden ist. Ein Sukkubus hingegen kann weder empfangen, noch gebären, sondern den aufgenommenen Samen einzig zu dem oben bezeichneten Zwecke verwenden. Der Jesuit Molina gilt als Zeuge, daß solche diabolische Geburten noch ganz neuerdings vorgekommen seien, und in Brabant fand Delrio selbst das noch ganz frische Beispiel der Hinrichtung einer Unglücklichen, die vom Satan empfangen und geboren hatte. Um recht viel männlichen Samen zu erlangen, waren natürlich auch zahlreiche Sukkubi nötig. So wurde 1468 in Bologna ein ganzes Bordell voll Sukkubi aufgehoben und sein Inhaber verbrannt.

Wollen wir die Hexerei als ein Ganzes fassen, so erscheint sie, vom Standpunkt der Doktrin betrachtet, als eine in sich vollendete diabolische Parodie des Christentums. Das Christentum ist Gottesverehrung, die Hexerei Teufelskult; der Christ sagt dem Teufel ab, die Hexe entsagt Gott und den Heiligen. Der Christ sieht in dem Heiland den Bräutigam seiner Seele; die Hexe hat in dem Teufel ihren Buhlen. Im Christentum waltet Liebe, Wohltun, Reinheit und Demut, in der Hexerei Haß, Bosheit, Unzucht und Lästerung; der Christ ist strafbar vor Gott, wenn er das Böse tut, die Hexe wird vom Satan gezüchtigt, wenn ein Rest von Menschlichkeit sie zum Guten verführt hat. Christi Joch ist sanft und seine Bürde leicht, aber des Teufels Joch ist schwer, und es geschieht ihm nimmer genug. Gott ist wahrhaftig und barmherzig, seine Gnade läßt selbst den Schwachen in die Seligkeit eingehen; der Teufel aber ist ein Lügner von Anfang und betrügt seine treuesten Diener selbst um das vertragsmäßig bedungene Wohlleben.

St. Michael und der Teufel
Stich eines unbekannten Meisters. Berliner Kgl. Kupferstichkabinett

Ebenso deutlich zeigt sich der Teufel in den Einzelheiten des Rituals als der Affe Gottes. Wie der Christ den Sabbat Gottes begeht, so feiert die Hexe den Teufels-Sabbat. Was aber der Kirche heilig ist, Feste, Kreuz, Weihwasser, Messe, Abendmahl, Taufe und Anrufung der Heiligen – das entweiht der Teufel durch Verzerrung, Mißhandlung und Beziehung auf sich. Die Zauberei in der Hexenperiode ist die Ketzerei und Apostasie in ihrer höchsten Steigerung; sie ist, zwar nicht etymologisch, doch ihrer Idee nach die vollendete Teufelei auf Erden. Und zwar ist sie dieses, was wohl zu beachten ist, durch ihre Stellung zum Christentum. Ohne Abfall vom Christentum ist Hexerei undenkbar. Die Lossagung von Gott und Christus muß der Ausgangspunkt der gegen das Christentum und gegen die Christen gerichteten Feindschaft sein. Dieses ist ein ganz wesentliches Moment im Begriffe der Hexerei, weshalb unter den zahllosen Opfern des Hexenwahns auch nicht eine Nicht-Christin vorkommt. Eine Hexe ist ihrem Begriffe nach eine Zauberin, die Christin war, vom Teufel dazu verführt, sich von Gott, Christus und der Kirche losgesagt, dem Teufel zu eigen gegeben und sich mit ihm fleischlich vermischt hat und nun mit Hilfe des Teufels das Reich Gottes und die Christen in jeder ihr möglichen Weise zu schädigen sucht. Darum gab es wohl jüdische und zigeunerische Zauberer und Zauberinnen, aber Hexen gab es weder unter den Juden noch unter den Zigeunern, – weil diese den christlichen Glauben nicht abschwören konnten.

Was die dem Verbrechen beigelegten Namen anbelangt, so werden im Hexenprozesse die Ausdrücke magus, lamia, saga, strix, veneficus, maleficus, φαρμακός und φαρμακίς, sortilegus, sortiaria, mathematicus, incantator und incantatrix, veratrix und praestigiatrix zuweilen zur Bezeichnung einzelner Arten gebraucht, am häufigsten jedoch ohne Unterschied auf das Ganze bezogen. Auch die hebräischen Ausdrücke des Alten Testaments wurden in dieser Weise generalisiert. Diese Vermengung erleichterte wesentlich die Anwendung der alten speziell gegriffenen Strafandrohungen auf das neu geschaffene Kollektivverbrechen. Im Deutschen ist bekanntlich Zauberei derjenige Name, dessen sich das Gesetz bedient; in Akten, wie in der Volkssprache ist jedoch sehr gewöhnlich auch von Hexen, Unholden und (namentlich in Süddeutschland) Truden die Rede, und der Name der Hexerei ist ohne Zweifel der bequemste, um ohne weitere Umschreibung die moderne ungelehrte Zauberei von der antiken Magie, wie von den sogenannten geheimen Wissenschaften der neueren Zeit zu unterscheiden.

In der deutschen Vorzeit stößt man nur sehr selten auf das Wort „Hexe“, doch findet es sich bereits nach 1293 in der „Martina“ Hugo von Langensteins, eines schwäbischen Deutschordensritters. Anfangs des vierzehnten Jahrhunderts wird in den alemannischen „Bîhtebuoch“ gefragt: „ob du ie geloube tost an hecse?“ „Hecs“ heißt die Striga in einer im Jahre 1393 niedergeschriebenen altdeutschen Predigt; nach einer späteren Redaktion „hezze“. In Heinrich von Wittenweilers komischem Epos „Der Ring“ aus der ersten Hälfte des fünfzehnten Jahrhunderts, fliegt eine „häxen“ auf einer Gais daher.

Auch in der Folgezeit sind die Hexen noch recht spärlich vertreten. Meist treiben Unholde ihr zauberisches Werk. Doch spricht Ulrich Tengler in seinem „Layenspiegel“ schon von „hächsen“, auch Ulrich Molitor kennt „unholden vel hexen“. Die Schweizer Protokolle aus dem ersten Viertel des fünfzehnten Jahrhunderts berichten gleichfalls von „hexereye“, „hegsery“, die „Kunst der hexi“. Eine eigenartige Etymologie des Wortes Hexe gibt Turmair, genannt Aventinus, in seiner „Bayerischen Chronik“. Dort heißt es im Kapitel „von den Kriegsweibern“: „Ir hauptmannin ist gewesen Frau Häcs obgenannts künigs Theuers gemachel; sol ain große ärztin gewesen sein, darvon man noch die alten zaubererin hecsen nennt.“ Goldast (Rechtl. Bedenken von Konfiskation der Zauberer- und Hexengüter S. 76) gibt eine ansehnliche Menge von laufenden Namen für die Teufelsverbündeten: „diese sind, die man böse Zauberer, böse Leuthe, zu Laien Maleficos, Veneficos und Sortilegos, auff Teutsch Nigromanten, das ist, Schwartz-Künstler, Hexenmeister, Loßleger, Sortzier, Böse Männer, Gifft-Köche, Mantelfährer, Bockreuter, Wettermacher, Nachthosen, Gabelträger, Nachtwanderer etc. nennet. Aber die Weiber dieser Arth heißt man: Lamias, Stryges, Sortiarias, Hexen, Allraunen, Feen, Drutten, Sägen, Böse Weiber, Zäuberschen, Nachtfrawen, Nebelhexen, Galsterweiber, Feld-Frawen, Menschen-Diebin, Milch-Diebin, Gabel-Reitterin, Schmiervögel, Besemreitterin, Schmaltzflügel, Bock-Reuterin, Teufels-Buhlen, Teuffels-Braut, und insgemein Unholden, darumb daß sie Niemanden hold, sondern Gottes, der Menschen und aller Geschöpften Gottes, abhold, und geschworene Feinde sind.“ Erst im siebzehnten und achtzehnten Jahrhundert dürfte Hexe allgemein geworden sein.

Erste Seite von Melchior Goldasts „Rechtliches Bedencken“

3. Die Walpurgisnacht

Es ist aus dem Obigen bekannt, daß diese Zeit keineswegs die einzige für die Sabbate ist; ja sie wird nicht einmal in den Akten am häufigsten genannt. Aber in einem großen Teile Deutschlands hat sich der traditionelle Hexenglaube der Gegenwart fast ausschließlich an diesen Tag geheftet, vielleicht nur deswegen, weil gerade für ihn sich Volksgewohnheiten erhalten haben, die der Erinnerung zur Stütze dienen.

Man hat die Walpurgisnacht von den Maiversammlungen der alten Deutschen herleiten wollen. Mag man nun bei diesen Maiversammlungen an die politischen Maifelder denken oder an die hier und da in den Mai fallenden Frühlingsfeste, deren Existenz jedoch in sehr alter Zeit kaum nachweisbar sein dürfte – in beiden Fällen scheint es uns nicht klar zu sein, welche Beziehung diese teils geschäftlichen, teils festlichen, von Obrigkeit und Kirche autorisierten Versammlungen zu zauberischem Spuke haben können. – Andere dagegen haben an ein Gaukelwerk gedacht, das die alten Sachsen absichtlich machten, um ungestört ihrem Wotansdienste auf dem Harze obliegen zu können. Es fehlen hierbei aber nicht nur die historischen Nachweisungen für das Faktum selbst, sondern die Walpurgisnacht ist auch für Gegenden, die vom Harze weit entfernt sind, übel berüchtigt.

Wie die auf die hohen Kirchenfeste und Heiligentage verlegten Hexenversammlungen sich aus der angenommenen Opposition des Hexenwesens gegen das Christentum erklären, so scheint dagegen die Wahl der ersten Mainacht für den gleichen Zweck in einem aus dem römischen Altertum ererbten Aberglauben ihren Grund zu haben; wie denn dergleichen so manches, ohne auf den ersten Blick als römisch erkannt zu werden, noch heute unter den Völkern fortlebt.

Der Mai war den Römern recht eigentlich ein Polter- und Spukmonat. Gleich auf den ersten Tag fiel das Fest der Lares Praestites. Sind diese gleich bei Ovid (Fast. V. 128 ff.) Schutzgötter des Hauses, so fand doch schon zu Plutarchs Zeit die Meinung Eingang, die Laren seien umherirrende böse, furienartige Geister, zum Strafen geschaffen und in das Familienleben des Menschen sich einmischend (Plut. Quaest. Rom 51).

Ferner fällt auf den ersten Mai das Fest der Bona Dea.

Über das Wesen dieser Göttin waren schon die Alten uneinig; um so fähiger zeigte es sich für jede Umdeutung. Nach den bei Macrobius (Sat. I. 12) gesammelten Meinungen war die Bona Dea bald Maja, bald Fauna, bald Fatua, bald die chthonische Hekate, bald Medea. Bei dem einen ist sie Fauns Gemahlin, bei dem andern Fauns Tochter, der von dem eigenen Vater Gewalt angetan worden sei. Wo nun die Göttin als Hekate oder Medea gefaßt wurde, da ist ihre Beziehung zum Zauberwesen von selbst klar. Gleiches läßt sich von der Fatua sagen. Diese ist ja das Wesen, aus dem die Fata der Italiener, die Fee der Franzosen, die Fairy der Engländer hervorgegangen ist.

Hexensabbat
Kupfer von Gillot

An die Feen knüpfen sich aber nicht allein die heiteren und poetischem Zauberfabeln des Mittelalters, wie die vom Venusberg und den unterirdischen Prachtgemächern, sondern auch die ernsten und diabolischen, die zum Gegenstand gerichtlicher Anklagen wurden.

So war es zum Beispiel der Feenbaum von Bourlemont bei Domremy, unter dem der Hexensabbat in Gemeinschaft mit den Feen gefeiert wurde, und unter dem, laut der Verhörsartikel, Jeanne d'Arc ihre Zaubereien angestellt haben sollte. Auch in Schottland werden die Feen mit in den Hexentanz hereingezogen: sie heißen dort gute Nachbarn (boni vicini). Dieser Name entspricht dem der guten Damen (bonae Dominae) in Frankreich, deren Führerin die Königin Habundia ist.

Die Domina Abundia oder Dame Habonde, die Guilielmus Alvernus, Bischof von Paris († 1248) erwähnt, soll in bestimmten Nächten mit anderen Frauen (nymphae albae, dominae bonae, dominae nocturnae), alle in weiße Gewänder gehüllt, erscheinen, in die Häuser kommen und die für sie hingesetzten Speisen genießen. In diesen weißgekleideten Damen haben wir wohl keltische Feen zu erkennen; aber der Roman de la Rose nennt die Begleiterinnen der Habundia geradezu Hexen (estries = striges).

Mit der Habundia stellt Guilielmus Alvernus die Satia zusammen, mit der die von Augerius episcopus Conseranus erwähnte welsche Bensozia wohl identisch ist. Der Habundia hat Grimm die nord- und mitteldeutsche Holda (Frau Holle) an die Seite gestellt, der in Süddeutschland die Berchta mit ihrem Gefolge von Heimchen und Zwergen entspricht.

In den Niederlanden war die Wanne Thekladie Königin der Alven und Hexen.

Alle diese Wesen sind nachtfahrende, von großen Scharen begleitete Geister; ihr Charakter aber wird aus verschiedenen Gesichtspunkten verschieden gefaßt. Bald sind sie, wie die römischen Laren, Freunde des Hauses. Sie schützen es und bringen ihm Segen und Überfluß. Man stellt ihnen deshalb ein leckeres Mahl bereit. Bald benehmen sie sich wie neckische Poltergeister; bald treten sie den Parzen nahe, wie bei Hektor Boëthius, der zu Shakespeares Macbeth und seinen Weird-sisters den Stoff geliefert hat. Boëthius hat seinerseits wieder aus Wyntownis Cronykil geschöpft, wo die Sache in ihrer einfachen Urgestalt vorzuliegen scheint. Dort erscheinen dem jungen Macbeth, als er in dem Hause seines Oheims Duncan wohnt, drei Weiber im Traume, die er für Schicksalsschwestern (Werd Systrys) hält. Dieser Traum hatte Macbeths Schandtat zur Folge. – Hektor Boëthius tat den Banko hinzu, der sich im Cronykil noch nicht findet, und ließ diesem mit Macbeth zusammen die drei Weiber im Walde erscheinen. Hekate und die ganze hexentümliche Einkleidung ist von Shakespeare selbst, der die Tragödie unter dem hexensüchtigen Jakob I. schrieb, hinzugefügt. Das Stück ist aus verschiedenen Elementen gemischt und gibt darum weder für die Zeit des Dichters, noch für die des Helden ein treues Bild des Zauberglaubens.

Endlich verlieben sich die Geister in die Menschen und entführen sie zu einem Leben voll Wonne in den Venusberg.

Die kirchliche Auffassung aber hatte hier unter zwei Dingen die Wahl: entweder mußte sie die Existenz dieser Wesen überhaupt leugnen, oder sie konnte sie nur als Dämonen erkennen, durch die der Teufel wirkt und deren Walten also ein böses ist. Beides ist geschehen, das erstere in der helleren Hälfte des Mittelalters, das zweite zu der Zeit, da die Finsternis einriß. Wie die Laren schon dem späteren Römer Schreck- und Quälgeister waren, so wurden auch die ihnen entsprechenden gutmütigen, schützenden Hausgeister, die guten Nachbarn und guten Damen samt ihrer Königin Habundia unter der Feder der christlichen Kirchenschriftsteller zu bösartigen Dämonen und die Holda zur Unholdin; das Fest der Bona Dea, die nach den obigen Bemerkungen mit Fatua, Hekate oder Medea zusammenfällt, begegnet am ersten Mai dem der Hausgeister, und dieser Tag geht somit schon aus dem römischen Material und dessen mittelalterlicher Umgestaltung als ein Tag dämonischen Zauberspuks hervor.

Er ist aber auch, und zwar durch die Floralien, ein Tag der ungebundensten Liederlichkeit. Was Rom an feilen Dirnen hatte, strömte unter Trompetenschall zum Theater; nackte Huren führten mit den Mimen vor allem Volke die wollüstigsten Tänze auf, ahmten die Bewegungen des Beischlafs nach oder schwammen im Kolymbethron herum, rannten durch die Straßen der Stadt und trieben ihr scheußliches Unwesen bei Fackelschein die ganze Nacht hindurch.

In den Mai fielen ferner die Lemurien, ein Rest der anfangs in diesem Monat gefeierten und später in den Februar verlegten Feralien. Man vertrieb die spukenden Lemuren, Geister der Verstorbenen, die aber die spätere römische Zeit als Schreckbilder in Tiergestalt faßte, mit Zeremoniell und dem Geräusche zusammengeschlagener Erzplatten. An den Feralien selbst übten alte Weiber allerlei Zauberhandlungen, um die Zungen ihrer Feinde zu binden, legten Weihrauch unter die Schwellen, drehten sieben schwarze Bohnen im Munde, schwangen den Zauberhaspel, rösteten Fische, deren Köpfe sie mit kupfernen Nadeln durchstachen, träufelten etwas Wein ins Feuer und berauschten sich vom Rest. Dies geschah zum Gedächtnis der vom Merkur geschändeten Lara, am letzten Tage der Feralien, der gewöhnlichen Berechnung zufolge am 18. Februar. Bei dem engen Zusammenhange der Feralien mit den Lemurien mag aber ähnliches Zaubertreiben auch noch für den Mai geblieben sein. Wenigstens nahm man auch da, um die Sicherheit der Familie zu wahren, schwarze Bohnen in den Mund und warf sie hinter sich mit der Formel: Haec ego mitto; his – – redimo meque meosque fabis, worauf das Zusammenschlagen der Erzplatten folgte. Eine andere Ähnlichkeit der Lemurien und Feralien besteht darin, daß man an beiden keine Hochzeiten hielt. Die ersteren brachten sogar den ganzen Monat Mai deshalb in Verruf.

Wenn wir nun die Ansicht aussprechen, daß auch die Lemurien in der Walpurgisnacht noch fortleben, so befürchten wir wenigstens nicht den chronologischen Einwurf, daß sie erst mit dem achten Mai begannen. Die als Zauberwesen gefaßte Bona Dea, die den Anfang des Monats beherrscht, mochte wohl auch seine übrigen Zauberelemente an sich ziehen können.

Daß aber außer der Abkunft der Feen von der Fatua und Bona Dea auch noch andere Punkte des späteren Aberglaubens, die sich an den Mai und besonders an seinen ersten Tag knüpfen, auf römischem Boden fußen, ist kaum zu bezweifeln, wie aus dem folgenden hervorgeht.

Noch im achtzehnten Jahrhundert feierte man im schottischen Hochlande gewissenhaft das Beltane oder das Fest des ersten Mai. Unter herkömmlichem Zeremoniell wurde ein Kuchen gebacken, in Stücke zerschnitten und feierlich den Raubvögeln oder wilden Tieren zuerkannt, damit sie oder vielmehr das böse Wesen, dessen Werkzeuge sie sind, den Schaf- und Rinderherden kein Leid zufügen möge. Fast derselbe Brauch fand sich in Gloucestershire. Er entspricht der römischen Redemtionszeremonie. Die Schotten, selbst die vornehmeren vermeiden noch jetzt, im Mai eine Ehe zu schliessen.

In Frankreich galt, wie Bayle versichert, der Mai für unglücklich zur Abschließung einer Ehe.

In Deutschland besteht noch jetzt eine Sitte, die an die Temesaea aera der römischen Lemurien erinnert; Anton Prätorius, der gegen das Ende des sechzehnten Jahrhunderts schrieb, lernte sie 1597 auf dem Vogelsberg kennen. Während seiner Anwesenheit in Büdingen zogen die Bürger in der Walpurgisnacht scharenweise mit Büchsen aus, schossen über die Äcker und schlugen gegen die Bäume, um die Hexen, die auf Beschädigung des Eigentums ausgingen, zu verjagen. Recht interessant ist, was der ungenannte Verfasser der „gestriegelten Rocken-Philosophie oder aufrichtige Untersuchung derer von vielen superklugen Weibern hochgehaltenen Aberglauben", ein sonst leidlich vernünftiger Mann, über die Walpurgisnacht sagt. Er, der gegen den Aberglauben recht scharf zu Felde zieht, schreibt über die Walpurgisnacht: „Es wird fast im ganzen Sachsenlande von dem gemeinen Manne geglaubt und dafür gehalten, daß in der Walpurgisnacht die Hexen auf ihren Tanz und Versammlung zögen. Daher an manchen Orten solcher Lande die Gewohnheit eingerissen ist, daß diejenigen, welche Landgüter oder Felder besitzen, am Walpurgisabend mit Röhren oder Büchsen über die Felder schießen, aus der einfältigen und albernen Meinung, hiemit die Hexen zu scheuchen, daß sie auf ihrer Reiterei und Reise, die sie durch die Luft über solche Felder täten, nicht die Saat beschädigen möchten. Allein, erstlich ist nicht zu glauben, daß, wenn ja wahrhaftig die Hexen gewisse Versammlungen dem Teufel zu Dienst anstellten, solches eben zu keiner anderen Zeit als in der Walpurgisnacht geschehe, sondern es kann vielmehr aus jetzt bemeldeten Historien bewiesen werden, daß solche Hexenversammlung gar oft angestellt werde. Dahero die Unvorsichtigkeit, so nur allein am Walpurgisabend gebraucht wird, zu wenig zu sein scheint, auf einmal so vielen Hexenzügen zu widerstehen. Zum andern, wenn ja noch wahrhaftig der Hexenzug durch die Luft geschieht (welches aber der bekannte Ahteist Dr. Becker in seiner bezauberten Welt und andere gänzlich verinnern), so geschieht es ja mit Hilfe des Teufels auf eine solche Art und Weise, daß ein solches an ihrer Reiterei nichts würde schaden können. Drittens wird aus vieler Hexen Bekenntnis und Aussage so viel zu erkennen sein, daß die Verderbung der Felder, so durch Hexen geschieht, nicht zu der Zeit verrichtet wird, wenn sie auf ihren Konvent ziehen. Denn solche „Reuterey" soll so schnell und ungesäumt verrichtet werden, daß dabei kein Anhalten zur Verderbung der Felder gestattet ist. Also halte ich das Schießen über die Felder am Walpurgisabend für nichts anderes, als einen Teufelsfund und Dienstleistung des Satans. Denn die solch Schießen verrichten, achten den Teufel und seine Werkzeuge, die Hexen so mächtig, als ob sie über diejenigen Dinge, welche in dem Schutze des allmächtigen Gottes verwahret stehen, dennoch könnten Gewalt nehmen und daran Schaden tun, da doch der zwar sonst „starke und gewaltige Rumor-Meister, jedoch auch ohnmächtige Höllenhund" ohne Gottes Verhängnis niemand ein Haar zu krümmen vermag. Zum andern untersteht sich ein solcher Feldschießer einer Sache, wozu er viel zu ohnmächtig ist und will sein Feld selbst vor der Beschädigung des Teufels beschützen. Dabei verachtet er den Schutz Gottes, ja vergisset solchen sogar, welches sicher dem großen allmächtigen Gott ein

Mißfallen sein muß. Daher es auch wohl geschieht, daß um solchen Aberglaubens willen Gott verhänget, daß denen, die daran glauben und doch um ein ander Hindernis willen das Schießen unterlassen müssen, einiger Schade an den Feldern geschieht, weil sie es eben nicht anders glauben und haben wollen. Also tut der Teufel den Seinigen, die ihn ehren und fürchten, selbst Schaden; wer aber Gott vertrauet und sich seines Schutzes getröstet, den muß der Teufel wohl in Frieden lassen."

Fassen wir das bisher Erörterte zusammen, so dürfte wohl als Resultat hervortreten, daß das spätere Hexenwesen ebensogut die Walpurgisnacht, als Epoche genommen, aus dem römischen Altertum ererbt habe, wie es gewiß ist, daß ein großer Teil der Zauberübungen, die ihren Inhalt ausmachen, aus ihm hervorgegangen ist. Wir sehen hier in ganz analogen Vorstellungen und Gebräuchen Schotten, Engländer, Franzosen und Deutsche einander begegnen, vier Völker, die unter sich gegenseitig einen bei weitem geringeren Einfluß übten, als derjenige war, der aus gemeinsamen römischen Überlieferungen, zeitweise sogar durch Vermittlung und unter dem Schutze der kirchlichen Autoritäten, zur Verbreitung eines gleichmäßigen Aberglaubens nach allen Seiten ausströmte. Der sächsische Wotansdienst auf dem Brocken erklärt die Walpurgisnacht auf den schottischen Hochgebirgen und in der Provence nicht, ja nicht einmal die Walpurgisnacht auf dem Kreidenberge bei Würzburg, wo, laut der gerichtlichen Bekenntnisse, dreitausend Hexen bei Spiel und Tanz den Sabbat feierten, nachdem sie sieben Fuder Wein aus dem bischöflichen Keller gestohlen hatten.

Übrigens stehe hier wiederholt die Bemerkung, daß in den zahlreich vorhandenen Akten weit häufiger die hohen Kirchenfeste und außerdem Johannis-, Jakobs- und andere Heiligentage als Zeiten der Hexenversammlungen erscheinen, als die durch Goethes Faust klassisch gewordene Walpurgisnacht. Als Grundzug der Zauberei galt es ja, daß sie den christlichen Kult parodiere und befeinde, und vielleicht mag auch der Walpurgisunfug in dem Festkalender der Zauberei seine aus dem römischen Wesen ererbte Stelle zum Teil eben darum festgehalten haben, weil dieses Fest, wo die Hexe das Kreuz tritt, demjenigen, wo es der Christ am meisten verehrt, dem der Kreuzerfindung, nur um zwei Tage vorhergeht. Der Tag aber, an dem der Münsterländer den Sullevogel, d. h. das magische Ungeziefer unter der Schwelle, austrieb, fiel mit der Schwellensühnung der Römerinnen nicht ganz zusammen; diese geschah am 18., jenes am 22. Februar. Vielleicht hatte das Fest der römischen Stuhlfeier, in dem die Schirmkraft der Kirche über die ganze Christenheit sich aussprach, diese Verschiebung bewirkt.

Schließlich bemerken wir noch, daß im siebzehnten Jahrhundert der Festalmanach der Hexen ebenso zwiespältig war wie der christliche. Dies mußte auch auf die Walpurgisnacht Anwendung finden. Zwar geht die große Ausfahrt bei Katholiken wie bei Lutheranern nominell am 1. Mai vor sich, aber bei jenen nach dem Gregorianischen, bei diesen nach dem alten Stile, so daß, die Angaben der beiderseitigen Prozeßakten miteinander verglichen, in dieser Periode der Teufel dasselbe Fest zweimal im Jahre begangen haben muß.

Sechzehntes Kapitel. Das gerichtliche Verfahren und die Strafe

1. Der Prozess – Akkusatorisches und inquisitorisches Verfahren – Sieg des Inquisitionsprozesses

Der Hexenprozeß war die Fortsetzung des Prozeßverfahrens, das die Inquisition zur Aufspürung und Bestrafung der Ketzer aufgebracht hatte. Dieses ist zur richtigen Beurteilung der eigentümlichen Natur des Hexenprozesses vor allem zu beachten.

Die richterliche Kompetenz zum Hexenprozeß betreffend ist die Zauberei nach dem Malleus maleficarum, Delrio und andern katholischen Autoritäten ein Crimen fori mixti, sie gehört vor den geistlichen wie auch vor den weltlichen Richter – vor jenen, weil am Glauben gefrevelt ist, vor diesen wegen der an Menschen und Eigentum begangenen Missetaten. Der weltliche Richter darf selbständig die Todesstrafe verhängen, ist jedoch zu ihrem Vollzug nicht befugt, so lange die Kirche nicht auch ihrerseits über Schuld und Buße erkannt hat; er ist überhaupt verpflichtet, auf die erste Aufforderung den Angeklagten an das geistliche Gericht auszuliefern und dessen Spruch zu erwarten. In der Regel verfolgt die Kirche den Prozeß und übergibt dann den Verurteilten dem weltlichen Arme.

Was nun die geistliche Gerichtsbarkeit anbelangt, so stand diese nach der Bulle von Innocenz VIII. hinsichtlich des Zauberwesens den Inquisitoren besonders zu; doch haben wir bereits oben gesehen, wie die Verfasser des Malleus mit schlauer Politik die der Inquisition niemals holden Bischöfe Deutschlands und selbst die weltlichen Gerichte scheinbar in den Vordergrund der Kompetenz schoben, während ihnen selbst in ihrer bescheidenen Zurückhaltung zugleich mit der leiblichen Sicherheit auch die Befugnis blieb, eine anhängige Sache nach Belieben an sich zu ziehen und zu Ende zu führen. So erklärt Pegna in der zweiten Hälfte des sechzehnten Jahrhunderts den Inquisitor für berechtigt, jeden Augenblick die Auslieferung des Inquisiten oder Akteneinsicht vom weltlichen Richter zu begehren; auch dürfe er gegen die Zauberer allein verfahren, doch sei es sicherer und schicklicher, den Diözesanbischof hinzuzuziehen.

Diese Überordnung der geistlichen Gerichte wurde jedoch in Deutschland von den weltlichen nicht anerkannt. Diese behaupteten, daß zwischen ihnen und der geistlichen Behörde in den einzelnen Fällen die Prävention entscheide. Hiermit drangen sie jedoch im Anfang nicht durch; vielmehr wurden sie, wie aus den Beschwerden der deutschen

Nation von 1522 erhellt, hin und wieder von den Geistlichen ganz und gar vom Richten über Zauberei ausgeschlossen.

Noch 1519 und 1520 finden wir einen Inquisitor haereticae pravitatis in Metz mit Hexenverfolgung beschäftigt.

Als später die Inquisition in den deutschen Ländern durch die Reformation außer Tätigkeit gesetzt wurde, zogen in katholischen wie in protestantischen Gebieten die weltlichen Gerichte das Verbrechen der Zauberei ausschließlich vor ihr Forum, ebenso in Frankreich, England, Schweden und andern Ländern, wo das Übel erst später größere Ausdehnung erreichte. Hier und da werden, wahrscheinlich weil die Schwierigkeit der Sache ganz besondere Befähigung des Richters erheischte, Spezialkommissionen, sogenannte Hexenkommissäre, angetroffen. In den Amtsbezirken der Grafschaft Sponheim waren im siebzehnten Jahrhundert sogenannte Hexenausschüsse tätig, deren Aufgabe es war, die Hexen und Zauberer aufzuspüren und zur Anzeige zu bringen. Da die Mitglieder dieser Ausschüsse für die Anzeige und Anklage sowie für die Bewachung während der Haft aus dem Vermögen der Hexen reiche Vergütung empfingen, so suchten sie natürlich auch überall Hexen und Zauberer zu entdecken.

Ähnliche Ausschüsse und Kommissionen bestanden auch in anderen Ländern.

Es lag in der Natur der Sache, daß, bei der steten Beziehung der Hexerei auf theologische Fragen, der Geistlichkeit auch da, wo ihr die richterliche Entscheidung entzogen war, ein gewisser Einfluß blieb. Der Beichtvater oder Seelsorger war zuweilen in stetem Rapport mit dem weltlichen Inquirenten. So fand sich z. B. in einem burgfriedbergischen Prozesse von 1665 der protestantische Inspektor fast Tag für Tag in dem Kerker einer Inquisitin ein, bestürmte sie mit Schrecken und Hoffnung und arbeitete dem Richter vor, indem er Geständnisse erwirkte und neue Indizien eruierte. Sein den Gerichtsakten fast immer um einen Schritt vorauslaufendes Privatprotokoll wurde dem Richter regelmäßig kommuniziert und, als zuletzt die Akten an die Juristenfakultät zu Straßburg versendet wurden, ihnen beigelegt. Die Fakultät belobte den Eifer des Mannes und drückte den frommen Wunsch aus, daß überall beide Brachia in dieser Weise zur Ausrottung des Hexenlasters „cooperiren“ möchten.

Jesuitische Beichtväter haben den Gerichten berichtet, ob die Verurteilten hinsichtlich der denunzierten Mitschuldigen bis zum letzten Augenblick bei ihren Angaben geblieben sind oder nicht; und von diesen Berichten hing die Verbreitung oder Beschränkung einer Verfolgung wesentlich ab. Andererseits wird von „gottesfürchtigen, barmherzigen Priestern“ aus dem Orden Jesu berichtet, die ihrer seelsorgerischen Pflicht genügten und sich der armen Hexen annahmen, soweit es in ihrer Macht stand. Die Beweise, die Duhrhierfür vorbringt, können nicht gut angezweifelt werden.

In der evangelischen Kirche trat in der Regel der Verkehr der Seelsorger mit den Angeklagten erst ein, wenn das Schuldig bereits ausgesprochen war. Indessen sind zahllose Hexen verbrannt worden, ohne vom Tage ihrer Einziehung an einen Geistlichen gesehen zu haben. In unzähligen anderen Fällen haben sich die Geistlichen der Verhafteten angenommen, auf humanere Behandlung hingewirkt, die Nichtigkeit der gegen die Angeklagten vorgebrachten Indizien und Zeugenaussagen nachgewiesen und überhaupt der Hexenverfolgung entgegengearbeitet. Es ließ sich eine große Anzahl von Orten nachweisen, in denen darüber die Geistlichen mit den Behörden und Gerichten in fortwährendem Kampfe lagen. Die scheußliche Brennerei zu Nördlingen wurde 1590 trotz der beiden Strafpredigten begonnen, in denen darüber der dortige Superintendent den Magistrat öffentlich abkanzelte. Noch im Jahr 1674 erkühnte sich sogar der Amtmann zu Tambach in einem an den Herzog zu Gotha erstatteten Bericht auszusprechen, daß man die Geistlichen von jeder Einwirkung auf die Hexenprozesse fernhalten müsse, indem sie den Eingezogenen nur allzugern die günstigsten Zeugnisse zu geben und sogar auf die Zeugen einzuwirken pflegten, weshalb man fernerhin in Inquisitionssachen „vorsichtiger" (d. h. brutaler, teuflischer) vorgehen müsse. „Denn", fährt der Amtmann fort, „ich habe auch in Nachdenken und Betrachtung gezogen, daß die Geistlichen, weil sie zum Teil gern nach dem Äußerlichen judizieren (welches bei sotanen, des Satanas, heimlichen verborgenem Reich, da die Heuchelei und Gleisnerei sehr groß, und wie man allhier genugsam erfahren, solche Hexenleute mit Kirchengehen, Singen, Beten, Nießung des heil. Abendmahls die fleißigsten und sonst dem Nächsten ganz gern behilflich seien (!), sich nicht tun lassen will), auch davon nichts wissen wollen, daß sie dergleichen Zuhörer in ihren anvertrauten Kirchen haben, solche gute Zeugnisse ausstellen, welche hernach den Prozeß in dem Kurs heilsamer Justiz hindern und hemmen, zumal wenn es zur Defension kommt."

Für den ganzen Charakter des Hexenprozesses waren nun vor allem zwei Dinge von maßgebender Bedeutung: 1. die Auffassung der Hexerei als ein Crimen exceptum und 2. die Verdrängung des Akkusationsprozesses durch den Inquisitionsprozeß.

Man teilte nämlich alle Verbrechen in Crimina ordinaria und in Crimina excepta ein. Zu diesen rechnete man: Majestätsbeleidigung, Hochverrat, Falschmünzerei, Straßen- und Seeraub, Ketzerei und Hexerei. Zur Verfolgung dieser „außerordentlichen" Verbrechen muß der Richter notwendig auch mit außerordentlichen Vollmachten versehen sein, weshalb er an den gewöhnlichen Prozeßgang nicht gebunden sein kann. „In his ordo est, ordinem non servare."

Aber die Hexerei ist nicht bloß ein Crimen exceptum, sondern sie hat unter den außerordentlichen Verbrechen noch einen ganz besondern außerordentlichen Charakter. Sie wird ausgeübt mit den Mächten der Finsternis in tiefster Verborgenheit. Wird die Hexe wegen ihrer Malefizien zur Untersuchung gezogen, so steht ihr der Vater der Lüge zur Seite, lehrt sie leugnen und lügen, verhärtet sie gegen den Schmerz, verblendet die Augen der Richter, verwirrt das Gedächtnis und die Gedanken der Zeugen etc. Daher hat der Richter im Hexenprozeß eine Aufgabe zu lösen, wie in keinem anderen Kriminalprozeß: er hat während der ganzen Untersuchung einen beständigen Kampf mit dem Teufel zu bestehen, den zu überlisten und zu bezwingen er bestrebt sein muß, was nur durch ganz außerordentliche Inquisitionsmittel möglich ist.

Das alles hatte man im Auge, indem man die Hexerei ein Crimen exceptum nannte, das (wie Carpzov sagte) ein ganz eigenartiges Crimen atrox, ja atrocissimum sei; denn in ihr vereinigen sich Ketzerei, Apostasie, Sacrilegium, Blasphemie und Sodomie. Darum verjährt die Schuld der Ketzerei niemals und die Untersuchung und Bestrafung kann selbst noch an der auszugrabenden Leiche des Angeklagten stattfinden.

Die Verdrängung des Akkusations- durch den Inquisitionsprozeß erfolgte zwar nur allmählich, aber doch verhältnismäßig rasch, und zwar zunächst infolge der überaus bedeutenden Teilnahme der Geistlichen an der Rechtspflege bis in die Zeit der Reformation hinein. In Deutschland wußte man es bis dahin nicht anders, als daß die Rechtspflege eine offene und öffentliche vor den Volksgenossen sein müsse, vor denen ein Ankläger die als Schuldige Anzusehenden zur Anzeige zu bringen habe. Die Geistlichen aber waren längst an den Inquisitionsprozeß gewöhnt, weshalb sie ihn auch alsbald in der Hexenverfolgung zur Geltung zu bringen wußten, und zwar mit solchem Erfolge, daß auch die protestantischen Gerichte allmählich ihrem Vorgange folgten. Schon gegen das Ende des fünfzehnten Jahrhunderts behandelten juristische Schriftsteller den Inquisitionsprozeß als ein in subsidium anwendbares Gerichtsverfahren und als einen in der Praxis selbst der weltlichen Gerichte bereits anerkannten Modus procedendi extraordinarius, „so kein Ankläger vorhanden".

Allerdings war der Anklageprozeß in der Hexenverfolgung nicht gänzlich ausgeschlossen; allein der inquisitorische war von Anfang an vorgezogen und besonders empfohlen. Man erwog hierbei die Schwierigkeit, auf dem Wege des Akkusationsverfahrens Hexen aufzuspüren, die mißliche Stellung des Anklägers, der Kaution leisten mußte, sich zum Beweise verpflichtete und im Falle, daß er diesen nicht führen konnte, der Poena talionis unterlag, während der Denunziant oder der von Amts wegen einschreitende Richter fast ganz ohne Gefahr handelte. Zwar war noch in der peinlichen Gerichtsordnung des Reichs, in der Carolina, der akkusatorische Prozeß als die ordentliche Form des Gerichtsverfahrens bestätigt worden, allein alle die heilsamen Formen des Prozesses, die im alten Rechte begründet waren, schwanden doch allmählich dahin. Die Schöffenverfassung bestand noch, löste sich jedoch allmählich fast ganz auf. Nur hier und da erhielten sich auch im Hexenprozeß Reste der alten Volksgerichte, wogegen es üblich wurde, die Prozeßakten juristischen Fakultäten oder Schöppenstühlen zur Prüfung und Beschlußfassung zuzusenden. Die Öffentlichkeit und Mündlichkeit war längst aus den Gerichtsstuben verschwunden, in denen man jetzt die sorgfältigsten Protokolle anlegte.

Das Beweisverfahren im Kriminalprozeß wurde jetzt auch ein wesentlich anderes.

Im Mittelalter hatte man im Beweisverfahren zwischen handhafter und übernächtiger Tat unterschieden.

Bei Hexen konnte es nun natürlich zum Prozeß auf handhafte Tat nicht leicht kommen, – weil es nicht möglich war, eine Hexe mit ihren Malefizien auf frischer Tat zu ertappen.

Im Prozesse auf übernächtige Tat war aber der Unschuldige, wenn er in gutem Rufe stand und das Vertrauen und Wohlwollen der „Nachbarn" besaß, insofern in ganz günstiger Lage, als er sich durch seinen Eid losschwören konnte. Waren nämlich dabei auch nach manchen Statuten Eidhelfer nötig, die mit ihrem Eide ihren Glauben an die Wahrhaftigkeit des Angeklagten und seines Eides bezeugen mußten, so fand ein solcher Angeklagter die Zahl der nötigen Eidhelfer ohne Not zusammen. Dieses ganze Verfahren wurde jedoch vom Ende des fünfzehnten Jahrhunderts an durch eine ganz neue Prozedur verdrängt. Die Gerichte begannen nämlich, indem sie, zum Teil auf kaiserliche Privilegien gestützt, nach dem Vorgange der geistlichen Gerichte ex officio einschritten, das alte Beweissystem zu verlassen und alles, neben der Zeugenaussage, vom Geständnis der Angeschuldigten abhängig zu machen. Dieses Geständnis suchte man nun durch alle nur möglichen Mittel herbeizuführen. Als Hauptmittel hierzu wurde, nach dem Vorgange der geistlichen Gerichte, die Folter erkoren, was nach und nach durch die Bamberger Halsgerichtsordnung von 1507und dann durch die Reichsgesetzgebung, die peinliche Gerichtsordnung Karls V., bestätigt wurde.

Mit der Einführung dieses ganz neuen Beweisverfahrens wurde nun der Sieg des Inquisitionsprozesses über das Anklageverfahren erst recht befestigt.

Späterhin sehen wir in vielen Territorien Deutschlands im Kriminal- wie im Hexenprozeß ein Institut hervortreten, das dem Gerichtsverfahren wenigstens die Form des Anklageprozesses wiederzugeben schien. Es war dieses das Fiskalat in dem Processus mixtus. In vielen deutschen Landen (namentlich in Kurbrandenburg) wurde nämlich ein Fiskal (Advocatus s. Commissarius fisci) bestellt, der durch Abfassung eines Klaglibells den Prozeß zu eröffnen und durch den ganzen Lauf der Verhandlungen hin an ihm teilzunehmen hatte. Dabei blieb aber doch der Inquisitionsprozeß, was er im Unterschiede vom Anklageprozeß war.

Der Sache nach verdrängte der Inquisitionsprozeß, der den Angeklagten ganz der Willkür des Untersuchungsrichters preisgab, den Akkusationsprozeß gänzlich und ließ nur hier und da einige nichtssagende Formen davon übrig, bis auch diese zuletzt verschwanden. Wenn der Ankläger sein Libell einreichte, so befand sich der Beschuldigte gewöhnlich schon in Haft und war einer übereilten und gewaltsamen Voruntersuchung unterworfen worden, und die Klageschrift war dann oft großenteils aus den so erpreßten Geständnissen konstruiert, auf die man sich denn auch ausdrücklich bezog. Schon Delrio bezeichnet den Inquisitionsprozeß als den gewöhnlichen (ordinarium) in Hexensachen, und Carpzov rechtfertigt ihn für dieses, wie für alle schwereren und verborgenen Verbrechen.

Doch liegen uns zwei Hexenprozesse aus der zum Herzogtum Luxemburg gehörigen Herrschaft Neuerburg, aus den Jahren 1629-1631 vor, in denen der Akkusationsprozeß vorherrscht. In dem ersten dieser Prozesse tritt als Kläger ex officio der Amtmann zu Neuerburg auf. Er erklärt am 24. Oktober 1629 vor Schultheiß und Gericht, daß des Pastors Magd „von vielen Jahren des abscheulichen Lasters der Zauberei in großem Verdacht und Argwohn nicht allein per rumorem vulgi gewesen, sondern auch jüngsthin von Stefan Claussen eines solchen denunziert und besagt worden sei". Hierauf wird folgendes Dekret gegeben: „Nach Verhör ex officio Klägers und beschehenem Begehr ernennen Schultheiß und Gericht zu Neuerburg Herrn Klägern Tag gegen Morgen den 25. dieses." An dem anberaumten Tage führt sodann Kläger einen Zeugen vor, „begehrend selbigen mediante iuramento über mündlichen Vermeß zu examinieren". Dieses geschieht an diesem wie an den beiden folgenden Tagen mit mehreren anderen Zeugen, nachdem Kläger jedesmal um „Kontinuation" angehalten hat und diese darauf beschlossen worden ist. – Bei dem zweiten Prozeß tritt der Kläger, ein Privatmann, nicht ex officio auf, sondern er hat sich „aus Eifer der Gerechtigkeit" vorgenommen, sich als „Formalkläger" gegen die Inquisitin darzustellen. Dazu muß er aber nicht nur zwei Bürgen „setzen", sondern auch mit einem leiblichen Eid beschwören, daß er diese Handlung „aus keiner anderen Meinung, denn allein aus purem Eifer der Gerechtigkeit, ohne einigen verbotenen Anhang, durch eigene Bewegnis sich vorgenommen habe", worauf ihm erst ein Tag zur Anstellung der Information „präfixiert" wird. – Ja selbst in weit späterer Zeit finden sich vereinzelte Beispiele vom Gebrauche der alten Prozeßformen vor. Die burgfriedbergische Obrigkeit mußte sich 1666 von den Straßburger Juristen die Bemerkung gefallen lassen, daß sie sich dadurch Verlegenheiten bereitet habe, die auf dem Inquisitionswege leicht zu umgehen gewesen wären.

An ein geordnetes Vorschreiten war weder auf dem einen, noch auf dem andern Wege zu denken. Sehr häufig sprang man von diesem auf jenen über und umgekehrt. So verfuhr der Dominikaner Savini mit allen Schikanen des Ketzerrichters gegen ein Weib in Metz, nachdem dessen Privatankläger ihn durch Bewirtung und Geschenke in ihr Interesse gezogen hatten.

Deutlicher noch geht diese Vermengung aus folgendem Falle hervor. Im Mai 1576 erschien eine Deputation der Gemeinde Feckelberg vor dem Amtmann zu Wolfstein in der Pfalz und erklärte, daß sie beauftragt sei, ein Weib aus dem Dorfe, Katharine Hensel, der Zauberei förmlich anzuklagen. Nach geschehener Erinnerung an die Strafe für falsche Anzeige, erklärte sie sich weiter bereit, jede Verantwortung zu tragen, und bat um Einleitung des Prozesses. Der Amtmann, ein Doktor beider Rechte, ließ sich ein schriftliches Verzeichnis der Punkte, die zu solcher Klage berechtigen könnten, einreichen – sie betrafen verschiedene Behexungen von Menschen, Kühen und

Schweinen – und verfuhr zuerst auf dem Inquisitionswege, erwirkte durch die Tortur Geständnisse, die bald widerrufen, bald erneuert wurden, und trat hierauf vor dem gräflichen Malefizamte als Kläger auf. Das Weib wurde im Juli zum Tode verurteilt, widerrief aber als sie zur Richtstätte geführt wurde, so entschieden, daß trotz aller Befehle des Amtmanns der Scharfrichter die Exekution verweigerte. Hierauf ließ sich der Pfalzgraf Georg Johann von Veldenz die Akten einschicken, und nach langem Hin- und Widerschreiben war die Sache so verwickelt, daß auf seine Anordnung von beiden Teilen ein Schiedsgericht aus drei speyerischen Rechtsgelehrten ernannt wurde, das am 27. Februar 1580 sein Urteil abgab. Dieses lautete dahin, daß die seit vier Jahren Eingekerkerte sub cautione fidejussoria von der Instanz zu absolvieren, die Gemeinde Feckelberg aber in die Kosten zu nehmen sei.

Im folgenden Jahrhundert galt diese Vermengung der Prozeßarten in Bayern, Sachsen, Württemberg und andern Ländern bereits als etwas durch Gewohnheitsrecht Geheiligtes. Man nannte das eine Kumulation.

Hatte man nun aber auch die gewünschten Geständnisse erpreßt, so war man damit noch nicht zum letzten Ziele gekommen, auf das der Hexenrichter hinarbeitete. Nach der Carolina mußten die erpreßten Geständnisse, wenn sie gelten sollten, Tatsachen enthalten, die nicht leicht ein Unschuldiger wissen konnte, und die angegebenen Umstände sollten wahrscheinlich sein und nach angestellten Nachforschungen als wahr erfunden werden. Wie war aber bei der Zauberei die Feststellung dieses äußeren Tatbestandes, des Corpus delicti möglich? Man half sich dabei mit den willkürlichsten Prozeduren, indem man den Verhafteten eine Reihe von Fragen vorlegte, auf die nur mit Ja oder Nein zu antworten war, z. B. „Ob wahr, daß die Angeklagte an einem bestimmten Tage im Felde gestanden? Ob wahr, daß sie hierbei eine Hand zum Himmel ausgestreckt oder mit der Hand gewinkt habe? Ob ferner wahr, daß damals ein Gewitter ausgebrochen?“ Hatte die Angeklagte diese drei Fragen bejahen müssen, so nahm der Richter die Tatsache als konstatiert an, daß sie auch das Unwetter herbeigeführt habe, und nun folgte die entscheidende Frage: „Ob wahr, daß der Teufel sie veranlaßt, sich selber und ihren Mitmenschen zum Schaden das Wetter zu machen?“

Bezüglich der Bündnisse und Vermischungen mit dem Teufel, der Hexenfahrten, ließ sich freilich auch nicht einmal auf diesem Wege der Tatbestand feststellen, weshalb nach der sonst herrschenden juristischen Ansicht hierbei nur eine gelindere Strafe eintreten sollte. Allein bei den Hexenprozessen hielt man es auf Grund der Theorie von dem Delictum atrocissimum et occultum anders. Carpzov z. B. erklärt (Quaest. 49, Nr. 60 ff.), eine andere Gewißheit des einbekannten Verbrechens, als die man eben haben könne, sei nicht erforderlich. Bei verborgenen und schwer nachweisbaren Verbrechen genüge es, wenn für ihren Tatbestand die Vermutung spreche. Aus welchen Vermutungen und Anzeigen aber die Gewißheit einer vollführten Hexerei konstatirt werden könne, lasse sich nicht genau bestimmen, sondern müsse durchaus der Einsicht und dem Ermessen des Richters überlassen werden. – Daher war noch der Professor der Jurisprudenz zu Tübingen und der Direktor des Konsistoriums zu Stuttgart, Wolfgang Adam Lauterbach († 1678), der Ansicht, daß eine Hexe auf ihr bloßes Geständnis hin zum Tode verurteilt werden könne, auch wenn von anderer Seite über den objektiven Tatbestand gar nichts bekannt sei. Wie genau oder ungenau man aber mit der Erhebung des Tatbestandes, auch wo er unmittelbarer Erforschung zugänglich war, zu verfahren pflegte, das mögen folgende aus einer reichen Fülle herausgegriffene Beispiele beweisen.

Eine Magd zu Baden litt an einer Armgeschwulst. Sie erinnerte sich, daß kurz zuvor eine Krämersfrau, bei der sie Pfeffer holte, ihre schönen Arme gelobt hatte. Da die Frau sich schon früher einmal zum Verdruß der Obrigkeit einem gegen sie eingeleiteten Hexenprozeß zu entziehen gewußt hatte, so ergriff man diese Gelegenheit, sie von neuem zu verhaften. Der Ehemann beschwerte sich hierauf beim Kammergericht wegen Gewalttätigkeit. Das badische Gericht rechtfertigte jedoch seine Befugnis zu peinlichem Vorschreiten auf Zauberei aus folgendem Protokolle: „Matthiß Haug, Burger und Balbirer allhie zu Baden, ist befragt und angehört worden, wie er diesen Schaden befunden, als er geschickht worden, selbigen zu besichtigen. – Es seye nit anderst gewesen, als wann drey Finger darein getruckht weren. Inmaßen die mähler noch zu sehen und zu erkhennen geben. Dahero zu besorgen, eß möchten drey löcher in den Arm fallen und die Schwindsucht darzue khommen. Ihren der Magd khönne solliches natürlicher Weiß nit geschehen sein, weilen sie zuvor nie keinen Schaden daran gehabt. Ließe es also auch darbey bewenden.“

Fünf bis sechs Weiber zu Lindheim, erzählt Horst, wurden entsetzlich gemartert, damit sie bekennen sollten, ob sie nicht auf dem Kirchhofe des Orts ein vor kurzem verstorbenes Kind ausgegraben und zu einem Hexenbrei gekocht hätten. Sie gestanden dieses zu. Der Gatte einer dieser Unglücklichen brachte es endlich dahin, daß das Grab in Gegenwart des Ortsgeistlichen und mehrerer Zeugen geöffnet ward. Man fand das Kind unversehrt im Sarge. Der fanatische Inquisitor hielt jedoch den unversehrten Leichnam für eine teuflische Verblendung und bestand darauf, daß, weil sie es doch alle eingestanden hätten, ihr Eingeständnis mehr gelten müsse als der Augenschein. Man müsse sie deshalb „zur Ehre des dreieinigen Gottes“, der die Zauberer und Hexen auszurotten befohlen habe, vertilgen. Sie wurden in der Tat verbrannt.

Nach dem Malleus und der späteren allgemeinen Praxis war der Richter befugt, auf bloße Denunziation, Übeln Ruf und sonstige Indizien einzuschreiten. Kam der wandernde Inquisitor in eine Stadt, wo er tätig sein wollte, so forderte er durch einen Anschlag an den Türen der Pfarrkirchen oder des Rathauses unter Androhung von Kirchenbann und weltlichen Strafen auf, jede Person, von der man etwas Zauberisches wisse, oder von der man selbst nur gehört habe, daß sie in üblem Rufe stehe, binnen zwölf Tagen anzuzeigen. Der Denunziant wurde mit geistlichem Segen und klingender Münze belohnt, sein Name auf Verlangen verschwiegen. In den Kirchen fand man an manchen Orten, z. B. in Mailand, Kasten mit einem Spalt im Deckel, zur Einlegung anonymer Denunziation. Weltliche Gerichte beschieden, wenn irgendein Impuls ihre Aufmerksamkeit auf das Hexenwesen gelenkt hatte, Gerichtsschöffen aus den Dörfern zu sich, um sich nach verdächtigen Personen zu erkundigen, oder sandten Späher in die Gemeinden. Manche ahmten auch den umherziehenden Ketzerrichtern nach.

Hierbei waren auch die harmlosesten und bedeutungslosesten Äußerungen, die Kinder im Verkehre miteinander taten, den Spähern oft ein willkommener Anlaß zur Anzeige und zur Einleitung eines Hexenprozesses. Wie Thomasius erzählt, wurde ein achtjähriges Kind in Untersuchung gezogen, weil es eine Maus aus seinem Taschentuch geknotet hatte. Seine Gespielen erzählten, das Mädchen könne Mäuse machen, worauf sich der Dorfpfarrer beeilte, eine Anklage auf Hexerei zu erheben. Die Alte, die dem Kinde das Mäusemachen gelehrt hatte, wäre beinahe auf die Folter gekommen.

Hatte der Richter die nötigen vorläufigen Indizien, so eröffnete er den Prozeß. Was aber galt als Indizium? Antwort: Alles! Übler Ruf, oft begründet durch die vor Jahren aus Haß oder auf der Folter getanen Aussagen einer Inquisitin, oft nicht einmal durch Zeugen erhoben, die Angabe eines Mitschuldigen, die Abstammung von einer wegen Zauberei Hingerichteten, Heimatlosigkeit, ein wüstes und unstetes Leben, große und schnell erworbene Kenntnisse ohne bemerkbaren Fleiß, rasch zunehmender Wohlstand, eine Drohung, auf die den Bedrohten ein plötzlicher Schaden traf, die Anwesenheit im Felde kurz vor einem Hagelschlag – dies alles erscheint noch als etwas ziemlich Einfaches; aber außerdem wurden noch die entgegengesetztesten Dinge zu Indizien gestempelt, so daß, wer die Scylla vermeiden wollte, notwendig in die Charybdis geriet. Eine wirkliche Heilung war oft nicht weniger gefährlich als eine nachgesagte Beschädigung. Die Beklagte hat ihrer kranken Schwiegertochter Lorbeeren eingegeben, worauf diese genas. Der Fiskal folgert daraus, daß sie selbst die Krankheit zuvor durch Zauberei herbeigeführt habe. – Von zwei kranken Zimmergesellen stirbt der eine, der andere gesundet unter der Pflege der Hausfrau; „dannenhero der Nicolaus Schönle (der Zimmermeister) ganz wohl gemerket, wie das Spiel gekartet gewesen und daß die Peinlich-Beklagtin Zauberei appliciret und damit es nicht so grob herauskommen möchte, hat sie dem Kerlen fleißig gearzet, daß er wieder gesund worden usw." – „Dergleichen ist auch hie zu Schletstadt geschehen, da eines Schreiners Fraw in jres Nachbawren Hauß viel gewandelt, und jm letzlich ein jung Kind an einem Ärmlein erbermlich verderbt hat, und hernach zum Theil mit baden, Kreutern etc. widerumb geholffen." Bei einer Frau von bravem Lebenswandel führte man als Belastungsgrund ins Treffen, „der Teufel könne auch die Gestalt eines Gerechten annehmen", und brachte sie ins Gefängnis und auf die Tortur. So in Offenburg die Maria Fehr, geborene Linderin, die am 6. Oktober 1601 hingerichtet wurde.

Der nachlässige Besucher des Gottesdienstes war verdächtig, aber der fleißige nicht minder, weil sein Benehmen die Absicht verriet, den Verdacht von sich abzuwälzen.

Zeigte sich jemand bei der Gefangennehmung furchtsam und erschrocken, so war das die Äußerung des bösen Gewissens; benahm er sich gelassen und mutig, so hatte ihn der Teufel verhärtet und verstockt. Redete man gegen die Hexenprozesse, nahm man sich der Verfolgten an, bezweifelte man die Wahrheit der magischen Greuelgeschichten, so war das eine Oratio pro domo; ging man auf der andern Seite im Lobe der Inquisitoren und ihrer Bestrebungen etwas zu weit, so galt dies als eine höchst verdächtige Captatio benevolentiae. Unverzügliches Denunzieren einer vermeintlichen Zauberhandlung hatte den Vorwurf verdächtiger Voreiligkeit zu fürchten, aber das Unterlassen der Denunziation war wiederum Begünstigung des Lasters. Wer einer aufkommenden üblen Nachrede nicht schleunig durch gerichtliche Schritte begegnete, ließ eines der stärksten Indizien sich befestigen; wer dagegen klagte, überlieferte sich freiwillig allen Schikanen eines gefährlichen Prozesses. Kurz, es traf auch im Hexenprozesse ein, was schon Apulejus in seiner Apologie von der Zauberriecherei seiner Zeit sagt: Omnibus, sicut forte negotium magiae facessitur, quidquid omnino egerint, objicietur. Wir verzichten darauf, alles Einzelne aufzuzählen; doch bemerken wir noch, daß man beim Abendmahl darauf lauerte, ob ein Weib etwa die Hostie aus dem Munde nehme. Eine zufällige Annäherung der Hand nach dem Gesichte konnte gefährlich werden. Schon der Malleus, P. II. Quaest. I. Kap. 5, macht auf dieses Indizium aufmerksam. 1665 wurde zu Friedberg ein Weib zum Tode verurteilt, deren Prozeß damit begonnen hatte, daß eine Nachbarin gesehen haben wollte, wie sie nach empfangener Hostie beim Umgang um den Altar den Mund wischte. – Um zu zeigen, wie weit man's im Absurden trieb, folge hier noch eine Stelle aus der Schrift des Fiskals in einem buseckischen Prozesse von 1672: „14. entsteht auch ein merkliches Indicium wider die P. Beklagtin, weil sie sich so unfläthig hält, es auch also bei ihr stinkt, daß die Wächter deßhalben unmöglich bei ihr bleiben können, sondern die P. B. in ihrer bisherigen Wachtstuben einsperren, und die Wächter in der andern Stuben gegen der über sich aufhalten müssen, ex hoc enim exoritur indicium magiae (Crusius de indic. delict., part. 2, cap. 32, no. 200, § 41. et n. 69, § 30). Und damit, daß deme also seye, der Juristen Facultaet, wohin die peinlichen Acta verschickt werden dürften, auch wissend seye, so bittet Fiscalis, einen Schein ad acta zu legen, oder in der Missiv dessen zu gedenken."

Zu den Indizien gehörte auch die Flucht, und zwar selbst dann, wenn das, was man dafür ansah, in Wahrheit gar kein Entweichen war. So erzählt Spee, eine ehrbare Frau, die einige Stunden von ihm entfernt wohnte, sei zu ihm gekommen, um ihn zu fragen, was sie tun sollte, da man sie als Hexe verdächtigt habe. Daraufhin habe er ihr geraten, nach Hause zurückzukehren, da ja durchaus kein Verdachtsgrund gegen sie vorliege. Diesen Rat habe die Frau auch befolgt, allein sowie sie in der Heimat wieder angekommen sei, habe man ihre nur nach Stunden zu zählende Abwesenheit als Flucht und somit als überführendes Indizium geltend gemacht, sie gefoltert und durch fortgesetztes Foltern ein Geständnis erpreßt, worauf sie verbrannt worden sei. Auch weist v. Wächter (S. 104-105) darauf hin, daß schon die bloße Berührung einer Person mit einer anderen, wenn dieser hernach etwas Böses widerfuhr, genügte, um die erstere der Hexerei anzuschuldigen.

Das schrecklichste Indizium war aber die Aussage einer Hexe, die, auf der Folter nach Genossen befragt, um von der gräßlichen Qual befreit zu werden, irgend jemanden nannte, der dann sofort verhaftet wurde. Als in Grünberg in Schlesien eine eben verhaftete Frau ihrer Angeberin gegenübergestellt wurde, beschwor sie die Denunzierte und ihre Töchter, ihre unwahren Behauptungen zu widerrufen. Da wies die bereits gefolterte Hexe auf die Marterwerkzeuge und stöhnte: „Liegt ihr nur erst da, und ihr werdet noch Schlimmeres sagen."

Wie leicht auch die harmloseste Beschäftigung ein Indizium abgeben konnte, hat Hormayr im „Österreichischen Archiv" nachgewiesen, wo er berichtet, daß zwei alte Weiber auf dem Plinzenberg bei Fulnek verbrannt wurden, „weil sie zur Sommerszeit viel in Felsen und Wäldern herumgewandelt und Kräuter gesucht".

Man sieht, daß es kein Mittel gab, dem Verdacht zu entgehen; aber es gab auch kaum eines, aus den Krallen eines blutgierigen Richters sich zu befreien, wenn man einmal hineingeraten war. „Denn haben wir schon öfter von den Gefangenen, ehe sie noch bekannt, gehört, wie sie wohl einsehen, daß keiner mehr, der Hexerei halber eingefangen ist, mehr herauskommt, und ehe sie solche Pein und Marter ausstehen, wollten sie lieber zu allem, was ihnen vorgehalten werde, ja sagen, wenn sie es auch entfernt nie getan, noch je daran gedacht haben."

Die Carolina gab hinsichtlich der Indizien und Untersuchungspunkte Beschränkungen an, die von einer für jene Zeit rühmlichen Mäßigung zeugen; aber in der Anwendung hielt man sich auch in Deutschland fast immer lieber an den Malleus und seine Nachtreter. Wo nicht das Formlose ganz rückhaltlos hervorstürmte, da schlich die Schikane in den Irrgewinden kanonistischer und romanistischer Gelehrsamkeit herum und beging künstlich ein Dutzend Nullitäten, wo der plumpe Fanatismus eine einzige aus Dummheit machte.

Sehen wir zuvörderst, wohin der Verhaftete gebracht wird.

Wie in der Einrichtung der Gefängnisse jener Zeit überhaupt die gewissenloseste Nachlässigkeit hervortritt, so zeigt sich in denen für die Hexen insbesondere noch eine höchst erfinderische Grausamkeit. „Denn es ist genugsam bekannt und darüber geklagt worden, daß zumal in Deutschland das Gefängnis ein unterirdischer, schrecklicher und schmutziger Ort ist", bekennt selbst ein Carpzov. Es gab eigens eingerichtete Hexentürme und Drudenhäuser. Das von Bischof Johann Georg II. (1622-1633) zu Bamberg erbaute Malefizhaus hatte allerlei neuerfundene Vorrichtungen zur Tortur; über dem Portale stand das Bild der Themis mit der Umschrift: Discite justitiam moniti et non temnere Divos! Bambergische Inquisitoren rühmen als ein äußerst wirksames

Mittel, die Hexen zahm zu machen, „das gefaltelt Stüblein“, wahrscheinlich eine Art Lattenkammer.

Der Hexenturm zu Lindheim in der Wetterau ist von Horst (Dämonomagie, B. II., S. 349 ff.) genau beschrieben; der auf dem Schloß zu Marburg ist ganz ähnlich gebaut. Den schauerlichen „Kaibenturm“ in Zug in der Schweiz beschrieb 1867 nach eigener Anschauung Professor Osenbrüggen. Lassen wir uns von einem Augenzeugen, dem calvinistischen Prediger Anton Prätorius, dem wackeren Vorläufer Spees, ein Bild von dem entwerfen, was man vor dritthalb Jahrhunderten ein Gefängnis nannte.

„In dicken, starken Thürnen, Pforten, Blochhäusern, Gewölben, Kellern, oder sonst tiefen Gruben sind gemeinlich die Gefängnussen. In denselbigen sind entweder große, dicke Hölzer, zwei oder drei über einander, daß sie auf und nieder gehen an einem Pfahl oder Schrauben: durch dieselben sind Löcher gemacht, daß Arme und Beine daran liegen können.

Wenn nun Gefangene vorhanden, hebet oder schraubet man die Hölzer auf, die Gefangen müssen auf ein Klotz, Steine oder Erden niedersitzen, die Beine in die untern, die Arme in die obern Löcher legen. Dann lasset man die Hölzer wieder fest auf einander gehen, verschraubt, keilt und verschließet sie auf das härtest, daß die Gefangen weder Bein noch Arme nothdürftig gebrauchen oder regen können. Das heißt, im Stock liegen oder sitzen.

Etliche haben große eisern oder hölzern Kreuz, daran sie die Gefangen mit dem Hals, Rücken, Arm und Beinen anfesseln, daß sie stets und immerhin entweder stehen, oder liegen, oder hangen müssen, nach Gelegenheit der Kreuze, daran sie geheftet sind.

Etliche haben starke eiserne Stäbe, fünf, sechs oder sieben Viertheil an der Ellen lang, dran beiden Enden eisen Banden seynd, darin verschließen sie die Gefangenen an den Armen, hinter den Händen. Dann haben die Stäbe in der Mitte große Ketten in der Mauren angegossen, daß die Leute stäts in einem Läger bleiben müssen.

Etliche machen ihnen noch dazu große, schwere Eisen an die Füße, daß sie die weder ausstrecken, noch an sich ziehen können. Etliche haben enge Löcher in den Mauren, darinn ein Mensch kaum sitzen, liegen oder stehen kann, darinn verschließen sie die Leute ohngebunden, mit eisern Thüren, daß sie sich nicht wenden oder umbkehren mögen. Ettliche haben fünfzehn, zwanzig, dreißig Klaftern tiefe Gruben, wie Brunnen oder Keller aufs allerstärkest gemauret, oben im Gewölbe mit engen Löchern und starken Thüren Gerembsten, dardurch lassen sie die Gefangen, welche an ihren Leibern sonst nicht weiter gebunden, mit Stricken hinunter, und ziehen sie, wenn sie wöllen, also wieder heraus.

Solche Gefängnuss habe ich selbst gesehen, in Besuchung der Gefangenen; gläube wohl, es seyn noch viel mehr und anderer Gattung, etliche noch greulicher, etliche auch gelinder und träglicher.

Nach dem nun der Ort ist, sitzen etliche gefangen in großer Kälte, daß ihnen auch die Füß erfrieren und abfrieren, und sie hernach, wenn sie loskämen, ihr Lebtage Krüppel seyn müssen. Etliche liegen in stäter Finsternuß, daß sie der Sonnen Glanz nimmer sehen, wissen nicht, ob's Tag oder Nacht ist. Sie alle sind ihrer Gliedmaßen wenig oder gar nicht mächtig, haben immerwährende Unruhe, liegen in ihrem eigenen Mist und Gestank, viel unfläthiger und elender, denn das Viehe, werden übel gespeiset, können nicht ruhig schlafen, haben viel Bekümmernuß, schwere Gedanken, böse Träume, Schrecken und Anfechtung. Und weil sie Hände und Füße nicht zusammen bringen und wo nöthig hinlenken können, werden sie von Läusen und Mäusen, Steinhunden und Mardern übel geplaget, gebissen und gefressen. Werden über das noch täglich mit Schimpf, Spott und Dräuung vom Stöcker und Henker gequälet und schwermüthig gemacht.

Summa, wie man sagt: Alle Gefangen arm!

Und weil solches alles mit den armen Gefangenen bisweilen über die Maßen lang währet, zwei, drei, vier, fünf Monat, Jahr und Tag, ja etliche Jahr: werden solche Leute, ob sie wohl anfänglich gutes Muths, vernünftig, geduldig und stark gewesen, doch in die Länge schwach, kleinmüthig, verdrossen, ungeduldig, und wo nicht ganz, doch halb thöricht, mißtröstig und verzagt. – – – –

O ihr Richter, was macht ihr doch? Was gedenkt ihr? Meinet ihr nicht, daß ihr schuldig seyd an dem schrecklichen Tod eurer Gefangenen?“

Die Salzburger Gefängnisse, sehr bezeichnend Keuchen genannt, waren Löcher voll Unrat, in denen die Gefangenen auf zerfaultem Stroh, mit schweren Ketten belastet, zusammengepfercht lagen. Wochen-, oft monatelang, brachten die Inhaftierten hier zu. Das Essen war so übelriechend, daß sogar ein Bettelweib mit Rutenstreichen gezwungen werden mußte, es hinunterzuwürgen, ebenso ein gewiß nicht verwöhnter Betteljunge. Im Sommer verschmachteten die Gefangenen fast vor Hitze und im Winter froren ihnen die Zehen ab, wie dies dem Buben Kunz Siebenhofer geschah. Laut den Protokollen wurden einige von Ratten angefressen, andere waren derartig von Ungeziefer bedeckt, daß man ihnen neue Kleider von Sackleinwand geben mußte. Nicht genug an solchen Schrecknissen, peinigte man auch die Gefangenen noch dadurch, daß man sie in kupferne Körbe steckte und diese an eisernen Haken an der Mauer aufhängte, damit der Satan seine Macht über sie verliere, was bekanntlich der Fall war, wenn sie nicht den Boden berührten. Ein anderer Gewährsmann im ersten Viertel des achtzehnten Jahrhunderts sagt kurz und bündig: „Die Gefängnisse sind jetzt überall wüst und schaurig. Meistens liegen sie unter dem Erdboden und sehen aus wie eine übelriechende Pfütze oder eine grauenerregende Höhle. Liegen sie aber zuweilen über der Erde, so gleichen sie eisernen Käfigen, die nicht für Menschen, sondern für Tiger oder (andere) gräßliche Ungeheuer bestimmt sind.“ Selbst Nürnberg, das deutsche Paris des Mittelalters, unterschied sich darin nur wenig von den anderen, viel weniger kultivierten deutschen Städten. Die Gefängnisse, sagt Johann Ewich 1584, sollen nur zur Verwahrung, nicht zur Strafe da sein, würden aber „etwan also zugerüstet, daß sie mit Recht wohl Teufels Herbergen mögen genannt werden, und etliche lieber sterben wollen, denn dieselbigen länger bewohnen." Um sich von seiner Pflicht zu drücken, den Verhandlungen gegen „Hexen" beizuwohnen, schreibt am 7. Julius 1675 der Kaiserl. Kommissar Graf Purgstall an die Regierung nach Graz, „daß er dausendmall liber bey den Barbaros quam apud inferoset daemones commissioniren wole, da der Gestankh so man in den Kerkhern des Gefangenen ausstehen mueß, ist Vnbeschreiblich, were auch kein Wunder (wann Gott nicht beistünde), eine schwere Krankheit zu erlangen". Daß auch die Eingesperrten darunter litten, das kam dem hochedlen Herrn nicht in den Sinn.

In solcher Umgebung sahen sich die Gefangenen einem vorläufigen Nachdenken über ihre Gegenwart und Zukunft überlassen. Es ist begreiflich, daß in dieser Lage sich mit den Unglücklichen allerlei Schreckliches zutrug. Eine Frau, die 1664 zu Eßlingen im Hexenturm saß, erfuhr, daß ihr Mann gestorben sei, und brach, als sie diese Nachricht erhalten, aus dem Kerker und stürzte sich vom Turm herab, so daß sie mit zerschmettertem Schädel auf der Straße lag.

Dergleichen Vorfälle wurden jedoch von den Hexenrichtern nicht weiter beachtet.

Der Malleus gibt die Weisung, verstockte Personen nötigenfalls ein ganzes Jahr in diesem Zustande zu erhalten und dann ihnen die kanonische Reinigung mit zwanzig bis dreißig Eideshelfern aufzuerlegen; können sie diese nicht leisten, so soll das Verdammungsurteil erfolgen. Weltliche Richter, bei denen jenes kanonische Beweismittel nicht galt, haben die Haft zuweilen auf zwei, drei und vier Jahre ausgedehnt. Ein Weib zu Offenburg saß vom Oktober 1608 bis zu Anfang 1611 im Kerker und wurde dann hingerichtet, obgleich der Prozeß noch vor dem Kammergericht schwebte. (R. K. G. Akten.) Wurzerin zu Bamberg war drei Jahre lang im Kerker an Ketten angeschlossen (v. Lamberg S. 25). – Die Hensel aus Feckelberg hatte vier Jahre gesessen.

Doch dieses konnte nur infolge ganz eigentümlicher äußerer Verhältnisse oder einer seltenen Untüchtigkeit der Gerichte eintreten. In der Regel wußte man schneller zum Ziele zu gelangen.

Was nun in diesen finstern Kammern von in Teufel umgewandelten Menschen Unmenschliches, Barbarisches, Niederträchtiges verübt worden ist, das weiß nur Gott. Die meisten Prozeßakten existieren nicht mehr, und die vorhandenen geben die Einzelheiten nichtan.

Ehe der Richter die Hexe selbst vernahm, schritt er gewöhnlich zu einem Zeugenverhöre, das auch da, wo die akkusatorischen Formen gewahrt wurden, der Litiskontestation vorausgehen durfte und dem Amtsankläger das Material lieferte. Dieses Zeugenverhör erhielt aber durch zweierlei einen ganz besonderen Charakter: 1.

der Untersuchungsrichter betrachtete die Angeklagten und Eingezogenen von vornherein als wirklich Schuldige, als unzweifelhafte Hexen und Zauberer, deren geheime Verbrechen er ans Licht zu ziehen habe, und 2. in Malefizsachen wurde durchaus jedes Zeugnis als gültig betrachtet, sofern es gegen die Angeschuldigten gerichtet war. Meineidige, Infame, Exkommunizierte, Mitschuldige, Zeugen in eigener Sache, Eheleute gegeneinander, Kinder gegen Eltern usw. usw. wurden als Belastungszeugen zugelassen, – aber nur als diese. Auch der Verteidiger war verpflichtet, gegen die Angeklagte zu zeugen und ihre etwaigen Geständnisse und Mitteilungen dem Richter zu übergeben. Selbst die Aussage einer verurteilten Hexe gegen eine andere Verdächtige galt als ein vollgültiges Zeugnis. Ja sogar die Phantasien von Fieberkranken, die man im Bette vernahm, wurden als vollgültige Aussagen behandelt, wenn sie für den Richter brauchbar waren. Nur der „Todfeind" sollte nicht als Zeuge zugelassen werden; was aber unter einem Todfeind zu verstehen sei, galt als zweifelhaft.

Zur Erleichterung der Aussagen pflegte man auch die Namen der Zeugen nicht zu nennen, weshalb man leicht jede wünschenswerte Mitteilung von ihnen erhalten konnte.

Da bezeugte nun der eine, die Inkulpatin gelte seit längerer Zeit im Dorfe als verdächtig; der andere, es sei im letzten oder vorletzten Sommer ein Gewitter gewesen um dieselbe Zeit, als jene von dem Felde zurückgekommen; ein dritter hatte bei einem Hochzeitsschmause plötzlich Leibweh bekommen, und es hatte sich später ergeben, daß die Inkulpatin gerade um diese Stunde vor dem Hause vorübergegangen war; einem Vierten war nach einem Wortwechsel mit ihr ein Stück Vieh krank geworden; ein unwissender Arzt erklärte die Krankheit eines Nachbarn, aus der er nicht klug werden konnte, oder die unter seinen Händen den Tod zur Folge gehabt hatte, für einen Morbus maleficialis. Konnten die Verwandten in dem Bette des Leidenden einen Knäuel zusammenklebender Federn, eine Nadel oder sonst einen fremden Körper auffinden oder heimlich hineinbringen, so legte ihn der Richter den Akten als Corpus delicti bei. Büchsen, Fläschchen, Federwische, Besenstiele, Schmalztöpfchen, Kräuter, die man in der Wohnung der Inkulpatin fand, kamen ebenfalls zu den Akten.

Jetzt schritt man zum Verhör der Gefangenen. Der Malleus will das Verhör mit der Frage eröffnet haben: ob die Inquisitin glaube, daß es Hexen gebe? Wer nun die Existenz der Hexen läugnete, der wurde jedenfalls als Ketzer verurteilt; denn – sagt der Malleus – haeresis est maxima, opera maleficarum non credere.

Diese in der Tat sehr feine Art, eine Hexe zu fangen, war in späteren Zeiten indessen nicht mehr recht praktisch, weil jene Häresie des Zweifels an der Hexerei im allgemeinen sehr selten war und der Inquisit sich begnügte, seine eigene Beteiligung zu leugnen. Desto geeigneter waren jederzeit Fragen wie folgende: was Inquisitin vor dem Gewitter im Felde zu tun gehabt, warum sie sich mit dieser oder jener Person gezankt, warum sie diesen oder jenen Knaben angeredet oder berührt, warum ihre Gartenfrüchte besser gedeihen als die des Nachbarn, warum sie in des Nachbarn Stall gewesen, warum sie sich nicht gegen aufkommendes Geschrei gerechtfertigt? usw.

Erfolgen die gewünschten Geständnisse nicht, so wird die Unglückliche in den Kerker zurückgeführt, um dort von neuem bearbeitet zu werden. Alle Qualen des Mangels, des Schmerzes und Ekels umgeben sie; der Richter tritt ein und versichert, er werde Gnade angedeihen lassen, wobei er, vermöge einer erlaubten Mentalreservation, unter der Gnade die Verwandlung des Feuertodes in Hinrichtung mit dem Schwert versteht oder auch die Gnade nicht der Gefangenen, sondern sich selbst oder dem gemeinen Besten zudenkt. Auch bleibt es seinem Ermessen überlassen, ob er nicht sagen will: „Gestehest du, so werde ich dich nicht zum Tode verurteilen." Wenn's zum Spruche kommt, kann er dann abtreten und einen andern das Urteil verkünden lassen. – In Zürich versprachen 1487 die Richter einer Frau, sie nicht hinzurichten, wenn sie gestehen wollte. Sie erzählte hierauf von dem Teufelsbündnis und ähnlichem Unsinn. Die Richter hielten ausnahmsweise Wort, verurteilten aber die Frau, auf Lebenszeit eingemauert zu werden mit der Bestimmung, daß sie täglich einmal Essen erhalten sollte. Nach ihrem Tode soll ihr Leichnam verbrannt werden.

Solche und viele ähnliche Kniffe empfahl der Malleus, um ein sogenanntes freiwilliges Bekenntnis zu erhalten, und er hatte recht, darauf hohen Wert zu legen, weil es, solange die Doktrin des Hexenwesens noch nicht ganz allgemein geworden war, eine ungleich kräftigere Wirkung machen mußte, als das durch die Folter erzwungene. Doch vererbten sich diese Mißhandlungen auch auf die spätere Zeit. Priester lockten und schreckten, Büttel plagten und suggerierten, Richter logen und betrogen, wenn es auf andere Art nicht gehen wollte. „Hat die Gefangene W. Brosii Borschen seinen Jungen begossen, davon derselbe blind worden – – – und endlich, als man ihr Gnade zugesagt, freiwillig bekannt, daß sie zu dem Goß die Worte gesagt: Der Junge sollte verblinden ins Teufels Namen etc. – – Da ihr euch nun eigentlich erkundiget hättet, oder nochmals erkundigen würdet, daß der Junge bald nach empfangenen Goß blind worden und die Gefangene würde auf ihrem gethanen Bekenntniß vor Gericht freiwillig verharren, oder des sonsten, wie recht, überwiesen: so möchte sie von wegen solcher begangenen und bekannten Zauberei, nach Gelegenheit dieses Falls, weil ihr von euch Gnade versprochen, und über ihr gütliches Bekenntniß mit der Tortur wider sie verfahren worden, mit dem Schwert vom Leben zum Tode gestraft werden. V. R. W."

Jeder hielt sich gegen das Hexenvolk zu allem berechtigt, weil er damit entweder dem Himmel einen Dienst zu leisten glaubte oder sich selbst.

Während so die Verhaftete allen Angriffen bloßgestellt war, sah sie sich zugleich auch fast aller rechtlichen Verteidigungsmittel beraubt. Weil in Glaubenssachen überhaupt nach einer Bestimmung Bonifacius VIII. „simpliciter et de plano, absque advocatorum et judiciorum strepitu et figura“ verfahren werden sollte, so erlaubte der Malleus nicht die Annahme eines Advokaten nach freier Wahl. Es durfte zwar ein Rechtsbeistand gegeben werden; dieser mußte aber dem Richter als ein glaubenseifriger Mann (vir zelosus) bekannt sein und wurde überdies feierlich davor verwarnt, durch Begünstigung des Bösen sich selbst schuldig zu machen. Ein solcher Beistand wußte somit, was er seiner eigenen Sicherheit wegen zu tun und zu lassen hatte. Vor weltlichen Gerichtsstellen ist die Wahl des Defensors nicht immer so beschränkt, aber seine Wirksamkeit häufig sehr behindert worden. So wurde ihm in Bayern, Bamberg, Osnabrück und anderwärts keine Abschrift der Indizien mitgeteilt, sondern diese nur dem Inkulpaten zu augenblicklicher mündlicher Verteidigung vorgelegt. Delrio billigt dies, weil die Advokaten leicht mit unwesentlichen Dingen den Handel in die Länge ziehen könnten. Im Bambergischen untersagte man die Verteidigung vor der Tortur gänzlich, worüber bei Ferdinand II. Beschwerde geführt wurde. In Coesfeld findet sich ein Fall, wo noch kein Defensor gegeben war, als der Fiskal nach vollzogener Tortur bereits um das Endurteil bat. Der wandernde Hexenrichter Balthasar Voß im Fuldischen verweigerte schlankweg alle Verteidigung. Und was half überhaupt auch der beste Anwalt bei den einmal in Geltung gekommenen Voraussetzungen?

Aus dem siebzehnten Jahrhundert gibt es Prozesse, die in allen Formen des Anklageverfahrens verlaufen; der Verteidiger reicht die lichtvollsten, der Fiskal die monstrosesten Schriften ein, und dennoch siegt der Fiskal vor Richtern und Fakultäten. Es lag in keinem Falle in der Gewalt des Anwalts, den Angeklagten gegen die Wirkungen seines eigenen Geständnisses zu schützen; dieses Geständnis aber war der Zielpunkt, auf den alle Hebel des Verfahrens hinwirkten. Das Schlimmste aber war dabei, daß nur gar zu oft, wenn das Gericht selbst von der Unschuld einer Inquisitin durch die im Prozesse hervorgetretenen Indizien überzeugt worden, die Richter doch um ihrer Reputation willen ein Geständnis der Unschuldigen zu erzwingen suchten. So sehen wir z. B. in dem Coesfelder Prozeß von 1632die satanische Erscheinung, wie ein ganzes Kollegium – nämlich der Stadtrat zu Coesfeld – es als Ehrensache ansieht, daß der nun einmal von ihm in Untersuchung Genommene zur Rechtfertigung des leichtfertig angestellten und geführten Prozesses vor der Welt als schuldig erscheine – wozu der ehrsame Rat in unerhört grausamer Weise das wirksamste Hilfsmittel des Inquisitionsprozesses, die Folter, zur Anwendung brachte.

2. Die Tortur

Die Tortur war die eigentliche Seele des ganzen Prozeßverfahrens. Ohne sie würde es gar nicht möglich geworden sein, die Massen von Hexen aufzuspüren, die man allerorten prozessiert und justifiziert hat. Ohne die Folter wäre der Hexenprozeß niemals das geworden, als was er in der Geschichte der Menschheit dasteht. Die Tortur war der Hauptnerv aller Beweisführung, die Folter war das eigentliche Symbol des Hexenprozesses.

Folterung
Holzschnitt aus dem 16. Jahrhundert

Zur Anwendung der Tortur schritt man schon auf die leisesten Indizien hin; zwei oder drei Denunziationen, wenn auch noch so unbestimmter Natur, oder die Angabe eines einzigen sogenannten Komplizen wurden als gesetzlich genügend betrachtet. Wo man dem Satze vom Crimen exceptum eine etwas freiere Auslegung gab, da war die Folter das Alpha und das Omega des Verfahrens. Kaiser Ferdinand II. sah sich genötigt, dem Bischofe von Bamberg einen Gerichtspräsidenten zu bestellen, „damit nit mehr dergleichen Denunciationen so bald a captura et tortura anfangen, sondern die Instruenten zuvor über alle circumstantias loci et maleficii und daß sie sich in ipso facto wahr befinden, genugsame Nachricht einholen".

Bei osnabrückischen Prozessen aus dem achten Dezennium des sechzehnten Jahrhunderts klagt der Jurist Rüdenscheid, daß die verfolgten Weiber, „alsbald sie gefänglich eingezogen worden, der Tortur eodem quasi momento unterworfen sein und ihre defensiones, wie sich zu Recht gebührt, nicht gehöret".

Der Malleus rät, die Folter stufenweise und an verschiedenen Tagen anzuwenden, jedoch dürfe man das nicht eine Wiederholung, sondern nur eine Fortsetzung nennen. Weltliche Richter haben indessen an jenem Ausdrucke keinen Anstoß genommen. Weil die Zauberei ein Crimen exceptum war, so erlaubte man sich in dem Grade, der Wiederholung und der Zeitdauer des Akts jede Freiheit. Drei- und vierstündige Tortur war nichts Ungewöhnliches. Ein der Lykanthropie Angeklagter in Westfalen wurde einst zwanzigmal „mit der Schärfe", wie man die Tortur nannte, angegriffen; in Baden-Baden peinigte man ein Weib zwölfmal und ließ sie nach dem letzten Akt noch zweiundfünfzig Stunden auf dem sogenannten Hexenstuhle sitzen. Ein Weib in Düren, das in wiederholter Pein standhaft leugnete, die Krautgärten durch Hagelschlag verwüstet zu haben, blieb, mit ungeheuren Beingewichten beschwert, an der Schnur hangen, während der Vogt zum Zechen ging; als er wieder kam, hatte der Tod die Arme von allen Qualen erlöst. Diesem Vogte fehlte indessen die Geistesstärke, mit der man sonst in solchen Fällen behauptete, daß der Teufel sein Opfer geholt habe; er wurde wahnsinnig. Die Aufeinanderfolge der Foltergrade hatte eine Verordnung des Herzogs Julius von Braunschweig vom 3. Februar 1570 geregelt. Der erste Grad umschloß den Marterstuhl, das Festbinden der Hände auf dem Rücken, die Daumenstöcke und die Peitsche. Der zweite Grad fügte ein die Haut zerschneidendes Einschnüren, sowie das Anlegen und Zuschrauben der Beinstöcke hinzu. Der dritte Grad verordnete das Ausrecken der Glieder auf der Leiter mit dem gespickten Hasen oder auf Gutbefinden der herzoglichen Kanzlei nach der Schwere des Verbrechens „andere geeignete Mittel", die die Foltergrade verschärften.

In grausiger Übersichtlichkeit ist das ganze Verfahren von dem Juristen Hartwig v. Dassell zu Lüneburg, einem Gesinnungsgenossen des Hexentilgers Heinrich Julius von Braunschweig, in einer 1597 herausgegebenen Schrift dargestellt. Er schreibt: „Um zu verhüten, daß die der Hexerei Angeklagten nicht das Maleficium taciturnitatis ausüben, soll man vorher die geeigneten Vorsichtsmaßregeln anwenden. Namentlich ist darauf zu sehen, daß sie nicht etwa in Kleidern und Haaren ein Amulett versteckt halten. Man lasse sie sodann binden, wobei der Richter es versuche, bei der Zurüstung und Anlegung der Marterwerkzeuge sie zum Geständnis zu bringen. Hat dieses keinen Erfolg, so beginnt die Tortur. Führt auch diese nicht zum Ziel, so ist den Angeklagten ein Termin auf den zweit- oder drittnächsten Tag zur „Fortsetzung" der Tortur zu setzen. Dabei pflegen die Henker der Vorsicht wegen zu „protestieren" und der Richter zu „interloquieren", daß sie einstweilen mit der Fortsetzung der Tortur Anstand nähmen. In der Zwischenzeit sorgt der Richter dafür, daß die Gefolterten nicht allein bleiben, weil sie sonst, vom Teufel aufgereizt, einen Selbstmord versuchen könnten. An dem anberaumten Tage muß der Richter sie abermals ernstlichst ermahnen, um sie zu einem „freiwilligen" Geständnis zu treiben. Fruchtet dieses nichts, so läßt er sie auf die Folter bringen, und während sie in die Höhe geschraubt werden, läßt er ihnen die Aussagen ihrer Genossen, mit Verschweigung der Namen, vorlesen und ruft ihnen zu: Ihr seht also, daß ihr durch Zeugen überführt seid!

Wenn das alles noch nicht hilft, so darf man die Angeklagten doch noch nicht freigeben, sondern man schafft sie vielmehr nach einem entfernten Castrum (Hexenturm etc.). Wenn sie dort mehrere Tage zugebracht haben, gibt der Vogt eine weite Reise vor und läßt inzwischen die Verhafteten durch abgeschickte Weiber besuchen, die sich mit ihnen unterhalten und ihnen versprechen müssen, daß sie ihnen die Freiheit verschaffen wollten, wenn sie ihnen nur etwas Hexerei beibringen wollten. (!) Bleibt aber auch dieses erfolglos, so kann ihnen der Richter das Todesurteil verkündigen und kann sie auch, wenn die Umstände es erlauben, anscheinend zur Hinrichtung hinausführen lassen, um sie zur Reue zu bringen. Hilft auch dieses nichts, so muß er sie fragen, ob sie die glühende Eisen- oder die Wasserprobe wagen wollten. Antworten sie im Vertrauen auf die Hilfe des Teufels mit Ja, so entgegnet ihnen der Richter, daß er doch eine solche Reinigung als auf ein vom Teufel ersonnenes Blendwerk nicht gestatten könne. Beharren dann die Angeklagten auch jetzt noch bei ihrem Schweigen, so hat sie der Richter in lebenswierige Haft zu nehmen, wobei sie dann vielleicht der Dunst des Gefängnisses („carceris squalor"!) zum Geständnis treibt, oder wo sich neue Indizien ergeben, die zu neuer Anwendung der Folter berechtigen. Legen aber die Angeklagten endlich ein Geständnis ab, so hat alsbald die gewöhnliche Hinrichtung durch Feuer einzutreten. In Ulrich Tenglers „Layenspiegel", von dem später ausführlicher gesprochen werden muß, findet sich nach dem Hexenhammerdie Mahnung, die Unholden rücklings in die Folterkammer zu führen, damit ihr Blick den Richter nicht zur Nachgiebigkeit bezaubere.

Foltern: Brennen und Strecken. Im Hintergrund: Abschlagen der Hand (Ulrich Tenglers Laienspiegel, Augsburg 1509)

Ehe man zur Folter schritt, wurden vor den Augen der Angeklagten die Folterwerkzeuge ausgekramt, wobei der Henker deren Anwendung beschrieb. Hatte diese „Territion" nicht den gewünschten Erfolg, so wurden die Angeklagten gewöhnlich einer Prozedur so scheußlicher Art unterworfen, daß eine ehrbare Frau oder ein züchtiges Mädchen schon dieser bloßen Vorbereitung der Folter den Tod vorziehen mochte. Die Unglückliche wurde nämlich zunächst (zuweilen aber auch erst, nachdem die ersten Martern erfolglos angewendet waren) vollständig entkleidet. Die rohen Hände des Scharfrichters und der Henkersknechte begannen vor allem in der schamlosesten Weise an dem Körper der Unglücklichen nach verborgenen Zaubermitteln, durch die sie sich etwa gegen die Folter unempfindlich machen könnte, zu suchen. Dabei wurde nicht selten von Bütteln, Scharfrichtern und Gefangenwärtern noch die scheußlichste Unzucht verübt. Der grimme Hexenrichter Remigius, Verfasser der „Daemonolatria" von 1595, erzählt von einem seiner Opfer, Katharina geheißen, sie sei, obgleich noch ein unmannbares Kind, im Kerker wiederholt dergestalt vom „Teufel" genotzüchtigt worden, daß man sie halbtot gefunden habe. Auch Fr. v. Spee erwähnt ein in Deutschland von einem Scharfrichter bei dem Scheren vor der Folterung verübtes derartiges Verbrechen. In den Akten vom Salzburger Zauberjackl-Prozeß erzählen die angeklagten Frauen und Mädchen, daß sie im Kerker so und so oft vom Teufel vergewaltigt wurden. So mußten sie eben vor dem Richter aussagen, eingeschüchtert durch die Drohungen der Gefängniswärter, deren guter oder schlechter Behandlung sie schutzlos preisgegeben waren.

Da möglicherweise im Haar ein Zaubermittel versteckt sein konnte, wurden der Angeklagten an allen Körperteilen alle Haare und Härchen abrasiert beziehungsweise abgesengt, was aber ursprünglich in Deutschland für „unanständig" gehalten wurde, wie der Hexenhammer hervorhebt. Später wurde es jedoch auch hier allgemein üblich.

Sodann begann der Gerichtsknecht an allen Teilen des Körpers nach dem Hexenmal, Stigma diabolicum, zu suchen. Man glaubte nämlich, jede Hexe habe an ihrem Körper eine Stelle, an der sie unempfindlich und ohne Blut sei. Der Knecht stach daher mit einer Nadel in alle Leberflecken, Warzen u. dgl., um zu sehen, ob nach irgendeinem Stiche kein Blut fließe. Noch in der bayerischen General- und Spezialinstruktion über den Hexenprozeß von 1622 wird unter den Beweismitteln angeführt: „wenn sonst bei einer ein Zeichen am Leibe gefunden wird, welches der böse Feind dem Menschen zur Betätigung des Bundes zugefügt hätte."

Acht Jahre später wagte sich der Bonner Pfarrer, D. Johannes Jordanäus in seiner Disputatio de proba stigmatica, utrum scilicet ea licita sit necne (Köln 1630) gegen die Bedeutung der Hexenmale auszusprechen. Er bekämpfte die von dem Juristen Peter Ostermann vertretene Ansicht, daß die Richter nach Hexenmalen suchen und diese als sichere Indizien betrachten dürfen.

Wollte die Angeklagte jetzt noch kein Geständnis ablegen, so begann der Richter – um das Maleficium taciturnitatis fortzuschaffen – sie mit Drohungen und Versprechungen zu bearbeiten. Dabei war dem Richter im Hexenhammer der Gebrauch von Amphibolinen, Mentalreservationen und anderen Fallstricken zur Erwirkung eines „freiwilligen" Geständnisses empfohlen. Bei dem Beginne der Tortur pflegten Untersuchungsrichter allerlei Vorsichtsmaßregeln anzuwenden, durch die sie alle das Gerichtsverfahren störende Einwirkungen des Teufels und anderer Hexen auf die Inquisiten verhindern wollten.

An manchen Orten legte man den Angeklagten zu diesem Zwecke ein Hemd an, das an einem Tage gewirkt, gesponnen und zusammengenäht sein sollte. An anderen Orten sah man wenigstens darauf, daß sie während der Tortur gar nichts von ihren Kleidern am Leibe hatten; denn eine Hexe in Innsbruck hatte sich einst gerühmt, wenn sie nur einen Faden vom Kleide einer Gefangenen habe, so wollte sie diese dergestalt verzaubern, daß sie durch keine Marter zum Geständnis gebracht werden könnte. In katholischen Gegenden gab man den Unglücklichen auch einen mit allerlei geweihten Stoffen zurechtgemachten Trank ein, der sie zum Geständnis geneigt machen und den Beistand des Teufels verhindern sollte. Ganz gewöhnlich aber war es hier, daß man die Folter wiederholt mit Weihwasser besprengte und die Folterkammer mit aus geweihten Kräutern hergestelltem Rauch erfüllte, – um „des Teufels Gespenst" vom Orte fern zu halten. In den Akten eines 1619 im Elsaß vorgekommenen Hexenprozesseswird bezüglich der vorgenommenen Tortur berichtet, daß der Gefangenen „ganz neue gebenedeite Kleider, darin auch eine Particula de agno Dei genähet gewesen, angelegt worden".

Zahllos waren die Torturmittel, durch die eine sinnreiche Kriminalistik dem Lügenteufel im Menschen zu Leibe ging, vom einfachen Anlegen der Daumschrauben an bis zum Abreißen der Fingernägel mit Schmiedezangen, das Jacob I. üben ließ. Raffinierter war vielleicht keines als das sogenannte Tormentum insomniae, das schon von Binsfeld gebilligt und später in England mit Erfolg angewandt wurde. Matthäus Hopkins, der berüchtigte General-Hexenfinder Englands, ließ die Gefangenen stets wach erhalten, „damit sie keinen Zuspruch vom Teufel erhielten". Zu diesem Zwecke wurden sie im Kerker unaufhörlich umhergetrieben, bis sie wunde Füße hatten und zuletzt in einen Zustand vollkommener Verzweiflung und Tollheit gerieten. Dieses „Tormentum insomnii" oder „insomniae" wurde aber zur Steigerung der Tortur ebenso wie in Deutschlandauch im Kirchenstaatangewendet.

Andere Untersuchungsrichter pflegten den Verhafteten nur gesalzene Speisen ohne einen Trunk verabreichen zu lassen. Hatte die Anwendung dieser Mittel nicht den beabsichtigten Erfolg, so schritt man zur eigentlichen Tortur.

In Württemberg, wo erst seit 1662 Daumschrauben und spanische Stiefel angewendet wurden, bediente man sich hierzu der sogenannten Wippe, die darin bestand, daß man der Angeklagten Hände und Füße zusammenband und sie dann an einem über eine Rolle laufenden Seil auf- und niederzog. Bei dem zweiten Grade der Folter wurde ein leichterer, bei dem dritten ein schwerer Stein (oft vom Gewicht eines Zentners) angehängt, was eine geringere oder stärkere Verrenkung der Glieder zur Folge hatte.

Das gewöhnliche Verfahren bei der Anwendung der Folter beschreibt v. Wächter (Beitrag zur deutschen Geschichte, S. 120) in folgender Weise: Man begann die Tortur (auch die „peinliche Frage", die „scharfe Frage" genannt) gewöhnlich mit dem Daumenstock, indem man den Angeklagten entblößte und anband und dessen Daumen in Schrauben brachte, diese langsam zuschraubte und so die Daumen quetschte.

Half dieses nichts, so nahm man die Beinschrauben oder spanischen Stiefel, durch die Schienbein und Waden glatt gepreßt wurden, nicht selten bis zur Zersplitterung der Knochen. Zur Erhöhung der Qual wurde dabei noch zwischendurch mit dem Hammer auf die Schraube geschlagen. Um nicht durch das Jammergeschrei der Gefolterten molestiert zu werden, steckte ihnen der Scharfrichter ein Kapistrum in den Mund, das das Schreien unmöglich machte.

Der Teufel und der Erzengel Michael am Totenbett einer Rittersfrau
Ritter vom Turn, 1493

Der nächstfolgende Grad der Folterung war der Zug, die Expansion oder Elevation. Dem Angeschuldigten wurden hierbei die Hände auf den Rücken gebunden und an diese ein Seil befestigt. An diesem Seile wurde nun der Unglückliche bald frei in der Luft schwebend durch einen an der Decke angebrachten Kloben, so im Waldeckschen, bald an einer aufgerichteten Leiter, bei der oft in der Mitte eine Sprosse mit kurzen, spitzen Hölzern – dem „gespickten Hasen" – angebracht war, gemächlich in die Höhe gezogen bis die Arme ganz verdreht über dem Kopfe standen, worauf man ihn mehrmals rasch hinabschnellen ließ und „gemächlich" wieder hinaufzog. Erfolgte auch jetzt noch kein Geständnis, so hing man den Gefolterten, um die Glieder noch ärger und noch qualvoller auseinanderzurecken, schwere Gewichte an die Füße und ließ ihn so eine halbe, oft eine ganze Stunde und noch länger hängen, legte ihm oft auch noch die spanischen Stiefel an.

In Zürich wurde 1660 eine neue Tortur eingeführt, indem zwei Bretter mit hölzernen Nägeln an die Füße und Knie gebunden wurden, und womit die Hexen täglich sechs Stunden lang gestreckt wurden, „bis ihnen der Krampf durch alle Adern gieng". Es kam dabei vor, daß während dieser Zeit das Gerichtspersonal abtrat, um sich bei Speis und Trank zu erholen.

Von Wächter berichtetnach einem Bamberger Protokoll, „daß ein wegen Zauberei Angeschuldigter drei und eine halbe Stunde lang mit Beinschrauben und Daumenstock gefoltert und am Ende, da er nicht gestand, an einem Stricke acht Schuhe hoch von der Erde hinaufgezogen und ihm an die große Zehe ein Gewicht von zwanzig Pfund gehängt wurde. Half auch diese oder eine ähnliche Tortur nichts, so träufelte man dem Inquisiten brennenden Schwefel oder brennendes Pech auf den nackten Körper oder hielt ihm brennende Lichter unter die Arme oder unter die Fußsohlen oder an andere Teile des Körpers." In Bamberger Gefängnissen waren noch andere wahrhaft infernalische Foltern im Gebrauche. „In specie aber außerhalb deren seindt nachfolgendte Persohnen in gefenkhnussen durch unerhörte Speis allß hering mit lauter Saltz vnd Pfeffer zum Prey gesotten, so sie ohne ainichen trunckh essen müessen, Item mit einem Wannen Baadt von siedheißen Wasser mit Kalch, Salltz, Pfeffer vndt anderer scharpffen Matherie zugerichtet neben andern neuerfundenen (sic!) Torturn auch Hungers Noth ohne einichen christlichen trost, Urtl oder Raht ellendtlich vmb ihr Leben kommen vnd gleichmaßig verbrent worden", ist in einem Bamberger Aktenstück aus dem Jahre 1631 zu lesen.

Im Fürstentum Münster pflegte der Scharfrichter dem Angeklagten in diesem letzten Stadium der Folter die Arme und die Schulterknochen aus ihrem Schultergelenk auszubrechen, die Arme rückwärts am Hinterkopf fest zusammenzuschnüren und ihn durch seine Knechte so aufziehen zu lassen, daß seine Füße einige Spannen weit vom Boden hingen. Zur Vergrößerung der Schmerzen brachte der Scharfrichter in Zwischenpausen an den Händen und Füßen des Unglücklichen wieder die Daumschrauben und die spanischen Stiefel an und ließ sie von Zeit zu Zeit versetzen und fester anschrauben. Außerdem schlugen ihn die Henkersknechte mit Ruthen oder mit Lederriemen, die am Ende mit Blei beschwert oder mit scharfen Haken versehen waren, und zwar so lange, bis der Scharfrichter mit der Peinigung einzuhalten befahl, damit nicht der Tod des Gefolterten erfolge.

Wie qualvoll dieser letzte Grad der Folterung unter allen Umständen sein sollte, ist aus einem Erlaß des münsterischen Ober- und Landfiskus vom 9. September 1725 in Sachen eines Verhafteten Friedrich Jacobs zu ersehen. Jacobs war vom Scharfrichter im vorletzten Grad der Tortur der Arm zerbrochen worden, so daß er erklärte, den letzten (fünften) Grad nicht mit ihm vornehmen zu können. Auf die Anfrage des Untersuchungsrichters, was er daher an die Stelle des fünften Grades setzen solle, erklärte der genannte Ober- und Landfiskus, daß man anstatt des fünften Grades die vom Scharfrichter in Vorschlag gebrachte Folterung anwenden solle, nämlich, „daß Inquisit von hinten auf mit Füßen und Armen aufgezogen, sodann mit Ruthen gehauen, mit brennendem Schwefel beworfen und bei weiter in confitendo sich ergebender

Obstination er annoch zwischen den beiden vordersten Fingern jeder Hand mit einer Lunte durchgebrannt werde.“

In Baden war auch der sogenannte „Hackersche Stuhl“ als Folterinstrument für Hexen im Gebrauch. Die Gefangenen wurden auf den mit Stumpfstacheln besetzten Eisenstuhl festgebunden und der Sitz von unten geheizt. So ließ man die Unglücklichen fast tagelang bis zum Geständnisse martern, wenn dieses nicht bald erfolgte, bis zur vollen Erschöpfung oder selbst bis zum Eintritt des Todes. „Nächten nach 11 Uhr ist des Welschen Magdalen auf dem Stuhl plötzlich verstorben“, heißt es in einem Offenburger Protokoll vom 1. Juli 1628. Die Frau war um 11 Uhr des Morgens auf den Stuhl gesetzt worden. Es erfordert unglaubliche Willenskraft und körperliche Widerstandsfähigkeit, wenn ein Weib die öftere Wiederholung dieser teuflisch ersonnenen Qualen bloß zur Darlegung ihrer Unschuld bestehen sollte. Der in Nürnberg angewandte Folterstuhl scheint nicht heizbar gewesen zu sein, enthielt aber über 2000 spitze Holznägel. In Salzburg wandte man die Eicheln an, spitze Nägel, deren Köpfe mit einer brennbaren Masse bestrichen waren. Diese Eicheln wurden unter Finger- und Zehennägel getrieben und die Masse entzündet.

Als Beispiel für eine besonders harte, aber trotzdem nicht außergewöhnliche Folterung aus dem Jahre 1629 geben wir folgende gerichtlich erhobene Tatsachen aus einem Falle, in dem die Inquisitin durch eine seltene Standhaftigkeit in der Tortur es dahin brachte, daß nur die Landesverweisung über sie verhängt werden konnte.

„Insonderheit saget testis 2. Philipp Wagner, der Richter selbsten, ad 2. art. Ob Maderin gleich bey der ersten Marter nichts bekennet, habe man doch ohne rechtliches Erkenntniß, die Tortur wiederholet, und der Scharpffrichter ihr die Hände gebunden, die Haar abgeschnitten, sie auff die Leiter gesetzet, Brandenwein auff den Kopff gossen, und die Kolbe vollends wollen abbrennen, Ad artic. 3. ihr Schwefelfedern unter die Arm, und den Hals gebrennet, art. 4. hinden aufwarts mit den Händen biß an die Decke gezogen, art. 5. so bey 3. oder 4. Stunde gewehret, und sie gehangen, der Meister aber zum Morgenbrodt gangen, art. 6. 7. und als er wiederkommen, ihr Brandenwein auff den Ruck gossen, und angezündet, art. 8. 9. 10. ihr viel Gewichter auff den Rücken gelegt, und sie in die Höhe gezogen; Nach diesem wieder auff die Leiter, und ihr ein ungehoffeltes Bret mit Stacheln under den Rücken geleget, und mit den Händen biß an die Decke aufgezogen. art. 11. Furter die beyde große Fußzehen, und beyde Daumen zusammen geschraubet, eine Stange durch die Arm gestecket, und sie also auffgehänget, daß sie ungefehr eine viertheil Stunde gehangen, wär ihr immer eine Ohnmacht nach der andern zugangen. ad art. 12. Et 13. die Beine weren ihr in den Waden geschraubet, und wie zu vermercken, die Tortur auff die Fragen underschiedlich wiederholet worden.

Bey der dritten Tortur, so der (Henker) von Dreißigacker verrichtet, seye es ärger zugangen, als der sie mit einer ledernen Peitschen umb die Lenden, und sonst gehauen, daß das Blut durchs Hembde gedrungen, art. 14. 15. 16. Ferner sie auffgezogen, ad art. 15.

ihr die Daumen und große Zehen zusammen geschraubet, sie also im Bock sitzen lassen, und weren der Henker neben denen Gerichtspersonen, zum Morgenbrodt gangen, ungefehr vor Mittage, umb 10 Uhr, darinnen sie gesessen bis 1. Uhr, nach Mittag, daß auch ein benachbarter Beamdter zu Zedgen kommen und gesagt, warumb man so unbarmherzig mit den Leuten umbgienge, man hette zu Neustadt davon gesagt, daß die zu Poßneck so unbarmhertzig weren, art. 17. Darauff sie abermal mit der Carbatschen jämmerlich zerhauen, und seye es hierbey ersten Tages verblieben, art. 18. den andern Tag, (notetur) were man noch einmal (doch absque sententia praevia) mit ihr durchgangen, Tortur hette bißweiln mit der Peitschen zugehauen, aber nicht so sehr, wie den vorigen Tag, es were ein abscheulich Werck gewesen, art. 19. – diesem Zeugen stimmet in den meisten Punkten bei testis 4. Christoph Rhot, auch Richter usw.“. Der hier erwähnte Bock war ein in scharfer Schneide auslaufender Holzblock, auf den die Hexe rittlings gesetzt wurde, so daß zufolge des eigenen Körpergewichtes die spitzzulaufende Kante des Blockes tief in den entblößten Damm und Schamteil einschnitt, da durch gleichzeitiges erzwungenes Spreizen der Beine jeder andere Stützpunkt entzogen wurde. Noch heute ist im Rathaus der Stadt Zug ein solcher Marterblock vorhanden.

Wurde das durch eine solche Marterung erpreßte Geständnis hernach aus Gewissensnot als Lüge widerrufen, so begann die Folterung aufs neue. Niesues teilt (S. 45) aus Münsterschen Akten einen Fall mit, in dem der Ober- und Landfiskus nach dreimaligem Widerruf zum vierten Mal die Folterung durch alle fünf Grade verordnete.

Konnte aber aus den Anklagten durch die Tortur kein Geständnis herausgemartert werden, so wurden sie nicht etwa freigegeben, sondern sie kamen in das Gefängnis zurück, wo ihnen der Scharfrichter auf dem Strohlager die auseinandergerissenen Glieder notdürftig wieder ineinanderfügte und verband.

Von Wächter macht (S. 103) noch darauf aufmerksam, daß vom Gerichte der Grad der Folter in der Regel nur in sehr unbestimmten Ausdrücken erkannt wurde, so daß der folternde Untersuchungsrichter so ziemlich freie Hand hatte, und darum nicht selten auch durch Anwendung der ausgesuchtesten Marter, z. B. durch Eintreibung von Keilchen zwischen die Nägel und das Fleisch von Fingern und Zehen, selbst die Vorschriften des Hexenhammers und des auf ihm beruhenden Herkommens zu überbieten wußte.

War durch die Folterung, trotz aller der verschiedenartigen Qualen, mit denen die Unglücklichen gepeinigt wurden, doch kein Geständnis erpreßt, so sollte vorschriftsmäßig eine abermalige Tortur nur in dem Falle vorgenommen werden, daß neue Indizien ermittelt waren. Derartige Indizien waren aber gar leicht zu beschaffen, und außerdem half man sich mit der Phrase, die abermalige Tortur sei nicht eine Wiederholung, sondern eine Fortsetzung der ersten Folter. Auch wurde oft geradezu das Überstehen der ersten Folter als Beweis, daß den Gefolterten der Teufel helfe, d. h. als neues Indizium der Zauberei angesehen. Bei Unzähligen, namentlich bei Frauen, wurde erst durch Wiederholung der Folter das verlangte Eingeständnis herausgemartert. Und dabei begnügte man sich nicht mit einer einmaligen Wiederholung der Folter; vielmehr wurde forttorquiert, bis man das Geständnis erpreßt hatte, oder bis die Gemarterten auf der Folter zum Sterben gekommen, oder bis man des Folterns müde war. In Fulda im Hennebergschen wurde am 2. April 1662 eine Hexe von 11 Uhr vormittags bis gegen 5 Uhr am folgenden Morgen fast ununterbrochen gefoltert. Man hörte mit der Tortur nur auf, weil das verstockte Weib – seinen Geist aufgab. Schuegrafberichtet sogar, daß die Hexe „Holl“ 56 mal auf die Folter gespannt wurde und die Tortur überstanden habe. Die bestiale Roheit, mit der diese Prozeduren vorgenommen wurden, spricht sich oft schon in der Kürze der Protokolle aus, die über die entsetzlichsten Greuel wie über die einfachsten Sachen nur mit drei Worten berichten. So ein Eßlinger Torturprotokoll vom 14. Sept. 1662: Wird gebunden; winselt, „könne's nicht sagen“; „Soll ich lügen? O weh, o weh, liebe Herrn!“ Bleibt auf der Verstockung. Der Stiefel wird angetan und etwas zugeschraubt. Schreit: „Soll ich denn lügen, mein Gewissen beschweren? Kann hernach nimmer recht beten!“ Stellt sich weinend, übergeht ihr aber kein Auge. „Kann wahrlich nicht, und wenn der Fuß herab müßte!“ Schreit sehr: „Soll ich lügen, kann's nicht sagen!“ Ob zwar stark angezogen, bleibt sie doch auf einerlei. „O Ihr zwingt einen!“ Schreit jämmerlich: „O lieber Herr Gott! Sie wollt's bekennen, wenn sie es nur wüßte; man sage ja, sie solle nicht lügen!“ Wird weiter zugeschraubt. Heult jämmerlich. – „Ach, liebe Herrn, tut mir nicht so gar. Wenn man Euch aber eins sagt, wollt Ihr gleich wieder ein anderes wissen“; usw.

Blick in eine Folterkammer des 16. Jahrhunderts

Andere Protokolle lassen die gräßlichsten Prozeduren, die man bei der Folter vornahm, um so deutlicher erkennen.

Die viel zitierte bestialisch-grausame Folterung einer schwangeren Frau, die Scherr ausführlich mitteilte, sei hier kurz erwähnt. In Nürnberg werden schwangere „nur“ mit dem Daumenstock gefoltert.

Hier die aktenmäßige Darstellung einer Folterung. Das Protokoll ist von dem Untersuchungsrichter Dr. Gogravius bei der Torquierung der Enneke Fürsteners zu Coesfeld am 31. Oktober 1724 aufgenommen.

Nachdem die Angeklagte vergebens zum gütlichen Bekenntnis aufgefordert war, ließ Dr. Gogravius ihr den Befehl der Tortur publizieren, und führte ihr demnächst ernstlich zu Gemüte, daß sie den Umständen nach und nach der Lage der Dinge schuldig sein müsse und sich keineswegs werde reinwaschen können. Sie möchte darum lieber die Wahrheit gestehen, als daß sie sich selbst, weil die peinliche Frage sie ja doch zum Bekenntnis bringen werde, die Strafe verdoppele.

Wie nun Dr. Gogravius der Angeklagten die Tat also umständlich vorgehalten, ließ er zum ersten Grade der Tortur schreiten. Der Nachrichter Matthias Schneider wurde herbeigerufen. Er zeigte ihr die Folterwerkzeuge und redete ihr scharf zu, während der Richter ihr die einzelnen Anklagepunkte vorlas. Sie leugnete noch immer.

Darauf schritt der Richter zum zweiten Grad der Folterung. Die Angeklagte wurde in die Folterkammer geführt, entblößt und angebunden und über die Anklagepunkte befragt. Sie blieb beständig beim Leugnen. „Bei der Anbindung hat Angeklagte beständig gerufen und um Gottes willen begehrt, man möge sie loslassen. Sie wolle gern sterben und wolle gern Ja sagen, wenn die Herrn es nur auf ihr Gewissen nehmen wollten. Und wie selbige beständig beim Leugnen verblieben, ist zum dritten Grad geschritten und sind der Angeklagten die Daumschrauben angelegt worden. Weil sie unter der Tortur beständig gerufen, so ist ihr das Kapistrum in den Mund gelegt und ist mit Applizierung der Daumschrauben fortgefahren. Obgleich Angeklagte fünfzig Minuten in diesem Grade ausgehalten, ihr auch die Daumschrauben zu verschiedenen Malen versetzt und wieder angeschroben sind, hat sie doch nicht allein nicht bekannt, sondern auch während der peinlichen Frage keine Zähre fallen lassen, sondern nur gerufen: „Ich bin nicht schuldig! O Jesu, gehe mit mir in mein Leiden und stehe mir bei!“ Sodann: „Herr Richter, ich bitte Euch, laßt mich nur unschuldig richten!“ Ist also zum vierten Grad geschritten vermittelst Anlegung der spanischen Stiefeln. Als aber peinlich Befragte in diesem Grade über dreißig Minuten hartnäckig dem Bekenntnis widerstanden, ungeachtet die spanischen Stiefeln zu verschiedenen Malen versetzt und aufs schärfste wieder angeschroben werden, auch keine einzige Zähre hat fallen lassen; so hat Dr. Gogravius besorgt, es möchte peinlich Befragte sich vielleicht per maleficium unempfindlich gegen die Schmerzen gemacht haben. Darum hat er dem Nachrichter befohlen, sie nochmals entblößen und untersuchen zu lassen, ob vielleicht an verborgenen Stellen ihres Körpers oder unter den Unterkleidern etwas Verdächtiges sich vorfinde. Worauf der Nachrichter berichtet, daß er alles auf das genaueste habe untersuchen lassen, aber nichts gefunden sei. Ist ihm also befohlen, abermals die spanischen Stiefel anzulegen. Die Inquisitin aber hat die Tat beständig geleugnet und zu verschiedenen Malen gerufen: „O Jesu, ich habe es nicht getan, ich habe es nicht getan! Wann ich es getan hätte, wollte ich gern bekennen! Herr Richter, lasset mich nur unschuldig richten! Ich bin unschuldig, unschuldig!““

„Als demnach peinlich Befragte die ihr zum zweitenmal angelegten spanischen Stiefel abermals über dreißig Minuten hartnäckig überstanden, so zwar, daß sie während der Folterung weder die Farbe im Gesicht veränderte noch eine einzige Zähre hat fallen lassen, auch nicht vermerkt werden konnte, daß sie an Kräften abgenommen oder die Strafe sie geschwächt oder verändert hätte, so fürchtete Dr. Gogravius, der vierte Grad möchte die Angeklagte nicht zum Geständnis bringen und befahl zum fünften Grad zu schreiten.“

„Demgemäß wurde die Angeklagte vorwärts aufgezogen und mit zwei Ruten bis zu dreißig Streichen geschlagen. Als Angeklagte aber zuerst gebunden werden sollte, hat sie begehrt, man möchte sie doch nicht ferner peinigen, mit dem Zusätze: „sie wollte lieber sagen, daß sie es getan hätte und sterben unschuldig, wenn sie nur keine Sünde daran täte.“ Dieses wiederholte sie mehrmals; in betreff der ihr vorgehaltenen Artikel aber beharrte sie beim Leugnen. Daher dem Nachrichter befohlen worden, peinlich Befragte rückwärts aufzuziehen. Mit der Aufziehung ist dergestalt verfahren, daß die Arme rückwärts gerade über dem Kopfe gestanden, beide Schulterknochen aus ihrer Verbindung gedreht und die Füße eine Spanne weit von der Erde entfernt gewesen sind.“

„Als die Angeklagte ungefähr sechs Minuten also aufgezogen gewesen, hat Dr. Gogravius befohlen, sie abermals mit dreißig Streichen zu hauen, was denn auch geschehen ist. Peinlich Befragte verharrte aber beim Leugnen. Auch als Dr. Gogravius zu zweien Malen, jedesmal zu acht Schlägen die Korden anschlagen ließ, hat sie nur gerufen: „Ich habe es nicht getan! Ich habe es nicht getan!“ Ferner auch, obwohl die Korden zum dritten Mal mit ungefähr zehn Schlägen angeschlagen und ihr außerdem die bisherigen Folterwerkzeuge (die Daumschrauben und die spanischen Stiefel) wieder angelegt sind, dergestalt, daß sie fast unerträglich geschrien, hat sie doch über dreißig Minuten diesen fünften Grad ebenso unbeweglich wie die vier vorhergegangenen überstanden, ohne zu bekennen.“

„Wie nun Dr. Gogravius dafür halten mußte, daß die erkannte Tortur gehörig ausgeführt, gleichwie dann der Nachrichter mitteilte, daß nach seinem Dafürhalten peinlich Befragte die Folterung nicht länger werde ausstehen können, so hat Dr. Gogravius sie wieder abnehmen und losbinden lassen und dem Scharfrichter befohlen, der Gefolterten die Glieder wieder einzusetzen und sie bis zu ihrer völligen Genesung zu verpflegen.“ –

Nach einem Protokoll vom folgenden Tage ging der Scharfrichter zu der Unglücklichen ins Gefängnis, um sie zu verbinden und „redete ihr bei dieser Gelegenheit zu und führte ihr zu Gemüte, daß sie die gestern überstandene Tortur nicht hätte überstehen können, es wäre denn, daß sie einen Vertrag mit dem Teufel hätte“. Worauf sie geantwortet, daß sie mit dem Teufel nichts zu schaffen habe, sondern sie habe nur die heilige Mutter Gottes angerufen, daß diese sie auf der Folter stärken möge, und mit deren Hilfe hätte sie die Schmerzen überstanden. –

Nichtsdestoweniger brachte der Scharfrichter das bis dahin so starke Weib an diesem Tage „durch gütiges Zureden“ zum Geständnis.

Nicht selten geschah es, daß eine Gefolterte während der Tortur den Geist aufgab. In diesem Falle war es Herkommen, daß der Scharfrichter den Hals der Unglücklichen herumgedreht fand, was dann als Beweis galt, daß der Teufel selbst ihrer Not ein Ende gemacht hatte, um sie am Geständnis der Wahrheit zu hindern. Stand es doch sogar in der Henkerpraxis jener Zeit fest, daß, wenn ein wegen Zauberei Angeklagter unter den Qualen der Tortur die Sprache verloren hatte, er vom Teufel stumm gemacht war!

So heißt es z. B. in einem Protokolle eines zu Wasungen im Hennebergischen geführten Hexenprozesses vom 22. August 1668: „Als sie (die auf die Folter gelegte Angeschuldigte) nun eine Weile so gesessen, ist sie bedroht worden, wo sie gutwillig nicht bekannte, daß mit der Tortur fortgefahren werden sollte, auch darauf ein wenig in die Höhe gezogen. Aber als sie etwas, jedoch unvernehmlich geredet, und man vermeinet, sie würde weiter Aussage tun, bald wieder heruntergelassen worden, hat man vermerkt, daß es nicht richtig um sie sei. Daher der Scharfrichter sie mit darneben stehendem Weine angestrichen. Als aber befunden, daß das sonst starke Atemholen nachließ, ist sie auf die Erde auf ein Bett gelegt worden, da sie sich noch in etwas geregt und bald gar ausgeblieben und gestorben. Es ist aber derselben, als der Scharfrichter sie erst besehen, der Hals oben im Gelenke ganz entzwei gewesen. Wie es damit hergegangen, kann niemand wissen. Die Tortur hat von früh acht Uhr bis zehn Uhr und also zwei Stunden gewährt usw. – Vermutlich hat der böse Feind ihr den Hals entzweigebrochen, damit sie zu keinem Bekenntnis kommen sollen.“ – Auf hierüber erstatteten Bericht reskribierte der Graf: „Uns ist aus Euerem Bericht vorgetragen worden, wieweit Ihr mit denen verdächtiger Hexerei halber in Haft sitzenden Personen verfahren und wie Ihr wegen Paul Mopens Weibes, welche bei der Tortur verstorben, des Körpers wegen Verhaltungsbefehl erholen wollen. Dieweil nun Euerem Bericht nach von dem Scharfrichter kein Exzeß in der Tortur begangen und gleichwohl wider diese Inquisitin unterschiedliche Indizia, auch endlich ihr, wiewohl nur generaliter und zwar bei der Tortur auf Befragung des Scharfrichters getanes Bekenntnis vorhanden, auch aus denen bei ihrem Absterben sich ereignenden Umständen und vorhergegangenen Besichtigungen so viel abzunehmen, daß ihr von dem bösen Feind der Hals zerknickt sein muß, als habt Ihr bei so gestalten Sachen den Körper alsbald hinausschaffen und unter das Gericht einscharren zu lassen.“

Viele Unglückliche starben infolge der erlittenen Tortur im Gefängnis, ehe die Exekution vollzogen werden konnte. Ein solcher Fall trug sich z. B. 1662 mit einem fünfzigjährigen Manne aus Möhringen in Württemberg zu, dem man unter anderem das Geständnis abgemartert hatte, daß er ein von ihm mit einem Mädchen im Ehebruch erzeugtes Kind in Gesellschaft des Mädchens und dessen Mutter verzehrt habe. Über sein am 3. April 1662 erfolgtes Ableben berichtete der Turmmeister: „Vor seinem Ende tat er zwei unmenschliche Schreie wie ein Ochs. Als man zulief, begehrte er, man solle ihn loslassen, er müsse ersticken, Gott werde ein Zeichen an ihm tun. Dann schlug er wild um sich, riß die Kleider und das Hemd vom Leibe. Bald darauf konnte er nicht mehr reden, bekam ein scheußliches Gesicht, wickelte seinen Mantel zusammen, legte den Kopf darauf und war plötzlich tot.“ – Als man ihn untersuchte, fand man „sein Genick ganz eingedrückt“. Die Leiche wurde auf den Richtplatz geschleift und dort verbrannt.

Selbstmorde der Unglücklichen im Hexenturm waren nichts Ungewöhnliches, werden aber ebenfalls in den Relationen über die Prozesse oder in den Akten immer so dargestellt, daß dabei irgendwie der Teufel die Hand im Spiel hat. Wie hartnäckig die zur Verzweiflung getriebenen Unglücklichen ihr Leben zu zerstören suchten, mag ein Beispiel zeigen. Die ungefähr vierzigjährige Maria N. bittet ihre Wächter flehentlich um ein Messer, sucht sich „die Medianader“ mit den Nägeln aufzukratzen, sich mit ihrem Kittel zu erhängen, sich die Zunge auszureißen, sich mit einem Finger zu ersticken. Alles vergebens. Sie ist am 17. Dezember 1627 durch den Scharfrichter „ziemlich wohl gestorben“.

Daß der Scharfrichter bei dem ganzen scheußlichen Prozeßverfahren ein Mann von großer Bedeutung und von dem entschiedensten Einflusse war, geht aus dem Bisherigen zur Genüge hervor. Von seinem guten oder schlimmen Willen hing so vieles ab! Zumeist aber erachtete es der Scharfrichter für eine Schande, wenn er mit einem alten Weibe nicht zum Ziele kommen, nicht mit ihm „fertig werden“ könnte. Daher erklärt sich die bestiale Roheit, mit der diese Unmenschen gegen die Unglücklichen verfuhren. In einer späteren Periode kannte Spee immer noch Scharfrichter, „die an etlichen Orten das Ruder führen und ihres Gefallens vorschreiben, wie und auf was Weise man diese oder jene foltern müsse; – und dürfen sich ihrer etliche wohl rühmlich vernehmen lassen, daß sie noch keine unter Händen gehabt, welche nicht endlich gewonnen gegeben und geschwätzet habe, – und das seyn dann die besten, dieselbigen werden hingefordert, wo etwan andre Gewissens halber haben aufhören müssen“.

Der Zweck des Geschilderten war einzig und allein die Erzielung des Geständnisses. Geständnisse wollte der von der Schuld im voraus überzeugte Richter, und der Inquisit mußte es zuletzt ebenfalls wollen. Bei vielen erstaunen wir über die moralische Kraft, mit der sie die lange Stufenfolge inquisitorischer Grausamkeiten bis zum letzten schrecklichsten Ende an sich erschöpfen ließen; bei den meisten jedoch bedurfte es des Ganzen bei weitem nicht. War das Eis einmal gebrochen, so ergoß sich auch der Trotzigste in eine Flut von Bekenntnissen; ihr Inhalt war teils die eigene Schuld, teils die Angabe von Mitschuldigen. Alle Greuel des Hexentums wurden jetzt auf Befragen kleinlaut zu Protokoll gegeben und die bisherige Verstocktheit auf die unmittelbare Einwirkung des Teufels geschoben, der oft, den Richtern unsichtbar, in Gestalt einer Mücke oder eines Vogels in der Folterkammer weilte und den Angeklagten durch Drohungen eingeschüchtert haben soll. Mit den Punkten, worauf es in diesen Prozessen ankam, war ja das Volk zuletzt fast genauer bekannt als mit seinem Katechismus.

Nun kam es nur noch darauf an, den Geständigen bei seinen getanen Aussagen zu erhalten. Sehr gewöhnlich freilich war es, daß, wenn die Schmerzen der Tortur vorüber waren, im nächsten Verhöre widerrufen wurde, was das vorhergehende erwirkt hatte; der Inquisit begab sich aber damit in einen ebenso unnützen wie gefährlichen Kreislauf. Neue Tortur und der Verlust des Anspruches auf diejenige mildere Todesart, mit der man den Bußfertigen begnadigte, war dann das Unausbleibliche, was ihm der Richter in Aussicht stellte.

In dieser Lage war Beharren bei dem Geständnis das einzige Heil; es kürzte und milderte wenigstens die Qualen. Das begriffen viele. Mit Schaudern sehen wir Verhaftete, wenn sie nicht den Selbstmord vorzogen, unter Beteuerungen der aufrichtigsten Zerknirschung den Richter um einen baldigen Tod anflehen. Eine eingekerkerte und geständige Engländerin bat um baldige Hinrichtung und bestand trotz der Bemühungen des Geistlichen auf ihren Bekenntnissen. Auf dem Richtplatze redete sie mit lauter Stimme zum Volk: „Wißt, ihr alle, die ihr mich heute sehet, daß ich als Hexe auf mein eigenes Bekenntnis sterbe, und daß ich alle Welt, vor allem aber die Obrigkeit und die Geistlichen von der Schuld an meinem Tode freispreche. Ich nehme sie gänzlich auf mich, mein Blut komme über mich! Und da ich dem Gott des Himmels bald werde Rechenschaft ablegen müssen, so erkläre ich mich so frei von Hexerei wie ein neugeborenes Kind. Da ich aber von einem boshaften Weibe angeklagt, unter dem Namen einer Hexe ins Gefängnis geworfen, von meinem Manne und meinen Freunden verleugnet wurde und keine Hoffnung zur Befreiung aus meiner Haft und zu ehrenvollem Fortleben in der Welt mehr hatte, so leistete ich durch Verlockung des Bösen ein Geständnis, das mir vom Leben hilft, dessen ich überdrüssig bin." Sie sagten auch mit der frechsten Stirne ihren angeblichen Komplizen das Absurdeste und Unmöglichste ins Gesicht. Ja, es verdient bemerkt zu werden, daß man an manchen Orten die Hexen, trotz der allgemeinen Vorstellung von ihrer vollendeten Verworfenheit, ihre Komplizen-Angaben eidlich zu bekräftigen anging, und daß solche Eide wirklich geschworen worden sind.

Nur aus den Akten der Prozesse selbst vermag man zu erkennen, bis zu welcher Verzweiflung die Unglücklichen durch die Folterqual getrieben wurden, und wie sich diese Qual in ihnen aussprach.

Da lesen wir z. B. aus Hexenprozeßakten von 1658, die der Essener Land- und Stadtrichter Rautert 1827 veröffentlicht hat, wie ein gefoltertes Weib am 23. Juni 1658 flehentlich bittet, „man möchte sie mit weiteren Tormenten verschonen, – denn sie wüßte nichts mehr, – sie sollten ihr nur abhelfen", wie sie aber, weil sie ihre Komplizen nicht vollständig angegeben zu haben schien, am 3. Juli nochmals gefoltert und zur Nennung von Namen gebracht, worauf sie bittet, man möchte ihr das „vorige Gebet wieder vorlesen, wie denn geschehen, da sie abermals mitgebetet und dem Teufel abgesagt, bittend man sollte sie nun nicht lange mehr aufhalten und ihr bald davon helfen und ein Vater-Unser für sie beten", welche Bitte sie dann nach geschehener Konfrontation mit einer von ihr angegebenen Person nochmals wiederholt; wie sie dann am 4. Juli, als ihr für den folgenden Tag die Hinrichtung mit dem Schwert angekündigt wird, „mit gefaltenen Händen" nochmals bittet, „sie wäre eine Sünderin, man sollte nur morgen mit ihr fortfahren und helfen, daß ihre Seele zu Gott kommen möchte, auch allesamt ein Vater-Unser für sie beten." Da sehen wir also ein frommes, gottergebenes Weib, das nach allen Qualen des Leibes und der Seele, die ihm angetan waren, die Qual und Schmach der öffentlichen Hinrichtung (die am 5. Juli erfolgte) gegenüber dem, was sie unter den Händen ihrer Peiniger erlitt, als Erlösung ansah. Und diese fromme, gottergebene Frau war durch die Tortur dahin gebracht worden, daß sie andere, die ebenso unschuldig waren wie sie selbst, als Mitschuldige bezeichnete und diese Angabe im Angesichte des Todes beteuerte. Daher klingt es wie ein Hohn der Hölle, wenn der Unglücklichen noch unmittelbar vor der Hinrichtung vom Gericht „ihrer vorigen Konfession halber zu Gemüte geführt ward, daß, wenn sie den einen oder anderen aus Haß oder Neid denunziert hätte, sie solches anjetzo andeuten und ihre Seele nicht zu kurz tun sollte".

In unzähligen Fällen ist es aus den Prozeßakten zu ersehen, daß die wochen-, monate- und jahrelang im scheußlichsten Kerker, auf der Folter und unter der rohesten Behandlung des Gerichts und des Henkers erlittene Qual die Unglücklichen schließlich zu einer Begriffsverwirrung und zu einem Wahnsinn trieb, in dem sie schließlich selbst an die Wahrheit der ihnen auf der Folter erpreßten Aussagen glaubten und die von ihnen Denunzierten bei der Konfrontation in wildester Erregung ins Gesicht hinein der Lüge ziehen, wenn diese von den ihnen zur Last gelegten Malefizien nichts wissen wollten!

Eine überaus interessante Anleitung, durch allerlei Scharfrichterstücke die Hexen zum Geständnis zu bringen, enthält das Luzerner Turmbuch. Die dort gegebenen Vorschriften zeichnen sich durch eine relative Milde aus, da sie sich hauptsächlich auf allerlei frommen Hokuspokus mit geweihtem Wachs, Weihwasser beschränkten. Leider wurde aber sehr wahrscheinlich, wenn diese Mittel nicht verfingen, zur eigentlichen Tortur geschritten, und durch die erfuhr man dann „gewüß, das sy ein Hex ist".

3. Die Geständnisse der Hexen, deren sogenannte Freiwilligkeit und Übereinstimmung

Nichts hat in unserer Zeit das Urteil über das Hexenwesen mehr in die Irre geführt als die Entdeckung, daß die Hexenakten uns nicht nur so viele freiwillige, sondern auch so viele bis in die kleinsten Punkte auffallend untereinander übereinstimmende Bekenntnisse geben. Aus jenem hat man schließen wollen, die Hexen selbst seien von ihrer Schuld überzeugt gewesen, es habe eine Art epidemischer Verrücktheit unter den Weibern geherrscht; dieses hat sogar zu der Vermutung geführt, die Hexenversammlungen seien etwas objektiv Wirkliches, ein fortlebender Rest von heidnisch-germanischem Kultus.

Die Lösung dieser beiden Rätsel ist sehr einfach.

Freiwillig oder gütlich war nach dem gerichtlichen Sprachgebrauch jedes Bekenntnis, das nicht durch die wirkliche Anwendung der eigentlichen Folter ermittelt wurde. Dies bedarf keines weiteren Belegs. Wer also gestand, weil er der angedrohten Folter überhoben sein wollte, weil er durch maßloses Kerkerelend mürbe, durch Kreuzfragen gedrängt, durch zweideutige Zusagen betört, durch seelsorgerischen und andern psychologischen Zwang bestürmt war, der lieferte ein freiwilliges oder gütliches Bekenntnis. Wer in richtiger Würdigung seiner Lage, aus der kein Weg mehr in ein unangefochtenes Leben und die Achtung der Mitbürger zurückführte, die Begnadigung zu dem Schwerte oder dem Strange anstatt des Lebendigverbrennens sich verdienen wollte, der kam dem Richter auf halbem Wege entgegen, und sein Bekenntnis war dann mehr als gutwillig, es war sogar reumütig. Wie aber diese Freiwilligkeit sich nicht nur mit der sogenannten Realterrition, sondern sogar mit der wirklichen Anwendung der Folter selbst vertrug, dafür wollen wir Akten und Zeitgenossen reden lassen.

„Wahr," – sagt ein offenburgisches Aktenstück von 1609– „daß als Montag hernach den 20. Octobris die Herren Examinatorn auß Bevelch eines Ersamen Rhats wiederumb zu ihr kommen, sie ihrer ersten Aussagen güettlich erinnert und begehrt, solle ihrem Herzen ferneres raumen, Sie nicht allein Weitters nicht aussagen wollen: Sondern daßjenig, was sie erstlich bekannt, wieder verneint: derowegen man sie wieder dem Meister (Scharfrichter) befohlen, und alß er sie gebunden, hatt sie wiederumb Fürbitt zue Gott dem Herrn angesprochen, so ihr abermahlen widerfahren. Ist demnach ohnaufgezogen auf ihr Begehren ledig gelassen und in das Stüblin geführt worden, allda sie alles wie obgemelt in Guette bekennt."

War eine Hexe vor Gericht geschleppt, so wußte sie bereits, daß ihr einziger Trost – der Tod war, der sie vor der Qual der Folter und unzähligen anderen teuflischen Peinigungen bewahren konnte. Diesen Trost aber konnte sie sich nur durch ein solches Geständnis sichern, wie es die Hexenrichter haben wollten.

Daher erzählt der Jesuit Friedrich v. Spee, wie die Angeklagten immer darauf bedacht waren, unwahre, aber wahrscheinlich aussehende Geständnisse vorzubringen, um der Folter zu entgehen und nicht durch Unwahrscheinlichkeiten in deren Fänge zu geraten, wie so viele ihn befragten, in welcher Weise sie wohl auf der Folter gegen sich und gegen andere lügen dürften; wie er die Einfalt derer beklagt, die, nachdem sie sich auf der Folter als schuldig bekannt hatten, dieses Bekenntnis hernach widerriefen – weil sie es nicht als ein freies Bekenntnis gelten lassen – und dafür aufs neue auf der Folter gemartert wurden. „Wehe der Armen," ruft er aus, „die einmal ihren Fuß in die Folterkammer gesetzt hat! Sie wird ihn nicht wieder herausziehen, bevor sie alles nur Denkbare gestanden hat. Häufig dachte ich bei mir: daß wir alle nicht auch Zauberer sind, davon sei die Ursache allein die, daß die Folter nicht auch an uns kam, und es ist sehr wahr, was neulich der Inquisitor eines großen Fürsten zu prahlen wagte, daß, wenn unter seine Hände und Torturen der Papst fallen sollte, ganz gewiß auch er sich als Zauberer bekennen würde. Das Gleiche würde Binsfeld tun, das Gleiche ich, das Gleiche alle anderen, vielleicht wenige überstarke Naturen ausgenommen." –

Ebenso wird in einem Bamberger Reskript aus dem siebzehnten Jahrhundert an die Zentrichter über die „Mängelspunkte der zurzeit wider die Hexenpersonen angestellten Prozesse“ (v. Bamberg, Anh. S. 13) unter anderem gesagt: „Wir haben schon öfter von den Gefangenen, ehe sie noch bekannt, gehört, wie sie wohl einsähen, daß keiner, der Hexerei halber eingefangen sei, mehr herauskomme, und ehe sie solche Pein und Marter ausstünden, wollten sie lieber zu allem, was ihnen vorgehalten würde, Ja sagen, wenn sie es auch entfernt nie getan, noch jemals daran gedacht hätten.“

Durch Suggestivfragen torquierte man aus den unglücklichen Schlachtopfern alle Geständnisse heraus, die man überhaupt haben wollte. Bei einem Prozeß in Curdeshagen in Pommern sagte eine Angeschuldigte nach der Folter: „Man mußte idt woll bekennen, Jochim Damitze der Houedmann (Inquisitor) hedde er (ihr) vorgesecht vnd So hedde Se em nachgesecht.“ In Greene im Braunschweigischen rief 1663 die Inquisitin auf den Befehl des Vorsitzenden, zu bekennen, „wenn sie was sagen sollte, müßte man's ihr vorsagen.“

Wurden die Qualen der Folter unerträglich, so sagten sieben- und achtjährige Kinder, ehrbare Frauen und achtzigjährige Matronen aus, daß sie erst noch in letzter Zeit mit dem Teufel gebuhlt, und acht-, zehn- und zwölfjährige Mädchen gestanden, daß sie infolge des teuflischen Beischlafs mehrmals geboren hätten!“

Es ist also wahr, was der edle Graf Spee schreibt: „Ich habe es mehr dann einmal mit meinen Ohren gehört, nicht allein von Richtern und Kommissarien, sondern auch von Geistlichen, daß sie gesprochen, diese und jene haben gutwillig und ungepeiniget bekennet und derowegen müssen sie notwendig schuldig sein. Ist's aber nicht zu verwundern, daß man sich der Sprache so weit mißbraucht? Denn als ich darauf gefraget, wie es denn mit solcher gütlicher Bekenntnis hergegangen, haben sie gestanden, daß selbige Personen zwar gefoltert, aber allein mit den ausgehöhlten oder gezähnten Beinschrauben vor den Schienen (da denn die Empfindlichkeit und Schmerzen am größten ist, indem man dem armen Menschen das Fleisch und die Schienbeine gleich einem Kuchen oder Fladen zusammenschraubt, also daß das Blut herausfließt und viele dafür halten, daß solche Folter auch der stärkste Mensch nicht ausstehen möchte) seyen angegriffen oder tentieret worden. Und dennoch muß ihnen das heißen gutwillig und ohne Folter bekennen; also bringen sie es bei dem gemeinen Mann an, das schreiben sie an ihre Fürsten und Herren usw.“

Wer diesen richterlichen Sprachgebrauch mit den faktischen Verhältnissen vergleicht, muß wohl an der vollen Freiwilligkeit der Geständnisse, dem Glauben der Hexen an ihre eigene Schuld und dem beliebten epidemischen Hexenwahnsinne irre werden. Geben wir indessen billigermaßen zu, daß in einzelnen Fällen die Verrücktheit eines Weibes sich ebensogut im Hexensabbat festfahren konnte, wie es unbezweifelt ist, daß manche Wahnsinnige sich für Verstorbene oder für Gott den Vater gehalten haben. Wer Hexenprozeßakten gelesen hat, wird geneigt sein, die Zahl solcher möglichen

Wahnsinnsfälle sehr, sehr niedrig anzuschlagen. – Sie können für die Beurteilung des Hexenwahns und des Hexenwesens gar nicht in Betracht kommen.

Die Meinung, daß allen Hexenprozessen nur Unschuldige zu Opfer fielen, ist durchaus unzutreffend. Allerdings waren die Angeklagten keineswegs Hexen. Wohl aber ab und zu Giftmischerinnen, Kupplerinnen und krankhaft veranlagte Weiber, psycho-sexuale Individuen, die sich entweder selbst mit dem Nimbus des Geheimnisvollen umgaben oder ob der ungewöhnlichen Krankheitserscheinungen als Hexen angesprochen wurden und bei dem damaligen Stand der Wissenschaft auch angesprochen werden mußten. Greift doch noch heute trotz des hohen Standes der Psychiatrie gar oft der Richter ein, wo der Irrenarzt zu sprechen hätte. Zahlreiche Kranke, deren Zustand Krafft-Ebingbeschreibt, hätten noch vor knapp zwei Jahrhunderten den Scheiterhaufen besteigen müssen. Andererseits liegen Beweise sonder Zahl dafür vor, daß es sich bei vielen Morden an Kindern und Erwachsenen, Liebes- und anderen Zaubern, Vergiftungen und Leichenschändungen um wirkliche Verbrechen handelte, deren Triebfeder weniger Geisteskrankheit als der Aberglaube war. Daß auch die Hysterie bei den Denunziationen wie bei den Selbstanklagen ein gewichtiges Wort mitsprach, wird ohne weiteres einleuchten.

Was nun die ins einzelne gehende Übereinstimmung der Bekenntnisse anbelangt, auf die namentlich Carpzov (Quaest. XLIX., Nr. 67) und der dort angeführte Moller ganz besonderes Gewicht legen, so hat diese durchaus nichts Rätselhaftes.

Waren die Angeklagten auf die Folter gespannt, so wußten sie, daß es für sie nur ein Mittel gab, um von der unnennbaren Folterqual befreit zu werden, nämlich das Eingeständnis, daß sie Hexen seien. Sehr richtig ist daher, was zur Erläuterung dieses Punktes v. Wächter (S. 325) hervorhebt: Sie mußten eben gestehen und gestanden (nach den näheren Umständen befragt), was man in jenen Zeiten gewöhnlich von den Hexen erzählte, was die Kirche dem Volke genugsam als Warnung vorhielt und was noch in zahllosen populären Traktätchen über das Treiben der Hexen und über die Geschichte und die Bekenntnisse hingerichteter Hexen unter das Volk gebracht wurde. So erklärt sich die Übereinstimmung der Bekenntnisse, sofern sie sich auf die Sabbatsmysterien überhaupt bezieht. Hier hatte der Inquisit lediglich die stereotypen, sehr bald allgemein verbreiteten Greuelgeschichten mit der nötigen Anwendung auf seine Person wiederzuerzählen.

Aber auch in vielen Besonderheiten konnten sie leicht übereinstimmen, selbst in der so gefährlichen, die in Hexenprozessen so häufig vorkam, – in der Angabe der Personen, die bei Hexenversammlungen gewesen sein sollen. Hatten sie die Hexerei eingestanden, so verlangte man natürlich von ihnen auch zu wissen, mit wem sie auf den Hexentänzen gewesen seien. Die häufige Angabe, daß sie die Leute nicht gekannt hätten, oder die Nennung bereits Verstorbener oder Hingerichteter genügte natürlich nicht. Man folterte, bis sie Lebende nannten; und hier bezeichneten sie meistens eben solche, die im Geruche der Hexerei standen, oder von denen sie wußten, daß sie bereits in Untersuchung oder von anderen genannt seien. So erklärt sich ein Zusammentreffen der Aussagen verschiedener Angeschuldigten leicht; und nannten sie auch eine Reihe von Personen aufs Geratewohl, so konnte leicht eine solche Person unter denen sein, die auch eine andere Gefolterte von ungefähr genannt hatte. Was dann durch solche natürliche Verhältnisse nicht vermittelt wurde, das ergänzten Suggestionen aller Art, des Gefangenenwärters, des Geistlichen, des Richters, des Henkers.

Überhaupt hatte jedes Gericht so ziemlich seine feststehenden Fragen, die es den Hexen vorlegte, wodurch sich die Übereinstimmung der Geständnisse ganz besonders erklärt. Man fragte gewöhnlich, wo und von wem die Beklagten die Zauberei erlernt, wie lange sie diese getrieben, und wen sie selbst darin unterrichtet hätten. Ferner, wann sie sich dem Teufel verschrieben und ob sie dabei der Dreifaltigkeit und dem christlichen Glauben entsagt hätten und vom Teufel getauft worden wären. Dann fragte man, wo, wann und wie sie zu den Hexenversammlungen gefahren, was und wen sie da gesehen, mit wem und wie oft sie da gebuhlt hätten. Von wem sie ihre Salben und Kräuter empfangen, wann sie Hagel, Nebel und sonstiges Unwetter gemacht, wem sie damit hätten schaden wollen, welche Genossen sie bei ihren Verbrechen gehabt etc. Manche Partikularrechte schrieben die an die Hexen zu richtenden Fragen mit der größten Umständlichkeit vor. Liest man eine solche Fragenliste und erwägt dabei, daß die Fragen einer gefolterten Person vorgelegt wurden, und daß die Gefolterte unter der grausigen Qual nur daran denken konnte, eine dem Richter genügende und nicht zu neuer Qual führende Antwort zu geben, so begreift man, daß die Antworten gerade in der Übereinstimmung gegeben wurden, in denen sie eben den Delinquenten in den Mund gelegt wurden. Man vergleiche hierzu nur das Interrogatorium, das das Landrecht von Baden-Baden vom Jahr 1588 vorschrieb. Nach ihm hatte der Richter an die Unglücklichen unter anderem folgende Fragen zu richten:

„Ob sie von Hexenkunst gehört, von wem und was für Hexenwerk; – Item (weil man bishero Hexen verbrannt), ob sie nicht auch von ihren Kunststücklein gehört; denn die Weiber ohne Zweifel aus Fürwitz danach fragen und dessen ein Wissens begeren. Und so sich dessen entschuldigt wird, ist es ein Anzeigen, daß Solches nicht gar ohne werde sein, und woher ihr das komme, durch wen sie es erfahren, wer dieselbigen Personen und weß Namens sie seien; item, was es für Hexenwerk und was für Stücke sie zum Wettermachen und zur Schädigung des Viehes haben müssen. – Und so sie solches bestehet, muß und soll man ferner nachfragen:

Ob sie auch etliche Stücklein, sie seien so gering sie wollen, gelernt, als: den Kühen die Milch zu nehmen, oder Raupen zu machen, auch Nebel und dergleichen. Item, von wem und mit was für Gelegenheit solches beschehen und gelernt, wann und wie lange, durch was für Mittel, ob sie kein Bündnis mit dem bösen Feind (eingegangen), ob es allein ein schlecht Zusagen oder ein Schwur und ein Eid? Wie derselbe laute? Ob sie Gott verleugnet, und mit was für Worten? In wessen Beisein, mit was für Ceremonien, an was für Orten, zu was für Zeiten und mit oder ohne Charakter? Ob er keine Verschreibung von ihr habe, ob dieselbe mit Blut, und was für Blut oder mit Tinte geschrieben? Wann er ihr erschienen? Ob er auch Heirath oder allein Buhlschaft von ihr begehrt? Wie er sich genannt, was er für Kleider (getragen), wie auch seine Füße ausgesehen? Ob sie nichts Teuflisches an ihm gesehen und wisse? Auch sollte der Richter (natürlich deutsch) fragen: an Diabolus post initum pactum cum rea concubuerit? quonam modo Diabolus reae potuerit eripere virginitatem? Quale fuerit membrum virile Diaboli, quale eius semen? (Auf welche Frage die Angeschuldigten mit „kalt“ antworten sollten.) An concubitus cum Diabolo meliore et maiore ream affecerit voluptate quam concubitus cum viro naturali? An et rea semen emiserit? An Diabolus cum rea noctu pluries rem habuerit et semper cum seminis effluxione? Utrum rem cum rea peregerit in ipso membro muliebri an et in aliis corporis locis? An et ab aliis viris naturali ratione gravida facta? Quid cum partu fecerit? An vivus fuerit partus? Quomodo partum enecaverit?“

Dann folgen die Fragen: „Wer sie es gelernt, wer ihr dazu geholfen, was sie sonsten für böse Stücke als mit Stehlen, Brennen, Kinder verthuen, Morden u. dgl. in der Welt begangen? An contra naturam peccaverit? Quomodo cum viris, cum mulieribus, secum ipsa, cum bestiis? Mit Holz, Wachs, Gewächs, Kräutern? – Ob sie auch Leuten in Kraft ihres Schwurs und wem geschadet mit Gift, Anrühren, Beschwören, Salben? Wie viele Männer sie gar getödtet, Weiber, Kinder? Wie viele sie nur verletzt? Wie viele schwangere Weiber? Wie viel Vieh? Wie viel Hagel und was dieselbe gewirkt? Wie sie die eigentlich gemacht und was sie dazu gebraucht? Ob sie auch fahren könne und worauf sie gefahren? Wie sie das zuwege bringe, wie oft dieß geschehe, wohin zu allen Zeiten und Fristen? Wer in diesem Allen ihre Gesellen, so noch leben? Ob sie auch, und durch was für Mittel, verwandeln könne? Wie lang es, daß sie ihre Hochzeit mit ihrem Buhlen gehalten, wie solches geschehen und wer als dabei gewesen, und was für Speisen, sonderlich von Fleisch (gegessen worden), wo solches herkomme, wer das mitgebracht? – Item, ob sie auch Wein bei ihrer Hochzeit und woher sie den gehabt? Ob sie auch damals einen Spielmann (gehabt), ob es ein Mensch oder ein böser Geist gewesen, welches Ansehen er gehabt, und ob er auf dem Boden oder dem Baum gesessen oder gestanden? Item, was bei vorgemeldeter Beisammenkunft ihr Anschlag gewesen, und wo sie künftig wieder beieinander erscheinen wollen? Wo sie bei nächtlicher Weile Zehrung gehalten, auf dem Felde, in Wäldern oder Kellern, auch wer jeder Zeit bei und mit gewesen? Wie viele junge Kinder sie geholfen essen, wo solche hergekommen und zuwege gebracht, wem sie solche genommen oder auf den Kirchhöfen ausgegraben, wenn sie solche zugerichtet, gebraten oder gesotten, item, wozu das Häuptlein, die Füße und die Händlein gebraucht, ob sie auch Schmalz von solchen Kindern bekommen, und wozu sie das brauchen, auch ob sie zur Machung der Wetter nicht Kinderschmalz haben müssen? Wie viele Kindbetterinnen sie umbringen helfen, wie solches zugegangen und wer mehr dabei gewesen? Oder ob sie Kindbetterinnen auf den Kirchhöfen geholfen ausgraben und wozu sie es gebraucht, item wer dabei und mitgewesen, wie lange sie daran gesotten, oder ob sie unzeitige Kindlein ausgegraben und was sie damit angerichtet?“

Bezüglich der Hexensalbe sollte der Richter weiter fragen: „Wie solche zugerichtet und was für Farbe sie habe, item ob sie auch eine zu machen sich getraue? Da sie so Menschenschmalz haben müssen und consequenter so viele Morde begangen und weil sie (die Hexen) gemeinlich das Schmalz aussieden oder im Braten schmelzen: was sie mit dem gekochten und gebratenen Menschenfleisch gethan? Item: brauchen allezeit zu solchen Salben Menschenschmalz, es sei gleich von todten oder lebendigen Menschen, deßgleichen desselben Bluts, Farrensamen etc., des Schmalzes aber ist allezeit dabei. Die anderen Stücke werden oft ausgelassen; doch von todten Menschen taugt es zur Tödtung von Menschen und Vieh, aber von lebendigen zum Fahren, Wettermachen, unsichtbare Gestalten an sich zu nehmen. – Ferner: „Wie viele Wetter, Reife, Nebel sie geholfen machen und wie lange solches geschehen, auch was Jedes ausgerichtet, und wie solches zugehe und wer dabei und mitgewesen? Ob ihr Buhle auch im Examen oder im Gefängnis zu ihr gekommen? Ob sie auch die consecrirte Hostiam bekommen, und von wem, auch was sie damit ausgerichtet? Und ob sie auch zum Nachtmahl gegangen und dasselbe recht genossen? – Wie sie Wechselkinder bekommen und wer's ihnen gibt? Item: den Kühen die Milch entziehen und zu Blut machen, auch wie solchen wieder zu helfen? Ob sie nicht Wein oder Milch aus einem Weidenbaum lassen könne? – Item: wie sie den Männern die Mannschaft nehmen, wodurch und wie ihnen wieder zu helfen? u. s. w.“

Derartige Fragenlisten, die den ganzen Inhalt des Hexenglaubens mit allen seinen Scheußlichkeiten und Albernheiten vollständig vor Augen führen, ließen sich noch viele mitteilen.

Die Angeschuldigten gestanden oft auf der Folter Dinge, die sich im Prozeß selbst als Unwahrheiten und Unsinnigkeiten erwiesen, und die dennoch von den Gerichten als bare Münze hingenommen wurden. So sagte in einer Fuldischen Prozeßverhandlungdie „alte Bröllin“ von Fulda in ihrer Urgicht aus: 1. sie habe eins der ungetauften Kinder der Witwe des Dr. Hector zu ihrer „Salb oder Schmier“ gebraucht, und doch hatte die Witwe Hector niemals ein totes Kind zur Welt gebracht oder war eins ihrer Kinder vor der Taufe gestorben; 2. sie habe ihren ersten Mann „gesterbt“ d. h. durch Zauberei getötet, und doch war es im ganzen Stift Fulda notorisch, daß ihr erster Mann Hans Leibold vor fünf Jahren durch einen mit Weinfässern beladenen Wagen, der ihm zwischen Hammelburg und Unterertal über den Leib gefahren, ums Leben gekommen war. Auch hatte sie 3. in der Tortur angegeben, daß ihre „Schmier oder Salbe“ an einem bestimmten Ort in ihrem Hause stehe, wo man sie finden werde; man fand aber an dem bezeichneten Orte nichts anderes als ein Töpfchen voll frischen Kirschenmuses, woran sich ihr jetziger alter Mann labte. Und dennoch wurde die Bröllin auf ihre Geständnisse hin als Hexe zum Tode verurteilt.

In einem anderen Fuldischen Hexenprozeß bekannte Kurt Lösers Weib von Langenbieber während der Tortur, daß sie ihre beiden Kinder durch Zauberei ums Leben gebracht und dem Hans Bleuel einen Schimmel gesterbt habe; und doch lebten ihre Kinder noch und dem Bleuel war kein Schimmel gestorben.

In einem anderen Fuldischen Prozeß bekannte die Braunschweigerin von Margarethenhaun, daß sie den Wirt Heinz Vogel daselbst gesterbt habe, und doch lebte der Wirt noch und stand sogar leibhaftig bei dem Gericht, als diese falsche Urgicht vor der Exekution vorgelesen wurde.

In burg-friedbergischen Akten von 1633 finden wir ein in einundvierzig Artikeln abgefaßtes Schema für die Generalinquisition beigelegt. Es wird darin nach allen Spezialitäten des Hexenwesens gefragt. Aus den Ergebnissen der Generalinquisition wurde sodann das Klagelibell des Fiskals konstruiert, dessen einzelne Artikel mit Ja oder Nein zu beantworten waren. Da nun auch in diesem Anklageprozesse der Beschuldigte späterhin der Tortur unterworfen und abermals auf jene Artikel befragt wurde, so gewinnt dadurch dieses peinliche Verhör den Charakter einer fortlaufenden Suggestion.

Ein bereits geständiger Inquisit zu Lindheim hatte den Bürger Johannes Fauerbach als Mitschuldigen angegeben; in der Konfrontation sagte er ihm ins Gesicht, daß er der Hexenpfaffe sei. Fauerbach leugnete und blieb vorerst noch auf freiem Fuße. Bald darauf ward ein Weib eingekerkert, gestand auf sich selbst und nannte Fauerbach als Hexenpfaffen, wie er denn seit seiner Konfrontation überhaupt im Dorfe verschrien war; er wurde angeklagt und hatte einen langen Prozeß durchzumachen. In dessen Verlauf übersandte der mittlerweile entsprungene lindheimische Inquisit ein Zeugnis, worin er versicherte, daß er Fauerbach nur unter der Tortur und auf ausdrückliches Befragen dessen Namen genannt habe.

Statt aller übrigen Beispiele mag folgendes dienen, was Spee aus guter Quelle über das Verfahren eines berüchtigten Hexenrichters vernahm: „Dieser Richter, wann etwa eine Gefangene auf sich selbst bekennet hatte, und darauf um ihre Gesellen gefragt wurde, sie aber aufs beständigste darbei bestunde, daß sie deren keine wüßte oder kennete, pflegte er zu fragen: Ei, kennest du dann die Titiam nicht, hast du dieselbe nicht auf dem Tanz gesehen? Sagte sie alsdann Nein, sie wüßte nichts Böses von derselben, so hieße es sobald: Meister, ziehe auf, spanne besser an! Als dies geschahe und die Gemarterte die Schmerzen nicht erdulden konnte, sondern rief: Ja, ja, sie kennete dieselbe und hätte sie auch auf dem Tanz gesehen, man sollte sie nur herunter lassen, sie wollte nichts verschweigen, – so ließ er solche Denunziation oder Besagung ad protocollum setzen, fuhr fort und fragete, ob sie nicht auch die Semproniam kennete und an einem solchen Ort gesehen hätte? Leugnete sie dann anfangs, so wird der Meister seines Amts erinnert, welcher dann damit so lange anhielte, bis Sempronia auch schuldig gemacht wurde, und also fürder, bis er zum wenigsten drei oder vier aus der armen gemarterten Person gebannet hätte." Entrüstet über dieses Verfahren, brachte Spee diese Geschichte zu Papier, um den Fürsten die Augen zu öffnen; aber ein Freund, der dazu kam, lachte über dieses Beginnen und sagte: „er solle dies Exempel doch wieder ausstreichen, dann es ja ein Überfluß wäre, dasjenige mit Exempeln zu behaupten, welches nunmehr der gemeine Stylus wäre und fast täglich praktiziert würde." Spee überzeugte sich später durch eigenen Anblick, daß dem so war, und gelangte zu dem für uns sehr interessanten Resultat: „Daher kommt nun ferner dieses, daß weiln die Kommissarii (wie ich selbst observieret habe) obangeregtermaßen die armen Sünder nicht allein von ihren Gesellen, sondern auch von ihren Taten, von Ort und Zeit der Tänze und anderen dergleichen Umständen entweder mit Namen oder doch so deutlich und umständlich, als wann sie es auch in specie vorsagten und ihnen in den Mund geben, fragen, nach der Hand bei ihren Herren und andern nicht genugsam rühmen und herausstreichen können, wie viel Hexen in allen Punkten und Umständen so eigentlich übereingestimmt hätten."

Man denke indessen nicht, daß man sich überall ängstlich um die Übereinstimmung der Aussagen bekümmert habe. Viele Richter nahmen, wie wir bereits sahen, selbst an den gröbsten Widersprüchen keinen Anstoß. „Ihrer drey sind justificirt" - erzählt Leib in seinen Responsen - „und haben bekennet, wie sie einen Müller umbgebracht, aber in modo interfectionis und auff was Weiß eine die andere zum complicen dabey gehabt, und wie sie ad locum facti perpetrati kommen, sind sie gar wiederwertig gewesen. Da auch schon die Gefangene von Umbständen gefragt werden, melden sie doch solche entweder gar nicht, oder confundiren sich, oder bekennen in's gemein, was alle dergleichen zu bekennen pflegen, und der gemeine Mann zu erzehlen weiß, da doch an der concordantia confessionum ac nominationum so wohl Erzehlung der Umständ, sehr viel gelegen."

Das Eingeständnis des Beschuldigten war übrigens bei der Zauberei so wenig wie bei andern Verbrechen eine unumgängliche Bedingung zur Verurteilung. Es ward auch hier angenommen, daß die Evidenz des Faktums durch einfachen Zeugenbeweis hergestellt werden könne, und die Sache stand dann für den leugnenden Überführten noch schlimmer, weil er Unbußfertigkeit bezeigte.

4. *Die Hexenproben*

Ehe wir von der Bestrafung der Hexerei handeln, haben wir noch einiger sogenannten Proben zu gedenken, die mitunter der Folter vorauszugehen pflegten.

1. Die Feuerprobe (ferrum candens). Dieses alte Beweismittel, von dem sich schon bei Sophokles eine Spur findet, bei den germanischen Stämmen einst so gewöhnlich, aber auch den Japanern und Slaven nicht unbekannt, von Konrad von Marburg und andern Inquisitoren auch gegen Ketzer angewandt, kommt im Hexenprozesse nur in dessen

frühester Zeit und nur ganz vereinzelt in späterer Zeit vor. Der Hexenhammer erzählt von der Probe mit dem heißen Eisen, die 1485 in der Herrschaft Fürstenberg stattgefunden hatte. „Die hexenwerk halben verlümdotte frow" Anna Henni von Röthenbach bei Löffingen im Schwarzwald bestand die Probe und wurde gegen Leistung der Urfehde entlassen. Der Malleus verwirft sie gänzlich. Weit gebräuchlicher war

2. diejenige Probe mit dem kalten Wasser, die man das Hexenbad nannte. Das Ordale des kalten Wassers (Judicium aquae frigidae) reicht tief in das Mittelalter zurück. Ludwig der Fromme verbot es, Hinkmar von Reims trat als sein Verteidiger auf, zur Zeit Bernhards von Clairvaux wurde es gegen sogenannte Manichäer in Frankreich angewendet; seitdem aber Innocenz III. auf dem Lateran-Konzil 1215 ein neues Verbot darauf legte, kam es in Abnahme. Das Verfahren bestand darin, daß der Angeschuldigte an ein Seil gebunden und ins Wasser hinabgelassen wurde. Schwimmen war das Zeichen der Schuld, Untersinken das der Unschuld. Einige deutsche Weistümer aus dem vierzehnten und fünfzehnten Jahrhundert nehmen jedoch die Entscheidung gerade umgekehrt.

Im sechzehnten Jahrhundert fing man in manchen Gegenden Deutschlands diese Probe bei den Hexen zu gebrauchen an, so 1436 in Hannover. Man band ihnen die Hände mit den Füßen kreuzweise zusammen und ließ sie an einem Seile in einen Fluß oder Teich dreimal hinab; wobei das Schwimmen für die Schuld sprach. Als endliches Überführungsmittel ist die Wasserprobe zwar nirgends recht in Gebrauch gekommen, als vorläufige Prüfung aber erhielt sie sich sehr lange. Wurde sie genügend bestanden, so folgte entweder augenblickliche Freilassung oder kanonische Reinigung; wo nicht, so schritt man zur Tortur. Aus einem Schreiben des marburgischen Professors der Philosophie Scribonius an den Magistrat zu Lemgo ersieht man, daß die Wasserprobe in dieser Stadt erst 1583 nach dem Muster anderer Länder eingeführt, in den übrigen Teilen Deutschlands aber noch fast ganz unbekannt war. Scribonius suchte die Zweckmäßigkeit des Verfahrens mit Gründen darzutunund verwickelte sich in einen Streit mit den Ärzten Johann Ewichund Hermann Neuwald, Professor in Helmstädt, in dem er den kürzeren zog. Auch Jesuiten verwarfen das Hexenbad, darunter sogar der berüchtigte Martin Delrio. Er erklärt: die gebräuchlich gewordene Wasserprobe, die überhaupt keineswegs erlaubt sei, könne kein Recht zur Folterung bieten. Ebenso zählt der Jesuit Leonhard Lessius zu den Gegnern des Schwemmens.

Schwur und Wasserprobe der Hexen
Aus der Heidelberger Sachsenspiegelhandschrift

Aus Westfalen verbreitete sich die Anwendung des Hexenbades nach Lothringen; gegen das Ende des sechzehnten Jahrhunderts finden wir es auch in Belgien und Frankreich, wo es indessen vom Pariser Parlament verboten wurde, und um die Mitte des siebzehnten trieb man besonders in England einen gar argen Unfug mit ihm. Auch nach Ostindien ist es, wahrscheinlich durch die Engländer, gekommen. In Italien und Spanien dagegen kam es gar nicht vor. Der Gerichtshof von Holland ließ sich in einem vorkommenden Falle 1594 von den Professoren zu Leyden ein Gutachten ausstellen, das gegen die Anwendbarkeit dieser Probe ausfiel. Im folgenden Jahre wurde sie auch in den spanischen Niederlanden verboten. Im Oldenburgischen ist unter der ersten Schwedenherrschaft (1633-1635) an zwei Frauenspersonen aus Dinklage und Vestrup in Vechta die Wasserprobe vollzogen worden. In Mecklenburg war dieses Ordal bis zum Jahre 1649 im Gebrauch; für immer verschwand es erst in der ersten Hälfte des neunzehnten Jahrhunderts.

Eine zum Scheiterhaufen verurteilte spanische Ketzerin
Picart 1723

Die diesem Ordale zugrunde liegende Vorstellung findet sich bei Hinkmar dahin entwickelt, daß das Wasser, geheiligt durch die Taufe Christi im Jordan, keine Verbrecher aufnehme, wenn es darauf ankomme, sie zu entdecken. Nach König Jakob I. wollte das Wasser in Gemäßheit besonderer Anordnung Gottes die Hexen darum nicht in seinem Schoß dulden, weil sie in ihrer Lossagung von Gott und Christus das heil. Taufwasser von sich geschüttelt hätten.

Die mittelalterliche Auffassung der Wasserprobe als eines Gottesurteils hatte im Hexenprozeß einer ganz anderen Auffassung Platz gemacht. Sie galt jetzt als Mittel, um Indizien zu erlangen. Man wollte dahinter kommen, ob die Angeklagte wohl schwämme. Schwamm sie, so war ein sehr bedeutendes Indizium gegen die Angeklagte gewonnen, wobei zwei Gesichtspunkte in Betracht kamen. Einerseits stand es dann nämlich fest, daß der Teufel im Wasser mit ihr war und ihr Untersinken verhinderte. Bisweilen versprach der Teufel den Hexen, während der Wasserprobe eine eiserne Stange zu bringen, damit sie sinken könnten, brachte dann aber bloß eine leichte, unnütze Nadel. Andererseits erkannte man an dem Schwimmen die spezifische Leichtheit der Hexen, die ihnen kein Teufel abnehmen konnte. Dafür daß dieses letztere der Hauptgesichtspunkt war, spricht auch, daß Scribonius sich umständlich über die Leichtheit der Hexen verbreitet und der Wasserprobe noch eine andere Probe zur Seite steht, die von dem spezifischen Gewichte der Hexen ausgeht. Dies ist nämlich

3. die Probe mit der Wage (probatio per pondera et lancem). Diese Probe mit der „Hexenwage" bestand darin, daß die Angeklagten, wenn sie auf diesem Wege ihre Unschuld dartun wollten, etwas schwerer sein mußten, als sie geschätzt worden waren. Besonderen Ruf hatte in dieser Beziehung die Stadtwage zu Oudewater. Man berief sich auf ein Privilegium Karls V., nach dem ein Zeugnis des Stadtrats, daß ein Verdächtiger amtlich gewogen worden sei und ein seinem Körperumfange entsprechendes Gewicht

bewährt habe, überall rechtlichen Glauben haben und alle anderen Proben ausschließen sollte. Wie es sich mit jenem Privilegium verhalten möge, steht dahin. Bei der Verwüstung der Stadt durch die Spanier 1575 ist das Rathaus mit allen seinen Urkunden in Flammen aufgegangen. Doch weiß man, daß auf Befehl des Kaisers Karl V. die Gewichte der Wage zu Oudewater am 2. März 1547 nach denen zu Gauda geprüft wurden. Gewiß aber ist, daß man aus den Stiften Köln, Münster und Paderborn häufig seine Zuflucht zum Rat von Oudewater nahm und in der Regel nicht Ursache hatte, sich über unbillige Behandlung zu beschweren. 1754 wurde die letzte Probe in dieser Stadt vorgenommen, mit zwei Beschuldigten aus Coesfeld und Telligt im Münsterschen. Daß man ein Minimum von 11-14 Pfunden für den Unschuldigen angenommen habe, ist ein Märchen. Auch in Szegedin soll eine Hexenwage im Gebrauch gewesen sein. Ähnliche Proben fanden sich auch anderwärts. 1707 ergriff der Pöbel bei Bedford ein verschrienes Weib und nahm die Wasserprobe vor, die ungenügend bestanden wurde. Nach langen Verhandlungen verfiel man darauf, die Verdächtige gegen die zwölf Pfund schwere Kirchenbibel abzuwägen, und da diesmal das Gewicht genügte, so stand man von weiterer Verfolgung ab.

4. Die Nadelprobe. Fand sich am Körper der Angeklagten irgendeine Warze, ein Mal oder dergleichen, so stach der Scharfrichter, zuweilen auch ein eigens beauftragter Chirurg, hinein, und wenn keine Äußerung des Schmerzes erfolgte oder kein Blut herausdrang, so war man sicher, das Stigma diabolicum gefunden zu haben. Diese Probe war allgemein; sie findet sich in Deutschland, Frankreich, Belgien, England und Spanien. In Frankreich und der Schweiz wurde diese Untersuchung gewöhnlich von Chirurgen vorgenommen, in Deutschland durch den Scharfrichter im Beisein der Schöffen. In Belgien, wo zwischen dem Büttel und den Ärzten oft Meinungsverschiedenheit vorkam, bestimmte eine Verordnung von 1660, daß der Henker nicht mehr zuzulassen sei, sondern nur neutrale en insuspecte docteurs. Dennoch findet sich eine Rechnung des Scharfrichters von Melin im Hennegau von 1682, worin für dessen Bemühungen beim Suchen des Stigmas einer Inquisitin und ihre Torquierung 62 livres 8 sols angesetzt sind. Fand sich bei der Besichtigung nichts, was als Stigma genommen werden konnte, dann galt der Satz, daß der Teufel nur zweifelhaften Anhängern sein Siegel aufdrücke und die sicheren ungezeichnet lasse.

Bei dieser Nadelprobe übte der Scharfrichter zuweilen den Kniff, daß er auf dem angeblichen Stigma selbst den Kopf der Nadel aufsetzte, dann aber zum Beweise, daß der Mensch überhaupt dem Schmerze nicht unzugänglich sei, die Spitze an einer andern Stelle tapfer einbohrte.

5. Die Tränenprobe. Der Mangel an Tränen während der Folter war Zeichen der Schuld; nach der Tortur konnte auch der reichlichste Erguß nicht helfen. Der Grund ist wohl ein sehr natürlicher, auch bei Märtyrern hat man die Erscheinung wahrgenommen, bei Hexen vielleicht nur darum häufiger, weil deren ungleich mehr gefoltert worden sind.

Bodin hat sich erzählen lassen, daß nur das rechte Auge einer Hexe in der Pein drei Tränen zu vergießen vermöge. Erst spät wagen Rechtsgelehrte (Hert, Opuscula, T. II. 1737 S. 383) mit Berufung auf die Autorität von Ärzten hervorzuheben, daß das Übermaß der Folterqual es nicht zur Tränenergießung kommen lasse.

Ein besonderes Kennzeichen einer Hexe war auch, daß sie bei dem Hersagen des Unser-Vaters an der sechsten oder siebenten Bitte anstieß und im Gebet nicht fortzufahren vermochte.

Ebenso fand man das Laster der Hexerei konstatiert, wenn die oder der Beklagte im Verhör sich bestürzt zeigte, in der Rede stockte, die Zunge spitzte, sie krümmte und gegen die Untersuchungsrichter herausstreckte, wenn er unter sich oder auf die Seite sah und sich vergeblich zu weinen bemühte, oder sonst (infolge der furchtbaren Seelenangst, die den Unglücklichen, namentlich bei dem Anblick der Folterwerkzeuge befiel) etwas Auffallendes in seinem Benehmen zeigte.

Außerdem gab es noch manche seltenere Proben sehr eigentümlicher Art.

So wurde einst zu Nidda einem achtzehnjährigen Mädchen nach richterlichem Erkenntnis das Nasenbein eingeschlagen, um aus dem Blutflusse über Schuld und Unschuld zu urteilen.

Eine Art von Offa judicialis mit Butterbrot wurde 1618 bei einer Hexe zu Lincoln auf deren eigenes Verlangen angewendet; sie soll daran erstickt sein.

5. *Die Bestrafung der Hexen*

Waren nun durch Verhöre, Proben und Tortur, durch Geständnis oder Überführung die Akten endlich zum Schlusse gekommen, so erfolgte der Spruch. Auch Kontumazialurteile wurden erlassen. Völlige Freisprechung sollte nach dem Malleus nicht ausgesprochen werden, sondern bloß Absolution von der Instanz; Delrio empfiehlt diese als sicherer, obgleich er die rechtliche Möglichkeit der ersteren einräumt. Und diese Maxime befolgte gewöhnlich auch der weltliche Richter, wenn das Verfahren einmal über die ersten Stadien der Folterung hinausgegangen war. Der Losgesprochene wäre mit seinen zerfolterten Gliedern und seinem durch die Haft verkümmerten Leibe ein umherwandelnder Vorwurf für die Obrigkeit gewesen. Sah man sich aber dennoch genötigt, die Verhafteten und Verhörten wieder in Freiheit zu setzen, so mußten sie vorher die Urfehde schwören, in der sie insbesondere zu geloben hatten, daß sie sich wegen der erlittenen Einziehung etc. an der Obrigkeit nicht rächen wollten.

Die vorerwähnte Katharina Lips aus Betziesdorf in Oberhessen, deren Heldenhaftigkeit auch durch die furchtbarste Tortur nicht hatte gebrochen werden können, wurde nach Ausstellung folgender Urfehde aus dem Marburger Hexenturm entlassen:

„Ich Katharina, Dieterich Lipsen Hausfrau, Schulmeisters zu Betziesdorf, urkunde hiermit: Als in der durchlauchtigen etc. unserer gnädigen Fürstin gefängliche Haft allhier aufm Schloß ich wegen angegebenem Zaubereiverdachts geraten, auch von ihrer Durchlaucht fiscali am hochpeinlichen Halsgericht hierselbst deswegen besprochen und nach geführtem langem peinlichem Prozeß endlich Bescheid erteilt worden, daß gegen genugsame Caution, da man ins künftige eine mehrere Anzeigen und Verdacht des Zaubereilasters gegen mich in Erkundigung bringen würde, mich jederzeit mit dem Leibe wieder zu sistieren, ich für diesmal gegen gewöhnliche Urphede und Erstattung der Unkosten ab instantia zu absolvieren und der gefänglichen Haften zu erlassen sei; daß demnach mit Handgegebener Treue an Eidesstatt angelobt und versprochen habe, auch hiermit angelobe und verspreche, nicht allein die aufgegangenen Unkosten unverlangt zu bezahlen, und dieser gefänglichen Haften und was mir darinnen begegnet weder an Ihrer Durchlaucht, noch dero Bedienten, oder anderen deren Untertanen in keinem Wege zu rächen oder zu ahnden, sondern auch, da inskünftig eine mehrere Anzeige oder Verdacht erwähnten Lasters halber in Erkundigung sich finden würde, mich jederzeit auf Erfordern mit dem Leibe wieder zu sistieren oder Ihrer Durchlaucht höchstgedacht mit allem dem meinigen verfallen zu sein, gestalt ich dann deswegen, weilen ich keinen Bürgen aufbringen können, alle und jede meine gegenwärtigen und zukünftigen Habe und Güter, wie die Namen haben oder anzutreffen sein mögen, zu speciellem und gewissem Unterpfand hiermit eingesetzt, und allen und jeden mich dagegen schützenden Beneficien und Guttaten, der Rechte und Gewohnheiten mich wolerinnert renunciert, auch den edlen festen und hochgelehrten Herrn Jacob Blankenheim, fürstl. Oberschultheis allhier mit Fleiß erbeten, daß er diesen Cautionsschein und Urphede meinetwegen eigenhändig unterschrieben und sein gewöhnliches Amtssiegel aufgedrücket hat, doch Ihrer Durchlaucht, seinem Amt, ihm und den Seinigen ohne Schaden. So geschehen zu Marburg den 4ten Mai anno 1672."

In Westfalen wird ab und zu eine Hexe, gegen die noch kein hinreichendes Belastungsmaterial vorliegt, gegen Kaution entlassen. Die Kaution bestand in Bürgen, die „mit Hand und Mund" unter Begebung aller Einreden sich verbürgen, daß sie „als ammanuenses den Beschuldigten in ihr Verwahrsam nehmen und dafür gut sein, daß er dieser gefängnisse halber weder mit Worten noch mit Taten, es geschehe denn mit ordentlichem Rechten nichts fürnehmen soll; auch sonsten auf fernere Zuspräche zu ihm allhier in Haft, so oft solches erfordert wird, einliefern sollen und wollen. Und das bei Pein 200 Gulden."

Gewöhnlich sahen sich aber die Freigelassenen doch noch durch besondere Anordnungen des Gerichts gemaßregelt. Meist wurde Ihnen eine Geldstrafe auferlegt, dann hatten sie die Kosten des Verfahrens zu tragen, überdies wurden sie wegen des an ihnen trotz der Freilassung noch haftenden Verdachts der Zauberei in schimpflichster Weise an ihrer Freiheit geschädigt. Oft wurde ihnen der Besuch der Kirche untersagt, und wenn ihnen der Kirchenbesuch gestattet war, so mußten sie im Gotteshaus, von allen anderen gesondert, an einem ihnen zugewiesenen Platze sitzen. Auch im eigenen Hause sollten sie ohne Verkehr mit den Ihrigen, in einem besonderen Gemach leben. Nicht selten aber sahen sich die Unglücklichen bei ihrer Rückkehr von ihrer Heimat und den Ihrigen wie Aussätzige verstoßen. Man reichte ihnen keine Hand und die Ortsobrigkeit ließ sie nicht selten zum Ort hinauspeitschen oder sperrte sie ins Findelhaus oder Spinnhaus ein.

Das Günstigste war es noch für die Freigesprochenen, wenn sie zur öffentlichen Kirchenbuße verurteilt und ihnen nach deren Vollziehung die Absolution und das heil. Abendmahl erteilt wurde, wie es z. B. nach einem Beschlusse des Rats zu Eßlingen vom 1. Juli 1664 mit mehreren verhaftet gewesenen jungen Leuten geschah.

Die verdammenden Sentenzen des geistlichen Gerichts sprachen die Schuld und die kirchlichen Büßungen aus, verordneten die Abschwörung der Ketzerei, verhängten, wenn sich der Fall zur Anwendung besonderer Milde eignete, Kerkerstrafe auf Lebenszeit, oder übergaben, was das Gewöhnlichste war, den Schuldigen der weltlichen Behörde. Geschah dies einem Geistlichen, so mußte er zuvor degradiert werden.

Der weltliche Arm strafte mit dem Tode.

Die Hinrichtung geschah in der Regel so, daß der Verurteilte in Begleitung von bewaffneten Reitern oder Musketieren auf den Richtplatz geführt oder geschleift wurde, wo dann zunächst die Urgicht, d. h. das Verzeichnis der auf der Tortur erpreßten Geständnisse oder der Verbrechen vorgelesen wurde, was gewöhnlich mit einer vorausgeschickten Einleitung geschah. Eine 1662 in Eßlingen zur Publikation der Urgicht und des Urteils gebrauchte Einleitung war z. B. folgende: „Es sollen billig erschrecken und mit stillschweigender Verwunderung alle Zuseher auf diesem traurigen Schauplatz anhören und zu Gemüt ziehen, was der von Gott in die Höllenglut verstoßene Mord und Lügengeist in den Kindern des Unglaubens wirkt und zu was für einem harten, grausamen Mord und anderen Untaten er sie zum Verderben ihrer armen Seele anführt. Welchergestalt die erschrecklichen, himmelschreienden und stummen Sünden der Zauberei und Sodomiterei vielerorten überhand genommen und wie der Krebs hochschädlicherweise um sich gefressen, das bezeugt die tägliche, höchst traurige Erfahrung. Daher muß von einer christlichen Obrigkeit auch beizeiten durch harte und exemplarische Bestrafungen solchen seelenverderblichen Unheil- und Greueltaten vorgebeugt werden. – Unter denjenigen Tugenden, die den Regenten und Obrigkeiten wohl anstehen, die Schärfe, die sie gegen die Bösen und Lasterhaften anwenden will“

u. s. w.

Hierauf erfolgte sofort die Hinrichtung der Verurteilten, d. h. in der Regel „Einäscherung“. Die erste Nachricht von Verbrennung der Zauberer auf deutschem Boden enthält die Lex Salica, das um 500 verfaßte fränkische Rechtsbuch. Nach ihm wird derjenige, der das Maleficium ausgeübt, indem er einen andern durch einen Gifttrank tötete, als Mörder behandelt. Kann er das entsprechende Wehrgeld nicht bezahlen, so soll er auf dem Scheiterhaufen sterben.

Die anscheinend aus dem fünfzehnten Jahrhundert stammende glarnerische Hochgerichtsordnung schreibt vor: Urteil über „Kätzer, Hexen, Brenner. Vnnd alda ein für machen, vnnd Inne vff einer Leyteren gebunden also lebende Inn das für stoßen, sin Lyb, Fleysch vnnd Bein, Hutt vnd Har zu Buluer vnd Eeschen verbrennen, darnach die Eeschen vnd was da blybt vf der Richtstath vergraben, damit dauon weder Lüth noch gütt schaden empfachind, vnd dadurch mengklich ab sölcher straff vnd schandlichem tod etc..

Als eine Linderung der Strafe galt es, wenn der Verurteilte zuvor enthauptet oder erwürgt wurde, worauf die Leiche auf einem Holzstoß zu Asche verbrannt wurde. In Schwaben und in der Schweiz kam es auch vor, daß man zur Abkürzung des schrecklichen Feuertodes dem Verurteilten auf dem Scheiterhaufen Pulversäcke oder einen Pechbesen anhing. In Erding in Bayern wurde 1716 der Hexenmeister Johann Enatgrueber, Mesner und Schloßgärtner aus Zeilhofen, „aus besonderer Gnade“ an einer Säule erdrosselt und sein Leichnam verbrannt.

Sollte die Strafe noch verschärft werden, so wurden die Verurteilten, indem man sie zum Richtplatz schleifte, noch mit glühenden Zangen gezwickt, oder es wurde ihnen vor der Einäscherung eine Hand abgehauen, wie z. B. aus dem St. Galler Urteil von 1691 zu ersehen ist: „Auf solche verlesene und von dem armen Mensch bekannte schwere Verbrechen ist mit Urtel und Recht erkannt, daß sie in die Schranken geführt, daselbst ihr die rechte Hand abgehauen, hernach auf einen Karren gesetzt, auf den Richtplatz gezogen, auf eine Leiter gelegt, angebunden, mit aufrechtem Angesicht auf den Scheiterhaufen geworfen und also lebendig zu Staub und Asche verbrannt werde.“ – Ein früheres St. Galler Urteil von 1604 lautet: „daß die Frau vor das Rathaus geführt, ihr die Urgicht vorgelesen und folgens dem Nachrichter befohlen werde, der solle ihr davor ihre Hände zusammenbinden und auf die gewöhnliche Richtstatt führen, und ihr auf derselben die linke Hand abschlagen, und folgens ihr einen Pulversack an ihren Hals hängen, demnach an einen Pfahl binden, mit Holz umgeben und lebendig verbrennen.“ Die 70jährige Anna Wilcken, die 1599 in Curdenhagen in Pommern eingeäschert wurde, erhielt auf der Fahrt zur Richtstatt vom Henker vier Risse mit glühenden Zangen. Aus Stockum brachte man 1587 zwei Zauberinnen nach Mainz. Die eine erlag der Tortur und wurde in einen Sack genäht. Die andere bekannte ihre Schuld, wurde lebend in ein Faß geschlagen, worauf man beide verbrannte.

Die Rechtsmäßigkeit der Todesstrafe erweist Delrio aus der Vernunft, dem mosaischen, römischen und päpstlichen Rechte, den geschriebenen und ungeschriebenen Gesetzen von fast ganz Europa, der Praxis der Inquisitoren und den Ansichten der Kriminalisten aller Nationen.

Was nun das päpstliche Recht anlangt, so könnte es scheinen, als ob Delrio hier nur dessen Geist, nicht dessen wörtlichen Ausdruck im Auge habe, indem sich das Papsttum allezeit gesträubt hat, die Bestrafung der Ketzer und Zauberer am Leben ausdrücklich zu fordern. Die Päpste haben aber folgendes getan: sie haben von Bestrafung durch Vermittlung der Justiz, von Ausrottung der Sekten und Übergabe an den weltlichen Arm gesprochen; sie haben die Inquisitoren, die diesem Arme die meisten Opfer zuwiesen, gefördert, die weltlichen Behörden aber, die außer dem Arme auch ihre Augen gebrauchen wollten, wie die Venetianer, mit Bann und Interdikt bedroht, wenn sie sich unbedingter Exekution weigern würden; sie haben endlich Verpflichtung der Magistrate auf Friedrichs II. Blutedikte begehrt und allen, die sich in der Ausrottung der Zauberer eifrig zeigen würden, gleichen Ablaß verheißen wie den Kreuzfahrern. Konzilien haben sich zuweilen weniger verblümt ausgedrückt. Die Synode zu Narbonne von 1246 verordnete ausdrücklich, daß die unbußfertigen Häretiker an den weltlichen Arm zum Lebendigverbrennen auszuliefern seien.

Hinrichtungen und Stäupen
Aus Ulrich Tenglers Laienspiegel, Mainz 1508

Indessen liegt ein Breve des Papstes Paul IV. vom 4. Januar 1559 vor, das doch die Aussage Delrios vollkommen rechtfertigt. In diesem auf die in Spanien auch unter den höheren Kreisen einreißende lutherische Ketzerei bezüglichen Breve autorisiert nämlich Paul IV. den Generalinquisitor mit den Worten: quod – – huiusmodi omnes et singulos haeresiarchas, – etiamsi relapsi non fuerint saecularis iudicis arbitrio, poena ultimi supplicii plectendos dimittere sive tradere libere et licite valeas, plenam et maplam – – concedimus – – potestatem.

6. Die Strafgesetzgebung und deren allmähliche Entwicklung

Wie die Geschichte lehrt, daß Hexen erst infolge der Hexenverfolgung vorkamen, und daß eigentlich erst durch diese der Hexenglaube dem Volke eingeimpft worden ist, so zeigt die Geschichte auch, daß die Strafgesetzgebung, der im sechzehnten und siebzehnten Jahrhundert die Massen der Hexen zum Opfer fielen, erst ganz allmählich in der Hexenverfolgung und durch diese erwachsen ist.

In bezug auf die bürgerlichen Strafbestimmungen in Deutschland, so haben wir oben gesehen, wie bereits der Sachsenspiegel und mehr noch die späteren Redaktionen des Schwabenspiegels in der Zauberei neben dem operativen Elemente auch ein apostatisches bezeichnen, ohne daß jedoch hierin eine Bekanntschaft mit demjenigen ausgebildeten Hexentum, wie es im vierzehnten Jahrhundert in Frankreich sich abschloß, ausgesprochen wäre. Inquisitoren waren es, die im Laufe des fünfzehnten Jahrhunderts das vollendete System durch Schrift und Praxis in Deutschland einheimisch zu machen suchten. Unter mancherlei Widerspruch bildete sich die

Sache faktisch durch, und die bürgerlichen Gerichte, von dem Malleus selbst nicht nur „propter damna temporalia" an sich für kompetent, sondern auch im Falle bischöflicher Kommission über das übrige zu sprechen für fähig erklärt, zogen nachgerade, ohne daß es einer neuen Gesetzesformulierung bedurft hätte, das Ganze vor ihr Forum. Doch schritt auch im Laufe der Zeit die Gesetzgebung mit mehr oder weniger Modifikationen vor.

Des pfalz-neuburgischen Landvogts Ulrich TenglersLaienspiegel in seiner ersten Auflage von 1509 berührt die Zauberei nur in dem Kapitel „von Todtschlägen und andern Entleibungen"; der theologische Gesichtspunkt ist ihm durchaus fremd, er beruft sich auf kein deutsches Gesetz, sondern bloß auf Gewohnheiten und weiß die Todesstrafe nur auf römisches Fundament zu gründen: „Item nach bemeltem Gesatz (nämlich der Lex Cornelia de sicariis et veneficis) mögen auch gestrafft werden, die mit vergift, zauberey oder andern verpoten sachen die menschen zu ertödten, zu latein genannt venefici, malefici, ipcantatores, phitonisse; doch werden solche weibs person gewonlichen im feur, oder wasser vom leben zum tode gerichtt, oder zu äschen verbrannt." Die folgenden, namhaft erweiterten Auflagen des „Layenspiegels" sind jedoch durchaus von der theologischen Auffassung beherrscht. Schon der 1511 in Augsburg erschienene „neu Layenspiegel" beruht ganz auf dem Malleus und enthält ein ausführliches Kapitel von „Ketzerei, Wahrsagen, Schwarzer Kunst, Zauberei, Unholden etc.". Die ganz außergewöhnliche Verbreitung des Laienspiegels – dreizehn verschiedene, in den Jahren 1509-1560 erschienene Ausgaben sind allein in München – „kann nicht bezweifelt werden, daß Tengler zur Beförderung des Hexenwesens wesentlich beigetragen hat".

In der vom Kaiser Maximilian 1499 für Tirol erlassenen Halsgerichtsordnung; – dem ältesten derartigen deutschen Strafgesetz – findet sich über Verbrechen der Zauberei und Hexerei gar nichts vor. Zwar wurde dann in der von Kaiser Max 1514 aus Gmunden erlassenen Ordnung für die Landgerichte unter der Enns „die Zauberey in Rechten verpoten", dagegen in der 1526 auf Befehl des Erzherzogs Ferdinand I. herausgegebenen „Landesordnung der fürstlichen Grafschaft Tirol" und selbst noch in der Landesordnung für Tirol von 1532 ist von derartigen Verbrechen nicht die Rede. Ebenso erklärte Kaiser Ferdinand I. – trotz der zu Recht bestehenden Karolina – in seiner Polizeiordnung von 1544 Zauberei und Wahrsagerei als ein „Fürgeben" und „Betrug" und 1552 wird polizeilich wiederholt, daß „Zauberei und Wahrsagen abergläubisch bös Sachen seien, „das aller Orten ausgereutet und an denen, so sie brauchen, gebürend bestraft werden soll". Von Todesstrafen ist keine Rede. Dementsprechend verordnete auch Max II. 1568, daß Zauberer und Wahrsager dem öffentlichen Hohn und Spott ausgesetzt, daß sie angehalten werden sollen, ihre Kunst öffentlich zu beweisen und sich unsichtbar oder „gefroren" zu machen. Im dritten Betretungsfall sollen sie des Landes verwiesen werden. In der sogen. „Neureformierten Landesordnung der fürstlichen Grafschaft Tirol", veröffentlicht unter Erzherzog Ferdinand II. 1573, wird freilich „Zauberey und aberglaubige Wahrsagerey" unter den verbotenen Handlungen aufgeführt, jedoch nur in der „Polizey-Ordnung", die dieser neureformierten Landesordnung von 1573 beigegeben ist und sich auf geringere Vergehen bezieht. Hier heißt es nämlich: „Wir wollen bei gleicher Straff, wie gegen den Gotteslästerern, auch alle Zauberey und aberglaubige Wahrsagerey, Sprechen u. dgl., es seye, daß jemands solche Zauberey und Wahrsagerey selbst treiben oder solche Wahrsager und Zauberer besuchen würde, hiemit gäntzlichen verbotten haben." Als Strafe wurden aber hier hauptsächlich nur Geldstrafen bestimmt, wovon der „Anzeiger" insgeheim, damit er nicht bekannt würde, ein Viertel, ein anderes Viertel die Obrigkeit für ihre Mühwaltung erhalten, die übrige Hälfte zu milden Zwecken verwendet werden sollte.

In einem ganz anderen Charakter gestaltete sich dagegen das Strafrecht in den Landen der deutschen Reichsstände. Hier ging allen anderen Reichslanden das Fürstbistum Bamberg auf dem Wege der Gesetzgebung voran. In den alten Bamberger Rechtsquellen wird Hexerei nicht erwähnt. Erst der in Bamberg entstandene Vorläufer der Karolina machte sie zum todeswürdigen Verbrechen.

Die bambergische Halsgerichtsordnung von 1507 – die älteste deutsche nach der Tiroler – die der auch als Literat und Übersetzer bedeutende Freiherr Johann von Schwarzenberg(† 1528 als kurbrandenburgischer Minister) 1508 zu Mainz im Druck erscheinen ließ, die auch 1516 in den fränkischen Territorien Kurbrandenburgs zur Einführung kam, enthält zwei aufeinanderfolgende Artikel (130 und 131) von Ketzerei und Zauberei. Der Art. 131 von „Straff der Zauberey" lautet: „So Jemandt den leuten durch Zauberey schaden oder Nachteyl zufüget, soll man straffen vom leben zum tode, vnd man soll solche straff gleych der ketzerey mit dem fewer thun. Wo aber Jemandt zauberey gebraucht, vndt damit niemant keinen Schaden gethan hette, sol sunst gestrafft werden nach gelegenheit der sach, darinnen die Urteyler rats gebrauchen sollen, als von radtsuchen geschrieben steht."

Diese Bestimmung ging fünfundzwanzig Jahre später in die Reichsgesetzgebung, nämlich in die „Peinliche Gerichtsordnung Kaiser Karls V. und des heil. römischen Reichs", nach längeren Verhandlungen auf dem Reichstage zu Regensburg 1532 sanktioniert, wörtlich über, nur daß hier (in Art. 109 der sogen. Karolina) die Worte „gleych der ketzerey" hinweggelassen wurden.

Nach der Karolinasollte also ebenso wie nach der Bambergensis für Zauberei die Strafe des Todes durch Feuer nur dann eintreten, wenn ein Zauberer oder eine Hexe jemanden durch Teufelswerk wirklich Schaden oder Nachteil zugefügt hatte. Für alle Fälle von Zauberei, durch die kein Damnum illatum verursacht war, sollte (nach dem Rate von Sachverständigen) eine mildere Strafe verhängt werden.

Es ist noch zu bemerken, daß die Karolina in ihrer Auffassung der Hexerei sich nicht sowohl auf dem Boden des Hexenhammers wie auf dem der Bulle Innocenz' VIII. bewegt.

Leider aber wendete sich die Praxis der Hexenrichter allmählich von der humaneren Auffassung Schwarzenbergs und der Karolina ab.

Während diese die Zauberei lediglich wegen des etwa durch sie verursachten Schadens als ein mit dem Feuertode zu bestrafendes Verbrechen hinstellten – was auch der Papst Gregor XV. im Jahr 1623 ausdrücklich bestätigt hatte– wurde in der Gerichtspraxis nicht nur die im Hexenhammer entwickelte Doktrin vom Hexenwesen (von den Vermischungen mit dem Teufel etc.), sondern auch der Gedanke herrschend, daß die mit Hilfe des Teufels vollbrachte, also auf diabolischem Abfall von Gott beruhende Hexerei an sich ein Verbrechen sei, das mit dem Tode durch Feuer bestraft werden müßte. Und leider ließ sich sowohl die Rechtswissenschaft wie die Gesetzgebung allmählich durch diese von den Hexenrichtern geltend gemachte Auffassung der Hexerei überwältigen.

Bestechliche und ungerechte Richter
Holzschnitt aus der Bambergischen Halsgerichtsordnung. Mainz 1510

Die verschiedenen im Mittelalter üblichen Strafen und Hinrichtungen.
Ulrich Tenglers Laienspiegel, Augsburg 1509

Diese Tatsache tritt zuerst in der kursächsischen Kriminalordnung des Kurfürsten August von 1572 hervor. Sie bestimmt nämlich: „So iemands in Vergessung seines Christlichen Glaubens mit dem Teuffel ein Verbündniß aufrichtet, umgehet, oder zu schaffen hat, daß dieselbige Person, ob sie gleich mit Zauberey niemands Schaden zugefüget, mit dem Feuer vom Leben zum Tode gerichtet und gestrafft werden soll. Da aber außerhalb solcher Verbündnissen jemand mit Zauberey Schaden thut, derselbe sey groß oder geringe, so soll der Zauberer, Manns- oder Weibs-Person, mit dem Schwert gestrafft werden." In „Von Straf und Pein aller und jeder Malefizhandlung ein kurzer Bericht" des Münchener herzoglichen Rates Andreas Perneder, die aus Perneders Nachlaß der Ingolstädter Professor Wolfgang Hunger 1544 herausgab, wird der Hexenhammer ignoriert. Dort heißt es: „Der mittelst der schwarzen Kunst, Anrufung der bösen Geister oder anderer Zauberei den Leuten Schaden zufügt oder ihnen vermeinterweise wahrsagt, soll verbrannt werden. Hat aber jemand durch seine Kunst einem Kranken geholfen oder Felder vor Wetterschäden behütet, so ist dies unstrafbar. Wer aber Wetter macht oder den Leuten sonst durch Zauberei oder Gespenst Schaden zufügt, gegen den soll mit peinlicher Frage und Todesstrafe verfahren werden."

Auch in anderen Partikularrechten wurde jetzt dasselbe ausgesprochen, z. B. in dem kurpfälzischen Landrecht von 1582, im Landrecht von Baden-Baden usw.

Die Praxis des siebzehnten Jahrhunderts wollte, daß nur die ausgezeichneten und unbußfertigen Hexen lebendig verbrannt würden, den reumütigen aber die Begnadigung des Schwertes oder Stranges widerführe. Diese Praxis, die der Aufmerksamkeit nicht genug empfohlen werden kann, wenn gefragt wird, warum es in jener Zeit so viel reumütige Hexen gab, belegen wir mit den Worten einer approbierten Instruktion: „Zu jetziger unser Zeit aber, obwohl etliche wenige Zauberer und Unholden, so ganz vermessentlich, gotteslästerlich und gleichfalls an Gott und ihrer Seelen Heil verzweifelt hinfahren wollen, in das Feuer gestellt, oder unerhörter Laster wegen lebendig verbrannt werden, ist jedoch fast bei aller Christen Tribunalibus und Richtstätten der milde Brauch angenommen, daß jede zauberische Personen, so sie der bösen Geister Gesellschaft und Verheiß absagen und dem lieben Gott mit reumüthigem Herzen wieder zuschwören, nicht mit dem langwierigen Feuer lebendig gepeiniget, sondern nach jedes Orts Sitt und Gewohnheit entweder stranguliert und versticket, oder mit dem Schwert zuvor enthauptet und ihre todten Körper allen Anderen zum Schrecken und guter richtiger Justicierhaltung ins Feuer und Aesche gelegt werden. Dieweil eine christmilde und Gott liebende Obrigkeit sich zu besorgen hat, es möchten etliche von solchen Maleficanten, so sie alle lebendig sollen verbrennt werden, aus Verbitterung oder großer Kleinmüthigkeit in gröbere Sünd oder Verzweiflung gerathen und von einem Feuer ins andere (dafür der gütige Gott seyn wolle) wandern.“

Nach der Hinrichtung solcher bußfertigen Personen schrieb man wohl auch, wie in Bamberg, ins Protokoll: Deus ter maximus faxit, ut haec mors, quam patienter et fortiter sustinuit, sit ipsi vita, et quidem beata et aeterna.

Nach den Bestimmungen des kanonischen Rechts sollte der Verurteilung wegen Zauberei, wenn sie ketzerisch war, auch die Konfiskation des Vermögens folgen. Die ersten Ausgaben der Karolina drücken sich indessen über die Zulässigkeit der Konfiskation im allgemeinen so dunkel aus, daß es zweifelhaft bleibt, ob es außer dem Verbrechen der beleidigten Majestät noch andere gibt, auf die sie diese angewendet wissen will. Die Originalfassung des hierher gehörigen Art. 218 wurde in der Folge durch sinnverändernde Interpunktion und sogar durch Versetzung der Worte, Ausstreichung oder Verwandlung einer wesentlichen Negationspartikel auf das willkürlichste entstellt, so daß der Gegenstand bis in die neuere Zeit streitig geblieben ist.

So viel ist indessen gewiß, daß Karl V. die Gewohnheit der Gütereinziehung in weiterer Ausdehnung vorgefunden hat und in engere Grenzen zurückgewiesen sehen will. Auch war es im sechzehnten Jahrhundert Grundsatz der deutschen Juristen, sie nur bei dem Majestätsverbrechen, zum Teil auch bei der Ketzerei zuzulassen. Nun war freilich ein weiterer Streit, ob die Zauberei vom Gesichtspunkte der Ketzerei aufzufassen sei; doch hat die Karolina die Ketzerei gar nicht unter die bürgerlichen Verbrechen aufgenommen, und wir erfahren durch Julius Clarus, daß der damaligen Gerichtspraxis zufolge die Einziehung der Hexengüter nicht stattfand. Der trierische Weihbischof Binsfeld (um

1589) betrachtet sie als durch die Karolina aufgehoben, und so spricht sich auch wieder Carpzov, gestützt auf die Novellen und Art. 218 der Halsgerichtsordnung, den er jedoch sehr verstümmelt, gegen die Konfiskation aus, ohne übrigens zu verkennen, daß manche Zweifel obwalten können. Melchior Goldast rechtfertigt sie wiederum sehr entschieden aus dem gemeinen Rechte überhaupt und aus der Karolina insbesondere. Ihm zufolge sollen nach deutschem Rechte die Güter der Verurteilten demjenigen, der die peinliche Obrigkeit oder das Halsgericht hat, nicht dem Inhaber der Landeshoheit als solchem, zufallen.

Was aber auch die Theorie bestimmen mochte, die Praxis hat, wie sich im folgenden ergeben wird, stets bald unter dem unverblümten Namen der Konfiskation bei den Katholiken, bald unter dem Titel der Prozeßkosten bei den Protestanten das Vermögen des Verurteilten auszuplündern gewußt.

Binsfeld erlebte dergleichen Konfiskationen in seinem eigenen Vaterlande. Ferdinand II. erließ nachdrückliche Verbote deshalb an den Bischof von Bamberg, gegen den Beschwerde erhoben worden war, aber gleichzeitig nahmen die österreichischen Beamten im Breisgau das Vermögen der zu Offenburg hingerichteten Hexen weg. 1593 gaben „die weltlichen Räte“ im Mainzer Erzbistum in bezug auf Hexenunruhen den Befehl: „Man solle nicht so viel Umstände machen und vor allem das Vermögen einziehen. Auch in Nördlingen verhängte der Magistrat die Konfiskation. Am 11. Dezember 1627 erließ der Bischof Johann Christoph von Eichstätt eine Verordnung über die Hinterlassenschaft hingerichteter Hexen. Wiewohl er berechtigt sei, diese einzuziehen, erklärte der Kirchenfürst, habe er sich zu einem milderen Verfahren resolviert, damit männiglich wisse, daß es ihm und seinen Räten bei diesen Prozessen nur um die Rettung der Ehre Gottes, Beförderung des menschlichen Heils und Administration der Gerechtigkeit zu tun sei. Konfiskationsmaßregeln mußten notgedrungen in den Instruktionen einige Beschönigung suchen.

So sagt der mit Erlaubnis der Oberen herausgegebene Processus juridicus contra sagas et veneficos: „So dann eine zauberische Person zum Tod und zur gewöhnlichen Leibesstrafe ist verurtheilet und verdammet worden, vergönnen an vielen Orten die Rechte, daß ihre Güter dem Fisco und Rentseckel zugesprochen und überliefert werden, welche praxis und gemeiner Gebrauch jederzeit von den Doctoribus beider Rechten ist für recht und gut erkannt worden.“ Es werden sodann drei Gründe dafür angeführt: 1. „weil dieß ein groß und schwer exceptum crimen und ausgenommenes Laster ist, bei welchem was zur Zeit beschlossen und gehandlet wird, von der hohen Obrigkeit (ob es schon nicht ausdrücklich in gemeinen Rechten verfaßt und geschrieben ist) leichtlich entschuldigt und beantwortet wird;“ – 2. weil die Zauberer vom katholischen Glauben abgefallen, also Ketzer sind; – 3. weil sich mit der Zauberei gewöhnlich das Verbrechen des Dardanariats verbindet.

Auch in der Schweiz, in Italien und Frankreichfindet sich noch 1782 die Einziehung der Hexengüter. In Spanien war sie zwar in der Regel nicht üblich, doch ist Torreblanca (um 1618) der Meinung, daß diese Gewohnheit dem Rechtsgrundsatze, nach dem sie eigentlich geschehen sollte, nichts vergeben könne.

Um durch einen aktenmäßigen Beleg zu veranschaulichen, wie es mit der Nennung der Mitschuldigen herging, sei hier als Anhang folgender Protokollauszug aus einem buseckischen Prozesse gegeben:

> „Actum den 29. Aprilis A. 1656.
>
> Ward die P. Beklagtin befragt: Wer sie zum Leugnen beredet?
>
> R. Das habe der böße feindt gethan; sie solle leugnen, so wolle er ihr darvon helffen. Ihr Geist heise Hans und seye ihr in rothen Kleidern mit einem federbusch erschienen. Item ihr Hans (der Geist) seye vor wenig Tag einsmahls deß Nachts im gefängnus zu ihr kommen und angezeigt, daß Koch Wilhelms Frau allhier dem Meister von Grünbergk Hans Peter in einem Trunk Bier mit Gift vergeben habe, daß er sterben solle, undt wann er todt seye, so werde keiner Hexen nichts weiter geschehen." (Folgen einige weitere Aussagen über Einzelheiten des Sabbaths.) Von Complicibus zeigt sie an:
>
> Zu Großenbuseck: Born Johannes, Mewer Hansen Fraw, Marten Annels, Hof Melchors Fraw, Mewer Conradts Fraw, Nickels Stracken Fraw, der alten Kuhe Hirtin Jung Curt (folgen einige Angaben über diesen Mann), Logerbes Angels könne Wandtleus und die scheiden Möllerin könne Meus machen, und Wilhelm Sammen Fraw könne frösch und Schlangen machen ... Item Spar Conradts Mägdlein, Schmidt Georg Fraw, Reichardt Hanes Fraw die seye auch von ihrer Mutter in der Jugend hierzu verführt worden, Item Reichardt Hanes Mägdlein, und seye kein ärgeres allhier im Dorff. Merten Göbels Fraw, Ludwig Möllers Fraw und sein gros Mägdlein, Item Peter Werners Fraw, Balzer Schmitts Wittib, des Herrn Fraw und Mägdlein, dem alten Schulmeister Johann

Henrich hab sie ohnrecht gethan undt wisse nichts bößes von Ihme, habe ihn auch nicht beym Tanz gesehen. Matthäus Stein von Bewern undt Sittich Otto allhier haben mit ihr gedanzet und nach verrichteten Danz in Beyschlaf sich mit ihr vermischet. Item Koch Wilhelms Fraw hab ihr der P. Beklagtin auch erzehlet in Koch Crein Greben, daß sie Nickels Schäfers Fraw allhier bezaubert und es ihr in Bier ein und vergeben habe. Item habe sie den Reiskircher Pfarrherr als der Hexen Obersten am Hexen Danz bekannt, und habe es der P. Beklagtin ihr Geist Hans angezeigt, daß sie Koch Wilhelms Fraw ihre eignen Pferdt bezaubert habe. Eulen Johann.

Warumb sie P. Beklagtin gesagt, sie wolle auf keinen Menschen sterben?

R. Der böse feindt wolle es nicht haben, daß sie auf die Leuth bekennen solle.

Was sie dann von Lipp Bechtolds Fraw zu sagen wisse?

R. Die Seye so gut als sie P. Beklagtin und könne zaubern, habe auch den verstorbenen Magnus Fincken bezaubern helffen, welches der P. Beklagtin ihr Geist gesagt habe.

Ob sie den gewesenen Pfarrherrn zu Reiskirchen am letzt vergangenen Jacobi Nacht auch am Hexen Convent gesehn, und derselbe des Teufelsabentmahl gehalten habe?

R. Ja. (Von späterer Hand beigeschrieben.) Na. Dießes wird von Jost Haasen und dem Jungen negirt.

Er habe ja zu Giesen gefangen gesessen, wie er dann dort beym Tanz habe seyn können?

R. Er habe doch beim Tanz seyn können, der Teuffel habe ihm wohl dahin bringen können.

(Von späterer Hand.) Na. Dießes similiter."

In dieser Weise gehen die Denunziationen fort. Es werden aus Großenbuseck noch weiter zwei Kinder, aus Altenbuseck acht, aus Bersrod zwei, aus Reiskirchen zwei und aus Albach zwei Personen namhaft gemacht. Hier war Stoff zu einundvierzig Prozessen.

Titelblatt von Melchior Goldasts „Rechtliches Bedencken“

Siebzehntes Kapitel. Allgemeine Gründe der Verbreitung der Hexenprozesse und des Glaubens an Hexerei im sechzehnten Jahrhundert

Einer Seuche vergleichbar, griffen die Hexenverfolgungen um sich, sprangen aus einem Lande in das andere über, erreichten ihre Höhepunkte, um zeitweise wieder abzunehmen, und erwachten dann von neuem mit einer Heftigkeit, die die heilsame Krisis vorzubereiten bestimmt war.

Kinder von acht und Greise von achtzig Jahren, Arme und Reiche, Edelherren und Geschäftsleute, Bürgermeister und Rechtsgelehrte, Ärzte und Naturforscher, Domherren und Minister, Marionettenmänner und Schlangenzähmer haben den Scheiterhaufen bestiegen; im Namen von Kaisern und Königen, von Bischöfen und Landjunkern sind die Bluturteile gesprochen worden, und was die päpstliche Bulle den Hexen zur Last legt, das ist wenigstens durch die Prozesse gegen sie vielfältig herbeigeführt worden: Tod von Menschen und Tieren, Verödung der Dörfer, Felder und Weinberge, die ihre Bewohner und Bebauer zum Richtplatze schreiten oder, um diesem zu entgehen, beizeiten dem Vaterlande den Rücken wenden sahen. Wer vermag sich des Entsetzens zu erwehren, wenn er liest, daß eine etwa fünfjährige Verfolgung in dem kleinen Stifte Bamberg sechshundert, in dem nicht viel größeren Bistum Würzburg sogar neunhundert Opfer und eine nur dreijährige in dem ganz kleinen Stift Fulda zweihundertfünfzig Opfer verschlang, daß im Braunschweigischen die Hexenpfähle auf dem Richtplatze wie ein kleiner Wald anzusehen waren, Schwabach im 16 Jahrhundert einen eigenen Drudenhenker besaß, daß England einen General-Hexenfinder hatte und daß die Juristen protestantischer wie katholischer Universitäten bis ins achtzehnte Jahrhundert Gnade zu üben wähnten, wenn sie statt des Feuertodes aufs Schwert erkannten? Und das alles in einer Zeit, die als reich gepriesen wird an Fortschritten geistiger Aufklärung, als groß durch Taten religiöser Begeisterung!

Um dies erklärlich zu finden, müssen wir, ehe die verschiedenen Epochen im Verlaufe der Hexenprozesse dargestellt werden können, den Charakter der Zeit, überhaupt die allgemeinen Gründe des Umsichgreifens jenes heillosen Wahns einigermaßen beleuchten.

Wenn es sich nun hierbei vor allem um die Frage nach der wissenschaftlichen Bildung und Intelligenz jener Zeit in allen kirchlichen Dingen handelt, die sich mit den allgemeineren Wissenschaften berühren, so kann unter den Männern der Wissenschaft, denen wir am Ende des fünfzehnten und im Anfange des sechzehnten Jahrhunderts begegnen, kaum ein zweiter so vollwichtiger Gewährsmann und Zeuge aufgerufen werden als der berühmte Abt des Kloster Sponheim, Joh. Trithemius (1442 bis 1516), Verfasser der auf Befehl des Markgrafen Joachim von Brandenburg ausgearbeiteten und am 16. Oktober 1508 vollendeten, aber erst 1555 gedruckten vier Bücher umfassenden Schrift Antipalus maleficiorum.

Wie kein anderes Buch jener Zeit ist dieser „Gegner der Zaubereien" geeignet, uns über die Stellung der damaligen Gelehrtenwelt zum Hexenglauben zu belehren.

Trithemius will mit seiner Schrift nicht etwa den Hexenglauben bekämpfen; vielmehr steht ihm die Tatsache diabolischer Zauberei fest. Er will nur zeigen, wie der Christ sich dagegen zu schützen vermag. Unter den Zauberern und Hexen, die durch die Hilfe böser Geister und durch allerlei Zaubertränke den Menschen Schaden zufügen, sind nach ihm vier Klassen zu unterscheiden, nämlich 1. solche, die ohne Bündnis mit dem Teufel, durch Gifte und andere natürliche Mittel diejenigen Menschen, die sie hassen, schädigen, indem sie z. B. die Männer beischlafsunfähig machen, den Gebärenden Not bereiten, auch sonstige Krankheit, ja sogar den Tod durch ihren Zauber bewirken; 2. solche, die durch die Kunst der sogen. Encunctica, d. h. durch geheimnisvolle, abergläubische Worte, Formeln und Zeichen übernatürliche Wirkungen hervorbringen wollen; 3. solche, die, ohne sich den Teufeln ergeben zu haben, doch mit ihnen verkehren und wie die Nekromantiker zur Ausführung ihrer Zaubereien sie um Hilfe anrufen; endlich solche Zauberer und Hexen, die mit dem Teufel einen eigentlichen Bund abgeschlossen und sich ihm zu eigen gegeben haben. Diese vermögen nicht bloß wie die Unholde der dritten Klasse Menschen zeugungsunfähig und blind zu machen, ihnen Schwindel zu bereiten, Unwetter hervorzurufen u. dgl., sondern mit Hülfe des Teufels können sie auch Pest, Fieber, Epilepsie, Taub- und Lahmheit bewirken, Menschen wahnsinnig und in allerlei Weise elend machen. Diese Art der Hexen vermischt sich sogar fleischlich mit dem Teufel und ist wegen ihrer Gottlosigkeit und Verderblichkeit mit dem Feuertode zu bestrafen. „Und leider ist die Zahl solcher Hexen in jeder Landschaft sehr groß, und es gibt kaum einen noch so kleinen Ort, wo man nicht eine Hexe der dritten oder vierten Klasse anträfe. Aber wie selten findet sich ein Inquisitor und wie selten (fast nirgends!) findet sich ein Richter, der diese offenbaren Frevel gegen Gott und die Natur rächt! Es sterben Menschen und Vieh durch die Niederträchtigkeit dieser Weiber, und niemand denkt daran, daß es durch die Bosheit der Hexen geschieht.

Viele leiden fortwährend die schwersten Krankheiten und wissen nicht, daß sie behext sind!"

Der Teufel als Kinderräuber
(Ritter vom Turn. Basel 1493)

Trithemius sucht nun klar zu machen, daß diejenigen der Bosheit der Hexen am meisten preisgegeben sind, die die Sakramente der Kirche verachten und in Todsünden dahinleben, die der Unzucht frönen und die geweihten Heil- und Schutzmittel der Kirche verschmähen; wogegen allen Dienern der Gerechtigkeit, die die Hexen aufsuchen und verfolgen, allen gläubigen Christen, die sich der Sakramente und der Segnungen der Kirche bedienen und sich vor Todsünden hüten, sowie allen denen, die Gottes Barmherzigkeit durch die Engel besonders behüten läßt, die Hexen nicht leicht etwas anhaben können. – Er warnt davor, daß man Frauen, die einigermaßen wegen Hexerei anrüchig wären, zu Hebammen bestelle. Denn diese brächten nicht selten die Kinder um und opferten sie dem Teufel; auch vermählten sie neugeborene Mädchen den Dämonen, machen die Gebärenden unfruchtbar und erfüllten das ganze Haus mit Teufelsspuk. Taufwasser mischten sie mit Urin, und was sie mit dem Sakrament des Leibes Christi verübten, lasse sich gar nicht aussagen. Deshalb haben die Priester bei der Austeilung der Kommunion sorgfältigst darauf zu achten, daß verdächtige Weiber die empfangene Hostie nicht etwa wieder aus dem Munde herausnehmen, weil sie diese sonst in der scheußlichsten Weise mißbrauchen. – „Willst du, o Christ, vor Dämonen und Hexen sicher sein, so stehe fest im Glauben an Christus und halte dein Gewissen von Todsünden rein. Besuche an allen Sonn- und Feiertagen die heil. Messe und laß dich vom Priester mit Weihwasser besprengen. Nimm geweihtes Salz in deinen Mund und besprenge mit Weihwasser auch dein Haus, dein Bett sowie deinen Viehstall. Die geweihten Lichtmeßkerzen, die an Mariä Himmelfahrt geweihten Kräuter sowie die am Palmsonntage geweihten Zweige hänge über der Türe deines Hauses auf. An den Freitagen und Sonnabend der vier Quatemberfeste durchräuchere dein ganzes Haus mit Rauch von geweihten Kräutern und Palmen. Frühmorgens, wenn du dich vom Lager erhebst, bezeichne dich mit dem Zeichen des Kreuzes, und ehe du issest oder trinkst oder aus dem Hause gehst, bete ein Pater noster, ein Ave Maria und den Glauben. Dasselbe tue abends, wenn du zu Bett gehst. Denn wenn du so lebst, wird keine Hexe über dich Gewalt haben."

Außerdem empfiehlt Trithemius noch allerlei besondere Schutzmittel. Zur Herstellung eines dieser Amulette ist Wachs von Lichtmeß- und Osterkerzen, Weihrauch, der zu Ostern, Kräuter, die an Mariä Himmelfahrt, Hostien, die am Gründonnerstag geweiht sind, sowie Friedhofserde, Weihwasser und benediziertes Salz erforderlich. Die Kräuter, Hostien und die Friedhofserde werden pulverisiert und in warmem Weihwasser mit dem Wachs zu einer Masse vermengt, wobei man das Pater noster, das Ave Maria und das Credo betet. Aus dieser Masse werden nun in gewärmtem Weihwasser kleine Kreuze bereitet, die man mit Aussprechung der drei heiligsten Namen über den Türen des Hauses, der Kammern und des Stalles, auch an der Wiege anbringt und außerdem am Halse trägt.

Zur Aufhebung des Zaubers und der durch ihn verursachten Leiden und Übel dienen die mancherlei Exorzismen der Kirche. Als besonders wirksam empfiehlt Trithemius ein Bad, das er in folgender Weise beschreibt: Der Behexte legt eine Generalbeichte ab und empfängt die Kommunion, entweder in der Kirche (wenn er dahin gebracht werden kann) oder in seinem Hause, wo dann der Priester die Messe de S. Trinitate mit besonders eingelegten Gebeten auf einem Tragaltar liest. Das Bad ist an einem verborgenen Orte in einer reinen Badewanne mit Flußwasser herzurichten. In das letztere sind Weihwasser, geweihtes Wachs und Salz, geweihte Asche, geweihte Palmen, geweihte Friedhofserde und neunerlei Kräuter zu tun. Der Mann steigt in die Wanne nackt, das Weib mit einem Hemd angetan, worauf der Priester die Wanne unten, in der Mitte und oben mit je einer dreifachen Lichtmeßkerze beklebt. Sodann bereitet er aus Weihwasser, geweihtem Salz und einem zurückbehaltenen Teile der Friedhofserde einen Teig und bindet ihn unter Gebet dem Kranken auf den leidenden Körperteil. Der Behexte ruft dann, im Bade sitzend, die göttliche Hilfe an, während der Priester verschiedene Exorzismen über ihn spricht und die kranke Stelle mit einem Wasser wäscht, dem Ysop zugesetzt ist. Hierauf weiht der Priester Wein für den Kranken, stellt aus achtunddreißig Pulvern das sogen. vollkommene Wachs in Form eines Kreuzchens her, schließt es in eine Nußschale ein, die in ein Tuch eingenäht und so um den Hals gehängt wird. Ebenso macht er aus dem geweihten Wachse noch andere Kreuzchen, die er an die Türen, an das Bett, an den Tisch etc. im Hause des Behexten befestigt. Dieses Bad hat der Kranke neun Tage hintereinander zu gebrauchen. Während dieser ganzen Zeit darf er nichts anderes trinken als den für ihn benedizierten Wein, und außerdem hat er morgens und abends das Pulver des Eremiten Pelagius in warmem Wein oder in Brot zu nehmen und dabei sich vor jeder Sünde zu hüten. Ist nach Ablauf der neun Tage der Kranke gesund geworden, so wird er in die Kirche geführt, um Gott zu danken. Doch darf er das um den Hals gehängte Kreuz von Wachs vor Ablauf der nächsten zwölf Monate nicht ablegen und ebenso hat er die übrigen Kreuzchen an ihren Stellen zu lassen. Ist aber nach neun Tagen der Zauber noch nicht gebrochen, so muß dafür Sorge getragen werden, daß fromme Leute fasten, beten, Almosen geben, daß neun Tage lang für den Behexten Messe gelesen wird usw. Bleibt der Zauber auch dann noch, so müssen die Wohnung gewechselt werden, das Fasten und Beten vermehrt und die Exorzismen wiederholt werden usw.

So sehen wir das Denken des Trithemius von dem Glauben an Zauberei vollständig beherrscht. Der Dämonismus tritt bei ihm geradezu als der bestimmende Mittelpunkt seiner Gedankenwelt, seiner ganzen Weltanschauung hervor. Und dieselbe Wahrnehmung bietet sich uns so ziemlich bei allen Repräsentanten des Kulturlebens jener Zeit dar. So bei dem geistvollen Satiriker Thomas Murner (1475-1539), der sich in seiner Narrenbeschwörung bis zu der Paroxisme versteigt:

> Und ob man schon kein Henker findt,
> E daß ich dich wolt lassen gan,
> Ich wolt's e selber zünden an,

damit die Weiber eingeäschert werden, die vermeinen, Teufelswerk verrichten zu können, was doch nur der Satan selbst zu vollbringen imstande ist. Murner erzählt überdies in seinem Tractatus perutilis de phitonico contractu (von der Zauberlähmung, 1499), wie er von einem alten Weibe zuerst lahm gehext, sodann aber wieder gesund gemacht worden sei. Doch können diese Ansichten noch für freigeistig gelten, gegenüber denen anderer bedeutender Persönlichkeiten jener Epoche. So vermag sie denn auch der unsterbliche Straßburger Domprediger Johann Geiler von Kaisersperg nicht zu teilen. Geiler war ganz und gar im Hexenwahn seiner Zeit befangenund hatte hauptsächlich die Meinung Niders über den Zauberglauben zu der seinen gemacht. Den „Formicarius" hat er ebenso benützt, wie Niders Erklärung des Dekalogs. Da auch die Humanisten wie der Tübinger Professor Heinrich Bebel, der berühmte Fazetiensammler, und selbst Erasmus von Rotterdam niemals die Realität der Hexerei bestritten, konnte Geiler mit Recht erklären: „Das sagt kein Gelehrter nicht, daß das Hexenwerk nicht wahr sei!"

So gestaltete sich das Urteil über den Kausalzusammenhang der Dinge ganz nach den überlieferten Vorstellungen des Dämonismus. In der Theologie erwuchs hiernach die Lehre vom Teufel, seinem Reiche und seiner Wirksamkeit in der Weise, daß sie in die Glaubenslehre der Kirche und in das Glaubensleben der Glieder der Kirche tief eingriff.

Aber auch in den anderen Wissenschaften, namentlich in der Philosophie und in der Naturwissenschaft machte diese dämonistische Weltanschauung ihre Einwirkung geltend. Überall begegnen wir der Neigung zum Magischen und zu allerlei theosophischen und theurgischen Mysterien.

Das sechzehnte Jahrhundert und die erste Hälfte des siebzehnten trägt eine vorherrschend theologische Färbung, die sich auch den nichttheologischen Wissenschaften und der Politik mitteilte. Reuchlin und Georg Venetus erhoben nach Pico von Mirandolas Vorgang mit einem Aufwande glänzender Gelehrsamkeit die Kabbala, um durch diese wieder ihrer Gelehrsamkeit eine höhere Weihe zu geben. Wenn die Mönche über das Unchristliche von Reuchlins Studien schrieen, so hatten sie wenigstens nicht in allem unrecht. Sie hingen zum Teil mit dem Streben zusammen, eine edlere Art der weißen Magie darzustellen. Das Dämonologe und die Theosophie gediehen und traten selbst in die Physik ein, so daß im fünfzehnten und sechszehnten Jahrhundert alles Wissen von der Natur und deren Kräften noch in den Nebel der Magie, Alchymie und Astrologie eingehüllt war. Selbst Melanchthon glaubte an den Teufel und dessen Diener und ihre Gewalt über die Dinge der Natur. Der geniale Abenteurer Agrippa von Nettesheimverkündete seine sogenannte natürliche und himmlische Magie als Vollendung der Philosophie, als den Weg zur wahren Vereinigung mit Gott. Von der Verträglichkeit seiner Occulta philosophia, die er in der Tat nur als eine Magie im besseren Sinne des Worts gibt, mit den Grundsätzen der katholischen Kirche will er vollkommen überzeugt sein; liest man aber, was er z. B. vom Binden und Bannen der Liebe, des Hasses, eines Heeres, eines Diebes oder des Blitzes sagt, so findet man sich so ziemlich unter dieselben Dinge versetzt, die der ältere Plinius seinen Lesern als Vanitates magicas vorführt. Niemand hat blendender diese Geheimnisse zu empfehlen gewußt als Agrippa in seiner Occulta philosophia (1531), niemand aber hat sie auch in jenem Zeitalter beißender gegeißelt, als er selbst etwas später in seinem Buche De vanitate scientiarum tat. Mundus vult decipi! Das Zeitalter klebte eigensinnig an der ersteren Schrift, an der des Verfassers Ehrgeiz und Gewinnsucht nicht weniger Anteil hatten als seine Schwärmerei, und schmähte auf die zweite, dem ehrlichen Bekenntnis eines zur Besinnung gekommenen großen Geistes.

Gleichzeitig mit Agrippa wirkte Paracelsus (1493-1541), dessen Ruhm weit über sein Vaterland hinausdrang und zu einer Art Paracelsusschwärmerei ausartete. Obgleich seine Richtung mittelbar zur chemischen Schule der Medizin hinführte, so gründete er doch unmittelbar nur die theosophische. „Lerne artem cabbalisticam,“ schrieb er, „die schließt alles auf.“ Theurgie, Astrologie und Alchimie schlossen sich an; das Ganze erreichte im siebzehnten Jahrhundert durch die Rosenkreuzer seinen Höhepunkt. Diese geheimen Lehren und Künste wußten selbst an den Fürstenhöfen Eingang zu gewinnen; eine Menge unterschobener mystisch-alchimistischer Schriften unter dem Namen des Hyppokrates, Galenus, Avicenna und anderer war im Umlauf.

Theophrastus Paracelsus

In demselben Boden aber, der diesen Glauben an Theurgie und ihr Verwandtes wuchern ließ, mußte auch, so scheint es, der Glaube an dämonische Zauberei als natürlicher Gegensatz von selbst schon tiefere Wurzel schlagen können; um so mehr aber, wenn es gerade die theosophischen Schwärmer und Gaukler ihrer eigenen Sicherheit förderlich fanden, diesen Gegensatz recht hervorzuheben. Mag es sein, daß dieser Glaube bei vielen Gelehrten gerade auf dasjenige sich stützte, was nun einmal als eine durch Folter und Bekenntnis gerichtlich erhobene Tatsache galt: so ist doch nicht zu verkennen, welchen Einfluß die Ansicht der ersten Gelehrten ihrer Zeit wiederum auf das Gerichtswesen und die Gestaltung der öffentlichen Meinung ausüben mußte.

In der Jurisprudenz herrschte ein Geist engherziger Beschränktheit, aller philosophischen Betrachtungsweise bar und ledig, teils an den Satzungen des römischen und kanonischen Rechts haftend und in die müßigsten Spiele der Dialektik sich verirrend, teils in den theologischen Begriffen der Zeit befangen. Was von Franzosen und Italienern Erfreuliches geleistet wurde, bezog sich auf das Zivilrecht. Die Strafrechtspflege, finster und streng wie sie war, dachte nicht daran, den Schutz der bürgerlichen Gesellschaft zum Ziele zu haben. Sie fühlte sich zum Organ der göttlichen Strafgerechtigkeit berufen; der Eifer galt für ein größeres Lob als Besonnenheit und vorurteilfreies Abwägen. Der Jurist forschte nicht nach der Möglichkeit der Zauberei; er hielt sich einfach an seinen Justinianischen Kodex und an die Bibel. In dieser fand er das Gebot: „Die Zauberer sollst du nicht leben lassen." Hierin lag ihm ein göttliches Zeugnis für die Existenz der Zauberei. Nehmen wir hierzu noch die weitverbreitete Unwissenheit und unbewachte Willkür vieler Richter, besonders in den kleineren Gebieten, so haben wir das Bild der Gerechtigkeitspflege im sechzehnten und siebzehnten Jahrhundert in traurigster Gestalt. Einzelne Ausnahmen – z. B. der in der Reformationszeit lebende Jurist Johannes Franz de Ponzinibius aus Piacenza, der die Möglichkeit eines Bundes mit dem Teufel in Zweifel zog, – können nicht in Betracht kommen. Was die Karolina Dankenswertes bot, ist in der Praxis arg verkümmert worden.

Die Medizin endlich, ohne feste physiologische und pathologische Grundlage, klebte am Altüberlieferten und machte sich aus der Macht des Teufels einen Schild gegen alle Vorwürfe. „Inscitiae pallium maleficium atque incantatio" – war nach Reginald Scot das Motto der Ärzte im sechzehnten Jahrhundert. Weier, der selbst Arzt war, widmet in seiner Schrift über die Hexerei ein eigenes Kapitel der Ausführung des Satzes, „daß die ungelehrten Schlingel in der Medizin und Chirurgie jr unwissenheit und fehler dem verzäubern oder veruntrewen und den Heiligen zuschreiben". Johann Baptist van Helmont (1577-1644), der die medizinische Chemie auf ihren Höhepunkt brachte, hegte noch den festen Glauben an Metallverwandlung, an den Stein der Weisen, faßte Donner, Blitz, Erdbeben, Regenbogen und andere Naturerscheinungen als Wirkungen einzelner Geister auf usw. – Der Londoner Arzt Robert Fludd († 1637), der berühmteste unter den Rosenkreuzern, leitete die Entstehung der Krankheiten von bösen Dämonen her, gegen die der gläubige Arzt zu kämpfen habe. In jedem Planeten hause ein Dämon, und so gebe es saturnische, jovialische, venerische, martialische und merkurialische Dämonen, die ihnen gemäße Krankheiten erzeugen. – Der Rostocker Professor Sebastian Wirdig († 1687) sah zwei Arten von Geistern durch die ganze Natur verbreitet, deren sich auch im menschlichen Körper befänden und mit den Geistern der Luft in den Gestirnen in Gemeinschaft ständen, durch deren Einfluß sie regiert würden. Wie Thomas Campanella, Fludd u. a. gibt auch Wirdig der Wärme, Kälte, Luft einen Geist und leitet die Krankheiten von den zornigen und rachsüchtigen Geistern der Luft und des Firmaments her. Er verteidigt die Wünschelrutewie die Nekromantie und findet die Beweise in biblischen Sprüchen.

Beispiele ähnlicher Art ließen sich aus der Geschichte der Medizinund der Naturwissenschaften in Menge anführen. Denn das Denken selbst der Koryphäen der Wissenschaft war bis über das siebzehnte Jahrhundert hinaus vom Aberglauben so beherrscht, daß man in dem Verlaufe und Zusammenhange natürlicher Dinge nicht das Naturgesetz, sondern das geheimnisvolle und unheimliche Walten verborgener Geister und dämonischer Mächte sah.

Unter diesen Umständen wird es erklärlich, warum die Reformation Hexenglauben und Hexenprozessse nicht gestürzt hat. Sie ließ beide bestehen, wie sie den Glauben an den persönlichen Teufel bestehen ließ. In diesem Glauben erhitzte sich der Eifer gegen die Verbündeten des Teufels um so mehr, je weniger eine Religionsgenossenschaft der andern im Abscheu gegen das Diabolische nachstehen wollte; und so rasten die verschiedenen Parteien der Protestanten untereinander selbst und mit den Katholiken um die Wette. Zwar will Walter Scott bemerkt haben, daß in England unter hervortretendem calvinistischen Übergewichte die Hexenprozesse immer zahlreicher gewesen seien, als unter dem des anglikanischen Klerus, und es ist richtig, daß im sechzehnten Jahrhundert England verhältnismäßig nur wenige Hinrichtungen kennt; aber Jakobs I. Blutgesetze, die im siebzehnten so viele Greuel brachten, gingen doch nicht von den Calvinisten aus. Weiter ist es Tatsache, daß der reformierte Theodor Beza den französischen Parlamenten den Vorwurf der Lässigkeit in den Hexenprozessen machte; aber der katholische Florimond de Remond, weit entfernt den fanatischen Eifer seines Gegners zu tadeln, beeilt sich nur, das behauptete Faktum in Abrede zu stellen, indem er auf die zahllosen Opfer hinweist, die er als Parlamentsrat zu Bordeaux täglich zum Feuer verurteilen half. Arge Verblendung aber ist's, wenn es katholische Schriftsteller versucht haben für die Verbreitung der Hexenprozesse nicht der geistlichen Inquisition und den päpstlichen Bullen, sondern der Reformation eine besondere Rolle zuzuweisen. Luther hat die Lehre vom Teufel aus der katholischen Kirche herübergenommen, aber freilich so, daß sie in ihm nach zwei Seiten hin eine ganz neue, und zwar gegen den dämonischen Aberglauben der Kirche sich abschließende Gestalt gewann. Denn 1. faßt Luther den Teufel wesentlich als Werkzeug des göttlichen Zornes über die Sünde, als Mittel der Strafgerechtigkeit Gottes auf, so daß sich die Gewalt des Teufels nicht weiter als das Zorngebiet Gottes erstreckt, auf dem Gott ihm „Raum läßt"; und 2. sieht Luther die Stellung des Christen im Kampfe mit dem Teufel ganz anders an als die Kirche es tat. Diese betrachtete den Kampf gegen den Teufel als ein rein äußerliches Vorgehen, dem sich der Christ der ihm von der Kirche gebotenen Mittel, nämlich bestimmter Gebetsformeln, des Weihwassers, der Nennung des Namens Jesu, des Kreuzzeichens usw. bedienen sollte. Luther dagegen verlegte den Kampf in das Innere der Seele, wo sich der Christ durch anhaltendes Gebet, durch immerwährende Buße, durch stetes Wachsen im Glauben und in der Gemeinschaft mit Gott sich gegen alle Anläufe des Bösen schirmen und sich mehr und mehr zum Siege über denselben erheben sollte. Darum kann von Luther nicht gesagt werden, daß er durch seine Lehre von der Gewalt des Teufels das Übel der Hexenverfolgung verschuldet habe. Ist es doch auch unumstößliche Tatsache, daß die katholischen Länder, und zwar unter päpstlicher Autorität, den Hexenprozeß nicht nur geraume Zeit vorher betrieben, ehe Luthers

Reformation begann, sondern auch daß das Übel in keinem protestantischen deutschen Lande jemals eine gleiche Höhe erreicht hat, wie in den Gebieten der katholischen Länder und der geistlichen Fürsten.

Erasmus v. Rotterdam Kupfer von Albrecht Dürer, Berlin, Kgl. Kupferstich-Kabinett

Es steht zweifellos fest, daß Luther den Hexenwahn nicht ins Leben gerufen hat, was auch kein vernünftiger Mensch behaupten wird. Ganz anders ist es jedoch mit der Popularisierung des Teufelglaubens unter den Reformatoren und somit auch in der evangelischen Kirche. Daß Luther die Teufelsmacht weniger fürchtete als verachtete, tut nichts zur Sache. Andere seiner Anhänger waren weniger starkgeistig als er. Er ist trotzdem in der Betonung der Wirksamkeit des Teufels weit über das Mittelalter hinausgegangen. Wie schon Freytag betonte, war der deutsche Teufel „recht gemütlich zugerichtet", ein Tolpatsch, der nur betrog, wenn er einen ganz Dummen fand, meist aber von geriebeneren Gaunern als er selbst war, ordentlich über das Ohr gehauen wurde. So kennen ihn das deutsche Märchenund die deutsche Volkssage. Das wurde mit der Reformation anders. Der Teufel des Volksglaubens wurde von dem der Theologen verdrängt, und dies ist Luthers Schuld mit.

„Niemand aber hat diese Rolle (des Teufels) mehr gefördert als Luther, der sich förmlich in die Teufelsidee verrannte. Er glaubte sich von ihm auf der Wartburg, wie im Kloster zu Wittenberg gestört ... Wenn sich auch bei seinem Reden und seinen Geschichten vom Teufel nach volkstümliche Denkart äußerte, so hat er doch in seiner Verflechtung des ganzen menschlichen Lebens mit Anfeindungen und Versuchungen des Teufels neue und unheilvolle Wege eingeschlagen," also charakterisiert Georg Steinhausen, der bedeutendste deutsche Kulturhistoriker der Gegenwart, Luthers Aberglaube. Es war, was Luther vom Teufel dozierte, vielleicht nicht immer so ernst gemeint, aber es wurde ernst genommen.

Mit diesen historisch begründeten Behauptungen setze ich mich in Widerspruch zu Soldan, dem Verfasser dieses Werkes und dessen ersten Bearbeiter Heppe. Diese ernsten Forscher, die im Hauptamte Pastoren waren, verehren die Wirksamkeit und die Person Luthers, daß sie darüber ihre Objektivität verlieren und Schatten retouchieren, ohne die das Bild des großen Reformators unnatürlich wirken würde. Luther war ein Kind seiner Zeit, vielleicht das gewaltigste, aber sein Denken und Fühlen wurzelte im Geiste jener Epoche. Ihm die Anschauung späterer Jahrhunderte künstlich aufpfropfen wollen, heißt sein Bild verzerren.

Wenn der Jesuit Delrio Leute nennen wollte, die im Hexenglauben heterodox seien, so fehlten Luther und Melanchthon nicht. Der Pater Angelicus Preati, indem er die Realität der Hexenfahrten als Dogma verficht, nennt das Leugnen der Zauberei eine Nachfolge Luthers und Melanchthons; der Pater Staidel setzt den Zweifel an der Hexerei einer ketzerischen Verleugnung der Firmung gleich; der Pater Concina wirft abermals die Meinung, daß es keine Hexen gebe, Luthern, Melanchthon und ihren „Spießgesellen“ vor, und der Pater Agnellus März wiederholt dies, indem er den Münchener Akademiker Sterzinger, der den Hexenglauben bekämpft, zu verketzern sucht. Torreblanca endlich zählt Luther nebst Huß und Wicleff unter denjenigen auf, die sich gegen die Bestrafung der Hexen ausgesprochen haben sollen.

Die genannten Väter, deren Zahl wir leicht noch beträchtlich vermehren könnten, haben unrecht. Luther hat nirgends den Zauberglauben eigens abgehandelt. Wo er bei Veranlassungen auf ihn zu reden kommt, da ergibt es sich, daß er ihm, jedoch mit Einschränkungen, ergeben ist. Die Incuben und Succuben räumt er mit besonderer Beziehung auf Augustins Autorität ein, weil der Satan gerne den Menschen in der angenommenen Gestalt eines Jünglings oder einer Jungfrau betrügen möge; daß aber aus solchem Umgange irgend etwas erzeugt werden könne, stellt er in Abrede. Ferner glaubt er, daß der Teufel imstande sei, Kinder zu stehlen und anderwärts unterzuschieben (Wechselbalge, Kielkröpfe). Die Hexenfahrten erklärt er, wie Melanchthon, für Einbildung; aber er ist für die strengste Bestrafung der Zauberinnen, die Leib und Gut ihres Nächsten beschädigen und will sie zum Scheiterhaufen geführt sehen.

In Süddeutschland meinte der Reformator Schwabens, Joh. Brentz zu Stuttgart, man müsse wenigstens noch alle diejenigen Weiber unter das Schwert bringen, die es im Ernste versucht hätten, zauberische Werke zu verrichten, wogegen die Jülich-Clevische Kirchenordnung von 1533 alle Zauberer, Wahrsager und Beschwörer als Gotteslästerer behandelt wissen wollte. Diese Kirchenordnung war teilweise das Werk des Konrad v. Heresbach, der von jeher die für „Götzendiener“ hielt, „welche wähnen, ein Geschöpf könne in eine andere Gestalt verwandelt werden“.

Übrigens war Brentzens Meinung von der Hexerei nicht die des Hexenhammers. Er sagt in einer Predigt 1564 über das Wettermachen der Hexen, „daß die Unholde Hagel, Ungewitter und andere böse Dinge zu machen, zu erregen und aufzubringen, gar keine Gewalt haben, sondern daß sie vom Teufel damit aufgezogen und verspottet werden, der ihnen weismacht, sie hätten solches getan. Denn in dem Augenblicke, wo der Teufel weiß, daß ein solches Wetter kommen wird, gibt er einer Hexe ein, daß sie ein solches herbeibeschwören müsse, um sie in ihrem Glauben zu stärken.“ – Als Servede zu Genf auf dem Scheiterhaufen stand, redete Farel die versammelte Menge mit den Worten an: „Sehet ihr wohl, welche Gewalt dem Satan zu Gebote steht, wenn sich ihm einer einmal überlassen hat! Dieser Mann ist ein gelehrter Mann vor vielen und vielleicht glaubte er recht zu handeln; nun aber wird er vom Teufel besessen, was euch ebensowohl geschehen könnte!“

Jene Disposition des Zeitalters, wie wir sie darzulegen versucht haben, bildete indessen nur die allgemeine Grundlage, auf der niedrige Motive jeder Art ein um so freieres Spiel zur Verbreitung des Übels entwickeln konnten.

Vor allem knüpfte sich an die Bestrebungen der hierarchischen Reaktion fortwährend der alte kirchliche Macchiavellismus. Zwar war ein großer Teil Deutschlands außer dem Bereiche der Inquisiton; aber es mußte dafür gesorgt werden, daß die immer weitergreifenden Fortschritte der Reformation gehemmt, die noch schwankenden Länder erhalten würden. Dem Andringen des Protestantismus gegenüber führten daher die Jesuiten überall das Gespenst des Hexentums als schreckendes Medusenhaupt vor.

„Nur die Unverschämtheit kann leugnen,“ sagt Delrio, „daß die Zaubergreuel den Ketzereien auf dem Fuße folgen, wie der Schatten dem Körper; die ganze Seuche kommt hauptsächlich von der Vernachlässigung und Verachtung des katholischen Glaubens.“ Dann weist er darauf hin, wie schon die Gnostiker und andere Sekten des Altertums Zauberer gewesen seien, schiebt eine Stelle aus Tertullian in das Vordertreffen und nähert sich mit behutsamer Taktik dem eigentlichen Angriffspunkte. „Erst haben die Hussiten Böhmen, dann die Lutheraner Deutschland überzogen. Welche Zaubergreuel jenen nachfolgten, haben die Inquisitoren Nider und Sprenger dargetan; welche Ströme von Hexen aber die Lutheraner ausschütteten, davon wissen diejenigen zu erzählen, die, gleichsam eingefroren in jene arktische Kälte, vor Furcht erstarrt sind; denn kaum gibt es dort noch irgend etwas, was frei und unbeschädigt wäre von jenen Bestien oder vielmehr Teufeln in Menschengestalt.“ Sodann wird versichert, daß man auf den Alpen kaum noch ein Weib treffe, das nicht eine Hexe sei, weil dort die Reste der Waldenser sich versteckt hielten.

In der Schweiz, in Frankreich, England, Schottland und Belgien muß der Calvinismus das ganze Übel tragen; auch an die sogenannten Politiker Italiens wird ein Seitenhieb ausgeteilt.

Ganz im Einklange hiermit ist es, wenn man im Trierischen Leute auf der Folter bekennen ließ, daß sie zu jener Zeit angesteckt worden seien, als der Markgraf Albrecht von Brandenburg, „diese schändliche und höllische Stütze des Luthertums, der selbst ein Erzzauberer gewesen sei,“ das Land mit seinen Truppen überzogen habe. Am Ende der Vorrede läßt Delrio seinen Lehrer und Mitjesuiten Maldonatus die Frage beantworten, warum die Zauberei sich so unzertrennlich an die Ketzerei knüpfe. Die angeführten Gründe laufen hauptsächlich darauf hinaus, daß der Teufel so gerne in die Leiber der Ketzer fahre, wie einst in die der Schweine; daß die Ketzerei, wenn sie anfangs auch noch so geschickt in das Gewand der Unschuld und Wahrheit sich zu kleiden wisse, bald altere und, um ihre Existenz zu retten, zur Magie werde, wie die verblühte Hure zur Kupplerin usw.

So sieht denn auch Delrio den Calvinismus, das Luthertum und den Anabaptismus, die drei unreinen Geister die ihm hervorgegangen sind aus dem Rachen der Schlange, dem Rachen des Tieres und dem Rachen des falschen Propheten, schon kraftlos hinwelken und nur noch mit Mühe atmen; sie können niemanden mehr locken, aber an ihre Stelle wird Zauberei und Atheismus in unverhüllter Häßlichkeit treten und, gleich den Heuschrecken im Propheten Joel, das Land verzehren. Nichtsdestoweniger erblickt sein scharfes Auge auch in der katholischen Kirche nur ein so kleines Häuflein wahrhaft Gläubiger, daß es vor dem Blicke fast verschwindet; alles ist ihm auch da zu matt und schon auf dem Wege zum Atheismus. Diesen lauen Katholiken nun einen heilsamen Schrecken einzujagen, die ganze Schändlichkeit des Zauberwesens allen Schwankenden vor die Augen zu halten, das Schwert der Gerechtigkeit gegen die Schuldigen zu schärfen, schreibt er sein Buch.

An solchen Bestrebungen erkennen wir ganz den Geist der Gesellschaft Jesu wieder, denselben Geist, der durch den Pater Andreas zu Wien von der Kanzel verkündigen ließ, daß es besser sei, mit dem Teufel sich zu vermählen, als mit einem lutherischen Weibe, weil jener doch mit Weihwasser und Exorcismen zu vertreiben sei, an diesem aber Kreuz, Salböl und Taufe verloren gehe; denselben Geist, der andern Vätern dieser Gesellschaft offenbarte, daß, wer bei den Evangelischen das Abendmahl unter beiderlei Gestalt empfange, recht eigentlich den Teufel selbst genieße. Und wäre nicht derselbe Geist in seinen Wirkungen kennbar, wenn wir die Tatsache erwägen, daß es unter den katholischen Ländern Deutschlands gerade die geistlichen Stifte sind, wo verhältnismäßig die meisten Hinrichtungen stattfanden? Trier, Bamberg, Würzburg, Fulda und Salzburg stehen obenan.

Über das Interesse, das die geistlichen Fürsten an der Unterdrückung der Reformation in ihren Ländern haben mußten, kann kein Zweifel bestehen. Nun aber schnitten die Erfolge des schmalkaldischen Krieges dem Verfolgungsgeiste die Anwendung der Todesstrafe ab, wenn die Anklage auf das Bekenntnis der lutherischen Lehre oder auf die Hinneigung zu ihr lautete. Der Augsburger Friede gestattete nur die Landesverweisung, und diese entzog, wo sie versucht wurde, wie in Salzburg unter Wolfgang Dietrich, mit dem Vermögen der auswandernden Reichen den Ländern ihre besten Kräfte.

Dagegen verbot kein Gesetz, öffentliche und heimliche Freunde des Protestantismus wegen des Verbrechens der Zauberei in den Tod zu schicken. Zauberei war ja nach römischem Grundsatze auch Ketzerei; wer den Tod des Zauberers starb, der litt auch die Strafe des Ketzers, sein Vermögen blieb im Lande und fiel sogar an vielen Orten dem Fiskus zu. Es war also hiermit die Möglichkeit gegeben, unter der Maske des gesetzlichen Hexenprozesses eine blutige Verfolgung des Protestantismus zu betreiben, die das Gesetz verbot. Auch in Frankreich fällt, wie Delrio richtig bemerkt, die Hauptepoche seines wieder auflebenden Hexenwesens in die Zeit, wo die Hugenotten am mächtigsten emporstrebten, d. h. es fanden die meisten Hinrichtungen statt.

In Spanien erscheint die Zahl der wegen Zauberei Hingerichteten im Verhältnisse zu der Gesamtsumme der Opfer des Glaubensgerichtes gering; dies erklärt sich gerade aus der ausgedehnten Macht der dortigen Inquisition, die ohne Umschweife auf ihr Ziel losgehen durfte.

Dagegen wüteten in Polen die Hexenprozesse am meisten seit der Zeit, wo der Jesuitenorden seine Bestrebungen zur Ausrottung der zahlreichen Dissidenten begann.

Näheres hierüber später. Um jedoch das Gesagte zu beweisen, teilen wir einige Vorkommnisse mit, die keiner weiteren Erläuterung bedürfen.

Louis Berquin, Rat am Hofe Franz I., hatte sich über die frommen Betrügereien der Mönche etwas freimütig ausgesprochen, ward der Begünstigung des Luthertums beschuldigt und entging der öffentlichen Abschwörung nur durch den besonderen Schutz des Königs. Hierauf erhob man die Anklage der Zauberei und Teufelsanbetung, und der König wagte es nicht mehr, ihn zu vertreten. Berquin wurde mit durchbohrter Zunge am 17. April 1529 auf dem Greveplatz zu Paris lebendig verbrannt.

Ein Spezereihändler zu Baden führte 1628 gegen seinen Landesherrn, den nach protestantischer Landesverwaltung erst kürzlich eingesetzten katholischen Markgrafen Wilhelm von Baden-Baden, Klage beim Reichskammergericht wegen widerrechtlicher Verhaftung seiner Ehefrau. Er erzählt: „Als für's Erste sie, meine liebe Hausfrau, jetzt nunmehr ein Jahr, uf 6 bloße Angebungen, alss wann sie bei einem Hexen Tantz seye gesehen worden, uf eim Zinstag umb 10 Uhr zu Mittag urplötzlich zue gefänglicher Hafft genommen undt alssbaldt da sie in Thum kommen, ihr angezeigt, auss fürstlichem Bevelch geschehe dass, undt hatt sie Eppach und ein Schreiber mit diessen ungestümen Wortten angeredt: Sie seye die gröste Hur in Baden undt darzue ein Hex, undt habe solche Hexerey von iren Eltern (welche lutherisch gewesen und die Frauw gleichfalls) gelernt, sie soll es nur nicht leugnen, sondern rundt bekennen, darauf sie beständiglich geantworttet, man thue ihr für Gott und aller Welt Unrecht, hatt man sie also baldt ohne alle Barmhertzigkeit ahne die Folter geschlagen usw.".

Von dem Kaufmann Köbbing zu Coesfeld, 1632 hingerichtet, sagt der Fiskal in den eingereichten Artikeln: "Art. 68. Inmaßen wahr, daß er ein Gottvergessener Mensch sey, der nicht allein die Kirchen nicht frequentirt, sundern auch zu sagen pflegt, man müsse temporisiren, und soviel den Glauben anbelangt allen Sekten und Religionen sich accomodiren können. 69. Item er wolle sich wegen den Glauben so viel nicht bekümmern, daß er darumb verfolgt oder getödtet werden solle. 70. Wahr, daß man uf solche Gottvergessene unrechtfertige und heillose Leuth desto leichtlicher solchs Laster versehen müge." – Die beiden ersteren Artikel waren unter den fünfundsiebzig der Klageschrift die einzigen, deren Inhalt, sofern er gravirend war, der Beschuldigte in seinem ersten Verhöre nicht gänzlich in Abrede stellte. Köbbing stand als Kaufmann mit Holländern in Verbindung; auch hatte er die Tochter eines protestantischen Geistlichen in seinem Hause beherbergt. Jesuiten, seit 1626 in Coesfeld, spielten die Beichtväter in den Hexenprozessen dieser Stadt und referierten dem Rate über die letzten Erklärungen der Verurteilten.

Neben dem negativen Nutzen der Herabsetzung des Protestantismus suchten viele Kleriker auch noch einen positiven Gewinn zur direkten Verherrlichung der römischen Kirche zu ziehen. Bot ja doch ihr Ritual die Specifica gegen alle zauberischen Anfeindungen: Exorzismen, Weihwasser, geweihtes Salz, geweihte Kerzen, Zweige usw. Und von wie vielen einzelnen Fällen wissen die Kleriker zu erzählen, daß diese Mittel wirklich geholfen haben, – Fälle freilich, in denen man vorsichtig genug war, sich des Erfolgs im voraus zu versichern!Ferner traten jetzt unter den Händen geschickter Exorzisten die Behexten in die Reihe der Zeugen für die Wahrheit katholischer Dogmen, und der Teufel selbst mußte aus dem Munde der Bezauberten Zeugnis ablegen für die Religion, deren Widersacher er ist.In salzburgischen Akten haben die Gefolterten deponiert, und man trug Sorge dafür, daß dies weiter verbreitet wurde, – daß man nur durch des Teufels Antrieb dazu komme, den Heiligendienst und die Ohrenbeichte zu verwerfen, und daß aus der beim Teufelssabbat durchstochenen Hostie Ströme von Blut geflossen seien. Die blutenden Hostien vererbten sich jetzt aus den Judenverfolgungen auf den Hexenprozeß; auch in bambergischen Aktenund in den Exorzismen von Loudun begegnen wir ihnen, in den letzteren auch ausdrücklichen Zeugnissen für die Transsubstantiation, die der beschworene Teufel aus den Besessenen heraus ablegte.

Ein zweites, sehr wirksames Motiv war die Habsucht. Niemanden ist es unbekannt, wie sehr diese in das Gerichtswesen des sechzehnten Jahrhunderts überhaupt eingriff.

„Die Gerichtsherren, – sagt Udalrich Zasius – statt auf das gemeine Beste zu sehen, strafen nur, um ihre Einkünfte zu vermehren. Argerlich ist's, im voraus das Unglück der Menschen in Anschlag zu bringen, und verdammlich ist daher die Sitte, beim Verkauf der Güter, mit denen peinliche Gerichtsbarkeit verknüpft ist, die Strafen mit zum Bestande der Einkünfte zu rechnen“. Der Trierer Kurfürst Johann VII. von Schönberg kennzeichnet mit erschreckender Offenheit die richterlichen Erpressungen: „Die tägliche Erfahrung ergibt, daß viele Nullitäten und Unwichtigkeit sowohl der Prozesse als der Exekutionen halber vorgegangen, daher den armen Untertanen unerträgliche Unkosten zur Hand gewachsen, so daß viele Gemeinden und Untertanen, ja Witwen und Waisen ins äußerste Verderben gesetzt worden“, sagt er in seinem Dekret vom 18. Dezember 1591. Es sei natürlich nicht damit gesagt, daß bei allen Richtern die Geldgier die treibende Kraft zur Hexenverfolgung war. Auch Riezlerbetont, daß in keinem der bis jetzt bekannten bayerischen Fälle Eigennutz oder Schurkerei bei den Richtern zu erkennen war. Deshalb aber diese Motive bei allen Richtern rundweg abzuleugnen, wie es Mejer tat, geht bei der Fülle der Beweise vom Gegenteil nicht gut an. Sie waren vorhanden und nicht im Hexenprozeß allein. Die Geldsucht der Richter und Juristen war sprichwörtlich geworden.

Wie diese niederträchtige Gier ganz besonders auf die Hexenprozesse wirkte, das erkannten schon die Scharfsichtigeren unter den Zeitgenossen. Der Kanonikus Cornelius Loos, dem die Freimütigkeit, mit der er gegen solchen Unfug auftrat, mehrmals

Kerkerstrafe zuzog, nannte diese Prozesse eine neuerfundene Alchymie, durch die man aus Menschenblut Gold und Silber mache.

Vierzig Jahre später sagte Friedrich Spee, daß viele nach den Verurteilungen der Zauberer hungerten, „als dem Brocken, davon sie fette Suppen essen wollten“. Der Aufwand mancher Richter entging selbst der Aufmerksamkeit des Pöbels nicht. Und in der Tat konnte es für eine Behörde, die ihre Sache verstand, keine bessere Finanzoperation geben. Die Güter der Verurteilten wurden auf dem Wege der Konfiskation oder unter anderen Titeln eingezogen; Inquisitoren und Richter nahmen entweder eine beträchtliche Quote, oder reichliche Sporteln; auch Denunziant, Häscher und Scharfrichter waren bedacht. Der Offenburger Magistrat versprach 1628 jedem, der eine Hexe einliefere, zwei Schilling Pfenning Fanggebühr.

Nun war aber keine andere Untersuchung so gänzlich nach Belieben einzuleiten und zu verzweigen, wie die wegen Zauberei. Jeder andere Prozeß verlangte doch die Erhebung eines objektiven Tatbestandes und war an feste Formen und Grenzen gebunden. Anders bei der Zauberei. Jedes Indizium, jedes Verfahren, jeder Beweis galt, nur der des Alibi nicht. Richter und Folterknecht mußten entweder sehr ehrlich oder sehr ungeschickt oder abgefunden sein, wenn sie nicht aus dem ersten Angeklagten Stoff zu zehn, zwanzig oder mehr neuen Prozessen herauspreßten. Bei Mord und Raub ergab sich die Zahl der in dem Gerichtssprengel begangenen Verbrechen aus der Wirklichkeit. Bei der Zauberei waren es ebensogut tausend wie ein einziges; dort bestimmte die Tat den Richter, hier der Richter die Tat. Darum darf es nicht befremden, wenn in manchen Bezirken zehn ergiebige Hexenprozesse auf eine einzige Hinrichtung wegen Straßenraubs kommen.

„In dem Rechte – sagt Agrippa– ist ausdrücklich bestimmt, daß den Inquisitoren über Verdacht, Verteidigung, Beschützung und Begünstigung einer Ketzerei keine Jurisdiktion zustehe, sobald nicht erwiesen ist, daß eine offenbare und ausdrücklich verdammte Ketzerei vorliege. Aber diese blutgierigen Geier gehen über ihre Privilegien hinaus und drängen sich gegen alle Rechte und kanonischen Bestimmungen in die Jurisdiktion der Ordinarien ein, indem sie sich anmaßen, auch über solche Dinge, die gar nicht ketzerisch, sondern nur anstößig oder sonst irrtümlich sind, abzuurteilen. Gegen arme Bauernweiber wüten sie auf das grausamste und unterwerfen die wegen Zauberei Angeklagten oder Denunzierten, oft ohne daß das mindeste rechtsbeständige Indizium vorliegt, einer schrecklichen und maßlosen Folter, bis sie ihnen das Bekenntnis von Dingen, an die sie nie gedacht haben, auspressen, um einen Vorwand zur Verurteilung zu gewinnen. Sie glauben nur dann ihres Namens würdig zu sein, wenn sie nicht eher ablassen, als bis die Arme entweder verbrannt ist, oder dem Inquisitor Gold in die Hände gedrückt hat, damit er sich erbarme und sie durch die Folter gerechtfertigt finde und freispreche. Der Inquisitor vermag nicht selten eine Leibesstrafe in eine Geldstrafe zu verwandeln und diese seinem Inquisitionsgeschäfte zuzuwenden, woraus ein nicht unbeträchtlicher Gewinn gezogen wird. Sie haben unter jenen Unglücklichen nicht wenige, die eine jährliche Steuer zahlen müssen, um nicht von neuem vor Gericht gezogen zu werden. Da man überdies die Ketzergüter konfisziert, so macht der Inquisitor auch daran eine schöne Beute, und da endlich die Anklage oder die Denunziation, ja selbst der leiseste Verdacht der Zauberei und sogar die Vorladung einen Makel nach sich zieht, der nur dadurch geheilt wird, daß man dem Inquisitor Geld gibt, so macht auch dieses etwas aus. Vermöge dieser Kautel mißhandelten, als ich in Italien war, die meisten Inquisitoren im Mailändischen viele unbescholtene Frauen, auch aus dem vornehmeren Stande, und erpreßten so im stillen ungeheure Summen von den Geängstigten. Als der Betrug herauskam, fiel der Adel über sie her, und sie entrannen nur mit Not dem Feuer und dem Schwerte.“

Gleichzeitig verfolgten in Deutschland die bischöflichen Offizialate, wenn gleich etwas glimpflicher, ihren Gewinn.

War eine Person in bösen Leumund geraten, so lud sie der Offizial vor, ließ sie einen Reinigungseid schwören und nötigte ihr dann einen lossprechenden Urteilsbrief auf, der mit 2¼ Gulden bezahlt wurde. Dieser Punkt bildet, unter namentlicher Hervorhebung der Zauberei, die siebenundfünfzigste unter den Beschwerden, die der Nürnberger Reichstag von 1522 gegen den römischen Stuhl erhob.

In Trier, wo unter dem schwachen Johann VI. das Übel auf den höchsten Grad stieg, waren zwar Äcker und Weinberge aus Mangel an Arbeitern verödet, aber Notarien, Aktuarien und der Nachrichter waren reich geworden. Der Henker ritt, in Gold und Silber gekleidet, einher; seine Frau wetteiferte in Kleiderpracht mit den vornehmsten Damen. Als jedoch das Übermaß des Elends die Sporteltaxe endlich etwas zu ermäßigen gebot, war alsbald auch einige Abnahme des Verfolgungseifers bemerkbar, obgleich auch jetzt noch der Notarius täglich einunddreißig Albus und der Nachrichter für jeden, der unter seine Hände kam, 1½ Gulden erhielt. Zu Koesfeld bezog der Nachrichter 1631 binnen sechs Monaten 169 Rthlr. allein für seine Bemühungen an den Hexen. Der zu Koburg veranlaßte um dieselbe Zeit für sich, seine Pferde, Knechte und Boten in Jahresfrist einen Kostenaufwand von mehr als 1100 Gulden. An manchen Orten erhielt der Richter, wie Spee versichert, von jedem Kopfe 4 bis 5 Rthlr.; und doch hatte Karls V. peinliche Gerichtsordnung sehr treffend den Richter, der „von jedem Stuck sein belonung het“, mit dem Nachrichter verglichen. Unter den englischen Hexenfindern nahm Hopkins Transportkosten, freie Station und Diäten; ein Schotte, der nach Newcastle entboten wurde, erhielt außer der Vergütung der Reisekosten 20 Schillinge für jede entdeckte Zauberin.

Von besonderem Interesse ist, was in dieser Beziehung aus Österreichisch-Schlesien und Mähren mitgeteilt wird. Dort suchte man zur Leitung eines Hexenprozesses einen darin erfahrenen Mann zu gewinnen. Da aber selbst unter den Amt- und Hofleuten der Gerichtsherren sich selten solche fanden, die dazu bereit gewesen wären, so mußte die

Gerichtsherrschaft bei der geringen Auswahl, die man hatte, guten Lohn geben. Die Hexenrichterei wurde also zum Gewerbe, von dem man lebte. Ein Hexenrichter namens Boblig erhielt von der Gerichtsherrschaft, der Gräfin Galle, Kost und bequeme Wohnung für sich und seinen Diener, außerdem einen Reichstaler täglich und für Kommissionsreisen die üblichen, nicht unbedeutenden Zehr- und Wartegelder. Die nämliche Bezahlung erhielt er auch vom Fürsten von Liechtenstein, als die Prozesse auf dessen Gebiet hinübergespielt worden waren, und diese Bezahlung wurde bei weiterer Ausdehnung der Hexenverfolgung noch bedeutend erhöht.

Eben dieselbe Bezahlung sagte auch der Fürstbischof von Olmütz dem Boblig zu, als er ihm die Leitung des Prozesses gegen den Dechant Lauthner von Schönberg übertrug. Inzwischen hatte Boblig auch in Prossnitz zwei Weiber, Elisabeth Brabenetzki und Katharina Wodak, auf den Scheiterhaufen gebracht, und dafür täglich 3 Gulden, in Summa 246 Gulden eingestrichen.

Erwägt man nun, daß die Hexenrichter keine anderweite Stellung einnahmen, sondern lediglich von der Verfolgung der Hexen lebten, so begreift es sich leicht, daß sie an der ununterbrochenen Weiterverbreitung der Hexenprozesse das größte Interesse haben mußten. Die von Bischof eingesehenen Akten lassen es deutlich wahrnehmen, wie eifrig Boblig darauf bedacht war, die Hexenprozesse nicht ins Stocken kommen zu lassen. An vielen Orten erhoben sich daher Klagen über den Aufwand der Henker und ihrer Weiber. Meister Jörg Abriel, der Schongauer Scharfrichter, reiste mit seiner Hausfrau und zwei Geleitsboten mit drei Pferden wie ein großer Herr im Lande umher.

Der Scharfrichter von Dieburg (in der hessischen Provinz Starkenburg) verrechnete sich für die Jahre 1628 und 1629 die enorme Summe von 253 Gulden 13½ Batzen. In dieser Rechnung befinden sich 43 Personen, die à 3 Gulden hingerichtet wurden, und 23 Personen, „wie es sein Verfahren gehabt, als wären dieselben justifizirt worden“ à 3 Gulden. Andreas Rainhabt, Freimann in Steiermark, berechnet 1694

> „Ein scheidterhauffen auf zwey pershon zu machen ...1 fl. 30 kr.
> zwey pershon zu veräschern ist auch ... 1 fl. 30 kr.
> zwey feyerhägel, von ein jeden 30 Kr., ist ... 1 fl. – kr.
> Den aeschen wekh zu reinigen ist ... – 48 kr.
> das sind 4 Gulden 48 Kreuzer.

Für zwei Personen mit dem Schwerte zu richten erhält er insgesamt nur 30 Kreuzer, also kaum ein Achtel von dem, was ein Brand brachte. Die Scharfrichter hatten bei derartigen Sporteln ein bedeutsames Interesse daran, dort Hexenbrände zu entfachen, wo sie noch nicht gebräuchlich waren. Das bekam aber in Nürnberg einem Eichstätter Scharfrichtersknecht sehr übel, der auf raffinierte Weise die Bürger gegeneinander aufhetzte und ihre Weiber als Unhulden verschrie. Meister Franz torquierte dem Burschen sein Vorhaben gründlich aus dem Leibe. Auch in Straßburg tritt 1451 solch ein agens provocateur, Hans Schoch von Fürstenfelden, auf. Er hatte bereits in Basel sein Handwerk geübt und suchte nun in Straßburg „ehrliche stattliche weiber dergestalt in gefar zu bringen“. Er bezichtigte eine alte Frau ein Hagelwetter gemacht zu haben. Da er seine Anklage nicht zu beweisen vermochte, wird er selbst ertränkt.

Spee kannte einen Inquisitor, der sein Geschäft auf folgende Weise betrieb. Zuerst ließ er durch seine Leute das Landvolk bearbeiten, bis dieses sich vor lauter Hexenfurcht nicht mehr zu fassen wußte und den Schutz des Inquisitors anflehte. Nun nahm er die Miene an, als riefen ihn seine Geschäfte anderswohin, ließ sich jedoch durch ein zusammengeschossenes reichliches Geschenk bewegen, zu erscheinen, leitete auch die Untersuchung ein, redete abermals von seinen anderweitigen Obliegenheiten, sammelte nochmals Geld und begab sich dann in ein anderes Dorf, um dasselbe Spiel von vornen anzufangen.

Neben dem Gewinne, der aus dem Vermögen des Verfolgten floß, wurde auch noch der Bezauberte mannichfach besteuert.

Beschwörung eines Besessenen
Aus Moscherochs Gesichte Philanders von Sittewald Straßburg 1540

Für Messelesen oder Exorzismen anzustellen wurde anständig gefordert. Terminierende Bettelmönche zogen mit ganzen Säcken sogenannten Hexenrauchs umher und spendeten ihn als Schutzmittel gegen Zauberei für reichliche Gaben aus.

Doch die Besessenheit war auch wiederum ein Kapital, das dem Behafteten selbst Renten trug. Viele Taugenichtse spekulierten darauf, wie die Bettler auf ihre fingierte Krüppelhaftigkeit. In Deutschland, Holland und England hat man sogar Kinder gesehen, die mit erstaunlicher Verschlagenheit ihre einträgliche Rolle monatelang fortspielten, bis sie endlich entlarvt wurden.

Auch protestantische Geistliche haben sich durch solche Gaukeleien betrügen lassen und salbungsreiche Gebete angestellt, wie bei jener geldschluckenden Magd in Frankfurt an der Oder, bei der Luther das Gutachten abgab, die Magd fleißig zur Kirche zu führen und bei Gott für sie zu bitten. „Anno 1600 10. Jan. bin ich zu des Vogten Michael Christs zu Nordtheim Weib, welche vom bösen Geist um Leibeigenschaft gegen viel Geldreichung angesprochen und gar thierisch aussähe, geschikket worden, sie zu bekehren, wie geschehen,“ schreibt der Stadtpfarrer Wolfgang Ammon von Marktbreit am Main, im bayerischen Bezirksamt Kitzingen in seiner Selbstbiographie. Eine Teufelsaustreibung im 17. Jahrhundert beschreibt Moscherosch in seinem „Gesichte Philanders von Sittewald“ im „Schergen-Teuffel“. Balthasar Bekker kannte einen schulkranken Knaben in Oberyssel, der die Obrigkeit als Bezauberter äffte: er gab Nadeln mit dem Urin von sich, vomierte Zöpfe, Scherben und lateinische Exerzitien; erst spät merkte man den Betrug, und das alte Weib, das ihn behext haben sollte, wurde nur mit Mühe gerettet.

Der ehrwürdige Agobard von Lyon hatte für dergleichen Fälle andere Mittel, als Exorzismen und Gebete. Als man einst eine sogenannte Besessene vor ihn brachte, ließ er sie auspeitschen, und es ergab sich alsbald, daß die ganze Besessenheit nur um der erwarteten Almosen willen angenommen war. Solche vorurteilsfreie Männer, die im karolingischen Zeitalter lebten, besaß das sechzehnte und siebzehnte Jahrhundert wenige. Doch liest man vom Bischöfe von Amiens, daß er Agobards Beispiel an einer ähnlichen Betrügerin im Jahr 1587 mit Erfolg nachgeahmt habe. Wie man den Hexenprozeß benützte, um mit seiner Hilfe unliebsame Personen unschädlich zu machen, beweist die Geschichte der Agnes Bernauerin, der schönen Baderstochter, die Herzog Albrecht von Bayern „aufs höchste lieb gehabt, also daß man sagt, der Herzog hatte sie zur Ee genommen und die Ee versprochen, aber doch nit zur Kirch gefierten", wie Clemens Sender schreibt, Herzog Ernst der Vater ließ ihr den Prozeß als Zauberin machen und am 12. Oktober 1435 wurde das goldlockige Weib vor der Donaubrücke in Straubing ertränkt.

Die Triebfelder der Habsucht, in Verbindung mit der jammervollen Befähigung der Justitiarien, erklären hauptsächlich die Erscheinung, daß unter den protestantischen Gebieten Deutschlands gerade die kleineren, besonders die ritterschaftlichen Territorien verhältnismäßig die meisten Hinrichtungen aufzuweisen haben. Hier lieferten die Hexenverfolgungen den oft beschränkten Finanzen der kleinen Herren einen stets willkommenen Zuschuß für sie selbst und ihre Diener, am meisten zu der Zeit, da das Elend des Dreißigjährigen Kriegs ihre Kassen geleert und die Gemüter bis zum äußersten verwildert hatte.

Agnes Bernauer
Nach dem Originalgemälde in Straubing

Ein merkwürdiges Aktenstück hierzu gibt Horst in seiner Dämonomagie (Th. II., S. 369). Der Justizamtmann Geiß zu Lindheim, ein ehemaliger Soldat und ohne alle juristische Bildung, schrieb 1661 an seine adeligen Herren, daß neuerdings das Zauberwesen wieder ausbreche, „daß auch der mehren Theilss von der Burggerschaft sehr darüber bestürzet und sich erbotten, wenn die Herrschaft nur Lust zum Brennen hätte, so wollten sie gerne das Holtz darzu und alle Unkosten erstatten, undt könndte die Herrschaft auch so viel bei denen bekommen, daß die Brügck wie auch die Kierche kendten wiederumb in guten Stand gebracht werden. Noch über daß so kendten sie auch so viel haben, daß deren Diener inkünftige kendten so viel besser besuldet werden, denn es dürfften vielleicht gantze Häusser und eben diejenigen, welche genung darzu zu thun haben, infociret (inficiret?) seyn."

Dieser Geiß nun war es auch, der den großen lindheimischen Hexenprozeß leitete und ausbeutete. Er setzte sich z. B. für einen Ritt nach einem zwei Stunden entlegenen Städtchen 5 Rthlr. Gebühren an. Aus einer von ihm selbst aufgestellten Rechnung ergibt sich, daß er bei den verschiedenen Verhaftungen allein an barem Gelde eine Summe von 188 Rthlr. 18 Alb. eingetrieben hat.

Was er sich an Vieh aus den Ställen der Lindheimer Untertanen zugeeignet, hat er, wie eine spätere Untersuchung ergab, nicht jederzeit aufzuschreiben für nötig erachtet.

Um zu zeigen, daß auch die Häscher ihre Vorteile hatten, ziehen wir aus den Geißischen Rechnungen noch einige Posten aus:

Pag. 15. Dem Wihrth zu Hainchen (½ Stunde von Lindheim) NB. Was die der Hexenkönigin nachgesetzedten Schützen daselbst vertrunken	2 Rthlr. 7 Alb.
Pag. 16. Den 29. Julyus dem Keller zu Geidern bei der Hexenverfolgung in Beyseyn Herrn Verwaltern	12 Rthlr. 15 Alb.
Pag. 18. Den 12. Januarii 1664 Hanns Emmeichen zu Bleichenbach (2 St. von Lindheim) wass der Ausschuß bei der Henxenjagt allda verzehret, NB. in zwey Täg daselbsten versoffen	8 Rthlr.

usw.

Über die Kosten der großen Eßlinger Prozesse von 1662 und 1663 wird mitgeteilt, daß sie aus dem Vermögen der Justifizierten und aus den Strafgeldern gedeckt wurden. Bis zum 30. Juni 1663 hatte man 2300 Gulden aufgewendet und 2045 Gulden eingezogen. Was für die vielen bei den Juristenfakultäten zu Tübingen, Heidelberg und Straßburg eingeholten Gutachten bezahlt wurde, ist unbekannt.

Von den Geistlichen, die mit der Seelsorge der Verhafteten viel zu tun hatten, erhielt nach Beschluß vom 20. September 1664 jeder drei Tonnen Ehrenwein, wobei sie wiederholt ermahnt wurden, in ihren Schranken zu bleiben und den Untersuchungsrichtern nicht in ihr Amt zu greifen.

Diese selbst erhielten vom Spital für jedes Verhör eine Kanne Wein und einen Laib weißes Brot. Dasselbe bekam wöchentlich der aufwartende Knecht. Auch die Weinzieher, Kornmeister und Wächter auf der Burg wurden für ihre Dienste bei den Hinrichtungen mit Brot und Wein vom Spital belohnt. Dem Scharfrichter Deigentesch verwilligte man am 1. Dezember 1664 eine außerordentliche „Ergötzlichkeit“ von 20 Gulden wegen seiner vermehrten Geschäfte und weil er die herbeigezogenen fremden Scharfrichter hatte traktieren müssen.

Nach einer Originalrechnung des Rats von Zuckmantel vom 20. Oktober 1639 brachte das Einäschern von elf Hexen 425 Reichstaler ein. (Man bedenke den damaligen Geldwert!)

Davon empfing:

der Bürgermeister	9 Taler 6 Groschen
der Rat	9 Taler 6 Groschen
der Vogt	18 Taler 12 Groschen
die Gerichtsschöffen	18 Taler 12 Groschen
der Stadtschreiber	9 Taler 6 Groschen
der Stadtdiener	9 Taler 6 Groschen

Der Überrest von 351 Talern 23 Groschen wurde dem Fürstbischof von Breslau als dem Landesherrn eingehändigt. Da das Urteil über die Hingerichteten in Neisse gefällt war, so hatte der Rat von Zuckmantel diesmal nur halbe Gebühren erhalten; sonst würde er doppelt so viel, nämlich ein Schock Groschen für den Kopf empfangen haben.

Als in einem friedbergischen Prozesse das Gerichtspersonal nach gehaltenem peinlichen Gerichte auf Kosten des Angeklagten schmauste und der Prälat von Arnsburg zufällig dazukam, ließ man noch etliche Flaschen Wein kommen, und auch diese wurden dem Manne zur Last gesetzt. Der Beschuldigte überstand Verhöre und Folter mit seltenem Mute, wurde zuletzt aus dem Lande gejagt und mußte nach Ausweis der Akten 404 Gulden 49 Kreuzer an Kosten bezahlen, wobei jedoch die Deserviten seines Defensors, die Abschlagszahlungen an die Wächter und andere Posten nicht mitgerechnet sind.

Wenn Haß und Rachsucht oft genug Motive zum Bezichten von Verbrechen gewesen sind, so hatten sie bei keinem freieres Spiel, als bei der Zauberei, wo sie des Erfolges beinahe immer sicher sein durften. Wie konnte man sich eines Feindes, eines Nebenbuhlers, eines politischen Gegners leichter entledigen, als daß man ihn selbst oder, noch besser, seine Frau der Hexerei verdächtigte? So protestierte 1608 der Straßburger Notar Baldauf anläßlich eines Prozesses seiner Schwiegermutter gegen das Verfahren des Offenburger Rates, weil dieser „unerweisliche, hochsträfliche, per falsissima narrata unbegründete Handlungen in seinen Bericht eingeschoben, auch privat affectiones angezogen habe".

Titelblatt der Hans Sachsschen Schrift „Nachred das grewlich Laster / sampt seinen zwelff eygenschafften"

Weiber in England wurden damals, wenn der Ehegatte ihrer überdrüssig war, nicht nur als Ware am Stricke auf den Markt, sondern auch als Hexen dem Strange des Henkers zugeführt. Bei einer 1591 vorgenommenen Kirchenvisitation war Anzeige erstattet worden, daß des alten Hennen Frau zu Eckweiler der Zauberei verdächtig sei. Die Visitatoren untersuchten daher die Sache und fanden, daß der einzige Ankläger der Frau ihr eigener Mann sei, der im Verdacht stand, daß er sie habe umbringen wollen, wie er sie bereits aus seinem Hause verstoßen habe. Der Bube hatte allerdings keinen Erfolg, da ihm die Geistlichen nur befahlen, sein Weib wieder bei sich aufzunehmen.

In Offenburg wurde 1629 das hübsche junge Weibchen des Stettmeisters Philipp Beck ergriffen. Kaum war die Frau gefangen, als der Stettmeister den Rat bittet, sie auch wegen des Eingeständnisses der von ihr begangenen Untreue peinlich befragen zu lassen. Sie wird am 29. August 1629 mit vier anderen Unholden hingerichtet. Ihr liebevoller Gatte muß trotz seiner wüsten Schimpfereien die Kosten bezahlen. In Mecklenburg mußte der Denunziant Kaution stellen, aus der die Prozeßkosten gedeckt wurden, wenn sich die Angeklagte als schuldlos erwies. Wiederholt machten die Bauern eines Dorfes, die insgesamt eine Hexe zu fürchten hatten, unter Anführung des Pfarrers gemeinsame Sache, und traten geschlossen als Ankläger auf, indem sie die Kaution unter sich aufbrachten. Überdies hatten noch unter Umständen die Unkosten des Prozesses und der Exekution die Dörfer selbst zu tragen, wenn die Hexe und ihre Verwandten die Gerichtskosten nicht zu begleichen vermochten. Die Pfarrakten von Wangelin berichten z. B., daß, um einen Hexenprozeß anstrengen zu können, eine Subskription eröffnet wurde, die der Pfarrer in die Wege leitete, nachdem der Landesherr sie ausdrücklich genehmigt hatte. Ein elfjähriges Mädchen zu Paisley rächte sich nach einem Zank mit der Hausmagd dadurch, daß es sich besessen stellte. Es führte seine Rolle so geschickt durch, daß zwanzig Personen auf sein Zeugnis hin verurteilt wurden, von denen fünf wirklich den Tod erlitten. Oft griffen Angeklagte zur Anzeige Vornehmer, um durch deren Einfluß die Niederschlagung des Prozesses zu erwirken; oft aber war es auch dem Verzweifelten eine schauderhafte Genugtuung, Personen, die er im Leben gehaßt und beneidet, oder die er als Urheber seines Unglücks betrachtete, durch seine Bekenntnisse mit sich ins Verderben zu ziehen. Spee kannte sogar durch ihren Verfolgungseifer berühmt gewordene Richter, die zuletzt selbst als überführte und geständige Zauberer den Holzstoß bestiegen.

So sind niedrige Motive verschiedener Art, indem sie auf der Unterlage einer befangenen Theologie und Naturkunde wirkten, zu Haupthebeln geworden, die den Hexenglauben und die Hexenprozesse emporbrachten und hielten.

Wenn wir indessen an die ungeheure Ausbreitung und an die Dauer der Hexenprozesse denken, so will das Angegebene zu ihrer Erklärung doch noch nicht genügen. Man hat die Zahl der vom Ende des fünfzehnten Jahrhunderts an wegen

Hexerei Verurteilten gesucht, und es hat sich gezeigt, daß sie nach Millionen zu berechnen sind.

Ein solches Resultat kann nicht durch Rachsucht, durch Habsucht der Richter, nicht durch Aberglaube, Ketzerhaß und Reaktion gegen den Protestantismus allein herbeigeführt sein. Es müssen da Potenzen gewirkt haben, die überall da vorhanden und wirksam waren, wo es sich um die Verfolgung von Hexen handelte, – Potenzen, deren Wirksamkeit annähernd unwiderstehlich war und die, so lange sie ihre Herrschaft behaupteten, überall mit Notwendigkeit eine immer größere und immer intensivere Verbreitung der Hexenprozesse im Gefolge haben mußten. Diese Potenzen waren 1. der herrschende Teufels- und Dämonenglaube; 2. die Änderung im prozessualischen Beweisverfahren, die gegen das Ende des fünfzehnten Jahrhunderts eintrat; und 3. die den Hexenmeistern gestattete und befohlene Anwendung der Tortur, sowie die ganze Einrichtung des Hexenprozesses. Das Zusammenwirken dieser drei Dinge war es, was die furchtbare Ausbreitung und die lange Dauer der Hexenprozesse möglich, ja notwendig machte.

Von dem das fünfzehnte bis siebzehnte Jahrhundert beherrschenden Teufelsglauben war eine geradezu dualistische Weltanschauung erwachsen, die sich von dem eigentlich sogenannten Dualismus nur dadurch unterschied, daß man den Bestand der Herrschaft des Teufels über die gefallene Welt aus göttlicher Zulassung ableitete. „Täglich höret man von greulichen Taten, die alle der Teufel hat zugericht: da werden etliche Tausend erschlagen, da geht ein Schiff mit Leuten unter auf dem Meer, da versinkt ein Land, eine Stadt, ein Dorf, da ersticht sich einer selbst, da erhängt sich einer, da ertränkt sich einer, da fällt einer den Hals ab, da tut einer sich selbst sunst den Tod an; diese Morde alle richtet der leidige Teufel an. Er ist uns feind, darum stellt er uns nach Leib und Leben. Nicht ermordet er allein die Menschen, sondern auch das Vieh, und verderbt dazu alles, was zu des Menschen Notdurft dient, mit Hagel, Teuerung, Pestilenz. Krieg, Verräterei, Aufruhr und so weiter“.

Die allgemeine Ausbreitung und die lange Dauer der Hexenverfolgungen erklärt sich also zunächst aus dem die Kirche wie alle Stände beherrschenden Teufels- und Hexenglauben.

Dazu aber kam, daß um diese Zeit in Deutschland im Kriminalprozeß ein völlig neues Verfahren und ein völlig neues Beweissystem eingeführt wurde, wodurch eine Einrichtung des Hexenprozesses möglich wurde, bei der man alle Hexen und Hexereien, die man nur irgend aufspüren wollte, notwendig auch finden mußte: die Folter.

Wirklich war auch die Zeit der Einführung des neuen Beweisverfahrens und der Folter die Zeit des Anfangs der Hexenverfolgung. Das Einschreiten von Amtswegen bewirkte bei der allgemein herrschenden Überzeugung von der heiligen Pflicht der Hexenverfolgung, daß man jetzt überall nach Hexen suchte, und die Folter machte es, daß man sie in Menge fand. Beide Mittel wußte schon der Hexenhammer wohl zu würdigen, und ohne diese Mittel wäre aller Hexenglaube, wäre die Bulle von Innozenz VIII. und ähnliches durchaus wirkungslos gewesen.

Die teuflische Wirksamkeit der Folter wurde aber durch die eigentümliche Einrichtung und Behandlung des Hexenprozesses noch gesteigert. Die bestehenden Grundsätze hatten nämlich über den Gebrauch der Folter im gewöhnlichen Kriminalprozeß gewisse Schranken aufgerichtet; für den Hexenprozeß waren diese jedoch nicht vorhanden. Somit war der Angeschuldigte im Hexenprozesse völlig schutzlos; der Richter hatte bezüglich der Anwendung der Tortur völlig freie Hand und konnte die Angeschuldigten martern, bis sie das Geständnis ihrer Schuld ablegten.

Hiermit aber begnügte sich der Richter nicht.

War das Geständnis der eigenen Schuld abgelegt, so hörte der Hexenrichter nicht auf, sein Schlachtopfer zu foltern, bis die Zermarterte beliebige andere lebende Personen als Hexen genannt hatte. So verfehlte die Anwendung der Folter nicht allein, von den seltensten Ausnahmefällen abgesehen, niemals ihres unmittelbaren Zweckes, – indem die Angeschuldigte regelmäßig sich durch ihr eigenes Geständnis als Hexe erwies, – sondern sie führte von jedem einzelnen Hexenprozesse zu neuen Hexenverfolgungen.

Erwägt man nun, daß die im Hexenhammer vorgeschriebene Ordnung der Hexenprozesse recht dazu angetan war, auch die Geldgier und andere Leidenschaften aufzustacheln, so begreift es sich, daß die Hexenverfolgung wie eine Seuche sich über die Lande verbreiten und jahrhundertelang wüten konnte.

Heinrich Cornelius Agrippa von Nettesheim

Achtzehntes Kapitel. Gegner und Verteidiger des Hexenwahns

Bereits gegen Ende des sechzehnten Jahrhunderts war hie und da in den geistlichen Unterrichtsbüchern ein Verbot gegen den Hexenglauben aufgetaucht, ohne jedoch, bei dem unerschütterlich festen Aberwitz, irgendwelche Geltung erlangen zu können. Wenn vereinzelte kluge Männer, wie Stefan Lanzkranna, Propst zu St. Dorotheen in Wien, in seiner „Himmelstraße" von 1484 gegen den Wahn Front zu machen suchten, und den „altkirchlichen Kampf" gegen den Glauben an die Realität der Hexerei fortsetzten, so war dies ebensowenig von nachhaltigem Einfluß, wie der volltönige Kampfesruf Heinrich Cornelius Agrippa von Nettesheims, geboren am 14. September zu Köln, wo auch der Hexenhammer das Licht der Welt erblickte, gestorben 1535 in Grenoble. Der bewunderte und grimmig gehaßte, altgläubig fromme, spekulativ verträumte, geistvolle, klarblickende Mann, der als Soldat, Doktor der Medizin, Doktor beider Rechte, Philosoph, Schriftsteller, Stadtsyndikus von Metz seinen Mann stellte, war einer der stürmenden Geister, die die Schäden ihrer Zeit erkannten und mit den Waffen des Geistes gegen sie zu Felde zogen und der Phalanx der Feinde unterlagen. Agrippa hatte sich in seiner Jugend viel mit den auf die Magie bezüglichen Schriften beschäftigt und war bald zu dem Schlusse gekommen, daß sie entweder auf Betrug oder auf einer besonderen Kenntnis der Natur beruhen müsse. Aus diesen Gedanken ging seine erste Hauptschrift „de incertitudine et vanitate scientiarum declamatio invectiva“ (Köln 1527) hervor, die eine Satire auf den damaligen Zustand der Wissenschaften enthält. Von hier aus gelang es ihm auch allmählich, sich zu einer von dem Aberglauben der Zeit unabhängigen Beurteilung des Hexenglaubens und der Hexenverfolgung zu erheben. Gegen beide richtete er seine Schrift „de occulta philosophia“ (Köln 1510, Paris 1531, Köln 1533). Diese Schrift jedoch sowie seine geschickte Verteidigung einer Bäuerin, die der Inquisitor Savin verbrennen wollte, machte ihn verdächtig. Man sagte ihm nach, daß er selbst mit dem Teufel im Bunde stehe und Magie treibe. Deshalb angeklagt, mußte er in Brüssel ein Jahr lang im Gefängnis schmachten. Nach seinem Tode erzählte man, er habe auf seinem Sterbebette einen schwarzen Hund aus seinem Nacken gezogen und dabei gerufen: der sei die Ursache seines Verderbens. Es lag ein furchtbarer Haß auf dem freisinnigen und mutigen Manne.

Holzschnitt eines Hexenflugblattes von 1517

Doch war sein Auftreten nicht erfolglos geblieben, indem er wenigstens einen Schüler hinterließ, der auf den Wegen des Lehrers weiter zu gehen wagte, den kalvinistischen Leibarzt des Herzogs Wilhelm von Cleve, Johann Weyeroder Weier, in seinen lateinischen Schriften Wierus, auch Piscinarius genannt.

Ioannes Wiervs. anno œtatis lx salutis M. D. LXXVI.

Zu Grave an der Maas in Nordbrabant 1515 oder 1516 geboren, hatte sich Weyer als vierzehnjähriger Schüler in Antwerpen an Agrippa von Nettesheim angeschlossen, dem er 1533 nach Bonn gefolgt war, worauf er seine Studien in Paris fortgesetzt, dann 1537 in Orleans die medizinische Doktorwürde erlangt und hernach zur Erweiterung seiner Weltkenntnis Ägypten und andere Teile des Orients, sowie auch die griechischen Inseln, namentlich Kandia bereist hatte. Im Jahr 1545 in die Heimat zurückgekehrt, hatte er sich in Arnheim als Arzt niedergelassen, wo er wegen der ungewöhnlichen Vielseitigkeit seiner Bildung die besondere Aufmerksamkeit Konrad von Heresbachs auf sich zog, der 1550 seine Berufung auf die Stelle eines fürstlichen Leibarztes an dem Hofe zu Düsseldorf bewirkte. Mit großer Freude nahm nun Weyer wahr, wie sein Fürst mit den

Unglücklichen, die der Zauberei angeklagt waren, weit vorsichtiger und milder verfuhr als man anderwärts tat, und nur dann zu scharfer Strafe griff, wenn er sich überzeugte, daß Giftmischerei im Spiele war. Die Hoffnung, diese von ihm geteilten Ansichten zu verbreiten, bestimmte den wackeren Arzt zur Herausgabe seiner fünf Bücher De praestigiis daemonum et incantationibus ac veneficiiss. (Basel 1563, 7. Auflage 1583.)

Weyer war nach Agrippa von Nettesheim der erste, der gegen die ganze Tollheit, Roheit und Niederträchtigkeit der Hexenverfolgung mit offenem Visir und mit solcher Entschiedenheit zu Felde zog, daß alle nachfolgenden Schriftsteller, die diesen Gegenstand berührten, in ihm entweder einen Bundesgenossen oder einen Gegner ersten Ranges erkannten. Zwar hat auch er über die Begriffe seiner Zeit hinsichtlich der Macht des Teufels sich nicht ganz erhoben, und es bleibt auch für ihn noch eine Magie, die durch den Beistand des bösen Geistes wirkt; aber sein Verdienst ist es, daß er die grobsinnlichen Vorstellungen von den sichtbaren Erscheinungen des Teufels und seinem persönlichen Verkehr mit den Menschen bekämpft und vieles aus natürlichen Gründen erklärt, was man bisher dem Teufel zugeschrieben hatte. Seine autoritätsgläubigen Zeitgenossen suchte er auf eine bessere Bahn zu lenken, indem er ihnen nachwies, wie das neuere Hexenwesen nur auf Einbildung beruhe und jener Zauberei gänzlich fremd sei, die Bibel und römisches Recht mit Todesstrafe bedrohen. Er sah im Aberglauben das wesentlichste Hindernis des Glaubens. Darum entwarf er 1562 im Schlosse Hambach sein Buch „von den Blendwerken der Dämonen, von Zauberei und Hexerei", das er im folgenden Jahre wie eine Brandfackel in die Nacht seiner Zeit hinauswarf.

„Als aber dieser Gräuel", – heißt es darin in der Zueignung an Wilhelm von Cleve, – „jetzund von etwas Jahren her ein wenig gestillet, und ich derhalb gute Hoffnung gefaßt hatte, es würde ohn Zweifel der liebe Gott verleihen sein Gnad und Kraft, daß er durch die Predigt der gesunden Lehr gar abgeschafft und aufgehebt würde, so sehe ich doch wohl von Tag zu Tag je länger je mehr, daß ihn der leidige Teufel wiederum viel stärker, weder (als) von je Zeiten her auf die Bahn gebracht hat und täglich bringt. – Dieweil dann zu solchem gottlosen Wesen der Mehrtheil Theologi schweigen und durch die Finger sehen; die verkehrten Meinungen von Ursprung der Krankheiten, auch gottloser abergläubischer Ableinung derselben die Medici leiden und gestatten, auch überdas die Erfahrenen der Rechten, angesehen, daß es ein alt Herkommen und derhalb ein ausgesprochene Sach ist, fürüber passieren lassen, und zu dem Allem Niemand, der aus Erbarmniß zu den armen Leutlin diesen verworrenen, schädlichen Handel zu offenbaren oder zum wenigsten zu verbessern sich unterwinden wolle, gehört wird: so hat mich, Gnädiger Fürst und Herr, für nützlich und nothwendig angesehen, die Hand, wie man spricht, an Pflug zu legen, und ob ich gleich meines Vorhabens nicht in alleweg gewährt, jedoch Andern, so in Verstand und Urtheil solcher Sachen mir den Stein weit vorstoßen, ein Anlaß, ja (wie man pflegt zu sprechen) die Sporn, diesem Handel fleißiger nachzutrachten und ihre Meinungen auch zu fällen, zu geben."

Wohlweislich hatte Weyer seine Schrift, bevor er sie unter die Presse gab, dem Kaiser Ferdinand überreicht, um ein Privilegium gegen den „Nachdruck" zu gewinnen, und dieses war auch mit dem Bemerken ertheilt worden, „daß das rühmliche Vorhaben nicht nur gebilligt und gelobt, sondern auch gefördert zu werden verdiene".

In dieser dem Werke vorgedruckten Supplik an Kaiser und Reich wird mit ebensoviel Bescheidenheit wie Freimütigkeit gesagt: „Bitte demnach fürs Andere Ew. Majestäten, Durchleuchtigkeiten und Gnaden nicht weniger dann zuvor aufs Allerdemüthigste, Ew. Majestäten, Durchl. und Gnaden wollen sich nicht irr machen lassen den alten und von vielen Jahren her eingewurzelten Wahn, sondern vielmehr, wann etwa in Ew. Majestät und Durchl. Herrschaft, Landen und Gebiet sich zuträgt, daß über solche teufelische Sachen berathschlagt, Gericht besessen und Urtheil gefällt soll werden, daß alsdann gedachtem Rath, so in diesen Büchern gezeigt, nachgesetzt und gefolgt soll werden: zuvorderst aber und am allermeisten, wann es zu thun ist um Hexen oder Unholden, mit welchen man's bisher unrichtig und verworren genug gehalten hat. Auf solche Weis zweifelt mir gar nicht, werden alle rechtgeschaffenen Christen des leidigen Satans Betrug und Täuscherei desto besser merken, und daß er so viel nicht vermöge, wie bisher dafür gehalten worden, wohl erkennen können. Auch wird hinfürder desto weniger unschuldiges Blut vergossen werden, nach welchem sonst den leidigen Teufel, als der ein Mörder von Anbeginn an gewest, ohn Unterlaß hungert und dürstet. Dessgleichen wird auch gemeiner Landfried, welchem er als der Stifter alles Lärmens zum Bittersten feind, so leichtlich nicht zerstöret werden können. So werden sich auch die Regenten und Obrigkeiten für dem nagenden Wurm des Gewissens desto weniger zu fürchten haben; und wird endlichen so des Teufels Gewalt und Reich von Tag zu Tag je länger je mehr abnehmen, fallen und brechen, dagegen aber das Reich unsers Herrn Christi je länger je weiter sich ausbreiten."

Buch II. Kap. I. „Also ist nun gewiß und offenbar, daß vielerlei Schwarzkünstler, auch für dieselben in hebräischer, griechischer und lateinischer Zungen mancherlei Namen vorhanden sind. Aber unsere Teutschen nennen den Handel kurz und geben ihnen allensammen den einzigen Titel Zäuberer. Daher kommt es auch, daß alsbald man die Hexen und Hexenmeister zu Red wird, den allernächsten die Zäuberer des ägyptischen Königs Pharaonis, deren Hanthierung aber weit ist vom Hexenwerk gewesen, anzeucht und auf die Bahn bringt. Derhalben nehm ich kein Blatt für das Maul, sondern sag's gut rund, daß alle teutschen Scibenten, welche ich noch gesehen und gelesen hab, in diesem Argument, wiewohl sie es vornen her mit herrlichen Titeln schön aufmutzen und allein auf die heilige Schrift sich berufen, hören lassen, jedoch alle sammt und sonders des rechten Zwecks verfehlt und an einen Stock gefahren sind. Und das um so viel mehr, dieweil ich sehe, daß sie den elenden, arbeitseligen Zaubervetteln, das Ungewitter und Leibsverletzungen betreffend, gar zu viel zumessen und sie hiedurch ohn alles Urtheil, Unterschied und Erbärmde dem Henker an die Hand geben und im Rauch gen Himmel schicken.“ Weyer will nun unter denen, die man bisher in eine Kategorie zusammenwarf, drei Klassen unterschieden haben:

1. „Des Teufels Eidgeschworene, die Magi infames, d. i. Zäuberer und Schwarzkünstler, welche wissentlich und willentlich mit Hülf und Beistand der bösen Geister allerlei Verblendung und eitel vorschwebende Phantaseien unseren Augen entgegenwerfen, auch durch ihr Wahrsagen und Versegnen ihren Nächsten hinters Licht führen und das edel Studium der Medicin mit ihren teuflischen Betrügereien beflecken.“ Zwischen Magie und Theurgie läßt er keinen Unterschied gelten: „es sind zwei Paar Hosen eines Tuchs.“

Titelblatt der ersten deutschen Übersetzungen von Weyers „De Praestigiis daemonum“

2. „Hexen sind Weibsbilder, mehrtheils schwache Geschirr, betagtes Alter, ihrer Sinnen auch nicht aller Dinge bei ihnen selber, in welcher arbeitseliger elenden Vetteln Phantasei und Einbildung, wann sie mit einer Melancholei beladen oder sonst etwa zaghaft sein, der Teufel sich als ganz subtiler Geist einschleicht und verkreucht, und bildet ihnen durch seine Verblendung und Täuschereien allerlei Unglück, Schaden und Verderben anderer Leut so stark ein, daß sie nicht anders meinen, dann sie haben's getan, da sie doch der Sachen allerdings unschuldig sein.“ Anderwärts sagt er: „Lamian heiße ich ein solches Weib, welches mit dem Teufel ein schändliches, grausames oder imaginirtes Verbündnis aus freiem Willen, oder durch des Teufels Anreizung, Zwang, Treiben, heftiges Anhalten um seine Hülf, etzliche böse Ding durch Gedanken, unheilsames Wünschen, zu begehen und zu vollbringen vermeint, als daß sie die Luft mit ungewöhnlichem Donner, Blitz oder Hagel bewegen, ungeheuer Ungewitter erwecken, die Früchte auf dem Felde verderben oder anderswohin bringen, unnatürliche Krankheiten der Menschen oder Viehe zufügen, solche wiederumb heilen und abwenden, in wenig Stund in fremde Land weit umherschweifen, mit den bösen Geistern tanzen, sich mit ihnen vermischen, die Menschen in Thiere verwandeln und sonsten tausenderlei närrische Dinge zeigen und zu Werk bringen können, wie dann die Poeten viel Lügen hiervon erdichtet und geschrieben, dem Sprichwort nach: Pictoribus atque poëtis quidlibet audendi semper fuit aequa potestas.“

3. „Veneficae, welche mit angeboten, angestrichen oder an Ort und End, da es mit dem Athem angezogen mag werden, hingelegten Gift beide die Menschen und das Vieh härtiglich beschädigen und verletzen. – Zwischen den Zauberern, Hexen und Giftbereitern, welche doch bisher in ein Zunft und Gesellschaft gerechnet, ist ein langer, breiter und dicker Unterscheid.“

Die Schwarzkünstler und Giftmischer, wie Roger Baco und ähnliche Genies seiner Zeit, will Weyer mit dem Tode bestraft haben; auf die sogenannten Hexen aber seien die im Pentateuch und im römischen Recht enthaltenen Strafandrohungen mit Unrecht bezogen worden. Der Kanon Episcopi breche sogar dem ganzen Hexenglauben den Stab, indem er ihn für das Erzeugnis einer kranken Phantasie erkläre. Die Hexenbrände seien deshalb eine Ungerechtigkeit. „Die wahnwitzigen, vom bösen Geist gefatzten Mütterlinen, welchen der Dachstuhl verrückt ist, so doch keine sonderbare Missetath begangen, hat man ohn alles Erbarmen in tiefe, finstere Thürn geworfen, für Gericht gestellt, zum Tod verdammt und endlich in dem Rauch gen Himmel geschickt, aus Ursach, daß man allein auf ihr bloße Bekanntnis und Bericht aushin führe, auch nicht genugsam, was zwischen einer Unholden und einer Giftköcherin Unterschieds sei, erwäge." „Von der Art der Prozesse kommt es, daß solche arme, geplagte Leut viel lieber einmal im Feuer sterben wollen, denn so unmenschlicher Weise so vielmal aus einander gestreckt und unverschuldter Weise geplagt und gemartert zu werden. Noch wollen's etwan die unbarmherzigen Leute und Peiniger nicht erkennen, daß oftmals unschuldig Blut vergossen und durch die große Pein hingerichtet worden. Denn wenn die Armen, wie oftmals geschieht, von der schweren Tortur ihre leiblichen Kräfte verlieren und in dem Gefängniß ihr Leben enden, alsdann wollen die Richter in diesem ihre Entschuldigung fürwenden, daß sie sagen, die armen gefolterten Leute haben sich selbst im Gefängniß umbracht, seyen verzweifelt und der Teufel habe ihnen den Hals gebrochen, damit sie zu öffentlicher Straf nicht seyen geführet worden."

Unwissende Ärzte und intriguante Kleriker sind die Hauptbeförderer des Hexenglaubens. „Die Münche rühmen sich der Arznei, deren sie sich aber eben wie ein Kuh Sackpfeifens verstehen. Sie überreden die unverständigen Leute, daß eine Krankheit von Zauberern komme. Hierdurch hängen sie mancher unschuldigen, gottesfürchtigen Matronen ein solch Schlötterlein an, das weder ihr, noch ihren Nachkommen der Rhein zu ewigen Zeiten nimmermehr abwäscht. Denn sie je vermeinen, der Sach sey nicht genug geschehen, wenn sie allein in Anzeigung und Entdeckung der Krankheiten, Ursprung und Herkommen ein Puppen schießen, sondern sie müssen auch die Unschuldigen verleumden und Verdacht machen, bei leichtgläubigen Leuten untödtlichen und nimmer ablöschlichen Neid und Haß anzünden, mit Zank und Hader ganze Nachbarschaften erfüllen, Freundschaften zertrennen, das Band der Blutsverwandtschaft auflösen, zu Scharmutz und Streit, also zu reden, Lärmen schlagen, Kerker und Gefängnisse zurüsten und aufs allerletzt Todschläg und Blutvergießen auf mancherlei Weise anstiften, nicht allein der unschuldigen, falsch angegebenen und verdachten Weiber, sondern auch derer, so sich ihren mit einem Wörtlein annehmen und sie zu verteidigen unterwinden dürfen. Daß der Sach aber in Wahrheit also sey, darf ich eigentlich, kein Blatt für das Maul genommen, bezeugen, und wenn ihnen schon der Kopf in tausend Stücken zerspringen sollt. Denn es erfährt's und rühmt's ihr Prinzipal Beelzebub, daß diese fleischlichen, oder geistlichen sollt ich sagen, Personen, so zu seinem Fürnehmen treffliche gute Werkzeug sind, mehrertheils unter dem Deckmantel der Geistlichkeit ihren Dienst ihm treulich und unverdrossen leisten: welche entweder von Gelds oder Ehrgeiz wegen ihre eigenen und auch anderer Leute Seelen dem Teufel so schändlich auf den Schwanz binden und hieneben die uralte fast nützliche, ja nothwendige Kunst der Medizin mit solchem falschen Wahn des Verhexens in natürlichen Krankheiten beflecken und besudeln.“

Von der Art, wie zu Weyers Zeit sich manche Priester bei der Heilung von Zauberschäden benahmen, ein Beispiel.

„Es hat einer aus dieser beschorenen Rott (Jakob Vallick) kürzlich ein erdichtet, erlogen Gespräch in Druck verfertigt, doch allein in deutscher Zungen (denn vielleicht das Latein um das liebe Herrlein ziemlich theuer ist gewesen): es sey nämlich vor etlich Jahren einem Weibe das Bäuchlein dermaaßen aufgegangen, daß Jedermann, sie gehe schwanger, gänzlich vermeinet habe. Und dieweil sie guter Hoffnung, sie würde noch vor Fastnacht des Kinds genesen, und aber solches wider ihre Hoffnung nicht beschehen, habe sie bei ihm Rath und Hülf gesucht, da habe er ihr einen Trank eingegeben, dadurch er bei seinem geschworenen Eid zwo Kannen Kirschenstein, die zum Theil schon angefangen grünen, zum Theil aber eines Fingers lang aufgeschossen, von ihr getrieben habe. Es wird dieser Kauz die Anatomica etwan nicht wohl gestudirt haben; denn daß es eine lange, breite, dicke Lüge sey, mag ein Jeder dabei wohl leichtlich abnehmen.“

Die Fakta in betreff der fremdartigen Gegenstände, die sich zuweilen im menschlichen Körper finden sollen, wie Haarknäuel, Eisenstücke, Steine, Nadeln, Sand u. dgl. im Magen und Darmkanal, leugnet Weyer nicht, erklärt sie aber durch diabolische Besessenheit, nicht durch Behexung.

Beifällig verweilt er bei dem weisen Verfahren seines Herrn, des Herzogs von Cleve, in Zaubersachen. Ein Bauer, dessen Kühen die Milch ausblieb, hatte einen Wahrsager befragt, und dieser des Maiers junge Tochter als Hexe angegeben. Das Mädchen ward ergriffen, gestand, was man wollte, und bezeichnete noch sechzehn Weiber als Mitschuldige. Als nun der Herzog um die Genehmigung weiterer Schritte angegangen wurde, befahl er, den Wahrsager zu verhaften, das Mädchen in einen guten Religionsunterricht zu geben, die sechzehn Weiber aber ungekränkt zu lassen. „Wollte Gott,“ – fährt Weyer fort, – „daß alle Obrigkeiten diesem Exempel nachkämen, so würde nicht so viel unschuldiges Blut dem Teufel zu gefallen vergossen werden. Aber es ist fürwahr hoch zu bedauern, daß oftmals der Fürsten Räth, auch andere Fürgesetzten und Amtleute so ungeschickte Schlingel seyn (– die es nicht antrifft, verzeihen mir –), daß sie weder in dieser, noch in einigen andern zweifelhaftigen Sachen ein recht satt Urtheil fällen können, und derhalben nirgends anders wohin, denn daß es Blut koste, sehen und sich richten können.“ Seine Veröffentlichung brachte Weyer viele böse Tage ein. Als nämlich Herzog Wilhelm IV. in Trübsinn verfallen war, wurde Weyer teuflischer Künste angeklagt, durch die er den Geist des Fürsten umnachtet haben sollte. Um sich dem schlimmsten Schicksal zu entziehen, floh er von Düsseldorf. Dann fand er bei dem Grafen von Bentheim in Tecklenburg Aufnahme und Schutz, und lebte hier von 1564 bis zu seinem Tode 1588, als Arzt und Schriftsteller unablässig tätig. Weyers Buch machte ungeheures Aufsehen. Viele Gelehrte, besonders Ärzte, aber auch Geistliche beider Konfessionen stimmten dem Mutigen lebhaft bei. Der edle Cujacius schätzte das Werk. Kaspar Borcholt empfiehlt das Buch dem lüneburgischen Rate Bartolus Richius, Johann Brentz, Probst zu Stuttgart, trat in einen Briefwechsel mit dem Verfasser, worin er bei großer Hochachtung vor dessen humanen Bestrebungen das Ansehen der Strafgesetze dadurch zu retten suchte, daß er den Hexen, deren Unvermögen Hagel zu machen er selbst in früheren Predigten behauptet hatte, wenigstens einen strafbaren Konat beimaß. Vom Pfalzgrafen Friedrich, dessen theologische Fakultät anfangs noch scharf hinter den Hexen her gewesen war, rühmt Weyer selbst, daß er bald der Stimme der Vernunft Gehör gegeben habe. Ähnliches sagt er von der clevischen Regierung und vom Grafen von Nieuwenar. Dieser begnügte sich, eine geständige Angeklagte des Landes zu verweisen, und dies hauptsächlich aus Rücksicht auf ihre eigene Sicherheit.

Dieses Beispiel fand bald in Worms und anderwärts Nachahmung. Nehmen wir noch hierzu, daß man auch in Württemberg um dieselbe Zeit wenigstens zu größerer Vorsicht im Verfahren sich bequemte, eine gründlichere Generalinquisition und deutlichere Indizien verlangte und – was als etwas Besonderes hervorgehoben wird – zur Folterung niemals anders als auf gerichtliches Erkenntnis schritt: so bleibt kein Zweifel daran übrig, daß Weyers Buch dem Hexenprozesse im deutschen Reiche einen harten Stoß gegeben hat. Er selbst spricht in seinen späteren Schriften mit Befriedigung über die Erfolge seines Kampfes; Crespet klagt über dessen Rückwirkungen auf Frankreich. Das glänzendste Zeugnis aber hat ihm, ohne es zu wollen, der fanatische Bartholomäus de Spina ausgestellt. „Die Pest des Hexenwesens“ – sagt der Magister sacri palatii – „ist gegenwärtig so arg, daß neulich in einer Versammlung Satan, der, wie einige der vom Inquisitor Verhafteten ausgesagt haben, in Gestalt eines Fürsten erschien, zu den Hexen sprach: Seid alle getrost; denn es werden nicht viele Jahre vergehen, so triumphiert ihr über alle Christen, weil es mit dem Teufel vortrefflich steht durch die Bemühungen Weyers und seiner Jünger, die sich gegen die Inquisitoren mit der Behauptung aufwerfen, daß dies alles nur törichte Einbildung sei, und so diese gottlosen Apostaten begünstigen und in ihren Ketzereien indirekt bestärken. Denn sähen sich nicht die Väter Inquisitoren gehemmt durch die Bedenklichkeiten dieser Leute, auf deren Aussprüche oft die Fürsten wie auf die Worte der Weisen horchen und der Inquisition die schuldige Hilfe entziehen, so wäre durch den glühenden Eifer besagter Inquisitoren diese Sekte bereits gänzlich ausgerottet, oder wenigstens aus dem Gebiete der Christenheit verjagt.“

Satan hatte diesmal auf Weyers Wirksamkeit allzu kühne Hoffnungen gebaut. Der Theorie und der Praxis war von dem mutigen Arzte allzu derb auf den Fuß getreten worden, als daß sich nicht beide zum Bunde gegen ihn hätten die Hand reichen sollen. Kaum hatte man sich daher von der ersten Überraschung etwas erholt, so eröffneten Gesetzgeber, Richter und Gelehrte aus den vier akademischen Fakultäten gegen ihn einen erbitterten Kampf, in dem ihm nur wenige, obwohl achtungswerte,

Bundesgenossen zur Seite standen. Der Sieg war auf Seiten der Unvernunft, die in dem wiedereroberten Land ihr blutiges Banner aufpflanzen durfte.

Zuerst begannen ein angeblicher Fürst della Scala und Leo Suavius, eigentlich Johannes Campanus, ein französischer Parazelsist, das Geplänkel; Weyer schrieb gegen sie eine Apologie und wies sie mit siegender Derbheit zurück. Dann trat die schon erwähnte kursächsische Kriminalordnung hervor (1572) und verkündete mit Überbietung der Karolina folgende Strafbestimmung: „So jemands in Vergessung seines christlichen Glaubens mit dem Teufel ein Verbündniß aufrichtet, umgehet oder zu schaffen hat, daß dieselbige Person, ob sie gleich mit Zauberey niemands Schaden zugefüget, mit dem Feuer vom Leben zum Tode gerichtet und gestraft werden soll." Man sieht, wie in dem protestantischen Lande der Fürst als summus episcopus auch das geistliche Moment vertrat, während die Karolina vom Umgang mit dem Teufel schweigt und nur eine äußere Rechtsverletzung mit dem Scheiterhaufen bedroht. In den Motiven zu dieser Kriminalordnung wird Weyer mit Achselzucken abgefertigt; er sei Arzt, nicht Jurist.

Der Landsmann Weyers, Johann Ewich, erst Arzt in Duisburg, dann Stadtphysikus und Professor zu Bremen, bekannte sich erst brieflich, später öffentlich zu Weyers Ansichten. Er wünschte zwar nicht die Straflosigkeit der Hexen und Ketzer, sondern Überlegung und Abwägung bei der Verhängung der Strafe. Auch Kinder und „die Überalten" soll man nur „eines Bessern richten und lehren". Ewich sprach sich ferner dafür aus, daß man den Beschuldigten Berufungen an Obergerichte von den unteren Gerichten gestatte, „damit diese von jenen etwas lernen, oder jene korrigieren und bessern, was diese vielleicht nicht bedacht oder übersehen haben." Wenn man bei dem Hexenhandel nicht mit aller Vorsicht vorgehe, werde man „Verwirrung der Oberkeit, Murrung und Empörung unter dem gemeinen Volk" verursachen. „Die Exempel sind vor der Tür und schreien fast überall mit lauter Stimme." „Nicht lange vor dieser Zeit hat man im braunschweigischen Lande die Sache von schlichten Personen angefangen, und zu den adeligen, ja schier den höchsten nicht ohne großen Schaden gebracht." „Denn es hat der Moloch eine besondere Lust an solchen Brandopfern, die er zum Teil selbst zurichtet, zum Teil werden sie ihm von andern zugerichtet durch Unerfahrenheit, und Leichtfertigkeit der Leute, unrechtmäßige Prozesse, Vielheit der Gottlosen, deren die Welt voll ist." Es sei gewiß, daß durch Schuld der Richter „zu oftmalen nicht wenigen die Straf ohne Schuld widerfährt. Ach was ein unsägliches Unrecht, das nicht allein den elenden hingerichteten Personen hochbeschwerlich und schändlich, sondern auch dem ganzen Geschlecht und ganzer Freundschaft eine ewige Verleumdung macht! Sollte es denn nicht löblicher sein, daß man etliche nicht genugsam Ueberzeugte hingehen ließe, denn die Unschuldigen um das Leben brächte?"

Ewichs Schrift, deren deutsche Übersetzung im Theatrum de veneficiis abgedruckt wurde, verpuffte wirkungslos.

Zunächst trat dann eine theologische Autorität für den Hexenglauben und die Hexenverfolgung in die Schranken, der berühmte Kalvinist Lambert Danäus, der eigentliche Vater der reformierten Moraltheologie, als selbständiger theologischen Disziplin. Er gab 1575 zu Köln seinen Dialog De veneficis, quos olim sortilegos, nunc autem vulgo sortiarios vocant, heraus, worin die im Hexenhammer vorgeschriebene Auffassung und Verfolgung der Hexerei, z. B. auch das Abscheren der Haare vor der Tortur, vom theologischen Standpunkte aus vollständig gerechtfertigt wurde.

Titelblatt der deutschen Ausgabe von der Hexenschrift des Calvinisten Lambert Danäus

Titelblatt der Übersetzung von Bodins Demonomanie

Des Heidelberger Arztes Thomas Erastus Buch de lamiis et strigibus (1577), in dialogischer Form, angefüllt mit dem seit dem Malleus längst Gewohnten und ohne polemische Taktik, machte jedoch mehr eine Demonstration, als einen wirklichen Angriff.

Zwei oder drei Jahre später trat der in Frankreich hoch gefeierte Philosoph und Parlamentsrat Jean Bodin (1503 bis 1596), Heinrichs III. Günstling, mit seinem Traité de la démonomanie des sorciers (Paris, 1580, 40.) hervor, dessen Übersetzung der „ehrenfeste und hochgelehrte Doktor beider Rechte“

und Satyriker Johann Fischart besorgte. Die Übertragung, 1581 in Straßburg erschienen, trägt den Titel: „Vom ausgelassenen wütigen Teufelsheer der besessenen unsinnigen Hexen und Hexenmeister, Unholden, Teufelsbeschwören Wahrsager, Schwarzkünstler, Vergifter, Nestverknüpfer, Veruntreuer, Nachtschädiger, Augenverblender und aller andern Zauberer Geschlecht, samt ihren ungeheuren Händeln: wie sie vermöge der Recht erkannt, eingetrieben, gehindert, erkundigt, erforscht, peinlich ersucht und gestraft sollen werden.“ Fischart, den fruchtbarsten und bedeutendsten Schriftsteller des sechzehnten Jahrhunderts, hat man aus dieser Übersetzung und seiner Tätigkeit für die Verbreitung des Hexenhammers zu verketzern gesucht und ihm die unlautersten Motive bei der Bearbeitung dieser Bücher unterschoben. Sehr mit Unrecht. Fischart war eben im tiefsten Aberglauben befangen, wie schon seine Geschichte vom Ritter Peter von Stauffenberg (1588) beweist, deren Fabel er für wahr hält, trotzdem eine „Meerfrau“ darin als Heldin auftritt. Die Vorrede zum Stauffenberger handelt von zahlreichen mythischen Erscheinungen, die Fischart zu Verwandten der Meerfee macht, vor allem von den „halb frawen und halb Fischartischen bildern“. Venus, Sphinx, Circe und Medusa und andere Gestalten der antiken Mythe sind ihm Teufelskinder. Sein Glaube und sein Charakter waren nicht schlechter, aber auch nicht besser als der zahlreicher Priester, die die gleichen Ansichten nicht nur ausgesprochen, sondern in Tat umgesetzt haben.

Nun wieder zu Bodin. Bodin hatte bei einigen Hexenprozessen als Richter den Vorsitz geführt und mit unglaublichem Eifer sich in die auf Zauberei und Hexenwesen bezügliche Literatur vertieft. Dadurch war es ihm klar geworden, daß im Volksglauben aller Völker und aller Zeiten die Realität des Hexenwesens verbürgt sei. Er wußte auch über zahllose Hexenprozesse und über die Motive der Verurteilung einer Legion von Hexen zu berichten, weshalb in seinen Augen das Auftreten Weyers nichts anderes als eine auf der lächerlichsten Selbstüberschätzung beruhende Mißachtung einer jedem vernünftigen Menschen von selbst einleuchtenden Autorität und zugleich eine Gottlosigkeit war. Nicht ohne Absicht ist das Buch dem Präsidenten des seit langer Zeit besonneneren Pariser Parlaments in äußerst schmeichelnden Ausdrücken gewidmet. Überall ist man dem Verfasser zu lau, obgleich er anerkennt, daß unter Heinrich weit mehr zur Vertilgung der Hexen geschehe, als unter der vorigen Regierung. Er fordert die Richter auf, aus eigenem Antriebe einzuschreiten und nicht erst die Schritte des königlichen Prokurators abzuwarten; ja er will, nach Mailänder Sitte, Kasten mit Deckelspalten in den Kirchen eingeführt wissen, um die Denunziationen zu erleichtern. Er zählt fünfzehn einzelne Verbrechen auf, aus denen sich die Zauberei zusammensetze, und beweist daraus eine fünfzehnfache Todeswürdigkeit. Dem Werke hängte Bodin eine ausführliche Widerlegung Weyers an, um, wie er sagt, die durch diesen angegriffene Ehre Gottes zu schirmen. Diese Verteidigung nun beruht, außer der Wiederholung der alten Fabeln und der Berufung auf die Ergebnisse der neueren Praxis, hauptsächlich auf der boshaften Taktik, Weyer mit dem Doktor Edelin auf gleiche Stufe zu stellen. Ohne Zweifel hätte es der französische Philosoph gerne gesehen, wenn sein Gegner auch Edelins Ausgang genommen hätte. „Daß dem Weyer zu End seines Buches der Kopf vor Zorn dermaßen erhitzigt, daß er die Richter greuliche Nachrichter und Henker schilt, gibt wahrlich große Vermutung, er besorge sehr, es möchte etwan ein Zauberer oder Hexenmeister zu viel schwätzen, und tut eben wie die kleinen Kinder, welche vor Forcht des Nachts singen."

Titelblatt von Bodins Demonomanie
München, Hof- und Staatsbibliothek

Bodin ist eine Autorität geworden, und selbst im Auslande hat man sich oft auf ihn bezogen, während er in Rom allerdings auf den Index gesetzt wurde.

Wenige Jahre nach Bodin begegnet uns der deutsche protestantische Philosoph Wilhelm Adolph Scribonius Professor zu Marburg, als Parteigänger in dem großen Kampfe, dessen Wirken für die Wasserprobe bereits erwähnt wurde. Hier muß nur noch seines giftigen Machwerkes „Ueber die Natur und Gewalt der Hexen“gedacht werden, in dem er Weyer begeifert. Er schrieb: „Weyer geht auf nichts anderes aus, als die Schuld der Hexen von ihren Schultern abzuwälzen und sie von aller Schuld freizumachen, um die Zauberkunst überall in Schwang zu bringen. Ja, ich glaube mit Bodinus, daß Weyer in alle Verhältnisse der Hexen eingeweiht, daß er ihr Genosse und Mitschuldiger gewesen, daß er, selbst ein Zauberer und Giftmischer, die übrigen Zauberer und Giftmischer verteidigt hat. O, wäre solch ein Mensch doch nie geboren, oder hätte er wenigstens nie etwas geschrieben, statt daß er nun mit seinen Büchern so vielen Menschen Gelegenheit zu sündigen und des Satans Reich zu mehren gibt.“

Auch der berühmte Zwinglische Theologe Heinrich Bullinger verfocht die Wirklichkeit aller Hexen- und Zauberkünste, ebenso der kalvinistische Professor der Theologie in Straßburg und Zürich Petrus Martyr Vermigli. Er trat für den ausbündigsten Hexenglauben auf, spricht von Teufelsbuhlschaften, Incubi und Succubi, Teufelspakt und dergleichen. Ganz ähnlich sprach sich Hieronymus Zanefi, Professor in Straßburg und Heidelberg, aus. Der Züricher Prediger Ludwig Lavater, der Ahne Johann Kaspars, glaubte alles bis auf den Wetterzauber. Auch der Dekan Jakob Graeber zu Schwäbisch-Hall verwarf 1589 manche Anschauungen vom Hexenwesen als Affen- und Teufelswerk und bedauerte, daß „bei dieser argen verkehrten Welt schier alle alten Weibspersonen üppiglich des Hexenwerkes verruft“ würden. Allein er fordert nichtsdestoweniger die Bestrafung der Hexen „als öffentlicher Feinde des menschlichen Geschlechtes und beförderst Verschwörer Gottes ihres Schöpfers“.

Einen wuchtigen Schlag gegen all diese Finsterlinge führte 1584 in England ein Laie, Reginald Skot, der als Privatmann zu Smeeth lebte und 1599 starb, durch Veröffentlichung seiner Schrift Discovery of witchcraft. Skot deckte in seinem Buche den Trug des Hexenglaubens mit einer bis dahin beispiellosen Kühnheit auf. Unerschrockenen Mutes legte er es in beredtester Sprache dar, mit welcher Grausamkeit die Geständnisse erpreßt und mit welcher Liederlichkeit die Indizien beschafft würden. Er zeigte, daß die dem Teufel und den Hexen zugeschriebenen Gaukeleien nichts als Absurditäten wären. Dabei legte Skot nicht nur an den gesunden Menschenverstand, sondern auch sehr geschickt an das protestantische Bewußtsein seiner Landsleute Berufung ein, um ihnen ein von der katholischen Inquisition aufgestelltes Verfolgungssystem verhaßt zu machen.

Was die Hexenfeinde des strikten Glaubens am meisten verdroß, war, daß sie in ihrem eigenen Lager eine Spaltung entstehen sahen. Denn viele, die an der Befähigung der Hexen zum Schadenstiften und an ihrer Strafbarkeit im allgemeinen festhielten, wollten den Luftflug, den Sabbath und den Konkubitus nicht mehr als wirklich gelten lassen. Der gelehrte Frankfurter Jurist Joh. Fichard gestand in seinen „Consilien“ (z. B. Tom. II., Cons. 113 vom Jahr 1590), daß er die nächtlichen Teufelstänze und Mahle und die Vermischung des Teufels mit Frauen für nichts anderes als für Träumereien und

Täuschungen halte, wegen deren man nicht auf Feuertodesstrafe erkennen dürfe. Im übrigen war er ganz vom Hexenglauben befangen und verdammte zum Feuertod, wenn Hexen gestanden, durch Erregung von Gewittern oder in anderer Weise Schaden verursacht zu haben.

Noch entschiedener als Fichard trat der mecklenburgische Jurist Joh. Georg Godelmann auf. In Vorlesungen, die er im Jahr 1584 in Rostock über die Karolina gehalten hatte, und die er nach 1590 erweitert unter dem Titel Tractatus de magis veneficis et lamiis deque his recte cognoscendis et puniendis herausgab, sagt er unter anderem (Lib. III, cap. 11): „Die Hexen gestehen entweder Mögliches, nämlich daß sie Menschen und Vieh durch ihre magische Kunst und Zauberei getötet haben, und wenn sich dieses so erfindet, so sind sie nach Art. 109 der Karolina zu verbrennen; oder sie gestehen Unmögliches, z. B. daß sie durch einen engen Schornstein in die Luft geflogen seien, in Tiere sich verwandelt, mit dem Teufel sich vermischt haben, und dann sind sie nicht zu strafen, sondern vielmehr mit Gottes Wort besser zu unterrichten; oder endlich gestehen sie einen Vertrag mit dem Teufel, in welchem Falle sie mit einer außerordentlichen Strafe, z. B. Staupenschlag, Verbannung oder Geldstrafe (wenn sie reuig sind), belegt werden können. – Diese Strafe soll ihrem Leichtsinn gelten, weil sie den teuflischen Einflüsterungen nicht widerstanden, ja sogar ihnen zustimmten." – In einem anderen, dem Lib. III. jenes Werkes vorgedruckten Gutachten von 1587 sagt Godelmann: „Was das Reiten und Fahren der Hexen auf Böcken, Besen, Gabeln nach dem Blocksberg oder Heuberg zum Wohlleben und zum Tanz, desgleichen auch die fleischlichen Vermischungen, so die bösen Geister mit solchen Weibern vollbringen sollen, anbelangt, achte ich nach meiner Einfalt dafür, daß es ein lauter Teufelsgespinst, Trügerei und Phantasie ist. Dergleichen Phantasie ist auch, daß etliche glauben, daß die Hexen und Zauberer in Katzen, Hunde und Wölfe können verwandelt werden. Denn daß solche Veränderung unmöglich sei, ist bereits in einem alten Concilio, so zu Ancyra gehalten (Kanon Episcopi!), geschlossen worden. – Endlich wird auch den Hexen vorgeworfen, daß sie böse Wetter machen können, so doch Wettermachen Gottes und keines Menschen Werk ist. – Derentwegen kann kein Richter jemanden auf solche Punkte peinigen, viel weniger töten, weil derselbigen mit keinem Wort in der Peinlichen Halsgerichtsordnung gedacht wird. Und ist zu erbarmen, daß hin und wieder in Deutschland jährlich so viel hundert aberwitzige Weiber, die oftmals zu Haus weder zu beißen noch zu brechen haben, und in so großer Sorg und Schwermut sitzen, auch durch des Teufels geschwinde Rhetorica eingenommen werden, auf solche närrische und phantastische Bekenntnisse verbrannt werden, denn je mehr man ihrer umbringet, je mehr ihrer werden." „Solche Leute mit verrückten Hirnen" solle „man billiger zum Arzt dann zum Feuer führen"! Schon vor Godelmann schärften Juristen den Richtern und Behörden Vorsicht beim Hexenurteil ein. So enthalten z. B. mehrere den Jahren 1564, 1565, 1567 angehörige „Consilia und Bedenken etlicher zu unsern Zeiten rechtsgelehrten Juristen von Hexen und Unholden, und wie es mit denselbigen in Wiederholung der

Tortur zu halten“ manche ruhige und maßvolle Aussprüche zugunsten eingezogener Hexen und deren Behandlung.

In demselben Sinne veröffentlichte damals der kalvinistisch gesinnte „Augustin Lerchheimer von Steinfelden“, ein Pseudonym für den Heidelberger Professor Hermann Wilcken, genannt Witekind, 1585 ein „Bedenken von der Zauberey“. Wilcken leugnet ebensowenig wie Weyer und Godelmann den Hexenglauben. Er hält sogar daran fest, daß „der Satan in einem angenommenen Mannsleibe mit den Hexen sich vermischen“ könne. Auch wegen der Strafen vertrat er den strengeren Standpunkt. Er schiebt die Hauptschuld an dem überhandgenommenen Teufelswerk den Obrigkeiten zu, die nicht für genügende Unterweisung in christlicher Zucht und Lehre sorgen. Hierdurch hat Witekind den festen Boden gewonnen, zugunsten der „armseligen Weiber“ mannhaft einzutreten, warm und beredt die über sie verhängten Folterqualen und Todesurteile zu brandmarken und die Befürworter und Verteidiger solcher Qualen und Urteile gebührend an den Pranger zu stellen.

Selbst der strenge Ketzerrichter Hartwig von Dassell, Verfasser des I. 358 erwähnten Responsums von 1597, war der Meinung, daß sehr oft die Aussagen von Frauen über ihre Hexenfahrten, ihre Buhlerei mit dem Teufel etc. auf Einbildung und Träumerei beruhten.

Inzwischen begann in Frankreich eine Denkweise durchzubrechen, die sich vor allem dadurch kennzeichnete, daß sie prinzipiell alles, was auf Autorität und Tradition beruhte, in Zweifel zog. Der „Philosoph“, der zuerst mit dieser Anschauungsweise hervortrat, war 1588 der originelle Michel de Montaigne, ein Gelehrter, der seinen Ruhm weit weniger der Tiefe seines Geistes als der Kühnheit seiner Skepsis und seiner unbeugsamen Rechtlichkeit verdankt. Seiner Meinung nach war von dem, was man über die Hexen und deren Treiben sagte, gar nichts verbürgt; vielmehr sei anzunehmen, daß es teilweise mit ganz natürlichen Dingen zugehe, teilweise auf Sinnestäuschung, beziehungsweise auf Lüge beruhe. Er meint, es sei weit wahrscheinlicher, daß unsere Sinne uns täuschen, als daß ein altes Weib auf einem Besenstiel in den Schornstein fahre. Es müsse weit weniger befremden, wenn Zungen lügen, als wenn Hexen die angeblichen Taten ausführten. Darum möge man den Weibern, wenn sie ihre Nachtfahrten u. dgl. eingestehen wollten, lieber Nieswurz als Schierling zuerkennen.

Was nun Montaigne in der Form eines Zweifels ausgesprochen, das wurde von dem gleichzeitigen Skeptiker, dem Großvikar Pierre Charron zu Paris († 1603) geradezu geleugnet und bekämpft, und es begann jetzt in Frankreich eine Weltanschauung herrschend zu werden, die alles Wunderbare mit Widerwillen betrachtete, die alles aus einem natürlichen Zusammenhange erfassen wollte, und daher in dem Hexenglauben nichts anderes als Wahn und Trug erkannte.

Hexen- und Teufelswerk
Vignette auf dem Titelblatt der Übersetzung von Binsfelds Tractatus

Um gegen solche Freigeistereien wenigstens die Hauptbasis des Hexenprozesses, die Glaubwürdigkeit der Bekenntnisse, zu retten, schrieb 1589 der 1570-76 im Collegium germanicum in Rom erzogenetrierische Suffraganbischof Peter Binsfeld seinen Traktat und gab ihn zwei Jahre darauf, besonders zum Gebrauch der bayerischen Gerichte, wo er Beifall gefunden hatte, neu bearbeitet heraus. Die Realität des Pactums wird darin gegen Weyer aus der Versuchungsgeschichte Jesu dargetan; die Autorität des Kanons Episcopi aber, als einer von ganz andern Dingen redenden Stelle, abgewiesen. Kirchenväter, Scholastiker und die Bekenntnisse der damals im Trierischen stark verfolgten Hexen liefern die Beweise für die Wahrheit eben dieser Bekenntnisse. Binsfeld hat den traurigen Ruhm, an dem Sturze zweier Ehrenmänner, die dem blutigen Treiben entgegentraten, mitgewirkt zu haben.

Cornelius Loos, als Schriftsteller auch latinisiert Callidius, wurde 1546 in Goude geboren. Er studierte in Löwen, wurde Geistlicher und erlangte in Mainz ein theologisches Lehramt. Dort begann er seine fruchtbare literarische Tätigkeit. Später übersiedelte Loos nach dem Trierischen, wo er wegen seiner Anschauungen in bezug auf Zauberei und Hexerei Anstoß erregte. Er wurde zum Widerruf gezwungen und mußte das Trierische Gebiet verlassen. Er begab sich nach Brüssel, wo er kurze Zeit eine Pfarrei verwaltete. Des Rückfalls in seine „Irrtümer" bezichtigt, hatte er eine längere Kerkerhaft zu bestehen. Den Folgen einer dritten Anklage gegen ihn kam sein am 3. Februar 1595 erfolgter Tod zuvor". Loos war einer der wenigen Aufgeklärten des Jahrhunderts, die in der ganzen Hexerei und ihren Wirkungen nur Trug und Einbildung sahen. Im Trierischen fand er unter dem schwachen Johann VI. alle Greuel des Hexenprozesses vor. Schon früher durch einige gelehrte Streitschriften bekannt, schien er der Mann zu sein, von dem man eine siegende Widerlegung Weyers erwarten durfte. Als er jedoch nach einiger Zeit eine Schrift, de vera et falsa magia betitelt, zu Köln in Druck geben wollte, fand es sich, daß er darin die Unwissenheit, Tyrannei und Habsucht der Hexenverfolger aufs rücksichtsloseste gezüchtigt hatte. Das Manuskript wurde konfisziert und galt für verloren. Erst 1886 fand der um die Geschichte des Hexentums verdiente Amerikaner George Linc. Burr Bruchstücke des Loosschen Buches in einem Fache der alten Jesuitenbibliothek in Trier. Loos selbst wurde auf Befehl des päpstlichen Nuntius im Kloster St. Maximin bei Trier eingekerkert und zum schimpflichsten Widerruf gezwungen, den er am 15. März 1592 vor dem Generalvikar der Diözese Trier, Peter Binsfeld, und dem Abt des Klosters ablesen und unterzeichnen mußte. Die Anführung einiger der 16 Artikel dieses Widerrufs wird den Geist seines Wirkens dartun.

„Art. I. Erstens widerrufe, verdamme, verwerfe und mißbillige ich, was ich oft schriftlich und mündlich vor vielen Personen behauptet und als den Hauptgrundsatz meines Traktats aufgestellt habe, daß nur Einbildung, leerer Aberglaube und Erdichtung sei, was man von der körperlichen Ausfahrt der Hexen schreibt; sowohl weil dies ganz und gar nach ketzerischer Bosheit riecht, als auch weil diese Meinung mit dem Aufruhr Hand in Hand geht und darum nach dem Verbrechen der beleidigten Majestät schmeckt.

„Art. II. Denn (was ich zweitens widerrufe) ich habe durch heimlich an gewisse Personen abgesandte Briefe gegen die Obrigkeit hartnäckig und ohne haltbaren Grund ausgesprengt, daß die Hexenfahrt unwahr und eingebildet sei, mit der weiteren Behauptung, daß die armen Weiber durch die Bitterkeit der Tortur gezwungen werden, zu gestehen, was sie niemals getan haben, daß durch hartherzige Schlächterei unschuldiges Blut vergossen und daß mittelst einer neuen Alchymie aus Menschenblut Gold und Silber hervorgelockt werde.

Art. V. Außerdem widerrufe und verdamme ich folgende meine Sätze: daß es keine Zauberer gebe, die Gott absagen, dem Teufel einen Kult erweisen, mit Hilfe dessen Wetter machen und Ähnliches ausführen, sondern daß diess alles Träume seien." Usw.

Am Schlusse dieser vor Binsfeld protokollierten Palinodie erkannte sich Loos, wenn er rückfällig werden sollte, jeder willkürlichen Bestrafung würdig. Er wurde aus dem Lande gejagt. Rascher war es mit dem andern Opfer zu Ende gegangen. Der Doktor Dietrich Flade, kurfürstlicher Rat und Schultheiß zu Trier, 1585 auch Rektor der Universität, war vielleicht eine von jenen obrigkeitlichen Personen, an die sich Loos schriftlich und mündlich gewandt hatte. Wenigstens suchte auch er dem Unwesen Einhalt zu tun, indem er alles aufbot, die gesamte Hexerei als Chimäre hinzustellen. Doch mochte er noch so nachdrücklich auf den Kanon Episcopi sich berufen, gerade dieses machte man zum Indizium gegen ihn selbst. Wer die Hexen verteidigte, der war ja selbst der Hexerei verdächtig. „Ihm trat", sagt Delrio, „Peter Binsfeld tapfer mit einer gelehrten Widerlegung entgegen und gab seinen Traktat über die Bekenntnisse der Hexen heraus. Flade wurde verhaftet, gestand endlich, wie Edelin, sein Verbrechen und seinen Betrug und wurde lebendig verbrannt. Das gegen ihn geltend gemachte Indizium gründet sich auf eine offenbare Rechtsvermutung usw." Mit ihm fielen zwei Bürgermeister, einige Ratsherren und Schöffen und mehrere Priester. Die Hinrichtung geschah im Jahre 1589.

Flade war ein reicher Mann gewesen. Eine Summe von 4000 fl., die er bei der Stadt Trier stehen hatte, wurde auf Befehl des Kurfürsten an die Pfarrkirchen zu frommen Zwecken verteilt. Von seinem übrigen Vermögen ließ die Stadtobrigkeit sofort nach seinem Tode ein General-Inventarium anfertigen. Daß man auch den Staatssäckel nicht vergaß und Schultheiß, Schöffen und selbst Scharfrichter nicht ihre Hände in den Taschen behielten, versteht sich bei der damaligen „Gerechtigkeit" von selbst. In späteren Prozessen wird sein Name mehrfach unter den Mitschuldigen beim Hexentanze auf der Hetzeroder Heide genannt. Im Sinne Binsfelds und mit Anlehnung an die Binsfeldschen Ausführungen behandelt der in Bayern wirkende Spanier Gregor von Valentia den Hexenprozeß. Im 3. Bande seines Hauptwerkes Commentariorum Theologicorum (Ingolstadt 1595) stellt er als Regel auf, daß zur Folterung einer Person die Denunziation genügt, die eine andere Person auf der Folter angegeben hat, wenn irgendwelche andere Indizien oder – die Präsumtion hinzutritt. Dieser in Bayern befolgte Grundsatz hatte zur Folge, daß nach einigen Jahrzehnten von den Jesuiten schaudernd auf die drohende Entvölkerung des Landes hingewiesen wurde.

Gleichzeitig mit Binsfeld wirkte in dem Nachbarlande Lothringen Nikolaus Remigius, herzoglich lothringischer Geheimerrath und Oberrichter. Aus dem reichen Schatze seiner Amtserfahrungen stellte er seine Dämonolatriazusammen, die zuerst lateinisch und gleich darauf, 1596 und 1598, auch deutsch erschien. Sie ist „lieblich zu lesen", dem Richter ein wahres Arsenal in jeder Verlegenheit, es gibt nicht leicht einen Punkt, für den der Verfasser nicht aus irgendeinem nach Namen und Tag bezeichneten Prozeßfall einen Beleg beibrächte. So verficht er zwar die leibliche Ausfahrt der Hexen, läßt aber daneben auch eine eingebildete, obgleich ebenso verdammliche bestehen. Die Salbe der Hexen ist zugleich giftig und unschädlich; giftig, sobald sie die Hexe selbst auch nur in der geringsten Menge auf streicht; unschädlich, sobald sie in die Hände des Gerichts fällt, und wären es ganze Töpfe voll. Das Weib, dem man ankommen will, ist verdächtig, wenn es oft, und wenn es nie in die Kirche geht, wenn sein Leib warm, und wenn er kalt ist. Während der sechzehn Jahre, die Remigius dem Halsgerichte beiwohnte, sind, seiner eigenen Angabe zufolge, in Lothringen nicht weniger als achthundert Hexen zum Tode verurteilt worden, ebensoviele waren entweder entwichen oder hatten durch die Tortur nicht überführt werden können. Remigius sieht im ganzen mit Zufriedenheit auf sein Wirken zurück; doch hat er sich eine Schwachheitssünde vorzuwerfen. Einst hatte er nämlich, dem Mitleiden seiner Kollegen nachgebend, siebenjährige Kinder, die beim Hexentanze gewesen waren, nur dadurch bestraft, daß er sie, nackt ausgezogen, dreimal um den Platz, wo ihre Eltern den Feuertod erlitten hatten, mit Ruten herumhauen ließ. Seine richterliche Überzeugung sagte ihm, daß auch sie den Tod verdient hatten; denn „ein heylsamer Eyffer ist allezeit dem schedlichen eußerlichen Schein der Begnadigung vorzuziehen". Es ist Remigio ein schlechter Ruhm, wenn er in seinem Buche von etlichen hundert Personen die Rechnung macht, bei welchem Prozeß seine Exzellenz gewesen. Solche alberne Possen bringt Remigius auf das Papier, die viel mehr zeugen von der Unschuld der Verurteilten als von der Geschicklichkeit der Richter. Mit Fleiß habe ich die Charten durchlesen und befunden, daß der ganze Plunder beruhe auf den durch die Marter erpreßten Aussagen und betörten Erzählungen der wahnwitzigen Vetteln. Die von diesem Herrn vorgebrachten Beweise sind „so ungereimt, unmöglich und daher unglaublich," daß sie „auch ein ABC-Knabe für Fabeln halten müsse", sagte bereits im siebzehnten Jahrhundert der Pastor J. M. Meyfart.

Mit dem Minister Remigius wetteiferte bald ein königlicher Schriftsteller um den Preis in der Bekämpfung des satanischen Reiches, nämlich Jakob I. von Schottland und England, jener Fürst, der so stolz war auf seine Theologie und sein Lateinsprechen. Noch bevor er den englischen Thron bestieg, hatte er seine Dämonologie geschrieben und ihren Grundsätzen in seinem schottischen Reiche Geltung verschafft. Ein wahres Wort hat er in der Vorrede gesprochen, indem er von Bodins Dämonomanie versichert, sie sei „majore collecta studio, quam scripta judicio"; aber die Nachwelt muß von der königlichen Dämonologie leider dasselbe sagen. – Jakob unterscheidet zwischen der Magie (auch necromantia) und dem Veneficium (auch incantatio oder Hexerei). Die Venefici sind Sklaven, die Nekromanten Gebieter des Teufels. Zwar gebieten sie nicht absolut, sondern bedingt, nicht kraft ihrer Kunst, sondern vermöge eines Vertrags. Denn um ihnen Leib und Seele abzugewinnen, macht sich der Teufel verbindlich, in einigen untergeordneten Dingen ihrem Befehle zu gehorchen. Die Heilsprüche, das Nestelknüpfen, die Astrologie und das Horoskopstellen sind nur das ABC des Teufels, wodurch er, da diese Dinge ziemlich unschuldig erscheinen, die Neugierigen in sein Netz lockt. Der Teufel ist der Affe Gottes; der Kuß wird ihm auf die Hinterseite gegeben, weil Moses den Herrn auch nur von hinten sehen konnte. Zwei Arten der Hexenfahrt müssen angenommen werden: 1. eine leibliche, wenn die Hexen an nahegelegene Orte teils zu Fuß oder Pferd, teils mit des Teufels Hilfe durch die Luft kommen; 2. eine im Geiste, wenn der Ort so entfernt ist, daß die in einem Moment zu vollendende Reise vermöge ihrer Schnelligkeit die Unmöglichkeit des Atemholens voraussetzen würde. Den Koitus mit den Inkuben und Sukkuben räumt der König ein, nicht aber die Erzeugung von Ungeheuern und wirklichen Kindern. Die Magier sowohl wie die Hexen sollen mit dem Tode bestraft werden. In einem andern, der Ausbildung seines Sohnes zum Regenten gewidmeten Werkestellt Jakob unter denjenigen Verbrechen, bei denen die königliche Begnadigung Sünde wäre, die Zauberei obenan.

König Jakob I. von England
Berlin, Kgl. Kupferstich-Kabinett

Hexenspuk Aus N. Remigii Daemonolatria, Hamburg 1693

Nach all diesen Plänklern trat endlich der gewaltigste Verfechter des Hexenprozesses, Martin del Rio (Delrio) hervor, um allen Angriffen ein für allemal ein Ende zu machen.

Delrio 1551 zu Antwerpen von spanischen Eltern geboren, hatte zu Paris, Douai und Löwen Philosophie und die Rechte studiert und in der letzteren Wissenschaft zu Salamanca den Doktorgrad erlangt. In Brabant wurde er dann in rascher Folge zum Rate des höchsten Konseils, zum Intendanten der Armee, zum Vizekanzler und Prokureur-General ernannt. Während der Bürgerkriege verließ er die Niederlande, wurde Jesuit in Valladolid, kehrte aber bald zurück und lehrte an verschiedenen Universitäten Philosophie und Theologie. Er starb 1608 zu Löwen.

In Löwen erschienen 1599 seine berühmten Disquisitiones magicae in sechs Büchern. Sie leisteten dasjenige, was man von Loos vergeblich erwartet hatte. Unter allen

Hexenverfolgern ist Delrio unstreitig der gelehrteste und gewandteste. Stellenweise zeigt er sogar eine gewisse Aufklärung, Liberalität und Billigkeit. Verschiedene Arten abergläubischer Heilungen werden von ihm gründlich bekämpft, um anderen, nicht weniger abergläubischen, Platz zu machen. Alle Theurgie oder weiße Magie ist unwirklich; die Dämonen lassen sich vom Menschen nicht zwingen. Dies alles aber bahnt nur den Weg zu dem Grundsatze, daß jene Charaktere, Sigille usw. nur willkürlich verabredete Zeichen seien, unter denen der Teufel allerdings wirke, nicht gezwungen, sondern infolge eines Vertrages. Der Pakt mit dem Teufel, in dem die Abschwörung des Christentums inbegriffen ist, bildet die Grundlage aller Zauberei; die dämonische Magie zu leugnen, ist ketzerisch. Sie ist der Inbegriff alles Diabolischen und todeswürdig. Gegen sie, wie gegen alle andern Übel, schützen nur die Heilmittel der katholischen Kirche, wie Segen, Exorzismen, Kreuze, Reliquien, Agnus Dei usw. In der Lehre von den Zaubergreueln folgt Delrio ganz seinen Vorgängern, die er nur an Kenntnissen und dialektischer Gewandtheit übertrifft. Der Kanon Episcopi wird in einer weitläufigen Abhandlung aller Bedeutung beraubt: er handle weder von den Hexen der neueren Zeit, noch würde er, selbst wenn dies wäre, ihnen irgendwie nützen, da er auch diejenigen Weiber, die die Luftfahrt nur in der Einbildung machen, als Ungläubige (infideles) bezeichne. Die Hexen aber sollen, auch wenn sie niemanden beschädigt haben, schon bloß um ihres Teufelsbundes willen getötet werden. Auch im Prozesse weiß Delrio sich das Ansehen der Besonnenheit zu geben, indem er unwesentliche Einzelheiten, die gleichwohl großen Anstoß gegeben hatten, wie das Hexenbad und die Nadelprobe, mißbilligt, auch zum Maßhalten in der Tortur rät; dabei bleibt ihm aber, wie allen übrigen, die Zauberei ein Crimen exceptum, wo alles vom Ermessen des Richters abhängt, und aus dem den Inquisiten von ihm umgeworfenen Netze ist kein Entkommen möglich. Völlige Lossprechung, obgleich rechtlich denkbar, widerrät er; der Richter soll nur von der Instanz entbinden.

Wo Gelehrsamkeit und Sophismen nicht mehr ausreichen wollen, da wird durch vornehmes Naserümpfen, durch Verdächtigen und Schrecken gewirkt. Die früheren Gegner seines Systems oder einzelner seiner Sätze, einen Melanchthon, Alciatus, Agrippa, Weyer, Montaigne u. a. macht er lächerlich. Ketzer, einseitige Literatoren, Legisten und Rabulisten müssen schweigen, wo der Jesuit redet, und dürfen sich weder auf den Kanon Episcopi, noch auf den gesunden Menschenverstand berufen; wer nicht an Hexen glaubt, ist kein Katholik. Seinen künftigen Gegnern aber hält er erst die Katastrophe eines Edelin, Loos und Flade vor, und dann fordert er sie auf, seine Lehre von der Wirklichkeit der Hexenfahrten entweder zu widerlegen oder anzunehmen. Dieses geschieht in eben demselben Kapitel, in dem das Leugnen der Hexengreuel als Indizium der Zauberei aufgestellt wird. Von solchem Geschütz verteidigt, ist Delrios Werk ein Bollwerk des Hexenprozesses geworden, und mehrere Menschenalter sind vergangen, ehe der erste wirksame Angriff darauf gewagt werden konnte. Kaum daß sich einzelne Stimmen über die unmäßige Barbarei der Prozeßbehandlung vernehmlich zu machen wagten; die Hauptsache blieb unangefochten. Das offizielle Geschichtswerk des Jesuiten Juvencius S. I. „Historia Societatis Jesu“, Romae 1710, S. 851, schreibt über Delrio “Nicht zufrieden, die Ketzer zu verfolgen, hat Delrio auch ihre schändliche Ausgeburt, die Zauberei, die damals in Deutschland weit verbreitet war, in einem gehaltvollen Werke (operoso volumine) bekämpft. Diesen in sich dunkeln und wie mit höllischen Nebeln umgebenen Gegenstand, hat er gründlich erläutert und mit bewundernswerter Gelehrsamkeit, in geistlicher wie weltlicher Hinsicht, ausgeschmückt.“

Kurz nach Delrio schrieb sein Landsmann Torreblanca eine Dämonologie in vier Büchern. Sie ist dem Papste Paul V. gewidmet und hat die Approbation des heiligen Officiums. Hieraus folgt von selbst der Schluß, daß sie sich von dem bereits bekannten System nicht entferne.

Aus: Sphaera Infernalis Mystica von Joh. Gg. Hagelgans, Frankfurt a. M. 1740

Neunzehntes Kapitel. Hexenprozesse in Deutschland, der Schweiz, Italien, Spanien, England, Schottland und Frankreich bis zu Mitte des sechzehnten Jahrhunderts

Als Innozenzens Bulle erschienen war und bereits blutige Früchte trug, konnte die deutsche Geistlichkeit und die öffentliche Meinung der Nation sich noch nicht sogleich in die Ansichten und Absichten des Heiligen Vaters finden. Zwar hatten Sprenger und Institoris in einer fünfjährigen Wirksamkeit achtundvierzig, ihr Kollege im Wormserbad in dem einzigen Jahre 1485 sogar einundvierzig Opfer den Flammen übergeben; aber noch immer wurde von deutschen Kanzeln herab die Existenz solcher Wesen, die durch geheime Künste Menschen und Tiere beschädigen könnten, kräftig bestritten. Diesen Widerspruch zum Schweigen zu bringen und den dadurch der Gerechtigkeit und dem Glauben zugefügten Schaden für die Zukunft zu entfernen, wurde, wie das kölnische Notariatsinstrument versichert, der Malleus maleficarum geschrieben und die Approbation der kölnischen Theologen gefälscht, in der insbesondere auch das Predigen gegen den Hexenglauben als verwerflich bezeichnet wurde. Der Malleus verfehlte seinen Zweck nicht, die Prozesse kamen allmählich in Gang. Aber dennoch wurden auch jetzt noch Stimmen laut, die gegen die Doktrin des Hexenhammers Verwahrung einlegten. Gegen den Glauben an die leibliche Ausfahrt der Hexen erklärten sich, auf den Kanon Episcopi gestützt, die Juristen Alciatusund Ponzinibius; sie betrachteten den Hexentanz für leere Einbildung. Dafür wurde Ponzinibius von dem Dominikaner Bartholomäus de Spina, Sacri palatii Magister zu Rom, bekriegt. Spina macht besonders geltend, daß der

Jurist eigentlich vom Hexenwesen nichts verstehe und, wenn er zum Prozesse hinzugezogen werde, dem Inquisitor, der seine eigene Art zu prozedieren habe, leicht durch unnütze Weiterungen hinderlich werde.

Während sich so die Gelehrten teils billigend, teils mißbilligend oder einschränkend aussprachen, ging die Praxis ihren Gang.

In Deutschland sehen wir anfangs noch die bischöfliche Jurisdiktion mit der weltlichen konkurrieren, ja während des ersten Viertels des sechzehnten Jahrhunderts die delegierte Inquisition ihr Unwesen treiben. Die eilfertige Plumpheit eines niederen bürgerlichen Richters im Gegensatz zu der langsamen Förmlichkeit des Reichskammergerichts zeigt folgender Fall, den wir aus den Originalakten mitteilen. Er ist ohne Zweifel der erste, der im Punkte der Hexerei diesem höchsten Tribunal zur Entscheidung vorlag, und mag wohl, wie so viele Fälle nach ihm, ohne Ende geblieben sein.

Im Dezember 1508 klagte Anna Spülerin aus Ringingen vor dem Stadtammann zu Ulm gegen dreiundzwanzig Einwohner von Ringingen auf Entschädigung (Wandel, Abtrag und Bekehrung, angeschlagen auf zweitausend Gulden) für eine durch deren Schuld erlittene Unbill. Ihrer Erzählung zufolge, die in ihren wesentlichen Punkten durch spätere Zeugenverhöre bestätigt wurde, verhielt sich die Sache folgendermaßen: Als vor einem Jahre ihre Mutter nebst einigen andern Weibern auf Anrufen der Einwohner von Ringingen durch den Vogt von Blaubeuren als Zauberin eingezogen worden, seien ihr, der Tochter, Worte gerechter Entrüstung entfallen, infolge deren ihr Warnungen zugekommen, als wenn sie dadurch sich selbst verdächtig gemacht habe. Eines Morgens habe sie einen großen Auflauf vor ihrem Haus bemerkt, und als sie, um der Gefahr zu entgehen, sich durch die Hintertüre auf das Feld begeben, hätten die von Ringingen sie eingeholt und, ohne über ihre Absicht sich bestimmt auszusprechen, nach Blaubeuren abgeführt. Dort im Gefängnisse habe sie erwartet, daß man sie baldigst etwa ihrer ausgestoßenen Reden wegen zur Verantwortung ziehen und dann wieder entlassen würde. „Aber nyemands were zu Ir komen annders, dann gleich aubents ains Ersamen Rats hie zu Ulm zuechtiger und nachrichter, der hette gegen Ir strenngklich peenlich unmentschlich und unweyplich gehanndelt und von Ir wissen haben wollen, Sy were aine, das Sy sollichs bekennen sollte, Aber alls Sy sich sollichs frey und unschuldig gewißt, hette Sy Ihr selbs kain unwarheit auflegen, noch nichtzit bekennen wollen, sonnder Ir Hoffnung zu Gott dem Allmechtigen gesetzt, nachgennds were Sy in ain annder fanngknus und gemach geführt und abermals nit ain zway drew viermal, Sonnder unmentschlich peenlich gemartert, alle Ire glüder zerrissen, Sy Irer vernunfft und auch Fünff Synn beraupt und entsetzt worden, dann Sy Ir gesicht und gehördt nit mer hette alls vor, So wer Ir auch in sollicher großen Irer unmentschlichen marter begegnet, das Sy besorgte, wi wol Sy kain gründlich wissen, noch das, mangel halb Irer gesicht, nit wol erkennen noch sehen, das von Ir kommen were, das villeicht darauss ain lebennde Seel mugen hett werden, solliche Marter hett dannocht nit gnug sein, noch erschiessen wolln, Sonnder were ain anderer Züchtiger von Tüwingen mit dem Vogt komen, da hett Sy der Vogt bereden wollen, auf sich selbs zubekennen, und Ir selbs ab der Marter zuverhelffen und gleich mit guten worten gesagt, Was Sy sich doch züge, Sy sollte der Sach bekennen, So Sy dann auss diesem Zeitt füre, So sollten und müssten die von Ringingen, nemlich yeder insonnder Ir ain mess fromen lassen, Dartzu Sy geantwurt hette, dass sollte In diser dannckcn, dann Sy sich unschuldig gewisst hette. Als nun der Vogt nichtzit von Ir bringen mögen, hette er weytter angefanngen und gesagt, wie Ir Muter auf Sy bekennt und verjehen haben sollte, das Sy auch aine were, das hette Sy widersprochen und veranntwurt, Sy wisste wol, das Ir Muter nichtzit args von Ir zu sagen wisste, auch sollichs von Ir nit sagte, So wisste Sy sich auch ganntz unschuldig frey und ledig, were also für und für auf der warheit verharret und darab nit weychen wollen. Alls Sy aber sollichs gesehen, hetten Sy weytter mit der Mutter und mit vil troworten an Sy gesetzt und gesagt, Sy wollen Ir alle Adern im leib zerryssen, und wiewoln Sy mermaln gütigklich gesagt het, was Sy doch zeyhen, ob Sy Sy von der warhait treyben wollten, So hette Sy doch sollichs nit fürtragen, noch fassen mögen, Sonnder hetten Sy für und für gesagt und von Ir wissen haben wollen, Sy were aine, und nie genennt ain unhollden, bis zum letsten. Also hette Ainer unnder den widertailen, so yetzo gegenwürttig alda stünde, gesagt und Sy gefragt, wahin das Hembt vor unnser lieben Frawen in der kirchen zu Ringingen komen were, dann Sy wisste, wer das zerschniten, hette Sy geanntwurt, ob Sy es yemands beschuldigte, und alls der Vogt gesagt, Er hette des wissen und Im sein klains fingerlin gesagt, hette Sy wieder geanntwurt, Ir geschehe damit unrecht, Sy were dess unschuldig, Mit Erbiettung, wa sollichs ain Mentsch von Ir, das Sy das gethan hette, sagte, wollte Sy darumb den tod leiden, aber nyemands hette Sy sollichs ferrer beschuldigen wollen. Mit dem wem Sy von Ir abgeschieden mit dem traw, Sy wollten enmordnens wider komen und mit noch hertter und strennger peen und martter gegen Ir hanndeln, und hetten Sy darauf in ain noch hertter und schwerer fanngknus dann vor, gelegt, in dem alls yedermann von Ir komen were Ir eingefallen und hette bedacht Ir Zuflucht zu nemen zu dem, der Ir helffen mügen het, das wem nemlich Got der Allmechtig und sein gepererin die himelkönigin Marie, hett dieselbigen auss Innigkeit und grundt Irs Hertzen, und in ansehung Irer Unschuld“ der gerechtigkait und warhait angerufft, Sy sollicher Irer strenngen hertten fanngknus zuerledigen, und Sy bei der warhait zubehalten. Sollich Ir gebett und auch die verhaissung der wallfarten, so Sy dabey zu Sannt Leonhart und an annder ort gethan hett, were bey Gott dem Allmechtigen erhört, und Sy derselben nacht zwischen der zehennden und Aylfften stund auss sollicher fanngknus erledigt worden. Dem allem nach und die weyl Sy also auf anruffen der von Rynngingen in sollich fanngknus komen, darynn strenngklich peenlich und unmentschlich gemartert, Ir Ire glüder zerrissen, Sy Irer Vernunft und Synn entsetzt, Auch um Ir Er und gefür, und desshalb in gross, unüberwintlich hertzlaid komen und bracht, dadurch Sy sich selbs und Ire klaine kynndlin nicht mer alls dann vor der zeitt geschehen were, Erneren und hinbringen und Ir auch Ir Eelicher Hausswirt nicht mer, alls vor, Eelich beywonnen möchte. So were Ir anruffung und bitt, die von Rynngingen gütlich zuvermögen und daran zu weisen, Ir unb sollich Ir zugefügt erlitten Schmertzen, Marter schmach und schaden, nach Irer Eren notturft wandel abtrag und bekerung zu thun, wa aber das gütlich nit sein mochte, So hoffte Sy Es sollte billich wesen, mit Recht erkannt werden." Hierauf erwiderten die Verklagten, die Spülerin habe bei der Hinrichtung ihrer Mutter die Drohung ausgestoßen, sie wolle die von Ringingen an Leib und Gut unglückhaft machen. Der Vogt habe sie deshalb gleich damals greifen wollen, doch, da dies Anstand gefunden, den Befehl hinterlassen, man solle das Weib, wenn es solche Drohungen wiederholen würde, ihm zuführen. Da sie von ihren Reden nicht gelassen, so habe man sie nach Blaubeuren gebracht. Für die weiteren Handlungen des Vogts seien sie nicht verantwortlich und darum zur Genugtuung nicht verpflichtet. Nach verschiedenen Verhandlungen erkannte das Gericht zu Ulm den Verklagten den Eid zu, dass sie an der Peen und Marter der Spülerin nicht schuld gewesen und sie bloß ihrer Drohworte wegen auf Befehl verhaftet hätten. Die Ringinger erklärten sich bereit zu schwören; die Klägerin aber appellierte gegen das Urteil an das Kammergericht, wobei insbesondere geltend gemacht wurde, daß hier nichtiglich das juramentum in supplementum probationis erteilt worden sei. Das Kammergericht wies die Sache zu weiterer Verhandlung an das Gericht der Stadt Biberach und gab schon damals eine gute Probe von der Langsamkeit seines Geschäftsganges, durch die es späterhin so berüchtigt wurde. Die in dieser Sache eingereichte Duplik der Appellaten trägt das Präsentatum vom 23. Juni 1518 und ist das jüngste Stück, das sich unter den Akten findet. Wie lange der ganze Prozeß gedauert hat, ob und wie er entschieden ward, bleibt daher im Dunkel; doch ist, was uns hier am meisten angeht, aus den Zeugenaussagen ersichtlich, daß die Appellantin das gegen sie eingeschlagene tumultuarische und grausame Verfahren der Wahrheit gemäß angegeben hatte.

Seit dem Anfang des sechzehnten Jahrhunderts finden sich in Deutschland, abgesehen von Metz, nur noch vereinzelte Spuren der Amtstätigkeit von mit päpstlichen Vollmachten ausgerüsteten Inquisitoren. Sprenger läßt sich aber noch 1489 in Frankfurt und Köln als Inquisitor in einem Prozeß gegen einen Astrologen nachweisen, und Institoris wirkte noch um 1497 in Bayern, 1500 in Böhmeneifrig gegen Hexen und Ketzer, wohin er vom Papst Alexander VI. in besonderer Mission entsendet wurde. Ein Hexenprozeß in Basel vom Jahre 1519 wurde wahrscheinlich noch von dem bischöflichen Offizialate geführt.

Wie um jene Zeit ein Inquisitor, der Dominikaner Nikolaus Savini, in Deutschland sein Geschäft betrieb, mag uns Agrippa von Nettesheim erzählen: „Als Syndikus zu Metz, – schreibt er, – hatte ich (1519) einen harten Kampf mit einem Inquisitor, der ein Bauernweib um der abgeschmacktesten Verleumdungen willen mehr zur Abschlachtung als zur Untersuchung vor sein nichtswürdiges Forum gezogen hatte. Als ich ihm in der Verteidigung der Angeklagten bewies, daß in den Akten kein genügendes Indizium vorliege, sagte er mir ins Gesicht: Allerdings liegt ein sehr genügendes vor, denn ihre Mutter ist als Zauberin verbrannt worden. Ich verwarf ihm dies als ungehörig; er aber berief sich auf den Malleus malleficarum und die peripathetische Theologie und behauptete, das Indizium müsse gelten, weil Zauberinnen nicht nur ihre Kinder sogleich nach der Geburt den Dämonen zu weihen, sondern sogar selbst aus ihrem Umgang mit den Inkuben Kinder zu zeugen und so das Zauberwesen in den Familien zu vererben pflegten. Ich erwiderte ihm: Hast du eine so verkehrte Theologie, Herr Pater? Mit solchen Hirngespinsten willst du unschuldige Weiber zur Folter schleppen und mit solchen Sophismen Ketzer verurteilen, während du selbst mit deinem Satze kein geringerer Ketzer bist, als Faustus und Donatus? Angenommen, es wäre, wie du sagst: wäre damit nicht die Gnade der Taufe vernichtet? Der Priester würde ja vergeblich sagen: Ziehe aus, unsauberer Geist, und mache Platz dem heiligen Geiste, – wenn wegen des Opfers einer gottlosen Mutter das Kind dem Teufel verfallen wäre usw." Voll Zorn drohte der Dominikaner, daß er Agrippa als Begünstiger der Ketzerei vor Gericht ziehen werde; dieser jedoch ließ sich in seiner Verteidigung nicht beirren. Die Angeklagte wurde befreit, die falschen Ankläger mit einer Geldstrafe belegt und den Inquisitor traf die allgemeine Verachtung, denn Savini hatte von der Gegenpartei Geschenke genommen. Den Feinden war die Wahl zwischen dem Anklage- und dem Denunziationsprozesse gelassen worden; sie hatten den ersteren gewählt, und dennoch hatte der Mönch sich alle Schikanen des damaligen Inquisitionsverfahrens erlaubt.

Die Einführung des Hexenprozesses in den verschiedenen Territorien Deutschlands erfolgte im fünfzehnten und sechzehnten Jahrhundert fast überall ganz allmählich, indem man in vielen Landen noch geraume Zeit hindurch, nur im allgemeinen von Zauberei sprach, ohne die Hexerei von ihr zu unterscheiden, so daß sich der Begriff der Hexe erst nach und nach im Volksbewußtsein fester gestaltete".

In der Mark Brandenburg liegt die älteste aktenmäßige Urkunde über Hexereien aus der Zeit des Kurfürsten Joachim II. (1535-1571) vor, doch sind schon mehrere frühere Fälle bekannt. Bereits 1336 wurden 14 Personen – Luciferianer – in Angermünde dem markgräflichen Vogt zur Verbrennung übergeben. 1399 wurde eine Zauberin durch das Berliner Ratsgericht zur Verbrennung verurteilt. Ferner finden Prozesse 1406 und 1423statt. In dem Dokument Joachims heißt es, daß in Neustadt-Eberswalde Zauberei mit Molken und Bier getrieben sei. Der Kurfürst befahl, darüber ein Erkenntnis der Schöffen in Brandenburg einzuholen. Diese Zauberei mit Bier trat seitdem in der Mark auffallend häufig hervor. So erlitt eine Hexe den Feuertod, weil sie „fliegende Geister" in ein Brauhaus geschickt haben sollte. Im Jahre 1545 kochte ein Weib im Lande Rhinow eine Kröte, Erde von einem Grabe und Holz von einer Totenbahre zu einer „Zaubersuppe" zusammen, die sie in einen Torweg goß, den ein anderer passieren mußte. Auch „Zaubersuppen" kamen seitdem in der Mark öfters vor. Doch erfolgten Hexenprozesse einstweilen nur ganz vereinzelt: 1551, 1553, 1554, 1563, 1569, 1571, 1572, 1576, 1577, 1579. Bei der Hinrichtung einer Zauberin in Berlin im Jahre 1552 trug sich nach einer

Chronik ein wunderbarer Vorfall zu: Als die Flamme des Scheiterhaufens emporschlug, flog ein Reiher in die Glut und stieg dann mit einem Stück von dem Pelz der Hingerichteten wieder in die Lüfte. Die zahlreichen Zuschauer waren der Überzeugung, daß dies nur der Teufel gewesen sein konnte. Und von dieser Zeit festigte sich der Glauben an den persönlichen Verkehr des Satans mit dem sich ihm zuneigenden Menschen immer mehr. Im Jahre 1553 sind, wie der Augsburger Prediger Bernhard Albrecht in seiner „Magia" erzählt, in Berlin zwei Wettermacherinnen eingezogen worden, die einer Nachbarin ein Kindlein gestohlen, es in Stücke zerhackt und gekocht hatten. Sie wurden dabei von der Mutter des Kindes gestört, sonst hätten sie Unwetter erzeugt, daß alle Früchte auf den Feldern hätten verderben müssen. In Küstrin wurde 1559 „ein neuer Profet", der auf Einflüsterung des Teufels sich damit abgegeben hatte, „die Hexen zu verraten", öffentlich verbrannt. 1565 werden in der Mark acht Hexen verbrannt.

Von Stendal heißt es: „Besonders waren der Pfarrer zu St. Jakob und früherer Vikar des Domstiftes Johann Wolter mit dem Bürgermeister Jürgen Möring arge Verfolger der Zauberei, deren Spuren sie überall wahrnahmen, wo sich ein Unglück zutrug. Als Georg Möring die Bürgermeisterstelle übernahm (1563), zeigte er dem gleichgesinnten Pfarrer ein Verzeichnis von Hexen und Zauberern, die es auch in Stendal gebe, so lang, wie der Pfarrer später aussagte, daß, wenn er auch sogleich (es war in der Adventzeit) verbrennen zu lassen anfinge und wöchentlich deren zwei oder drei verbrennen ließe, er doch schwerlich vor Ostern mit dieser Strafvollziehung werde fertig werden. Die traurigen Exekutionen kamen wirklich durch den Amtseifer des Pfarrers und Bürgermeisters gutenteils zur Ausführung. Die Untersuchungen aber gingen immer weiter fort, da man der Opfer des Wahnes nicht genug erhalten konnte. Zuletzt wurde der Pfarrer Johann Wolter selbst der Zauberei angeklagt, eines verdächtigen Händeauflegens überführt und nach einem Erkenntnis des Brandenburger Schöppenstuhles vom Mittwoch nach Trinitatis 1579 nach 34jähriger Amtsführung seines Pfarramts entsetzt und mit Staupenschlag des Gerichtes verwiesen." Vermutlich hatte eines der Opfer den hexenwütigen Herrn als Mitschuldigen bezeichnet.

„Auch in Gardelegen wurde durch die Reformation in den gebildeten Volksklassen weder der Aberglaube ausgerottet noch wahre Aufklärung hervorgerufen. Freilich suchte man seitdem den Hauptstolz in der Gelehrsamkeit – man rühmte sich, nur studierte Ratsherren zu besitzen. Aber in den zehn Jahren von 1544 bis 1554 hat der Rat nicht weniger als vierzehn Hexen verbrannt."

„Insbesonders wurden auch die Juden zum höchsten anrüchig wegen allerlei zauberischer, teuflischer Künste." So fand 1573 der gräßliche Justizmord des Münzmeisters Lippold, des Vertrauten des Kurfürsten Joachim II. in Berlin statt. Sein Nachfolger Johann Georg machte Lippold für die Miß- und Maitressenwirtschaft seines Vaters verantwortlich, und da ihm in bezug auf sein redliches Geschäftsgebaren nicht beizukommen war, ging man auf die Zauberei-Anklage über, die jeden ans Messer lieferte. So auch Lippold, dem man abfolterte, was man brauchte, um sein Vermögen einzuziehen und ihn wie die Schuldscheine in seiner Hand unschädlich zu machen. Er wurde in wahrhaft bestialischer Weise an derselben Stelle hingerichtet, wo heute „das Lutherdenkmal den Triumph der Religion der Liebe verkündet."

In Breslau nimmt das Hexenwerk sehr zeitig überhand. Am 29. Oktober 1456 werden zwei Frauen ertränkt, weil sie mit Liebesbissen, durch die sie ihre Verheiratung herbeiführen wollten, Männer ums Leben brachten. Ein Jahr später büßt eine Frau den Besitz von Zaubermitteln mit dauernder Stadtverweisung. 1458 verbrennt man in Gnichwitz bei Breslau einen Kirchenräuber. Er hatte von einer Frau Anna zu Troppau Kräuter erhalten, die alle Schlösser aufspringen machen sollten. 1481 ertränkt man eine Zauberin, die den Tod eines Mannes verursachte. 1482 und 1485 finden Stadtverweisungen je einer Zauberin statt, 1499 müssen zwei Hexen, 1503 eine ins Elend.

In Friedeberg in der Neumark ließ Kurfürst Johann Georg im Herbst 1594 den Pfarrer nach Küstrin ins Gefängnis führen. Die „armen Leute" zu Friedeberg hatten ihren Seelsorger angeklagt, daß er mit dem Höllenfürsten im Bunde stehe. Der Kurfürst befahl die Tore Friedebergs zu schließen und den Einwohnern Lebensmittel zu bringen, damit nicht auch Fremde vom „Teufel geplagt werden." In den beiden letzten Dezennien des Jahrhunderts dagegen sehen wir die Hexenverfolgung sich in allen Orten des Landes erheben.

In Pommern begannen die Hexenbrände bereits in der ersten Hälfte des sechzehnten Jahrhunderts. Das älteste Aktenstück über einen Hexenprozeß stammt aus dem Jahre 1538 und führt in das Städtchen Schlawe.

Der dortige Bürgermeister Lindenberg hatte zwei verheiratete Töchter, die Lettowsche und die Ristowsche. Er war in zweiter Ehe mit Jesse N. vermählt. Kurz vor Pfingsten 1538 erkrankte die Lettowsche. Trotzdem sie mit Vater und Stiefmutter keineswegs in Eintracht lebte, erbat sie von ihnen Hilfe für ihr Leiden. Auf Drängen des Bürgermeisters sandte Jesse der Stieftochter durch die Frau des Kleinschmiedes Tönniges Hesse ein dickes schwarzes Bier „Momye", wahrscheinlich Mumme, das Hesse erst kürzlich aus Stolp mitgebracht hatte. Kaum hatte die Lettowsche den Trank zu sich genommen, brach bei ihr eine Art Raserei aus, die sich aber bald wieder verlor. Während des Fiebers beschuldigten die Kranke und ihre Schwester die Stiefmutter und die Schmiedefrau, durch den „Zaubertrank" die Krankheit verschlimmert zu haben.

Ein Jahr vor diesem Vorfall war bereits in Schlawe eine Anzahl Hexen verurteilt worden; so fielen denn auch diese Anklagen auf fruchtbaren Boden, um so mehr, als die Hesse ohnehin nicht im besten Ruf stand „und seit Jahren mit Frau Lindenberg viel seltsamen Verkehr bei geschlossenen Türen gepflogen hatte". Die Hesse wurde sofort verhaftet. Die Lindenberg, von tödlicher Angst getrieben, schlich mehrfach des Nachts zu den Fenstern des Gefängnisses, beschwor die Hesse, nichts davon zu verraten, daß sie ihr den Trank für die Stieftochter gegeben, und versprach ihr Befreiung und reichliche Belohnung. Tatsächlich suchte sie die Gefangene zu befreien, doch ohne Erfolg, da deren Mann und der Bruder die Hesse für eine Hexe hielten und ihre Hilfe versagten. In der Hoffnung, durch die vielvermögende Bürgermeisterin gerettet zu werden, nimmt die Hesse zunächst alle Schuld auf sich, gesteht aber dann auf der Folter den wahren Zusammenhang und eine weitere Hexerei. Als Mitschuldige bezichtigte sie die Marie Schwarz aus Malchow und die Lindenberg, die eine ärgere Zauberin sei als sie selbst. Die Bürgermeisterin sah das Henkersschwert über ihrem Haupte und entfloh. Die Hesse wurde verbrannt. Für die Lindenberg traten Gatte und Sippe so nachdrücklich bei Herzog Barnim XI. ein, daß ihr freies Geleite und gerechte Untersuchung zugesichert wurde, die einen glücklichen Ausgang genommen zu haben scheint. Die von der Hesse denunzierte Marie Schwarz mußte gleichfalls auf den Scheiterhaufen, ebenso eine von dieser angegebene „olde Drewekische“ aus Nehmitz.

Ein Aktenfragment aus dem Jahre 1564 behandelt einen Stettiner Prozeß, dem eine Hirtin, die „blaue Petersche“, anscheinend eine Giftmischerin, zum Opfer fiel.

In Neustettin wütete von 1585 bis 1592 der Hexenmeister Landvogt Jakob von Kleist und rottete ganze Familien aus. So wurden ein Mann namens Maurer nebst Frau, Sohn und Tochter verbrannt. Personen aus allen Ständen fielen dem Wahn zum Opfer.

Um 1591 erreichten die Neustettiner Hexenverfolgungen ihren Höhepunkt in dem Verfahren gegen die Frau des ehemaligen Neustettiner Hauptmannes und pommerschen Jägermeisters Melchior v. Dobschütz auf Plosa, Elisabeth von Strantz. „Der umfangreiche, im weiteren Verfolg hochpolitische Prozeß gegen diese Adelige ähnelt in seinen Einzelheiten und Motiven völlig dem, der mehrere Jahrzehnte später gegen Sidonia von Borke geführt wurde. Er nahm einen nicht minder dramatischen Verlauf wie jener“, übertraf ihn aber durch die Bestialität der Richter.

Melchior von Dobschütz, der Günstling des Herzogs Johann Friedrich, war durch die Quertreibereien einiger Hofleute, besonders des damals allmächtigen Peters von Kamecke, in Ungnade gefallen und 1590 aus Pommern verbannt worden. Schon zur Zeit, da Dobschütz noch im Amt war, hatten Zauberweiber auf der Folter auf seine Frau als Genossin bekannt, was wohl darin seinen Grund haben mochte, daß Elisabeth durch ihre Pedanterie und unnachsichtliche Strenge sich den Haß ihrer Mägde und loser Weiber zugezogen hatte. Unglücklicherweise war dem Nachfolger Dobschütz', dem fanatischen Hauptmann v. Kleist, von der Übernahme seines Amtes an das Brotbacken und Brauen mißlungen, so daß Brot und Bier ungenießbar wurden. Da bezichtigte ein im übelsten Rufe stehendes Weib, die Klotzische, auf der Folter Elisabeth von Dobschütz, mittelst eines Pulvers das fürstliche Brau- und Backhaus verzaubert zu haben. Ein kleines Heer von Zeugen wurde gütlich und peinlich vernommen, darunter viele ehemalige Dobschützsche Mägde, wodurch das Material gegen Elisabeth fabelhaft anschwoll und die Anklagen selbst immer ungeheuerlicher wurden. Allmählich verdichtete sich die Anklage sogar dahin, daß die Dobschütz durch einen gewissen Hans Meurer, einen jungen Beutler und ihr Patenkind, der etliche Zeit im Schlosse bedienstet war, nachdem seine Eltern und Geschwister in Neustettin verbrannt worden waren, einen Trunk habe nach Stettin tragen lassen, um durch diesen die Herzogin Johann Friedrich unfruchtbar zu machen. Dadurch war dem Prozeß ein ausgeprägt politischer Charakter gegeben, der die ganze Herrscherfamilie aufs äußerste erregte.

Zahllose Zeugen in Polen, Brandenburg, ganz Pommern bis nach Rügen hinauf, wurden verhört, Verdächtige, darunter Hans Meurer, verhaftet und peinlich befragt, ein Steckbrief hinter Elisabeth erlassen und sie endlich in Crossen gefangen genommen. Obgleich schwanger, legte man sie in Neustettin in den Block und bewachte sie Tag und Nacht. Ihrem Hauptbelastungszeugen, Hans Meurer, entlockte man in mehrfacher, stetig gesteigerter Tortur alles, was man wollte und brauchte. Da Elisabeth alle ihr zur Last gelegten Taten, darunter auch Ehebruch und Diebstahl leugnete, wurde sie in der großen Ritterstube in Stettin, wohin man sie inzwischen überführt hatte, in Gegenwart der höchsten Hofbeamten gefoltert und dieser Akt in den darauffolgenden Nächten mehrfach wiederholt. Mit Ekel und Abscheu wies das arme Weib die ihr vorgeworfenen Scheußlichkeiten als Lügen zurück und fügte hinzu: „wan sie ein schelm schelte vnd eine Hure lobete, so wäre sie doch ein ehrlich Kind." Immer schärfer und schärfer befragt, bekannte sie schließlich mehr als die Richter wollten, nahm aber, in das Gefängnis zurückgebracht, alles wieder zurück. „Sie hätte es wohl gesagt, es aber aus Schmerzen gethan, nicht anders erdenken können, es thete sehre wehe, sie wollte das Sakrament darauf nehmen, daß es nicht geschehen." „Sie hätte es negst aus Pein gethan."

Schließlich fällte der Stettiner Schöppenstuhl auf Drängen des Herzogs sein Urteil. Hans Meurer sei mit dem Schwert abzutun, die Dobschütz „mit vorgehenden zweien Zangen gerissen, mit dem Feuer vom Leben zu Tode zu bringen". Die im Verlaufe des Prozesses in den verschiedenen Urgichten bezichtigten Personen seien einzuziehen und zu inquirieren. Darauf bevölkerten zahlreiche Personen die Gefängnisse.

Am 17. Dezember wurde das Urteil gesprochen. Im Frühjahr des nächsten Jahres wurde die Verurteilte vor den Toren Stettins hingerichtet und verbrannt, trotz der Proteste ihres Gatten und zahlreicher hochstehender schlesischer und brandenburgischer Adelspersonen.

In Jülich-Cleve-Berg (Geldern) begann die systematische Hexen Verfolgung in den Jahren 1499-1502. Nach erfolgten Geständnissen, die auf Zauberei, Teufelsbuhlschaft und Teilnahme an den Hexensabbaten lauteten, wurden während dieser drei Jahre verbrannt: eine Frau in Rheinberg, drei Frauen zu Angermund und Ratingen, zu Viersen zwei Frauen, zu Gladbach drei, zu Ahrweiler eine, zu Grevenbroich eine, zu Erkelenz drei, zu Brauweiler eine, insgesamt fünfzehn Frauen. Auch in den Jahren 1509-1515 sah das Herzogtum Jülich verschiedene Prozesse gegen Zauberinnen. Dann wieder 1522-1536.

In Jülich-Cleve-Berg und Mark tritt 1516 ganz vereinzelt eine Art von Hexenprozeß hervor. Ulant Dammartz, die Tochter angesehener Eltern, war, weil sie zur Verehelichung mit einem jungen Manne ihre Einwilligung nicht geben wollten, in dem Kloster Marienbaum bei Xanten als Novize eingetreten, wo nun alsbald ein Teufelsspuk begann. Ulant Dammartz erscheint als vom Teufel besessen und steckt mit ihrer Besessenheit auch andere Nonnen an, die darunter zum Teile viele Jahre leiden müssen. Endlich wird im Jahr 1516 eine Untersuchung gegen die inzwischen aus dem Kloster Entflohene eingeleitet, die im Hause ihres Vaters verhaftet und nach Dinslaken ins Gefängnis gebracht war. In dem mit ihr angestellten Verhör gesteht sie ohne Tortur folgendes: In ihrem Jammer darüber, daß sie dem Geliebten hatte entsagen müssen, hatte sie den Teufel angerufen. Dieser war ihr alsbald erschienen und hatte sie Gott und der heiligen Jungfrau abschwören und geloben lassen, daß sie ihm treu und hold sein wollte. So oft sie es nun wünschte, kam er, zuweilen mit anderen frischen Gesellen und Jungfern, lauter Dämonen, die alle, wie ihr eigener Buhlteufel irgendein Gebrechen an sich trugen. Dann tanzten sie, ohne daß es von andern Menschen gesehen werden konnte, indem sie ganz still zu stehen schienen. Auch fleischliche Vermischungen kamen vor. Sie vergrub und schändete die in der Kommunion empfangene Hostie, machte blasphemische Eintragungen in das Gebetbuch. Sie schädigte die Nonnen durch Apfel, Feigen und Kuchen, die der Böse vorher bezaubert hatte. Sonst beschränkte sie sich auf den eigenen Verkehr mit dem Buhlteufel, dessen Versuchungen sie mitunter auch widerstand, z. B. als er sie aufforderte, dem eigenen Vater Böses anzutun.

Man sieht, die Zauberin war hier noch keine richtige „Hexe“, und der Prozeß, den man ihr machte, war noch kein richtiger Hexenprozeß im Sinne des Hexenhammers. Die Angeklagte wurde nicht gefoltert, nicht geschoren. Man hielt sie, um sie unschädlich zu machen, lange Zeit im Gefängnis zurück, wobei sie von dem Gefängniswärter zweimal geschwängert wurde, und entließ sie schließlich.

Der Werwolf von Neuses im Markgrafentum Onolzbach anno 1685
Gleichzeitiger Kupferstich

Aber auch in den nächstfolgenden Dezennien blieb das Herzogtum Jülich-Cleve-Berg und Mark von dem Greuel der Hexenverfolgung frei, namentlich auch unter dem Herzog Wilhelm († 1592), der in dieser Beziehung ganz dem Rate seiner einsichtsvollen Ärzte Joh. Weyer aus Grave und Reiner Solmander aus Büderich folgte. Der Glaube an die Wirklichkeit der Hexerei war natürlich auch in Jülich-Cleve vorhanden; allein als das richtigste Verfahren gegen die der Hexerei Angeschuldigten galt nicht die Tortur, sondern die Wasserprobe, deren Vornahme in einem derartigen Falle durch ein herzogliches Mandat vom 24. Juli 1581 ausdrücklich befohlen wurde. Erst ganz am Ende des sechzehnten Jahrhunderts nahm die Hexenverfolgung auch hier ihren Anfang. Damals machte namentlich das Verfahren gegen eine ehrbare, vornehme Greisin aus

Büderich großes Aufsehen, die während der Tortur starb, und deren Leiche dann durch die Stadt geschleift und zu Asche verbrannt wurde. Ferner ein Riesenprozeß gegen dreihundert Frauen, die als Werwölfe Unheil angerichtet haben sollen. Die „Erschröckliche und zuvor nie erhörte newe Zeitung" über diesen Massenmord hat der Briefmaler Georg Kreß in Augsburg herausgegeben.

Im Herzogtum Württemberg hatten bereits zu Anfang des sechzehnten Jahrhunderts, nämlich 1505 in Tübingen, wie aus einem Briefe Heinrich Bebels an Petrus Jacobi von Arlon hervorgeht, ein Hexenbrand, dann um die Mitte des Jahrhunderts weitere Hinrichtungen durch Feuer stattgefunden, wie sich aus einem Schreiben ergibt, das die herzoglichen Räte am 22. Juni 1563 an einen nicht näher bezeichneten Grafen gerichtet haben. Dieser Graf hatte in Stuttgart angefragt, wie man dort gegen die Hexen verfahre. In ihrer Antwort erklärten die Räte unter anderem, es seien „eine Zeit her gar viele Personen des berührten teuflischen hochsträflichen Lasters des Hexenwerks auch in unsers gnädigen Fürsten und Herrn Fürstentum verdacht, beschreit und angegeben, auch derselben etliche gefänglich eingezogen und hingerichtet worden."

1551 wurde in Eßlingen eine Hexe verbrannt. Ihre Tochter ließ der Rat „durch die Backen brennen und vermauern".

Doch die Hexenbrände im großen entfacht der berühmte Dramatiker der Reformationszeit und begeisterte Anhänger Luthers, Thomas Naogeorgus (Kirchmaier). Als am 3. August 1562 ein entsetzliches Hagelwetter die Gegend von Eßlingen und Stuttgart auf 18 Meilen im Umkreis verheerte, bezeichnete er auf der Kanzel dies als Hexenwerk. Der Rat ließ daraufhin drei Frauen foltern, wozu er Scharfrichter von Stuttgart, Ehingen und Wiesensteig berief. Da die Frauen trotz schrecklicher Folterqualen ihre Unschuld beteuerten, gab man sie nach viermonatlicher Haft frei. Nun aber erhob Naogeorgus ein großes Geschrei wider den Rat. Sein Gehilfe dabei war der Wiesensteiger Scharfrichter. Er erklärte, diese drei seien nicht die einzigen Hexen in Eßlingen; auch wären sie schon zum Geständnis gebracht worden, hätte man ihn nach seinem Gefallen handeln lassen. Naogeorgus und der Rat gerieten scharf aneinander. Der Prediger erhielt einen Verweis, weil er „Lotterbuben und Henkern mehr glaube als dem Rat". Aber durch den Prozeß hatte sich nun der Hexenwahn in der Bevölkerung erst recht festgesetzt, so daß sich der Rat genötigt sah, auf neue Klagen gegen andere Frauen einzuschreiten. Im Februar 1563 wurde eine der neuerdings Gefolterten verbrannt. In Waldsee – im jetzigen württembergischen Donaukreise gelegen – dem Hauptorte der Standesherrschaft Waldburg-Wolfegg-Waldsee, nahmen die Hexenprozesse im Jahr 1515 ihren Anfang, kamen jedoch bis 1585 nur sehr vereinzelt vor. Dagegen verging seitdem kaum ein Jahr, in dem das kleine Städtchen nicht mehrere auf dem Scheiterhaufen endigende Prozesse sah. Dabei ist zu beachten, daß ebenso die Untersuchungsakten ein mit der Zeit mehr und mehr anwachsendes Konglomerat der tollsten Geständnisse erkennen lassen, wie die Urteile des Gerichts allmählich immer grausamer werden. Das letzte, uns bekannt gegebene Urteil vom Jahr 1645 befiehlt: Die Verurteilte soll dem Scharfrichter übergeben, an den Richtplatz geführt, und soll „unterwegs zum dritten Male mit glühenden Zangen zu ihr gegriffen, hernach an eine Säule gebunden, daran erdrosselt, hernach verbrannt und die Asche vergraben werden. Gott der Allmächtige wolle ihrer Seele gnädig und barmherzig sein!"

In der Stadt Hannover wurden 1466 Adelheid Wedekind lebendig und die Leiche der „Bußischen", die man tot gefoltert hatte, auf dem Scheiterhaufen eingeäschert. 1590 folgte die „Vossische", 1594 der Schwertfeger Heinrich Arendt. 1604 nimmt sich der Rat auf Ersuchen des Grafen Ernst von Schaumburg zweier Hexen, Mutter und Tochter, an, die vor dem Grafen entflohen waren. Für die Atzung, Verhöre, Folterungen hatte der Graf 25 Taler zu zahlen. Für das Holz zum Scheiterhaufen wollte der „Ehrbar Rhath nichts furdern und begehren".

Im darauffolgenden Jahre wurden die Witwe Blome mit ihrer von ihr selbst angezeigten Tochter Katharina Blome, des Bürgers Medefeld Ehefrau, drei Tage später Katharina Fierken aus Stadthagen verbrannt. Mit ihr kam die Leiche ihrer Lehrerin, der Strackschen, auf den Holzstoß. Diese Strackschen hatte die Tortur „steif und fest" ausgehalten, da entschloß sich der Richter zur Wasserprobe. „An Händen und Füßen gebunden, setzte sie der Scharfrichter in Gegenwart von sieben Amtspersonen aufs Wasser. Sie schwamm, wie sie sich auch bemühen mochte, unterzugehen. Da hat sich's begeben, daß sie sich herumgeschmissen und auf dem Wasser wie ein Hecht etwa vier Ellen lang hingeschossen. Man hörte Krachen im Wasser und Schwirren in der Luft. Meister Christoph (der Henker) wurde durch den Teufel auf einen Weidenbaum geschleudert. Als man die arme Person herauszog, fand man, daß sie tot und ihr der Hals gebrochen war. Die Leiche schleppte man ins Gefängnis zurück und legte sie mit dem Rücken auf Stroh. Doch der Satan drehte sie in der Nacht um, legte sie auf den Bauch „und hat ihr das Angesicht im Nacken gestanden".

Die nächsten Opfer, die Wissel und die Hert, lieferte die Denunziation der Prediger Lange und Janns den Richtern in die Hände. Die Hert starb im Gefängnis, die Wissel wurde gegen „Urfeidt" entlassen. In Neustadt an der Leine bei Hannover spielte sich 1523 ein politischer Hexenprozeß ab. Else van Kampe, ihr Sohn Melchior und andere Verwandte waren angeklagt, durch Kurt von Alten in Celle angestiftet worden zu sein, den Herzog Erich von Braunschweig zu „bezaubern und vergeben". Die van Kampe und die Wantslebische, eine Mitschuldige, büßen mit dem Leben.

Von besonderem Interesse sind die Nachrichten, die über den Beginn der Hexenverfolgung in der Reichsstadt Nördlingen vorliegen. – Hier begann die Furcht vor der Hexerei erst in den Jahren 1588 und 1589 um sich zu greifen, weshalb der Bürgermeister Georg Pferinger mit Hilfe der Doktoren der Rechte Sebastian Röttinger und Conrad Graf und des Stadtschreibers Paul Majer alsbald die Stadt von dem Hexengeschmeiß zu reinigen beschloß. Drei der Hexerei verdächtige arme Weiber wurden auch 1589 gefänglich eingezogen und nach allen Regeln des Hexenprozesses torquiert; allein sie gestanden nichts, wurden unschuldig befunden und mußten entlassen werden. – Unglücklicherweise erregte nun dieses rohe Verfahren des Magistrats den Zorn des Superintendenten zu Nördlingen, Wilhelm Lutz, der zwar an die Wirklichkeit der Hexerei glaubte, aber über die Hexenriecherei und über das Torquieren empört war und den Rat wegen seines ganz unchristlichen Verfahrens gegen angebliche Hexen in zwei Predigten abkanzelte. In einer der Predigten klagte er darüber, daß es des Bezichtigens wegen Hexerei kein Ende nehme. Etliche hätten bei ihm schon ihre Schwiegermütter, ja ihre eigenen Eheweiber angegeben; wohin sollte das noch führen? Dem Rat aber hielt er vor, daß er wohl einige arme Hündlein gefangen habe, aber die rechten wohl durchschlüpfen lassen werde. – Mit diesen Worten fühlte aber der wohlweise Rat seine Ehre angetastet. Daher erteilte er nicht nur dem Superintendenten einen scharfen Verweis dafür, daß er sich in so ungeziemender und höchst bedenklicher Weise zum Verteidiger der Hexen aufgeworfen habe, sondern er beschloß, jetzt gegen diese auf Grundlage eines von dem Stadtschreiber Mayer ausgestellten Gutachtens (worin die Hexerei als ein nur im nächtlichen Dunkel mögliches Verbrechen hingestellt wurde, das darum nur durch eine „heilsame Tortur" ans Licht gebracht werden könnte) mit aller Strenge vorzugehen. Dabei sollte alle Welt sehen, daß er ganz ohne Ansehen der Person verfahre, weshalb er eine Menge alter Weiber, auch aus den angesehensten Familien, verhaften und eintürmen ließ. Unter ihnen befanden sich die Witwen mehrerer Ratsherren, auch die Witwe des erst 1589 verstorbenen Bürgermeisters Gundesfinger. – Das eingeleitete Prozeßverfahren war, da man mit der Folter ganz entsetzlich wütete, ein sehr kurzes, so daß schon im Mai 1590 drei Hexen, acht Wochen nachher wieder drei, sieben Wochen später fünf auf einmal verbrannt werden konnten. Unter diesen befand sich auch die Frau des Zahlmeisters Peter Lemp – ein frommes, edles Weib – deren Prozeß wir, weil er die Art und Weise der Hexenverfolgung zu Nördlingen in das hellste Licht setzt, auch an herzbewegenden Momenten besonders reich ist, eingehender ins Auge fassen wollen.

Rebekka Lemp war, in Abwesenheit ihres Mannes, auf die durch die Folter erpreßten Angaben anderer Angeklagten hin, schon im April 1590 verhaftet worden. Mit blutendem Herzen hatten es die sechs Kinder mit angesehen, wie die liebe Mutter gepackt und in den schrecklichen Turm abgeführt wurde. Daher schickten sie ihr nicht lange nachher folgenden Trostbrief zu: „Unseren freundlichen, kindlichen Gruß, herzliebe Mutter! Wir lassen Dich grüßen, daß wir wohlauf sind. So hast Du uns auch entboten, daß Du wohlauf seiest, und wir vermeinen, der Vater wird heute, will's Gott, auch kommen. So wollen wir Dich's wissen lassen, wann er kommt, der allmächtige Gott verleihe Dir seine Gnade und heiligen Geist, daß Du, Gott woll', wieder mit Freuden und gesundem Leib zu uns kommest. Gott woll', Amen. – Herzliebe Mutter, laß Dir Beer kaufen und laß Dir eine Salfan backen und Schnittlein, und laß Dir kleine Fischlein holen und laß Dir ein Hühnlein holen bei uns, und wenn Du Geld darfst, so laß holen; hast's in Deinem Säckel wohl. Gehab Dich wohl, herzliebe Mutter. Du darfst nicht sorgen um das Haushalten, bis Du wieder zu uns kommst etc."

Zu den leiblichen Nöten, unter denen die Unglückliche in dem scheußlichen Gefängnis zu leiden hatte, kam nun auch die ihre Seele folternde Sorge, daß ihr zärtlich geliebter Mann sie für schuldig halten möchte. Daher schrieb sie ihm, als sie seine Rückkehr erfuhr: „Mein herzlieber Schatz, bis ohne Sorge. Wenn auch ihrer Tausend auf mich bekenneten, so bin ich doch unschuldig; oder es kommen alle Teufel und zerreißen mich. Und ob man mich sollt' strenglich fragen, so könnte ich nichts bekennen, wenn man mich auch zu tausend Stücke zerriß. Vater, wenn ich der Sach' schuldig bin, so laß mich Gott nicht vor sein Angesicht kommen immer und ewig. – Wenn ich in der Noth muß stecken bleiben, so ist kein Gott im Himmel. Verbirg doch Dein Antlitz nicht vor mir; Du hörst ja meine Unschuld, um Gottes Willen, laß mich nicht in der schwülen Noth stecken."

Indessen nahm der Prozeß gegen Rebekka Lemp in üblicher Weise seinen Anfang. Zweimal überstand sie die Tortur, ohne sich schuldig zu bekennen; bei der dritten verschärften Folterung begann sie jedoch zu verzagen. Sie bekannte sich zu einigen der geringeren Anschuldigungen; so auch bei der vierten Tortur. Da war es aber, daß sie heimlich an ihren Mann folgenden Brief schrieb: „Mein auserwählter Schatz, soll ich mich so unschuldig von Dir scheiden müssen, das sei Gott immer und ewig geklagt! Man nöthigt Eins, es muß Eins ausreden, man hat mich so gemartert, ich bin aber so unschuldig als Gott im Himmel. Wenn ich im Wenigsten ein Pünktlein um solche Sache wüßte, so wollte ich, daß mir Gott den Himmel versagte. O Du herzlieber Schatz, wie geschieht meinem Herzen! O weh, o weh meine armen Waisen! Vater, schick mir Etwas, daß ich sterb; ich muß sonst an der Marter verzagen. Kommst heut nicht, so thue es morgen. Schreib mir von Stund an. O Schatz, Deiner unschuldigen Rebecka! Man nimmt mich Dir mit Gewalt! Wie kann's doch Gott leiden! Wenn ich ein Unhold bin, sei mir Gott nicht gnädig. O wie geschieht mir so unrecht. Warum will mich doch Gott nicht hören? Schick mir Etwas, ich möchte sonst erst meine Seele beschweren usw."

Der Mann aber kannte sein Weib, weshalb sein Glaube an ihre Unschuld durch nichts erschüttert wurde. Daher machte er mit einer Eingabe an den Rat den Versuch, das geliebte Weib aus den Händen der Peiniger zu befreien. Er richtete an den Rat die Bitte, „meine großgünstigen gebietenden Herrn wollen fürnehmlich und erstlich dahin sehen, daß sie mit allem Ehesten gegen die mißgünstigen – Personen, die sie freventlich – angegeben habe, möge confrontirt und hierbei Bescheid und Antwort gegeneinander angehört werden. – Ich hoffe und glaube und halte es für gewiß, daß mein Weib Alles, dessen man sie bezüchtigt, – nicht einmal Zeit ihres Lebens in Gedanken gehabt, vielweniger denn, daß sie solches mit Werk und in der That sollte jemals auch nur im Geringsten gethan haben. Denn ich bezeuge es mit meinem Gewissen und mit vielen guten, ehrlichen Leuten, – daß – mein Weib zu allen Zeiten gottesfürchtig, stets züchtig, ehrbar, häuslich und fromm, dem Bösen aber jederzeit abhold und feind gewesen, Ihre lieben Kinder hat sie gleichfalls – neben und sammt mir treulich und fleißig nicht allein in ihrem Katechismo, sondern auch in der heil. Bibel, insonderheit aber in den lieben Psalmen Davids unterrichtet und unterwiesen, also daß, Gott sei Dank! ich, ohne Ruhm zu vermelden, kein durch Gottes Segen mit ihr erzeugtes Kind habe, das nicht etliche Psalmen Davids auswendig wüßte und erzählen könnte. Überdieß kann aber auch Niemand, – Niemand sage ich, – mit Grund der Wahrheit darthun und erweisen, daß sie irgendeinmal einem Menschen – auch nur den kleinsten Schaden am Leibe oder sonst hätte zugefügt oder man deßhalb eine Vermuthung auf sie gehabt hätte." Daher glaubte der Zahlmeister die Gewährung der Bitte erwarten zu dürfen, daß man sein liebes Weib ihm entweder gleich zurückgeben, oder wenigstens durch Gegenüberstellung mit den Anklägern ihr eine ehrliche Defension gewähren möchte. – Allein es half alles nichts; vielmehr ging der Rat, um das Material zu einem Todesurteil zu erhalten, jetzt nur noch fürchterlicher mit der Folter gegen das arme Weib vor, bis man die gewünschten Geständnisse hatte. Alsdann wurde sie mit zwei anderen Hexen rasch am 9. September 1590 verbrannt.

Immer schrecklicher wütete nun das Gericht gegen die Weiber zu Nördlingen. Für die Menge der Verhafteten fanden sich kaum die nötigen Haftlokale vor, und der „Peinmann" sah seiner Arbeit kein Ende.

Da geschah es im Oktober 1593, daß auch die Frau des Gastwirts zur Krone, Maria Holl, aus Ulm gebürtig, auf Grund der Angaben einer Gefolterten ins Gefängnis und alsbald zur Folterbank geführt wurde. Was vor ihr keine Gefolterte imstande war, das vermochte sie. Standhaft ertrug sie alle wiederholten und mit satanischer Grausamkeit immer von neuem wiederholten und mit jeder Wiederholung auch immer noch verschärften Torturen, ohne sich ein Schuldbekenntnis abmartern zu lassen; und als in dieser Verlegenheit zur Torquierung der Seele gegriffen wurde – indem der Rat ihr gemein vorspiegelte, daß ihre Verwandten und Freunde, ja selbst ihr Ehemann sie für schuldig hielten, – da hielt das heldenmütige Weib auch diese Marter aus.

Nach völlig glaubhaftem Bericht wurde gegen Maria Holl die Tortur sechsundfünfzigmal „mit der ausgesuchtesten Grausamkeit" angewendet.

Jetzt aber sah sich der Rat im Gedränge. An dem stahlfesten Heldensinn des Weibes hatten alle sonst sicher treffenden, zermalmenden Mittel ihre Kraft verloren, und das Volk, in dessen Augen die Gequälte längst vollkommen gerechtfertigt war, begann seinen Zorn und Unwillen über die nun jahrelang andauernde Brennerei laut und unverhohlen zu äußern. Aber freilassen wollte man die Gefolterte nicht, um sich nicht vor der Bürgerschaft eine Blöße zu geben. Der Rat von Nördlingen stand ratlos da, – als die Sache plötzlich eine neue Wendung erhielt, indem die Verwandten der Maria Holl in Ulm die Hilfe der Ulmer Gesandtschaft zu Regensburg anriefen. Durch Vermittelung der Nördlinger Abgeordneten zu Regensburg richteten daher die Ulmer Gesandten an den Rat das Ersuchen, die Gefangene „ohne Entgeld und mit unverletzter Ehre“ auf freien Fuß zu setzen. Dies hatte zur Folge, daß man die nun elf Monate lang Inhaftierte glimpflicher behandelte, indem man sie soweit mürbe gemacht zu haben glaubte, daß sie bei gütlichem Zureden sich zum Geständnis herbeilassen würde. Allein die Kronenwirtin blieb standhaft, der Rat wußte wiederum nicht, was zu tun sei, und die Ulmer erhielten keine Antwort. Da aber erließen die Ulmer Abgeordneten auf nochmaliges Bitten der Verwandten unter dem 18. September 1594 ein abermaliges Schreiben an den Rat zu Nördlingen, worin sie insbesondere folgendes sehr bestimmt erklärten: Sie (die Gesandten) hätten nach ihrer Zurückkunft in ihrer Vaterstadt fleißig Bericht eingezogen und erfahren, daß sie (die Verhaftete) als eine Ulmer Bürgerstochter jederzeit gottesfürchtig, ehrlich und ohne verdächtigen Argwohn dessen, was man sie beschuldigt, sich erhalten habe. Ihr verstorbener Vater, vieljähriger Diener des Rats und Amtmann auf dem Lande, habe sie mit ihren Brüdern und Schwestern in der Furcht Gottes, des Allmächtigen, erzogen, und erstere seien von ihren Oberen zu ehrlichen Dingen gebraucht worden. Sie könnten sich daher des Argwohns nicht erwehren, daß besagte Frau durch mißgünstige Leute (von denen auch anderen Orts die Obrigkeit übel verleitet und übereilt worden sei) angegeben worden. Auf erneutes Ansuchen der Freundschaft, und weil die Frau nun elf Monate enthalten werde, hätten sie diese Fürbitte ergehen lassen, deren Schluß so lautet: „Darum an E. E. W. nochmals unsere freundliche und dienstwillige Bitte, es wolle ein E. E. W. nunmehr selbst diesen Sachen endlich ab- und zur Ruhe helfen, sie, die gefangene Frau, solcher ihrer Haft ohne ferneren Verzug und Aufhalt, ohne Entgeld und ihrer Ehren halben unverletzt, ledig und auf freien Fuß stellen und sie ihrem Ehewirt, auch ehrlicher Freundschaft solches unseres Bittens freundlich und dienstlich genießen lassen.“

Somit war also jetzt wiederholt ein Reichsstand für das heldenhafte Weib eingetreten! Darüber war nicht so leicht hinauszukommen. In seiner Not forderte daher der Rat den Rechtsgelehrten Sebastian Röttinger auf, sich über das, was dem Andringen der Ulmer gegenüber mit der Kronenwirtin anzufangen sei, gutachtlich zu äußern. – Röttinger erklärte, nach den bei allen Gerichten anerkannten Grundsätzen könne man die Verhaftete nicht weiter torquieren und könne sie auch nicht für immer im Gefängnis zurückhalten. Man möchte sie daher unter allerlei Beschränkungen entlassen, d. h. sie vor allem nur von der Instanz entbinden. Der Verhafteten sei zu eröffnen, daß man diese Gnade nur um der gegen sie eingelegten Fürbitte willen ihr zuteil werden lasse, daß sie aber vor der Entlassung aus dem Gefängnis eine ihr noch vorzulegende Urfehde zu unterschreiben habe, und daß sie nach der Entlassung ihr Haus niemals weder bei Tage noch bei Nacht verlassen dürfte. – Die Unglückliche unterzeichnete die Urfehde und ging im Februar 1595 aus der Gefängnishaft in einen immerwährenden Hausarrest über! Das war der Ausweg, den man gefunden hatte! Sie und die Ihrigen riefen späterhin nochmals die Ulmer Gesandtschaft zu Regensburg mit der Bitte an, dahin wirken zu wollen, daß eine angemessene ehrenvolle Freisprechung erfolge und der Hausarrest aufgehoben werde. Gern entsprachen die Ulmer auch diesem Gesuch, jedoch, wie es scheint, ohne Erfolg, da die Akten wohl die Ulmer „Fürschrift“ vom 28. September enthalten, dagegen über eine auf diese bezügliche Entschließung des Rats nichts mitteilen.

So waren die vier Schreckensjahre von Nördlingen, 1590-1594, verlaufen, von denen der Zahlmeister Peter Lemp in seiner Nördlinger Chronik sagt, daß man gesehen, wie während ihnen der Verstand in Nördlingen spazieren gegangen sei. Fünfunddreißig Weiber waren während dieser vier Jahre in der kleinen Stadt in Asche verwandelt worden.

In Dillingen bereiteten 1587 die Jesuiten sieben Hexen zum Tode vor. In Donauwörth gingen die Hexenverfolgungen Hand in Hand mit der kirchlichen Restauration, die Herzog Maximilian nach der Schlacht am Weißen Berge rücksichtslos durchführte. Am 29. November 1608 wurde eine Schustersfrau hingerichtet, die während einer Prozession ein Unwetter gemacht haben sollte. Anna Pucherin, die reiche Witwe eines Kaufmanns, gestand auf der Folter ihre Buhlschaft mit dem Teufel, den sie als schönen, munteren Jüngling schildert, die Teilnahme an Hexentänzen, Wettermacherei und alles, was man sonst wissen wollte. Sie mußte auf den Scheiterhaufen, ihr Vermögen wurde eingezogen. Zugleich mit der Pucherin wurden zwei weitere Hexen verurteilt. Eine wiederholt gefolterte Frau wurde freigelassen, jedoch erst, nachdem man sie in München nochmals auf Befehl des Herzogs peinlich befragt hatte. Die Rückkehr nach Donauwörth indes wurde ihr verboten. Um dieselbe Zeit ließ der Statthalter Bemelding in seiner Pflege Wemding zehn Hexen verbrennen.

In Nürnberg, wo Hans Sachs die weit über seine Zeit erhabenen Worte sang:

„Des teuffels eh und reutterey
Ist nur gespenst und fantasey ...
So du im Glauben Gott erkennst
So kann dir schaden kein Gespenst“

ist ein wirklicher Hexenbrand in dieser Zeit nicht nachweisbar. Vom Jahre 1505 berichtet allerdings der Chronist Heinrich Deichsler recht ausführlich von einer Zauberin in Schwabach bei Nürnberg, die auf der Folter ihre Teufelsbuhlschaft gestand, dann aber ihre Aussagen zurücknahm, trotzdem aber verbrannt wurde. Die 1591 in Malefizbüchern genannten Unholden sind weder in den Aufzeichnungen des Scharfrichtermeisters Franz, noch sonst in Urkunden erwähnt; die Eintragung ist also sehr fraglicher Natur. „Einige milder bestrafte Zauberinnen trifft man in den Jahren 1434, 1468 und 1659, wovon sie die erstere an einen Stock bei der Pegnitz stellten, ihr eine bemalte Inful aufsetzten und einen Teil der Zunge abzwickten, die andere auf eine Leiter banden und kurze Zeit an ein am Markt errichtetes Kreuz hingen, hierauf brandmarkten und davonjagten, die letzte endlich vor die Kirchentüre stellten und auswiesen. 1608 enthauptet man einen Söldner, weil er einen Bund mit dem Teufel geschlossen.

In Osnabrück fand wohl 1501 der erste Hexenbrand statt. Von da ab war ein Menschenalter hindurch Ruhe. Genauere Nachrichten liegen dann wieder von 1561 vor. Nach dem Erlöschen der Pest bestiegen in diesem Jahre sechzehn Frauen den Holzstoß. Zweiundzwanzig Jahre später begann Bürgermeister Hammacher, der in Erfurt und Wittenberg studiert hatte, ein systematisches Würgen, dem im Laufe eines Vierteljahres innerhalb des Weichbildes von Osnabrück 121, in Iburg 20, in Vörden 14 Menschen zum Opfer fielen. 1585 verbrannte man wieder einige „Molkentoversche", d. h. Milchzauberinnen, 1589 an einem Tage vier. Von 1585-1589 wurden in Osnabrück insgesamt 157 verbrannt, 1590 weitere zehn.

Im Orte Ohsen und in Buxtehude kommen 1580 Hexenprozesse vor. Bei der großen Hexenverfolgung vom Jahre 1617 in Vörden wurden vier „Zaubersche" von dem leibhaftigen Teufel im Kerker umgebracht. Einer der „dreier Balbiere", die die Leichname zu untersuchen hatten, schrieb: „Wie der Meister (Henker) seine Instrumente herfür gelangete und sie (die Hexe) auf die Folter gebracht, daß sie torquiert werden sollte, ist sie vor der Tortur, wie sie ausgezogen, tot geblieben, daß der Hals sich hat hin- und herumwerfen und biegen lassen, wie der Scharfrichter solches den umstehenden Herren Verordneten demonstriert hat." Den Vorwurf, die armen Geschöpfe zu hart angegriffen zu haben, widerlegten bereitwilligst die eingeholten Gutachten der Juristenfakultäten von Wittenberg und Helmstädt.

Nach einigen Jahren der Ruhe begannen in der schrecklichsten Epoche des Dreißigjährigen Krieges in Osnabrück die Verfolgungen aufs neue. 1636 wurden 34 meist alte Frauen und 4 Männer hingerichtet. „Unter den angeschuldigten Frauen befanden sich auch zwei aus den vornehmsten Ständen: die Gattin des Apothekers Ameldung und die 82jährige Mutter des vormaligen Bürgermeisters Modemann. Beide Frauen waren durchaus unbescholten, besonders Frau Ameldung lebte als Gattin und Mutter in den glücklichsten Verhältnissen. Ihre Amme, selber der Hexerei geständig, gab dem Untersuchungsrichter die gewünschten Antworten auf die Fragen: „Welches Mädchen ihre Frau mit zum Tanze gebracht, ob es nicht ihre eigene Tochter gewesen? Wie es zugegangen, daß ihre Frau und die Witwe Modemann fast täglich in Ohnmacht fielen und fast eine Stunde ohne Besinnung lägen? Ob nicht ihre Frau den Buhlen oft in Gestalt einer schwarzen Katze und wohl in der Kirche auf dem Schoß gehabt?" Nach zu ihren Ungunsten ausgefallener Wasserprobe gestanden dann die beiden Frauen. Die beiden Gatten appellierten an den König von Schweden als den Landesherrn. Als dessen Befehl eintraf, unter Androhung der härtesten Strafe, das Verfahren einzustellen, war das Urteil bereits gefällt und vollzogen. Im nächsten Jahre fanden mit der Richtung von acht Frauen die Hexenbrände in Osnabrück ihr Ende.

Zu Braunsberg im Ermelande wurden, soweit nachzuweisen, wegen Hexerei Angeklagte, bis über die Mitte des 16. Jahrhunderts nur mit Kirchenbußen und Verbannung bestraft. Erst 1605 wurde in der Altstadt die erste Hexe, 1610 eine andere in der Neustadt verbrannt.

In Erfurt kamen Hexenbrände in den Jahren 1530, 1538 und 1550 vor, in Wittenberg wurden 1540 vier Personen an einem Tage den Flammen übergeben.

Im Breisgau wurden einem fliegenden Blatt zufolge im Jahre 1576 „in etlichen Städten und Flecken an die 136 Unholden gefangen und verbrennt". Nach einer anderen „Neuen Zeitung" desselben Jahres waren es aber nur 55.

Zu Freiburg wurde eine Schweizer Landstreicherin im Jahre 1546 als Hexe gerichtet. Im Jahre 1599 verurteilte das städtische Gericht 18 Freiburger zum Feuertod. Im Jahre 1613 wurde ein Student der Freiburger Universität von einem Pfarrer dem Senat als Hexenmeister angezeigt und von der Anstalt verwiesen.

In der Landvogtei Ortenau begann der Hexenreigen im Juli 1557, wo eine Hexenmeisterin und ihre Schülerin verurteilt wurden. Zwölf Jahre später werden Wolf Lenz, seine Mutter und die Margarete Ketter von Urloffen „meniglich zu einem Exempel dem Nachrichter an die Hand gegeben, auf die gewöhnliche Richtstätte geführt und mit dem Feuer vom Leben zum Tode gerichtet und also ihr Leib, Fleisch, Geblüt und Gebein zu Asche verbrannt". Weitere Prozesse folgen 1573, wo eine Frau auf die Aussage ihres Sohnes verbrannt wird, 1574, 1575, 1595, 1599, 1603.

Aus Speier wird nur ein Hexenbrand gemeldet. Er fand im Jahre 1581 statt.

In Mecklenburg gab es bereits in den Jahren 1336, 1403, 1417 und 1496 Hexenprozesse. „Solche Fälle scheinen aber nur sehr vereinzelt vorgekommen zu sein", sagt der mecklenburgische Historiker Boll. Erst in der zweiten Hälfte des sechzehnten Jahrhunderts nahmen sie im ganzen Lande überhand.

In der im Jahre 1552 veröffentlichten Kirchenordnung wird die Bestrafung des Zaubers als Pflicht der weltlichen Obrigkeit hingestellt, und daß nur das Feuer dieses Verbrechen sühnen kann, geht aus den Polizeiordnungen von 1562 und 1572 hervor. Allerdings soll dieses nur angewandt werden, wenn der Zauberer „Leuten Schaden und Unglück zufügen würde". Daß dies stets der Fall war, dafür sorgte schon die Folter. So züngelten denn allenthalben die Flammen an den Hexen hinan. In einer Schrift vom Jahre 1577 erzählt der Braunschweiger Prediger David Bramer, er sei „vor etzlichen Jahren" im Lande Mecklenburg angestellt gewesen, wo „damals viele Zauberinnen und Wettermacherinnen verbrannt worden".

In der vornehmsten Stadt des Landes, in Rostock, werden im Jahre 1584 siebzehn Hexen und ein Hexenmeister verbrannt, und im gleichen Jahre kommt in Schweriner

Akten sechzehnmal die Formel vor, „ist dies Weib mit dem Feuer vom Leben zum Tode gerichtet".

Doch auch Landstädtchen, wie z. B. Crivitz, „zeigten ihr sonstiges Elend auch in den schmutzigsten Hexenverfolgungen, besonders unter Sorge und Streit um die Hinrichtungskosten".

In Rottenburg am Neckar brannte man am 12. Juli 1583 zwölf, am 7. April 1585 neun Hexen. Die Anzahl der Hexen wurde schließlich so groß, daß der Stadtrat anfing „müde zu werden, solche Leute zu justifizieren, sorgend, daß, wenn man weiter fortfahren sollte, fast keine Weiber mehr übrig bleiben sollten". „So weit", schreibt der Barfüßermönch Malachius Tschamser, „kam die teuflische Bosheit bei diesen leichtgläubigen Leuten; allein kein Wunder: der Teufel hatte sie schon in Luthero verblendet".

Zu Freudenberg in der Grafschaft Löwenstein-Wertheim wurden am 23. Okt. 1591 gleichzeitig sechs Frauen und zwei Männer hingerichtet. Zu einer der Angeklagten sagte der Amtmann während der Folter: „Du mußt bekennen, und sollte ich drei Vierteljahr mit dir umgehen. Da friß Vogel oder stirb!"

In Gelnhausen hatten die Hexenbrände 1584 begonnen. Ein besonders absonderlicher Prozeß spielte sich dort im Jahre 1597 ab. In diesem Prozesse „hat man bei aller Kunstsinnigkeit, die dem Satanus sunst bei dem Hexengeschwürm zu eigen, doch zum erstenmal aus dem wahrhaftigen Zeugnis der Unholdin erlebt, daß er gar in Gestalt von Flöhen und Würmern sich leibhaftig sehen läßt und agiert". Klara Geißlerin, eine neunundsechzigjährige Taglöhnerswitwe, war von einer der Hingerichteten beschuldigt worden als „eine Buhlerin, so es zu gleicher Zeit mit drei Teufeln zu tun und viele Hundert unschuldige Kinder ausgegraben, auch viele Menschen gemordet" habe. Daumenschrauben und Fußschienen ließen sie nun gestehen, daß sie das Blut gestohlener Kinder – „habe wohl bei 60 gemordet" – trinke, mit dem Teufel, der in Katzengestalt stets um sie sei, als Katze verwandelt, nachts über die Dächer fahre und sich erlustige. Dann nannte sie etliche zwanzig andere Unholdinnen, mit denen sie bei den Tänzen gewesen sei. Nach der Folter widerrief sie alles, wurde aufs neue gemartert und gestand das alte und noch viel mehr, um später wieder alles als unwahr zu bezeichnen. Sie wurde „dermaßen unsinnig, daß sie Richter und Knechte vor Gottes Gericht rief". Bei der dritten, mehrstündigen Folter gab sie zu, über 240 Personen „gemördert" zu haben. Sie „habe aus den Teufeln an die 17 Kinder geboren", die sie alle umgebracht, ihr Fleisch gegessen und ihr Blut getrunken habe und viel ähnliches mehr, bis sich der Teufel ihrer erbarmte, da es die Menschen nicht taten. „Der Teufel hat ihr nichtes mehr offenbaren lassen wollen und deshalben (während der Folter) den Hals umgedreht", lautete das Gerichtserkenntnis. In den Jahren 1596 und 1597 waren in diesem Reichsstädtchen 16 Hexen zu Feuer oder Schwert verurteilt worden.

In Göttingen war der Magistrat seit dem Jahre 1561 fast unaufhörlich mit Hexenprozessen beschäftigt. „Die Zauberinnen bekannten, wie gewöhnlich eine auf die andere, und die Inquisitores verfuhren so scharf, daß fast kein Weib für der peinlichen Frage und dem Scheiterhaufen sicher war“. In Osnabrück begann das Hexenbrennen im Jahre 1583 unter der Leitung des Bürgermeisters Hammacher, der in Erfurt und Wittenberg studiert hatte, in so großem Stil, daß in drei Monaten allein 121 Personen aus Osnabrück den Holzstoß besteigen mußten. Dabei loderten rings um Osnabrücks Weichbild noch die Flammen. In Iberg fanden 20, in Verden 14 den Tod.

Von 1585 bis 1589 wurden in Osnabrück insgesamt 157 verbrannt, „aber 4, so die Schönsten, hat der Teufel lebendig davon weggeführt in die Luft, ehe sie ins Feuer gekommen sind“. Wer sich da wohl Teufelsmasken vorgebunden haben mochte? Über Wittenberg lag Janssen aus dem Jahre 1540 ein Holzschnitt vor, nach dem an einem Tage vier Personen eingeäschert wurden. Von katholischen Priestern, die dem Hexenwahn zum Opfer fielen, teilt Dr. Hennen aus der Diezöse Trier folgende mit: Pastor Johann Weltroch zu Mehring, 1588, Dechant Schweich zu Longuich, 1589, Dechant Christian zu Waldrach, 1590, Dechant Peter Homphaeus zu Pfalzel, 1591, Johann Malmunder, Abt zu St. Martin, 1590, J. N. Kapellan zu Trittenheim, 1592, Mathias N., Pastor zu Bescheid, 1593, Pastor Jost zu Büdelich, 1593 und noch andere mehr.

Hexen im Bistum Trier zu Anfang des 17. Jahrhunderts

Von Westfalen ist aus der zweiten Hälfte des fünfzehnten Jahrhunderts nur ein Hexenprozeß überliefert, der sich 1466 in Siegen abspielte. Am 26. Februar 1514 wurden in Recklinghausen bei Dortmund elf „molkentoverschen“, die ein Jahr vorher einen Sturm erregt haben sollen, „umbracht“, d. h. „mit vuer“ verbrannt. Um dieselbe Zeit saßen in Dortmund drei Hexen gefangen; sie gingen aber schließlich frei aus.

Am 24. Juli 1522 wurden in Dortmund die Leichname von Johann Dietel und Didrich Venijn, zweier Mordbrenner, die sich dem Teufel verschrieben hatten, verbrannt. Sie hatten sich im Gefängnis erwürgt, wenn ich die altplattdeutsche Stelle in Dietrich Westhoffs Chronik richtig lese.

In den südlichen Teilen des kurkölnischen Herzogtums Hannover begannen die Hexenprozesse erst mit dem Jahre 1584. Sie wüteten besonders in den Jahren 1590 bis 1595. „Als im März 1592 viele Hexen eingezogen werden mußten und viel Böses und Mordtaten bekannten, wurde allen Pastoren zum höchsten befohlen und eingebunden, gegen die Zauberei auf der Kanzel zum heftigsten zu predigen.“ Gegen Ende des Jahrhunderts hören die Verfolgungen auf, um etwa ein Vierteljahrhundert später wieder mit Nachdruck einzusetzen.

In der hinteren Grafschaft Sponheim war 1586 eine Frauensperson eingezogen worden, die der Zauberei angeklagt war. Sie ward von dem Gericht „mit allem Ernst in der Güte auf viele Wege examinirt", war aber zu keinem „Geständnis" zu bringen. Sie ward daher auf die Folter genommen; allein da sie den ersten Grad der Tortur standhaft ertrug und beharrlich ihre Unschuld beteuerte, so erklärte das Gericht von einer Fortsetzung der Tortur abstehen und die Angeklagte entlasten zu müssen, „obwohl der Nachrichter wie auch männiglich sie für eine große Zauberin halte."

In Ersingen und Bilfingen (Baden), wo in den Jahren 1573 und 1576 bereits mehrere Hexen gerichtet worden, baten Schultheiß, Gericht und Gemeinde 1577 den Markgrafen Christoph von Baden, er möge sie doch um Gottes willen von ihren vielen bösen Weibern befreien, die mit Lähmung und Tötung des Viehs großen Schaden anrichteten. In Ersingen stand eine Hebamme in solch schwerem Verdacht der Zauberei, daß in ihrer Gegenwart die Pfarrer kein Kind mehr taufen wollten.

Unter den Fürsten und Gewalthabern im Deutschen Reich nimmt Landgraf Philipp der Großmütige von Hessen (1509-67) in der Beurteilung der Hexerei und des Zauberglaubens eine fast alle überragende Stellung ein. Eine klassische Kundgebung der Geistesfreiheit dieses großen Fürsten liegt insbesondere aus dem Jahre 1526 vor. Der Amtmann zu Lichtenberg hatte damals an den Landgrafen nach Speier berichtet, daß mehrere böse Weiber durch Zauberei entsetzlichen Schaden angerichtet hätten. Er habe sie (wie es scheint, peinlich) verhört, und eine, die der Hexerei geständig sei, habe er noch in Haft. Der Amtmann bat nun, ihn zur weiteren Behandlung der Verhafteten zu instruieren. Der Landgraf beschied jedoch am 1. August 1526 den Amtmann, er solle in dieser Sache ja nicht zu eilig vorgehen, „nachdem es ein zweifelig Ding ist". Es sei, bezüglich der Verfolgung angeblicher Zauberer und Zauberinnen, wohl zu beachten, „daß vielen Leuten könne darin Unrecht geschehen". „Darum", so fährt Philipp fort, „so wollest Du die Frau, die noch in Haft ist, nochmals in der Güte, ohne Pein, auf alles ihr getanes Bekenntnis fragen lassen, und wo sie es also bekennt, ihr alsdann ihr Recht widerfahren lassen. Und dieweil sie auch noch mehr Leute bekannt hat, wo dann solche Personen deshalb etwas ruchbar und in einem bösen Leumund sind, so wollest Du die auch in Haft nehmen, und sie in dem Gefängnis gütlich, auch ernstlich, mit Bedräuung, ohne Pein anreden und fragen, daß sie ihnen selbst zugute die Wahrheit bekennen und sich vor weiterer Pein und großer Marter verhüten wollten, damit nicht etwa ein Unschuldiger möchte gepeinigt und unverdienter Sache gestraft werden." Diese Stellung des Landgrafen zur Hexenfrage der Zeit trug wesentlich dazu bei, daß in Hessen bis in die zweite Hälfte des Jahrhunderts hinein von Hexerei wenig, und von Hexenverfolgung gar nicht die Rede war. Daher ist auch unter Philipp in Hessen niemals jemand wegen Hexerei am Leben gestraft worden.

Allerdings wissen wir von einem Prozeß gegen eine Hexe zur Zeit Philipps, in dem von der Juristenfakultät zu Marburg auf Verbrennung erkannt wurde. Er betraf ein Weib aus der Obergrafschaft Katzenellenbogen, die vor dem Zentgrafen und Schöffen zu Gerau im Dezember 1564 auf peinliche Befragung, jedoch „extra torturam", erklärt hatte, daß sie mit dem Teufel „Spitzhut“ wiederholt gebuhlt, sich von Gott losgesagt, an den Tänzen der Hexen teilgenommen und viele Menschen an ihrem Besitz geschädigt. Allein hernach nahm die Inquisitin ihre Aussagen zurück, indem sie erklärte, daß sie das Ausgesagte nicht in Wirklichkeit getan, sondern nur infolge teuflischer Berückung sich dieser Vergehen schuldig bekannt habe. Der Teufel sei doch ein Lügner von Anfang an, dem nicht zu glauben sei. Auch sei er ein geistiges Wesen ohne Leib, könne also keinen geschlechtlichen Umgang ausüben. – Nun erklärte die Juristenfakultät zu Marburg, daß Angeklagte für eine Vera saga zu halten sei, die mit ihrer Zauberei Menschen geschädigt habe und daher zu verbrennen sei. Über den Vollzug dieses Urteils wird jedoch nichts gesagt.

Auch unter dem ältesten Sohne Philipps, dem Landgrafen Wilhelm IV. den Weisen von Hessen-Cassel, ist in dem von ihm regierten Niederhessen keine Hexe verbrannt worden. Allerdings war auch er von den Vorstellungen seiner Zeit abhängig. Als im Jahre 1571 zu Allendorf a. d. Werra durch verdächtige Weiber an einem Knaben allerlei Gaukeleien verübt wurden (sie brachten aus seinem Auge Fliegen, Kalk, und große Stücke Holz hervor) und Landgraf Wilhelm deshalb den damals als Humanist und Naturforscher vielgenannten Joachim Camerarius um Rat fragte, übersandte ihm dieser eine Abhandlung über die Erforschung der Dämonen, tadelte die Folterung vermeintlicher Zauberinnen als abergläubisch und grausam und erklärte die Wasserprobe für durchaus unsicher. Allein Wilhelm antwortete: Er müsse das Recht ergehen lassen und könne nach dem Beispiel benachbarter Obrigkeiten die Wasserprobe nicht ganz verwerfen. Denn wenn er gleich nicht verstehe, wie es zugehe, daß solche Zauberinnen nicht untergingen, so schienen doch die von ihnen verübten Gaukeleien übernatürlich zu sein. Es gebe noch mehr Geheimnisse, wie die Wirkungen des Magnets, die er Gott anheim stelle. – Diese Antwort des Landgrafen gab nun Camerarius Veranlassung, ihn in ernstester Weise vor dem Gräuel der Hexenverfolgung und Hexenverbrennung zu warnen, wobei er ihm insbesondere das Geschick einer unglücklichen Frau zu Ellwangen vorhielt, die darum, weil ihr dem Trunk und Spiel ergebener Sohn ihr nachgesagt, daß der Teufel ihr Geld gebracht habe, durch die grausamste Tortur zu einem falschen Geständnis getrieben und hingerichtet worden sei.

Wie es scheint, blieben diese Vorstellungen auch nicht ohne Erfolg; wenigstens kamen, solange Wilhelm regierte, in Hessen-Cassel keine Hexen Verbrennungen vor.

Die erste Diskussion über die Zauberei und deren Verfolgung trat in 1575 hervor, indem bei dem zu Marburg residierenden Landgrafen Ludwig von Oberhessen zwei im Amte Blankenstein ergriffene Frauenspersonen, Mutter und Tochter, die im Geruche der Zauberei standen und sich auch gegenseitig „Zäubersche“ schimpften, nach Marburg in Haft gebracht waren. Der Landgraf kam über diesen Fall in die größte Not; denn gegen die Verhafteten ohne weiteres nach der peinlichen Halsgerichtsordnung des Reichs verfahren zu lassen, hinderte ihn sein Gewissen. Daher legte er die Sache der gerade damals in Marburg versammelten Generalsynode Gesamthessens vor, die er aufforderte, sein Gewissen zu beraten. Bei der hierdurch veranlaßten Diskussion der Synode zeigte es sich, daß ihre Mitglieder von dem Glauben an einer mit teuflischer Hilfe zu bewerkstelligenden Zauberei beherrscht waren. Schließlich mochte aber die Synode sich nicht in diese Angelegenheit mischen, die gar nicht vor ihr Forum gehöre, und überließ es dem Landgrafen, sie nach Recht und Gesetz untersuchen zu lassen.

Mit dieser Kundgebung der Generalsynode war jedoch Landgraf Wilhelm durchaus nicht zufrieden, weshalb er alsbald durch ein Generalausschreiben alle Pfarrer Niederhessens aufforderte, das Volk zu belehren, daß die Zauberei niemanden schaden könne, wenn man nicht daran glaube. Denn der böse Feind habe keine Macht, wo man ihm nicht Raum gebe.

Anders aber als Landgraf Wilhelm dachte dessen jüngerer Bruder Georg zu Darmstadt, der gegen Ende des Juni 1582 mehrere Frauenspersonen als überführte Hexen verbrennen ließ. „Der Teufel ist ganz und gar ausgelassen“, schrieb der Landgraf im Jahre 1582 an Otto von Tettenborn, seinen Abgeordneten auf dem Augsburger Reichstage, „und wütet ebensowohl an anderen Orten als hier dieses Ortes umher: wie wir dann Euch nicht genugsam zuschreiben können, was für seltsame greuliche Händel mit den Hexen oder Zauberinnen allhier verlaufen und was uns dieselben zu schaffen geben. Dann wir nunmehr die alten fast abgeschafft und hinrichten lassen, so kommt es aber jetzo an die jungen, von denen man nicht weniger als von den alten sehr abscheuliche Dinge hört.“

Um so erfreulicher war die für jene Zeit wahrhaft imponierende Freigeistigkeit der in diesem Jahre zu Marburg versammelten Generalsynode in ihrer Auffassung der Hexerei und des Teufelsspuks.

Hier teilte nämlich der Superintendent Meier zu Cassel mit, in Cassel sei ein gewisser Hans Badstuber, der angeblich vor einer Reihe von Jahren mit dem Teufel einen Pakt auf zwölf Jahre abgeschlossen habe, nach deren Ablauf er dem Teufel verfallen sein wollte. Da nun die Verfallzeit seiner Seele bevorstehe, und er deshalb in großer Not sei, so bitte er, daß ihm seitens der Kirche gegen den Teufel Schutz und Hilfe gewährt werden möge. Der Superintendent fügte hinzu, vorläufig habe er den Badstuber ermahnt, gegen die Anfechtungen des leidigen Satan die Waffen des Gebets zu gebrauchen und den Bund zu halten, den er in der Taufe mit seinem Gott und Heiland geschlossen habe, um den Bund mit dem Teufel aber sich nicht zu kümmern. – Diese Mitteilung war natürlich der ganzen Synode sehr überraschend; aber nicht eine Stimme forderte, daß gegen den Badstuber peinlich vorgegangen würde. Vielmehr wurde mehrseitig geäußert, daß möglicherweise die ganze Geschichte erlogen sei, und schließlich vereinigte man sich zu dem Beschluß, der Badstuber sollte in spezielle kirchliche Aufsicht genommen, zum täglichen Besuch der Gottesdienste angehalten, für ihn als für eine vom Teufel angefochtene Person gebetet und er eventuell in Kirchenbuße genommen und öffentlich absolviert werden. Von einer „Leibesstrafe“ aber habe man, „weil dieser Fall mehr durch des bösen Feindes betrübliche Nachstellung als durch des Badstubers Rat und zeitigen Vorbedacht geschehen“, Abstand zu nehmen.

Weiterhin wurde angezeigt, daß sich eine der Hexerei bezichtigte Frau zu Darmstadt durch ihr Davonlaufen verdächtig gemacht habe. Sie sei allerdings zurückgekehrt, allein sie sage selbst, daß sie des Teufels sei und daß der Teufel in ihrem Namen getan habe, was man ihr schuld gebe. Es frage sich daher, wie man gegen sie zu verfahren habe. Der Berichterstatter fügte jedoch hinzu, man habe ein groß Geschrei gemacht, daß die Angeklagte mehrere Eheweiber behext habe; es sei dieses aber jedenfalls erlogen. – Diese Mitteilung gab zu einer Diskussion über das Zauberwesen überhaupt Veranlassung. Die Stellung der meisten Synodalen zu der Frage war in der von dem Hauptmann von Ziegenhain, Eitel v. Berlepsch, als landesherrlichem Kommissar abgegebenen Erklärung dargestellt: Er sei der Meinung, ein Christ solle nur den Teufel und die Zauberei verachten, und der Teufel habe verloren. Wenn man aber die bösen Künste hochachte und sie fürchte, so habe der Teufel gewonnen. – Am ausführlichsten sprach sich der damalige Stadtpfarrer zu Marburg, H. Herder, aus: Wenn die Zauberin zu Darmstadt erkläre, der Teufel möge das ihr schuld Gegebene in ihrem Namen getan haben, so sei dieses wohl zu überlegen. Denn es sei bekannt, wie der Teufel durch seine betrüglichen Eingebungen bei den zauberischen Tänzen die Hand im Spiele habe, indem wohl etliche dabei zugegen sein möchten, aber sehr viele nur durch die Berückung und Gaukelei des Satans dabei gewesen zu sein vermeinten. Auch stelle des Teufels Trug dabei gar manchmal imagines innocentissimorum hominum als Zauberer vor und bringe sie dadurch in bösen Verdacht. Der Satan suche die von ihm Besessenen auch durch Träume zu berücken; daß sie glauben müßten, sie hätten das in Wahrheit erlebt oder die Dinge wirklich getan, mit denen sie nur im Traume zu tun gehabt hätten. Man solle das Volk darüber belehren, daß ohne Gottes Willen die Zauberei keinem Menschen Schaden bringen könnte, und wenn jemand durch sie geschädigt zu sein glaube, so solle er sagen: Dominus dedit, Dominus abstulit. Auch solle man das Volk ermahnen, sich mit der Waffe des Gebets gegen die Anläufe des Teufels zu schützen und nicht alles, was unerklärlich erscheine, für des Teufels Blendwerk zu halten. Denn gar vieles sehe man als Zauberei an, was doch mit ganz natürlichen Dingen zugehe.

Während in Niederhessen bis zu des Landgrafen Wilhelms IV. Tod (1592) nicht eine Hinrichtung wegen Hexerei vorkam, nahm in den anderen hessischen Territorien, nämlich in dem von dem Landgrafen Ludwig zu Marburg regierten Oberhessen und in Hessen-Darmstadt, eben damals die Hexenverfolgung ihren Anfang.

Im Jahr 1584 klagte ein achtzigjähriger Greis zu Nidda bei dem Landgrafen Ludwig zu Marburg, seine Frau sei der Hexerei angeklagt und deshalb mit der scharfen Frage angefaßt und gemartert, endlich aber unschuldig befunden und allen Verdachts freigesprochen worden. Gleichwohl wolle sie nun der Rentmeister zu Nidda als eine verdächtige Person in der Stadt nicht dulden.

Im Jahre 1591 war eine Frau wegen Verdachts der Hexerei torquiert und als schuldlos entlassen worden. Ihr Mann bat nun den Landgrafen Ludwig, den Kläger zum Schadenersatz anzuhalten, weil seine Frau durch die Tortur zum Krüppel geworden sei.

Im Jahre 1595 wurde eine Hexe auf der Amöneburg verbrannt, während viele andere Verdächtige in Haft waren.

Die heftigste Hexenverfolgung fand aber in den Jahren 1596-1598 statt. Aus allen Ämtern des Landes wurden damals Verdächtige, meist nach Marburg, in Haft gebracht.

In der Landgrafschaft Hessen-Darmstadt stellte Landgraf Georg(† 1596) eine peinliche Gerichtsordnung auf, die für dieses Land die erste gegen das Hexenwesen gerichtete Strafbestimmung brachte. In ihr heißt es: „Die Zauberei ist ein gräuliches, sonderbares, ungöttliches, hochsträfliches Laster, das jetziger Zeit fast allenthalben unter den Weibspersonen durch Gottes gerechten Zorn und Verhängniß eingerissen, daher die Beamten mit allem Fleiße inquiriren, alsbald eine Person des Lasters bezüchtigt und ein Geschrei erschollen, da es sich befindet, daß eine publica vox et fama sei, zu Haften bringen sollen.“ Nach dieser Vorschrift wurde denn auch in Darmstadt alsbald wacker Hand ans Werk gelegt. Nach der „Warhafften und glaubwürdigen Zeyttung von 134 Unholden“ (Straßburg 1583) ließ Landgraf Wilhelm am 24. August 1582 zu Darmstadt zehn Weiber verbrennen „und ist ein Knab von 17 und ein Meidlein von 13 Jahren darunter gewesen“. Eine im Jahre 1582 zu Marburg verbrannte Hexe hatte auf der Folter ausgesagt: Der Teufel mache sie unsichtbar, daß sie in die Ställe kommen und dem Vieh das Gift einblasen könne; vor etlichen Jahren habe sie sich abends beim Feuer dem Teufel mit ihrem Blute, so er ihr mit einer Klaue von der Stirn genommen, verpflichtet und verbunden; ihre Mutter, die eine Königin unter den Hexen, sei dabei gewesen. Im Jahre 1583 wurde in Marburg einer Frau gleichzeitig mit ihren zwei Töchtern das Todesurteil gesprochen. Im Jahre 1585 waren in Darmstadt nicht weniger als dreißig Personen wegen Hexerei in Untersuchung, von denen siebzehn hingerichtet, und sieben des Landes verwiesen wurden. Eine Unglückliche machte ihrem Leben selbst ein Ende.

In der Landgrafschaft Hessen-Cassel (Niederhessen) dagegen hielt man sich noch immer an die alte Reformationsordnung von 1573, die alle Wahrsagerei, Kristallseherei und dergleichen Aberglauben streng zu ahnden befahl; dagegen war hier von der Hexerei noch immer keine Rede. Ein ganz vereinzelt dastehender Fall war die in einer Schmalkalder Chronik zum Jahre 1598 erwähnte Verbrennung einer Hexe, die „die Milch der nachbarlichen Kühe stehen gemacht, sechs Pferde gesterbt und das aus dem Munde genommene hl. Abendmahlsbrot in ein anderes Brot gebacken und auf Anstiften des Satans ihrem Sohne zu essen gegeben“. Es wird dabei bemerkt, daß ähnliches seit hundert Jahren nicht vorgekommen sei. Im eigentlichen Niederhessen ist der erste aktenmäßig feststehende Fall, daß ein wegen Zauberei Angeklagter, Joh. Köhler, genannt Stölzelfuß aus Niederurf, „durch Richter und Schöffen zur scharfen Frage erkannt“ wurde, im Jahr 1605 vorgekommen. Seitdem nahmen die Hexenprozesse freilich auch in Niederhessen überhand. Doch ist zu beachten, daß einer der ersten, der auf die gefährliche Anwendung der Tortur aufmerksam machte, ein Hesse war, nämlich Ludwig Gilhausen.

In der Grafschaft Nassau-Dillenburg, wo bereits 1458 eine „zaubersche“ verbrannt, eine andere gefoltert worden war und auch später noch die Henker viele Arbeit mit dem Hexenvolk hatten, wurde der Ausbruch der Hexenverfolgung am Ende des sechzehnten Jahrhunderts für geraume Zeit durch den trefflichen Grafen Johann VI. († 1606) – der die Leibeigenschaft in seinem Lande aufhob und für die Hebung der geistigen Bildung seines Volkes sehr tätig war, auf- aber nicht hintangehalten. Es liegt von ihm ein Erlaß vom 28. Juli 1582 vor, in dem er sagt, daß er trotz vielfältiger Klagen über Beschädigungen von Menschen und Vieh, die „von Zauberinnen entspringen sollen“, und trotzdem ihm die angeblichen Hexen genannt worden seien und ihre Ausrottung verlangt werde, doch nicht gegen sie vorgegangen sei, sondern er habe erst bei sich selbst nachgedacht, dann habe er sich bei vornehmen Standespersonen und in- und ausländischen Rechtsgelehrten erkundigt und sei zu dem Resultat gelangt, daß man in Sachen, die Leib und Leben und der Seelen Seligkeit betreffen, nicht „liederlich“ und auf bloße Anzeige hin handeln, auch niemanden vor eingezogener besserer Erkundigung angreifen, geschweige denn mit ihm zum Feuer eilen dürfe. Damit er aber jederzeit wissen möge, was es mit denjenigen, die als „Hexen oder Zauberinnen angegeben werden“, für eine Beschaffenheit habe, so sollten sich die Schultheissen jedesmal bei den Heimburgen, bei vier Geschworenen und anderen unparteiischen Leuten im Stillen erkundigen, wodurch die angeschuldigten Personen in den Verdacht der Hexerei gekommen wären, ob gegründete Beweise für die ihnen zur Last gelegte Schadenstiftung vorhanden und namentlich, „wie sie sich von Jugend auf bis anhero erzeigt, ob sie sich christlich und fromm, auch aller guten Nachbarschaft beflissen und sich diesfalls unbescholten verhalten hätten“. Nichtsdestoweniger wurde während der Regierung dieses Grafen Johann bis zum Jahre 1600 an 16 Weibern und 4 Männern wegen Hexerei die Todesstrafe vollstreckt.

Besonders merkwürdig ist ein nassauischer Prozeß aus den Jahren 1592-1594. Entgen Hentchens Mutter und ihre beiden Schwestern waren in Montabaur als Hexen verbrannt worden, als auch sie auf Beschuldigung einer mit ihr verfeindeten Verwandten eingezogen wurde. Am 29. Juni 1594 wurden ihr die Daumschrauben angelegt, durch Zangen die Schienbeine zerquetscht, dann die Armknochen aus den Schultergelenken gerissen, ohne daß sie gestand. Zwei Tage später wieder gefoltert, sagte sie, sie hätte den Satan nie erkannt. „Mit der Zang und den Schrauben zugleich angegriffen, will nichts bekennen, sentiert keinen Schmerz, ist ihr nicht anzukommen, ist am letzten wie am ersten“, lautet das Protokoll. Selbst als sie mit Lichtern oder Schwefel an der Brust, unter den Achseln und an den Fußsohlen gebrannt und mit brennendem Pech beträufelt wird, leugnet sie. „Entgen," sagen die Akten vom 16. Juli, „abermals mit der Folter sentiert, einmal oder zweimal aufgezogen, mit Feuerwerk sehr geschreckt(!), will sich nicht zum Bekenntnis geben." Auf Bürgschaft ihres Mannes wird das standhafte Weib gegen Urfehde entlassen.

In Hamburg begann bereits früh die Justiz vom Boden des alten Rechts sich zu dem die Hexenprozesse charakterisierenden Willkürverfahren hinzuneigen.

Ein besonders markanter Fall betraf einen der ersten Märtyrer der Reformation, Heinrich von Zütphen, den ein hamburgischer Offizial durch seinen Vikar Johann Schnittger am 11. Dezember 1524 zum Scheiterhaufen verurteilen ließ. Das Urteil lautete: „Dieser Bösewicht hat gepredigt wider die Mutter Gottes und wider den christlichen Glauben, aus welcher Ursache ich ihn vonwegen meines gnädigsten Bischofs zum Feuer verurteile." Doch kamen derartige Fälle zurzeit in Hamburg wie anderswo nur ganz vereinzelt vor. Anders aber wurde die Sache, als man in Hamburg die Folter eingeführt, worauf sogleich Hexenverfolgungen begannen. Der erste Fall, wo in Hamburg erweislich die Tortur zur Anwendung kam, war auch der erste Fall einer größeren Hexenverfolgung. Am 16 Juli 1555 nämlich wurden zu Hamburg von vierzehn Hexen, die in Haft waren, zwei zu Tode gepeinigt und vier, darunter die „Vögtin aus Hamm", lebendig verbrannt. Schon 1556 wurde sodann am 25. Juli ein Hexenmeister samt seinen Kameraden lebendig mit dem Feuertode bestraft. Dasselbe geschah am 12. August 1576 mit fünf Hexen. Später wurden am 12. August 1581 sechs Hexen, am 8. März 1583 eine, die Abelke Bleken, und am 26. August desselben Jahres fünf Hexen verbrannt. Auch werden Hexenverbrennungen zu Hamburg aus den Jahren 1589, 1591 und 1594 überliefert.

In Hamburg erschien auch damals (1587) die erste niederdeutsche Druckschrift über den Hexenprozeß unter dem Titel: De Panurgia lamiarum, sagarum strigum ac veneficarum totiusque cohortis magicae Cacodaemonia LL. III., Dat ys: Nödige vnd nütte vnderrichtinge, 1) Van der Töverschen geschwinden list vnd geschicklichkeit quadt to donde; 2) Vnde dat Töverye eine düvelsche Sünde sy, de wedder alle teyn Gebade Gades strydet; 3) Vnde, wo eine Christlike Ouericheit mit sodanen gemeinen Fienden Minschlikes geslechtes vmmeghan schöle. Durch M. Samuelem Meigerium, Pastoren tho Nordtorp in Holstein (Malachiä 3).

Sehr geringen Anklang scheint die Hexenverfolgung im sechzehnten Jahrhundert in Lübeck gefunden zu haben; wenigstens werden aus den Gerichtsannalen des klösterlichen Vogteigerichts zu Lübeck nur drei Fälle aus den Jahren 1551, 1581 und 1591 erwähnt. Im Falle von 1551 dringen aber die Angeklagten selbst mit Ungestüm auf Untersuchung der gegen sie erhobenen Anschuldigung, wobei eine Frau äußert: „Will mir Gott nicht helfen, so helfe mir der Teufel", infolgedessen sie peinlich verhört, zum Bekenntnis gebracht und hierauf zum Feuertode verurteilt wird. Der Prozeß von 1591 endete damit, daß der Ankläger verhaftet wird und der Angeklagten 33 Schill. für ihre Unkosten, sowie 60 Schill. Buße an das Kloster zahlen muß.

In der Reichsstadt Nordhausen erfolgten die ersten Hexenverbrennungen, von denen wir wissen, im Jahre 1573. Etwas Eigenartiges tritt in der dortigen Zauberei insofern hervor, als die beiden in diesem Jahr verbrannten Hexen die Geschicklichkeit besaßen, den Leuten Elben (Plagegeister) im Namen des Teufels massenweise anzuhexen, und sie auch im Namen Gottes aus den Menschen wieder zu vertreiben.

Molkenzauberinnen: der Axtstiel wird gemolken
Geiler von Kaisersberg, Emeis, Straßburg

Auffallend früh und mit besonderer Heftigkeit trat die Hexenverfolgung in den an romanische Gebiete angrenzenden deutschen Landen hervor.

Im Elsaß begannen die Hexenprozesse im 16. Jahrhundert, erreichten aber erst nach 1570 ihren Höhepunkt. In diesem Jahre wurden in Schlettstadt vier Hexen zum Scheiterhaufen geführt und „hat man mit Brennen nicht nachgelassen so lang, bis diese Personen ganz und gar zu Pulver und Asche verbrannt worden". Eine dieser „Hexen" hatte „die wohlgenannten Herren für das jüngste Gericht geladen". Eine fünfte Hexe starb im Gefängnis.

In Straßburg fand an vier Oktobertagen des Jahres 1582 ein furchtbares Brennen statt. Während der Jahre 1586-1597 wurden zu Rufach 37 und bei St. Amarin beiläufig 200 Hexen zum Tode geführt. Eine Chronik des Städtchens Thann berichtet: „Im Wintermonat 1572 hat man allhier angefangen, vier sogenannte Hexen zu verbrennen, und hat dergleichen Exekution gewährt bis Anno 1620, also daß innerhalb 48 Jahren nur allein hier, teils von hier, teils von der Herrschaft (den umliegenden Vogteien und Meiertümern) bei 152, darunter nur etwan acht Mannspersonen gewesen, eingezogen, gefezt, gefoltert, hingerichtet und verbrennt worden, teils mit teils ohne Reue. Unter währender dieser Zeit sind dergleichen Exekutiones so gemein gewesen, daß nur im Elsaß, Schwaben und Breisgau 800 dergleichen Personen verbrannt worden, dergestalten, daß man glaubte, daß je mehr und verbrennt wurden, je mehr dergleichen Hexen und Zauberin gleichsam aus der Aschen hervorkriechten." In diesem fanatischen Neste bestiegen oft fünf bis acht Frauen zusammen den Scheiterhaufen, darunter Greisinnen von 92 und 93 Jahren. Manche Verurteilte wurden noch auf dem Wege zur Richtstätte alle 100 oder 1000 Schritte mit glühenden Zangen gezwickt oder an dem Schweif feuriger Rosse zum Scheiterhaufen geschleift. Und doch war all dies gewissermaßen noch ein harmloses Präludium zu den späteren Hexenbränden, denen in den Jahren 1615-1635 im Bistum Straßburg etwa 5000 Frauen und Mädchen zum Opfer fielen.

In Flandern wütete die Hexenverfolgung durch die ganze zweite Hälfte des sechzehnten und während des siebzehnten Jahrhunderts.

Am 12. Juni 1527 ließ in Stuttgart der Vogt Fürderer die Witwe Margareta Lösin, da sie eben vom Eßlinger Markt kam, unter dem Tor gefangen nehmen, weil vor vielen Jahren die Rede gewesen, sie sei eine Unholdin, habe mit dem Teufel Gemeinschaft gehabt und sei auf einer Ofengabel über ihren Gartenzaun geritten. Der Lösin wurden die Haare abgeschnitten, sie kam auf die Folter, wurde aufgezogen und mit Ruten gehauen, die Schienbeine wurden ihr mit in Pech getauchten und angezündeten Lumpen verbrannt, das Seil preßte ihren Kopf zusammen, ihre Füße kamen in „Schweinsschuhe", die man über einem Kohlenbecken röstete, sie wurde auf einen Stuhl gebunden und mit glühenden Kohlen überschüttet. Als sie trotz all dieser Martern nicht bekannte, sperrte man sie in einen dachlosen Turm auf dem Reichenberg, in dem sie drei volle Jahre schmachten mußte, dann trieb man sie aus dem Land.

Österreich hielt sich, vereinzelte Vorfälle abgesehen, von den Greueln der Hexenverfolgung ziemlich lange frei. So fand um 1350 in Brünn ein Prozeß wegen eines Todes durch Behexung statt.

Jacques Callot, Die Versuchung des hl. Antonius

Aus dem Jahre 1499 wird von einer „Alraune" zu Wien berichtet, der Landeshauptmann und Bürgermeister mit vierundzwanzig Gewappneten auf dem Lande nachgestellt hatten. Man will nun zwar nicht die „Alraune", aber ihren Gefährten bei Dürnkrut gefaßt haben. Er soll mit dem Schwerte hingerichtet und verbrannt worden sein.

Ein Jahr vorher, am 21. Oktober, wurden gleichfalls zwei Alraunen, Zauberwurzeln, die unter dem Galgen wuchsen, namens Catzett und Sigl verurteilt und hingerichtet, obwohl der Henker sie, wahrscheinlich ihre Rache fürchtend, „nicht hat richten wollen". Man hatte daher den Scharfrichter von Krems herbeiholen müssen, dem – und das ist ebenfalls zu beachten – nach geschehener Exekution „das Schwert neu gefaßt und zugerichtet wurde". Dieses ist der einzige aktenmäßig feststehende Wiener Fall im fünfzehnten Jahrhundert.

Auch um die Mitte des sechzehnten Jahrhunderts treten in Österreich nur wenige Fälle von Hinrichtungen hervor. Großes Aufsehen erregte die 1540 an Barbara Pachlerin, die auf dem Hexenstein im Tiroler Sarntal ihr höllisches Unwesen getrieben, vollzogene Exekution. Sie wurde durch den Henker von Meran zu Asche verbrannt.

Der nächste Fall, dessen Akten noch vorhanden sind, gehört dem Jahre 1582 an. Er betraf ein sechzehnjähriges Mädchen, Anna Schlutterbauer aus Mank in Oberösterreich, und deren Großmutter, die siebzigjährige Elisabeth Plainacherin. Das junge Mädchen litt an Krämpfen und galt für besessen, weshalb es auf kaiserlichen und bischöflichen Befehl exorziert werden sollte. Die Jesuiten, denen man nun diese ehrenvolle Operation zuwies, bereiteten sich alsbald durch Fasten, Geißelung und andere dem Teufel verhaßte Werke auf ihr schwieriges Vorhaben vor. Doch war der Kampf der frommen Väter mit dem hartnäckigen und verschmitzten Satan nicht leicht. Er dauerte (zuerst in St. Pölten begonnen, dann in Mariazell und schließlich in der St. Barbarakirche auf dem Alten Fleischmarkt zu Wien fortgesetzt) geraume Zeit. Endlich aber (am 14. August 1583) gewannen die Patres doch die Oberhand, indem sie nicht weniger als 12652 lebendige Teufel aus dem Leibe des Mädchens austrieben. Das Mädchen wollte gesehen haben, wie seine Base die Teufel als Fliegen in Gläsern bewahrte, mit Teufeln umging, ihr einen Apfel geschenkt hatte, in dem der Teufel als Wurm hauste usw. Die Greisin wurde nach den Beteuerungen ihrer Unschuld erst mit zwei, dann mit drei Steingewichten auf der Leiter gestreckt, und schließlich bekannte sie nicht nur alles, sondern noch mehr als man haben wollte. – Vergeblich hatte der Stadtrichter Adam Altensteig anfänglich beantragt, die Greisin als eine altersschwache Person in einem Versorgungshaus unterzubringen; er mußte sie schließlich verurteilen, worauf sie zum Richtplatz auf zwei Brettern, die mit Stricken an einen Pferdeschwanz gebunden waren, geschleift und dort verbrannt wurde.

Aus dem Jahre 1588 wird berichtet, daß man in Wiener-Neustadt zwei Zauberinnen und einen Zauberer, die Ungeziefer machten, gefangen hatte. Ein Inquisitor wurde verschrieben, der auch nach Wien kam, aber am Tage nach seiner Ankunft im Bette tot gefunden wurde. –

Der Hexenprozeß war zwar immer noch nicht recht im Gange, aber die Folter tat schon ihre Dienste.

In den Jahren 1601 und 1603 waren zwei arme Weiber als angebliche Hexen im Kriminalhause in der Himmelpfortgasse zu Wien in Haft. Eine von ihnen machte ihren Leiden ein Ende, indem sie sich in den Brunnen des Gefängnisses stürzte; die andere unterlag den Qualen der Folter. Ihre Leiche wurde auf die Gänseweide am Erdberg geschleift und dort verbrannt. Die Leiche der ersteren dagegen wurde in ein Faß gepackt und dieses in die Donau geworfen, damit sie fern von Wien verwese.

Von späteren Hexenprozessen in der Nähe von Wien, sind die Hainburger von 1617 und 1618 zu erwähnen. In der „Warhafftige newe Zeitung etc.“, Wien, bei Gregor Gelhaar, 1618, sollen dort bei 80 zauberische Weiber verbrannt worden sein und eine viel größere Zahl liege noch in den Gefängnissen. Zu den Bekenntnissen der Hingerichteten gehörte, daß sie „45 Scheffel voll Flöhe in Wien hineingezaubert hätten“.

Auch nach Böhmen, dem deutschen wie dem tschechischen, wurden die Hexenjagden von Deutschland aus verpflanzt. Der erste Hexenprozeß ist 1540 nachweisbar. Die ältesten strafrechtlichen Bestimmungen über Hexerei und Zauberei stehen in den

Koldinschen Stadtrechten von 1579. Reich an Hexenbränden sind namentlich die Stadtbücher von Komotau. In Solnic endete ein Prozeß mit dem Freispruch der Angeklagten, ebenso ein Prager Fall von 1523und wahrscheinlich auch ein im Jahre 1617 in Braunau geführter Prozeß. In Trautenau wurde der Leichnam eines „Zauberers" zwanzig Wochen nach dem Begräbnis ausgegraben und vom Scharfrichter geköpft und dann verbrannt. Von weiteren Hexenprozessen in Böhmen berichtet J. Svatek. Bereits im Jahre 1588 erstand hier den Hexen in dem Pfarrer Johann Stelcar Zeletawsky ein Verteidiger, der ihre Verfolgung für unmenschlich erklärte.

Mit am frühesten brach die Hexenverfolgung, – die bisher nur vereinzelt vorgekommen war, – in größerem Maße in Welsch-Tirol aus. Eine im Statthalterei-Archiv zu Innsbruck aufbewahrte Aufzeichnung berichtet über die Justifizierung von etwa dreißig Hexen aus Cavalese im Fleimser Tal, die 1501-1505 unter dem Hauptmann Vigil von Firmian eingezogen worden waren. Die meisten wurden verbrannt oder ersäuft; einige retteten sich durch die Flucht. Das Vermögen aller wurde konfisziert.

Auch im deutschen Südtirol kamen schon in den ersten Jahren des sechzehnten Jahrhunderts vereinzelte Hexenverbrennungen vor. Der erste größere Prozeß fand 1510 gegen neun Weiber aus dem Gericht Völs statt. Aus den Akten geht hervor, daß damals die Doktrin des Hexenhammers von der Teufelsbuhlschaft den Tirolern noch fremd war. Die den Hexen auf der Folter abgemarterten Geständnisse weisen aber auf einen eigentümlichen Tiroler Volksaberglauben hin. Die Hexen standen in einem Bündnis mit dem Teufel, dessen Zweck die Ausrottung des christlichen Glaubens war. An gewissen „Erchtagen" (Dienstagen) fuhren sie auf Stöcken, Stühlen oder sonstigen Dingen zu Versammlungsstätten, wobei sie in des Teufels Namen die Worte sprachen: „Oben aus und nindert an" und dadurch sicher gen Terlan, auf die Wolff, auf Gfell oder auf den Schalern (Schlern) gelangten. Dort traf man mit dem Teufel zusammen, der in der Gestalt eines „Königs von England" erschien, und dem eine der anwesenden Hexen als „Königin von England (Engelland)" erkoren wurde. Sie wurde dann mit dem Schein von königlichem Schmuck angetan, worauf ein Schmaus folgte, bei dem namentlich kleine Kinder verzehrt wurden. Unerläßliche Vorbedingung der Teilnahme an dieser diabolischen Festlichkeit war die feierliche Lossagung von Gott, der Jungfrau Maria und allen Heiligen. Die daraufhin den Hexen gewährte Hilfe des Teufels bestand darin, daß sie böse Wetter zu machen, Menschen und Vieh an ihrer Gesundheit zu schädigen, die Milch der Kühe zu verderben und sonstige Malefizien auszuüben vermochten.

Vom Ende des sechzehnten Jahrhunderts an haben die Tiroler Hexenprozesse durchaus den gleichen Charakter wie im übrigen Deutschland. Zahlreiche Hexenprozesse in Welsch-Tirol werden aus der ersten Hälfte des siebzehnten Jahrhunderts gemeldet, z. B. auf dem Nonsberge in den Jahren 1614 und 1615, zu Nogaredo, wo fünf Weiber gleichzeitig verbrannt wurdenusw.

Auch im nördlichen Tirol begannen gegen Ende des sechzehnten Jahrhunderts die gerichtlichen Einschreitungen gegen Hexen und Zauberer häufiger und schärfer zu werden. Die Regierung zu Innsbruck erließ wiederholt an die ihr untergebenen Gerichte und Magistrate den strengsten Befehl, auf alle wegen geheimer Zauberei verdächtigen Personen zu achten und gegen sie gebührend zu verfahren.

Aus der Erzdiözese Salzburg liegen die Akten eines Prozesses gegen die Ursula Zanggerin, Ehefrau des Paul Riedl zu Neukirchen vor, die als Hexe am 24. Mai 1594 verbrannt wurde.

Bemerkenswert ist bei diesen Prozessen aus dem sechzehnten Jahrhundert, daß bei ihnen Geschworene sitzen, die aus dem Bürger- und Bauernstande gewählt waren. Erst im siebzehnten Jahrhundert, wo die gelehrten Richter und das geheime Gerichtsverfahren in der Strafrechtspflege zur Alleinherrschaft kamen, verschwand hier das Institut der Richter aus dem Volke.

Aus Kärnten haben sich im Gräflich Lodronschen Herrschaftsarchiv zu Gmünd Hexenprozeßakten aus der Wende des sechzehnten zum siebzehnten Jahrhundert gefunden. Sie berichten von Verfahren gegen eine Frau in Bieberstein und eine in Gmünd aus dem Jahre 1581. Ihr Ausgang ist in Dunkel gehüllt. In einen dieser Prozesse ist eine interessante Persönlichkeit verwickelt, Anna von Teufenbach, geborene Neumann von Wasserleonburg. Die allgemein als Hexe verschriene Frau hatte nicht weniger als fünf Ehemänner überlebt und schritt 1617, als 82jährige Matrone, zum sechstenmal zum Altar, um den 31jährigen Grafen Georg Ludwig v. Schwarzenberg zu heiraten. Am 27. August 1603 wurden Lucia Neidegger und Hans Träxler, von denen der Manndie Teufenbach beschuldigt, in Gmünd hingerichtet. Die nächste Exekution findet 1653 an dem 18jährigen Wettermacher Kaspar Haintz statt.

In Ungarn und Siebenbürgenkamen während des ganzen sechzehnten Jahrhundert eigentliche Hexenprozesse nicht vor. Allerdings hatte der ungarische Reichstag 1525 die Verbrennung der Ketzer nachdrücklichst gefordert; aber es kam doch kaum einmal (1550) zur Ausführung dieses Gesetzes. In Siebenbürgen bestimmte ein im Jahr 1577 von der geistlichen und weltlichen Universität bestätigter Visitationsartikel: „Die Zauberei der alten Weiber und was sonst an Teufels Gespenst ist – soll die Obrigkeit nach dem Gebote Gottes und Kaiserlichen Rechten mit dem Feuer strafen oder mit dem strengen Edikt der Obrigkeit wehren; und solange solche nicht ablassen, sollen sie nicht zum Sakrament gelassen werden, denn man muß das Heiligtum nicht vor die Hunde werfen." Hier ist also von Hexerei die Rede; aber ihre Bestrafung soll nicht nach nationalem, sondern nach Kaiserlichem Recht erfolgen – was hinlänglich die Neuheit des hier angeordneten Strafverfahrens beweist. Daher begreift es sich, daß das Gesetzbuch des Fürsten Stephan Bathori von 1583 zwar Strafbestimmungen über Giftmischerei und offenbaren Mord, die in späteren Hexenprozessen häufig als strafentscheidend angezogen werden, aber keinen einzigen gegen die Hexerei gerichteten Paragraphen enthielt.

Auch in Dänemark kamen im sechzehnten Jahrhundert Hexenprozesse stark in Aufnahme. Man findet hierfür ausreichende Erklärung im „Visitationsbuch" des Bischofs Petrus Palladius, dem vom König Christian III. eine Art Oberaufsicht über das dänische Kirchenwesen verliehen war. „Du darfst es nicht verschweigen," mahnte Palladius 1540 das Volk, „wenn du irgend eine Hexe weißt. Die sollen nun ihren verdienten Lohn empfangen. In diesen durch das reine Evangelium erleuchteten Tagen können sie sich nicht mehr halten. Sie werden nun vor der Welt zu schänden, und das ist ihr verdienter Lohn. Erst neulich wurde ein Haufen solcher Hexen in Malmö, Kjöge und anderswo verbrannt, und jetzt hören wir, daß in Malmö wieder ein Haufen eingefangen ist und verbrannt werden soll. In Jütland und den kleinen Ländern macht man Jagd auf sie wie auf Wölfe, so daß neulich auf Alsen und in den umliegenden Gegenden 52 Hexen ergriffen und verbrannt wurden." Palladius selbst spürte auf seinen Visitationsreisen durch Seeland überall Hexen auf. In seinen Augen gehörten auch alle jene zu Hexen, die sich noch katholischer Segnungen und Gebete bedienten. Auch den Hebammen sollte man auf die Finger sehen. Wenn „eine Hebamme mit Segnungen, Beschwörungen und anderen Hexereien und Zaubereien sich befaßt, so soll sie – sonst ist der Hehler ebenso schlecht wie der Stehler – der Obrigkeit angezeigt werden, damit sie hundert Fuder Holz unter den Arsch bekomme und lebendig verbrannt werde, wie sie es verdient hat".

Unter sotanen Umständen besorgte bald der dänische Teufel „Geschäfte aller Art von Mord, langwierigem Krankenlager, Totgeburt bis hinunter zu Arm- und Beinbruch, schlimmen Fingern und bloßem Bauchkneipen". Hier nur ein paar bezeichnende Beispiele: Herr Iver Krabbe wurde 1561 auf Ersuchen zweier Weiber vom Teufel geholt. Als die Obrigkeit sie über einem gelinden Feuer auf die Folter spannte, sagten sie, daß sie von zwei Knechten dazu veranlaßt worden seien. Als in der Nacht des 29. Juli 1566 bei Gotland die ganze dänische Flotte mit Tausenden von Menschen zugrunde ging, war daran der vom Teufel erregte Sturm schuld. Ein paar Hexen hatten ihn hierzu bewogen, weil sie eine Wirtin aus Kopenhagen bezahlt hatte, einen an Bord befindlichen Kapitän aus der Welt zu schaffen, um sein Gut behalten zu können, das sie in Verwahrung hatte. Die Hexen wurden natürlich alle verbrannt. – 1580 wurden fünf Weiber, die Didrik Blomes Ehefrau eine Krankheit angehext hatten, zum Tode geführt, ebenso 1588 die Weiber, die Frau Anna Ahlefeldt krank gemacht hatten. Die Ahlefeldt „wurde endlich ganz von denen umgebracht, die sie behext hatten". Frau Anna Bille hatte fünfzehnmal tote Kinder geboren, bis sie 1597 mit ihrem Manne hinter die Hexen kam und es durchsetzte, daß alle unadeligen unter diesen Hexen verbrannt wurden, worauf sie gesund wurde. „Am 23. Mai 1615 gingen unter der Schiffer Jakob Rubbertsön mit seiner Frau und einer Menge von Leuten, Bürgern, Gesellen und sechs Schiffern, als sie zur See von Bergen nach Holland gehen wollten. Eine Hexe, Mary Geith, hatte ein anderes Weib gekauft, das anzurichten. Dafür wurde Mary Geith und eine andere Hexe verbrannt.

Aber dem Weibe, das Mary Geith gekauft hatte, dem drehte in der Johannisnacht der Teufel im Gefängnis den Hals um."

In der Schweiz griff die Hexenverfolgung zunächst in den romanischen Kantonen um sich. Mit besonderer Heftigkeit erhob sie sich in Genf, was sich teilweise aus dem theokratischen Staatsbegriff Calvins und aus dem mächtigen Einfluß erklärt, den Calvin auch auf alle bürgerlichen Dinge Genfs, namentlich auch auf die Strafgesetzgebung der Stadt ausübte. Nicht mit Unrecht ist von den Strafgesetzen, die der Rat der Stadt nach Calvins Weisung aufstellte, gesagt worden, sie seien noch mehr mit Blut geschrieben als die Satzungen Drakons und kaum anwendbar auf fehlbare Menschen dieser Erde. Die oberste Norm aber, nach der sich diese Strafgesetzgebung Genfs gestaltete, war der Gedanke: Alles was vor Gott strafbar ist, das muß in einem christlichen Staate, soweit es von Menschen wahrgenommen werden kann, auch vor dem Staatsgesetz strafbar sein. Nun hat Gott z. B. ausdrücklich die Zauberei mit Todesstrafe zu ahnden befohlen, daher wollte Calvin, daß alle Zauberer in Genf – zur Ehre Gottes – ausgerottet würden. Das ganze Gerichtsverfahren Genfs läßt darum nicht nur eine ungewöhnliche Strenge, sondern auch eine unmenschliche Härte erkennen. In dem kurzen Zeitraum von 1542-1546 ließ der Rat der Stadt nicht weniger als achtundfünfzig Todesurteile vollstrecken und daneben wurden noch sechsundsiebzig Personen mit Verbannung bestraft, – darunter siebenundzwanzig, gegen die nur der Verdacht vorlag, ein Verbrechen begangen oder „beabsichtigt" zu haben. Dabei richtete sich nun die Strafjustiz des Rats ganz besonders gegen das Verbrechen der Zauberei, indem man die Pest, die 1542 furchtbare Verheerungen in Genf anrichtete, auf „Pestbereiter" zurückführte. Auf „Bündnis mit dem Satan, Zauberei und Pestbereitung" wurden unzählige in lange, schreckliche Haft, auf die Folter, aufs Schaffot und auf den Scheiterhaufen gebracht. Namentlich zu Anfang des Jahres 1545 häuften sich die Verhaftungen und Prozesse in erschreckendem Maße. Der Kerkermeister erklärte am 6. März dem Rate, daß alle Gefängnisse der Stadt überfüllt wären und er fernerhin Verhaftete nicht mehr unterzubringen wisse. Dabei war das gegen die Verhafteten angewandte Verfahren ein entsetzliches. Man zwickte sie mit glühenden Zangen, man mauerte sie ein und ließ sie verschmachten, wenn sie kein Geständnis ablegten. Man ersann alle möglichen neuen Torturmittel. Es ist vorgekommen, daß Angeklagte neunmal die Marter der Estrapade am Schwibboder Schnellgalgen ertragen mußten. „Aber welche Pein man ihnen auch antat," klagt das Ratsprotokoll einmal, „so wollten sie die Wahrheit doch nicht bekennen." Mehrere der Unglücklichen endeten während oder bald nach der Tortur unter Beteuerung ihrer Unschuld. Andere gaben sich, um den furchtbaren Qualen der Kerkerhaft und der Tortur zu entgehen, den Tod, „auf Eingebung des Satans", wie oft gesagt wird. Der Arm des Henkers ermattete unter der Last der Arbeit, die, wie er am 18. Mai 1545 dem Rat erklärte, eines Mannes Kraft überstieg. Wurden doch in den wenigen Monaten vom 17. Februar bis 15. Mai 1545 vierunddreißig jener Unglücklichen – und unter ihnen des Scharfrichters eigene Mutter – durch Schwert, Scheiterhaufen, Galgen und Vierteilung vom Leben zum Tode gebracht! Und dabei war es etwas ganz Gewöhnliches, daß der eigentlichen Exekution noch grausame Verstümmelungen des Körpers vorhergingen.

Nicht besser aber als in Genf sah es in dem eben erst von den Bernern eroberten Waadtland aus. Hier hatte die Berner Regierung mit den vielen Zwingherrn, deren Kastellane und Gerichte sich namentlich in der Verfolgung der Zauberei die ärgsten Unregelmäßigkeiten erlaubten, fortwährend ihre große Not. Keine zehn Jahre nach der Eroberung des Landes sah sie sich genötigt, unter dem 25. Juli 1543 an ihre welschen Amtleute desfalls zu erinnern: „Wir vernehmen, wie die Edelleute und Twingherrn in deiner Verwaltung und anderswo in unserem neugewonnenen Lande mit den armen Leuten, so der Unhulde oder Hexerei verdächtigt und verleumdet werden, ganz unweislich grob seien und unrechtförmig handeln, als daß gesagte Twingherrn oder Seigneurs-banderets auf ein jedes schlechtes Läumden, Angeben oder einzigen Prozeß unerfahrener Sachen die verzeigten, verargwohnten Personen mit großer, ungebräuchlicher Marter (als mit dem Feuer und Brand an den Füßen, Strapadenu. dgl.) zu Bekennung und Verjahung unverbrachter Sachen bringen und ohne weiteren Rath vom Leben zum Tod richten. Daran wir in diesem gefährlichen Fall der Hexerei besonderes Mißfallen haben." Den Amtleuten soll deshalb eingeschärft werden, sich selbst noch den Gerichtsleuten solches zu gestatten, vor dem Einschreiten sich zu erkundigen, ob genügender Grund dazu vorhanden, ob und unter was für Umständen die angeklagten Taten von den Betreffenden wirklich verübt worden seien usw., gegen die Verhafteten mit Bescheidenheit zu verfahren und keine grausame oder ungewöhnliche Tortur anzuwenden, den Malzeichen fleißig nachzuforschen und in zweifelhaften Fällen sich bei anderen oder bei der Obrigkeit Rats zu erholen, „damit Niemandem zu kurz geschehe, und doch das Uebel gestraft werde". In diesem Sinne sollten sie auch mit den Twingherrn „trungenlich reden".

Bald nachher (21. August 1545) wurde sogar jede Hinrichtung in der Waadt untersagt, bevor die Prozeßakten nach Bern gesandt, und das Urteil vom Rate bestätigt worden wäre.

Dennoch blieben die Vorschriften der Berner Obrigkeit nur zu häufig unbeachtet, oder sie wurden umgangen, und selbst wo der Prozeß ganz regelrecht geführt wurde, erscheint uns das dabei beobachtete Verfahren in hohem Grade vexatorisch und grausam. Es beruhte auch hier nicht auf dem System direkter Anklage, sondern auf dem der Denunziation und Inquisition, weshalb ein vages Gerücht schon zum Beginn eines Prozesses genügend war, – was selbst Richter und hohe Beamte zu ihrem großen Schaden erfahren mußten.

Der Kastellan von Gland und Prangins, Nicolas de la Foge, war fünf Jahre lang Gegenstand hartnäckigster Angriffe. Von drei Hexen zu Nyon im Jahre 1600 der Mitschuld angeklagt, wurde er gefangen gesetzt und mit ihnen konfrontiert. Da die

Hexen auf ihrer Aussage bestanden, so wurde auf höhere Weisung der Prozeß gegen ihn eingeleitet. Indessen beteuerte er auch in der Tortur seine Unschuld, weshalb die Geschworenen ihn freisprachen. Allein im Jahr 1602 erklärten zwei andere Hexen ihn wiederum für mitschuldig. Als sie jedoch bei der Gegenüberstellung ihre Aussage nicht recht aufrecht erhalten wollten, kam von Bern der Bescheid zurück, „da es eine heikle Sache sei, deren rechten Grund allein Gott wisse, so müsse man es Ihm anheimgeben und den de la Foge seiner Gelöbniß und Bürgschaft entlassen". Zugleich wurde dem Kastellan Bory, seinem Nachfolger, wegen schlechter Befolgung der Ordnung das obrigkeitliche Mißfallen ausgedrückt und eine ernste Warnung erteilt. Allein auch jetzt hatte der Geplagte keine Ruhe, indem er sechs Monate später nochmals zur Untersuchung kam. Ja noch 1605 erhielt Bory auf eine neue Beschuldigung und Anfrage seinethalb die Antwort, weil nicht erhelle, daß er etwas Böses begangen, sondern nur, daß man ihn bei der „Versammlung" gesehen haben wolle und dgl., so sei darauf als auf bloße Illusion nichts zu geben; doch möge er immerhin seinem Ankläger gegenübergestellt werden.

Zu Büren hatte im Jahr 1620 ein junger Mensch von siebenzehn Jahren vor Gericht mancherlei gegen seine Mutter bekundet. Nach Bern transportiert erklärte er alles für unwahr. Was er dort gesagt, sei nur auf Andringen des Schultheißen, des Prädikanten und anderer geschehen, denn obschon er ihnen gleich anfangs den Verlauf der Dinge der Wahrheit gemäß eröffnet, hätten sie sich doch dessen nicht begnügt, sondern „mit vielem Fräglen, bald liebkosenden glatten, bald aber mit rauhen Worten, vorgebend, seine Mutter habe schon bekannt", – ihn endlich dazu gebracht, daß er geredet, was sie wollten, und zu allem Ja gesagt. Darauf seien sie noch weiter gegangen, hätten ihn eingesetzt und gefoltert, ihn befragt, ob nicht ein Mann zu seiner Mutter gekommen, auf sein Ja, ob er nicht grün bekleidet gewesen usw. Bei seiner Abführung nach Bern hatte man ihm noch eingeschärft, nicht wieder zu leugnen, sonst würde man ihn noch mehr martern, was auch leider geschehen sei. Erst als er den Worten seiner neuen Examinatoren und seines Mitgefangenen nachgedacht, er solle sich selbst nicht unrecht tun, habe er billig widerrufen und Gott gebeten, daß er ihn bei der Wahrheit erhalten wolle.

Mutter und Sohn wurden infolgedessen gegen Erlegung der Kosten freigegeben.

Bei der Anwendung der Tortur unterschied man im Bernerland hauptsächlich zwei Stufen, die „ziemliche", dann die „notwendige" oder „strenge". Das gewöhnliche Werkzeug war das Seil oder die Strecke. Der Gefangene wurde zuerst leer, d. h. ohne Gewicht, dann auch mit Gewichten von 25-50, auch 100 Pfund, an den Füßen aufgezogen. Nach Umständen schritt man aber auch bis zur Anlegung von 150-Pfundgewichten fort, und zwar mit mehrmaliger Wiederholung. Nur wo in seltenen Fällen die körperliche Beschaffenheit der Inquisiten das Aufziehen nicht rätlich erscheinen ließ, kamen auch andere Torturmittel, wie die Daumschraube, die Wanne, die Breche oder Leiter zur Anwendung. Natürlich brachte dieses Verfahren so ziemlich alle zum Geständnis.

Hatte dagegen die Beschuldigte sich gerechtfertigt und den Ungrund der Anklage dargetan, so erfolgte allerdings ihre Freisprechung, bald mit einer Zensur, bald auf Urfehde, d. h. auf das Versprechen hin, sich an niemand rächen zu wollen, bald auch von einer schriftlichen Ehrenerklärung begleitet; in der Regel jedoch blieb sie unter polizeilicher Aufsicht und mußte, selbst wenn sie das „Kaiserliche Recht“, d. h. die Tortur ohne Geständnis ausgehalten, dennoch die Kosten bezahlen. Abergläubische, unwissende, lasterhafte Personen wies man auch dem Pfarrer oder dem Chorgerichte zu, und bisweilen wurde ihnen öffentliche Kirchenbuße und Abbitte vor der Gemeinde auferlegt. Bei starkem, aber nicht ganz erwiesenem Verdacht und widerrufenem Geständnis traten willkürliche oder außerordentliche Strafen ein, z. B. der Ausschluß aus gewissen Bezirken, die Landesverweisung mit oder ohne Stäupung.

Zu einem Todesurteile genügte indessen gesetzlich der bloße Zeugen- und Indizienbeweis nicht, sondern es mußte das Eingeständnis, sei es gütlich oder peinlich, hinzukommen. Im letzteren Falle schützte sogar die spätere Zurücknahme nicht immer. Man sollte, heißt es mehr als einmal in den Prozeßakten, zur Vollziehung schreiten, „unangesehen zu erwartenden Abfalls“. Im deutschen Kantonsteile stand die Rechtsprechung den Landgerichten zu; in zweifelhaften Fällen jedoch wurde öfters „Weisung“ eingeholt oder der Angeklagte selbst nach Bern gebracht. Auch die Exekution geschah meistens ohne Einspruch oder Bestätigung der Obrigkeit, die sich bloß das Milderungs- oder Begnadigungsrecht vorbehielt.

Als mildernde Umstände galten Jugend, hohes Alter, aufrichtige Reue, frühzeitig erfolgter Rücktritt aus dem Teufelsbund und insbesondere die glaubhaft gegebene Versicherung, daß durch teuflische Mittel kein oder nur wenig Schade bewirkt worden sei. Die Gnade erstreckte sich jedoch nur ausnahmsweise bis zur Schonung des Lebens; gewöhnlich blieb es bei einer Umwandlung der Strafe in die der Ertränkung für Frauen und der Enthauptung oder Slrangulierung für Männer und nachfolgende Einäscherung der Leiche. In späterer Zeit wurden manchmal zur Abkürzung der Leiden den Delinquenten Beutel mit Schießpulver an den Hals gehängt. – Der Exekution ging wie immer die Verlesung der Urgicht („Vergicht“) oder des Bekenntnisses – mit Auslassung anstößiger Teile – nebst dem Urteil voran. Auf dem Richtplatze selbst wurde der Verurteilte nochmals, mit Hinweisung auf Gottes Gericht befragt, ob er niemand fälschlich beschuldigt habe.

In betreff des Nachlasses der Hingerichteten herrschte eine verschiedene Ansicht und Übung. Die waadtländischen Gerichtsherrn nahmen ihn als dem Fiskus verfallenes Gut oft in sehr ausgedehnter und eigennütziger Weise in Anspruch. Die Regierung zu Bern dagegen brachte, wo sie die Gerichtsbarkeit besaß, meistens andere Grundsätze zur Anwendung. Begreiflicherweise suchte sie vor allem die Prozeßkosten zu decken. Sie behielt aber auch die Rechte der Gläubiger und Geschädigten vor, wies ihre Beamten an, ihnen darin behilflich zu sein oder bestimmte zuweilen die Entschädigung selbst. So heißt es z. B. im Rats-Manual vom 19. April 1603: „da Claude Pavillard laut Vergicht der Pernette Michauld die bösen Geister eingegeben und sie dadurch unnütz gemacht, so solle ihr aus seinem Gut – fronfestlich zwei Kopf Korn und zehn Fl. verordnet werden.“ Den Rest überließ die Regierung entweder den natürlichen Erben oder teilte wenigstens mit ihnen, sei es nach einem gewissen Verhältnisse oder nach gerichtlichem Ausspruche. – Auch die Sorge für die Hinterbliebenen vergaß man nicht ganz. Die Kinder wurden mit ihrem Erbteil bald den Verwandten zur Erziehung übergeben, bald an „gute Orte“ unter Aufsicht des Amtmanns verdingt.

Dessenungeachtet waren auch die Familien hingerichteter Hexen immer schwer betroffen. Nach der öffentlichen Meinung lastete ein Fluch auf denen, die zu jenen Personen in näherer verwandtschaftlicher Beziehung standen. Sie hatten allgemein das Vorurteil wider sich, das sie ähnlicher Dinge für fähig hielt. Hier und da schienen auch besondere Maßnahmen zur Verhütung von Gewalttat an den Gefangenen nötig, und es wird sogar erzählt, wie zu Thonon 1565 ein Sohn zum Rade verurteilt wurde, der seine im Rufe der Hexerei stehende Mutter zur Vermeidung der Schande mit Hilfe eines gedungenen Mörders umgebracht hatte (Haller und Müslin, Chronik, S. 107.)

Im deutschen Teile des Kantons Bern datierte der erste bis zur Hinrichtung durchgeführte Hexenproxeß aus dem Jahre 1571. In dem welschen Kantonsteile wurden von 1591-1595 durchschnittlich in jedem Jahre elf Hexen, dagegen in den Jahren 1596-1600 durchschnittlich in jedem Jahre einundfünfzig, also im Laufe von zehn Jahren dreihundertundelf Hexen hingerichtet. Der Ruhm, in kürzester Frist das meiste getan zu haben, gebührt dem Amte Chillon, wo in dem einzigen Jahre 1598 nicht weniger als vierzehn Hexen verurteilt wurden.

Mit diesem Treiben der Gerichte in dem welschen Waadtland lag jedoch die Berner Regierung im fortwährenden Kampf. Es muß zu ihrem Ruhm hervorgehoben werden, daß sie sich zur Zeit, wo in allen anderen europäischen Landen der Glaube an die Wirklichkeit teuflischer Hexerei und an die Pflicht ihrer Verfolgung und Ausrottung unerschütterlich feststand und wo daher von Schranken, innerhalb deren sich die Hexenverfolgung zu halten habe, gar keine Rede war, aller der unglücklichen Hexen annahm, soweit es nur die Zeit erlaubte. Schon in einem Erlaß an die welschen Amtleute vom 8. Aug. 1583 hatte sie es gerügt, daß bei der Vergichtung der Hexen so wenig nachgeforscht werde, ob die von ihnen bekannten Malefizien auch wirklich, und unter welchen Umständen, durch sie geschehen wären, da ohnedies ihre Schuld zweifelhaft bleibe, „weil ihr Meister, der Satan, ihnen wohl auch einbilden könnte, daß der Abgang von Menschen und Vieh u. dgl. m. von ihrem Tun herrühre, während es vielleicht in Krankheiten und anderen Zufällen seinen Grund habe.“

Im Jahre 1600 entschloß sich sogar der Berner Rat, eine Revision der Prozeßordnung in Hexensachen vornehmen zu lassen. Er setzte zu diesem Zwecke eine Kommission unter dem Vorsitz des Schultheißen Manuel ein. Der von dieser Kommission ausgearbeitete Entwurf, vom Berner Rat am 19. Juni 1600 bestätigt, hatte folgenden Inhalt:

Im Eingange spricht die Regierung wegen des Überhandnehmens der Hexerei im Waadtlande ihr tiefes Bedauern aus und kommt dann sogleich auf die aus den Akten geschöpfte Wahrnehmung zu sprechen, daß die Hexen sich so oft gegenseitig angäben, als hätten sie einander in ihren „gleichwohl vermeinten" Versammlungen gesehen, zusammen gegessen usw. Dadurch sähen sich dann gewöhnlich die Amtleute, Twing- und Pannerherrn veranlaßt, alsbald solche angegebenen Personen aufzugreifen und mit der Tortur gegen sie zu verfahren. Es sei aber zu besorgen, der Teufel, der ein Feind und Lügner von Anfang sei, möchte den Denunzianten die Gestalt ehrlicher Leute vorstellen, wodurch diese in große Gefahr gerieten, zumal wenn man alsbald mit großer Marter gegen sie vorgehe. Um dem allen vorzubeugen, werde daher folgende Ordnung festgesetzt: Erstlich solle kein Amtmann oder Gerichtsherr eine wegen Hexerei verdächtigte Person gefänglich einziehen, „sie sei denn in dreien unterschiedlichen Prozessen angegeben und verzeigt". In diesem Falle und sofern es sich nur darum handle, daß die angeklagte Person in der „Sekte" (d. h. bei dem Hexensabbat) gewesen, ohne etwas Tätliches vollbracht zu haben, sei sie allerdings zu verhaften, jedoch nicht sofort zu foltern, sondern nur mit strengen und drohenden Worten zu befragen. Außerdem habe man sie zur Ermittelung etwaiger Malzeichen sorgfältig zu untersuchen. Lege sie nun kein freiwilliges Bekenntnis ab, so habe man über ihren Wandel genaue Erkundigung einzuziehen, und – wenn diese verdächtig ausfalle – die „ziemliche" Folter anzuwenden oder höheren Orts sich Bescheid einzuholen. Kämen dagegen Malefizien so zur Anzeige, daß sich bei genauer Untersuchung der Sache die Anzeige als begründet erweise, so habe man zur strengeren Folter zu schreiten, immerhin jedoch nur mit dreimaligem Aufziehen mit dem fünfzig-, hundert- oder auch mit dem hundertfünfzigpfündigen Steine. Die zu Lausanne immer noch gebräuchlichen ungesetzlichen Folterwerkzeuge sollten gänzlich abgetan werden. Die Kosten der Exekution sollten aus dem Nachlaß der Hingerichteten gedeckt werden. Es sei ein „ungereimt Ding", daß die Gerichtsherren den Nachlaß einzögen und die Regierung die Kosten trage.

Diese für ihre Zeit mild zu nennende Prozeßordnung hatte zur Folge, daß sich im Waadtlande in den nächstfolgenden Jahren die Zahl der Todesurteile bedeutend verminderte. Doch erreichte sie in dem Jahrzehnt von 1601 bis 1610 immerhin noch die Höhe von zweihundertundvierzig. In den unter unmittelbar Bernischer Verwaltung stehenden Ämtern sank sie dagegen bedeutend. In Avenches von siebenunddreißig auf achtzehn, in Chillon von fünfunddreißig auf neun, und aus Yverdon und Morges sind gar keine bemerkt. In anderen Bezirken dagegen steigerte sich die Zahl der Exekutionen.

In Colombier erlitten in den drei ersten Monaten des Jahres 1602 acht Personen, zu Etoy in derselben Zeit ebenfalls acht und 1609 während eines einzigen Monats sieben Personen den Hexentod. Auch kamen hin und wieder, was unter der Bernischen Gerichtsbarkeit nie der Fall war, Massenexekutionen vor. Es geschah, daß in Colombier und St. Saphorin je vier, zu Etoy sogar fünf Hexen auf einem Scheiterhaufen verbrannt wurden. Und das alles geschah in einem Umkreis von nur wenigen Stunden! Bald fing die Seuche der Hexenverfolgung aber auch auf deutschem Gebiete zu wüten an, namentlich im Seelande, das durch seine Lage der Einwirkung romanischer Denkart und Sitte am nächsten war.

Um das Prozeßverfahren noch mehr einzuschränken, erließ der Berner Rat im Jahr 1609 eine neue Verordnung, in der er es auszusprechen wagte, daß auch ein dreimaliges Gesehenwerden einer Person in der „Sekte“ und eine darauf sich gründende dreimalige Anzeige nichts zu beweisen vermöchte, weil das Ganze nur auf einen Teufelsspuk hinaus laufen könnte. Es sei ja bekannt, daß der leidige Satan auch christgläubige Leute verblende, wie viel mehr also solche, die sich ihm ergeben hätten, denen er „die Gestalt ehrlicher Biederleute vorstellen kann und ein solches zwei-, drei- und mehrmal zuwege bringen mag, dannenhero etwan ehrliche Leute in böse Geschäfte, ja auch äußerste Tortur gefallen und alsbald Sachen bekannt, deren sie nicht behaftet gewesen“. Daher solle bei Personen von gutem Rufe, die wegen nichts anderem bezichtigt, als daß man sie bei der Sekte gesehen, auch wenn dieses noch so oft vorgekommen sein sollte, „solches für eine Illusion und Betrug des Satans gehalten und geachtet werden“. Beim Hinzukommen schlechten Leumunds wird der Richter angewiesen, gründliche Informationen einzuziehen und die Befehle der Regierung abzuwarten. Jedoch dürfe man nur unverdächtige Zeugen vernehmen, die mit dem Angeschuldigten nicht in Feindschaft ständen, worüber eine besondere Vermahnung an sie zu richten sei. Im übrigen blieb es bei der vorigen Prozeßordnung mit wiederholtem Verbot der ungebührlichen Tortur und der verfänglichen Fragen. Auch wird den Amtleuten die persönliche Anwesenheit bei den Verhören zur Pflicht gemacht. Diesem für beide Landesteile berechneten Erlasse folgte, unter dem 12. Mai 1610, eine Warnung vor den schweren Sünden der Zauberei, wie Wahrsagen, Beschwören, Segnen usw.

Wie früher, so ließ sich auch jetzt wieder augenblicklich eine günstige Wirkung der neuen Vorschriften verspüren. Schon im Jahr 1610 sank die Zahl der waadtländischen Hexenfälle auf das bisherige Minimum von fünf, und erhielt sich auch in den folgenden Jahren auf einer verhältnismäßig bescheidenen Höhe. Allein 1613 betrug sie schon wieder sechzig, und im Jahr 1616 sogar fünfundsiebzig. Mit geringen Abwechselungen blieb dieser Stand der Dinge noch volle fünfzig Jahre hindurch. Im Amte Chillon wurden 1613 in der Zeit von vier Monaten siebenundzwanzig Hexen hingerichtet.

Die Regierung ließ es in Ermangelung eines besseren an Aufsicht und Handhabung ihrer Mandate nicht fehlen, wobei sich mitunter sogar eine gewisse Schärfe kundgab.

Der Herr v. Berchier z. B. mußte die Weisung hinnehmen, „sich inskünftig solcher Inprodezuren bei Ihrer Gnaden Strafe und Ungnade zu überheben". Der Amtmann zu Grandson wird ernstlich getadelt, daß er ordnungswidrig Angegebene verhaftet und unmäßige Tortur angewendet; und einzelne Kastellane und Gerichte erhalten strenge Verweise über ihr Vorgehen „auf einfältige Accusation" hin. Bereits seit 1616 war es auch verboten, die Namen der nur als Teilnehmer an den nächtlichen Versammlungen Verklagten in den Akten zu verzeichnen. Die letzte Verordnung wurde 1634 vervollständigt wiederholt.

In den Baseler Archiven liegen die Akten von vierzehn Hexenprozessen vor, von denen die ersten fünf der Periode von 1519 bis 1550 angehören. Von da an hörten die Prozesse, soviel aus den Akten zu ersehen ist, für ein halbes Jahrhundert auf, bis sie mit dem Jahre 1602 wieder in Gang kamen. Es verdient bemerkt zu werden, daß zu Basel in der Hexenverfolgung allezeit mit seltener Humanität verfahren wurde. Nur einmal, 1624, ist eine Hexe hingerichtet worden. Sehr heilsam wirkte hier auf die Behandlung der Hexen und auf den Gang der Prozesse die reformierte Geistlichkeit ein, wie im Jahre 1602 Jakob Grynäus. Allerdings wurde in der Baseler Reformations- und Polizeiordnung von 1637 das Hexenwesen und alle Zauberei sehr ernst bedroht. Es heißt dort: „Sintemalen durch die teuflische Zauberei, Wahrsagerei, Teufelsbeschwörungen und dergleichen abergläubische Dinge, deren sich etliche mit Charakteren sich vor Hauen und Stechen oder mit der bekannten, verfluchten Passauischen Kunst vor Schießen fest und hart zu machen, gebrauchen, die heil. Majestät Gottes zum höchsten beleidigt und an seiner Statt der leidige Satan gleichsam angebetet wird, so gebieten wir ernstlich, daß sich Jedermänniglich solcher Segen, Wahrsagens, Zauberens, Beschwörens, des Nachlaufens von Heiden und Zigeunern usw. gänzlich entziehe. Denn wir sind beständig entschlossen, die dießfalls fehlbar Befundenen an Leib, Ehre, Hab und Gut, ja auch am Leben, je nach Gestalt und Befindung ihres Übertretens ohne Gnade abstrafen zu lassen." Allein auch diese Polizeiordnung spricht es aus, daß gegen Hexen und Zauberer nicht ohne weiteres mit Feuer und Schwert verfahren werden solle, und die Folter kam seit 1643 im Hexenprozeß zu Basel gar nicht mehr zur Anwendung, obschon man es oftmals mit recht bedenklichen Personen zu tun zu haben glaubte.

In den Niederlanden begann die Hexenverfolgung im ersten Viertel des sechzehnten Jahrhunderts, mit voller Wucht aber seit 1555 in Amsterdam und in anderen Städten. In den einzelnen Prozessen tritt dabei ganz derselbe Wahnwitz und dieselbe Grausamkeit wie in Deutschland hervor.

In Bommel hatte man 1529 eine Zauberin tot im Gefängnis gefunden. Ihr hatte der „duyvel den hals gebroicken". In Amsterdam wurde z. B. im Jahr 1564 eine im Hospital liegende kranke Frau daran als Hexe erkannt, daß sie in der Fieberhitze viel vom Teufel und von Hexen gefaselt hatte. Sie wurde, krank wie sie war, in den Kerker geschleppt, und, da sie sich nicht schuldig bekennen wollte, geschoren und so lange gefoltert, bis sie sich des Abfalls von Gott, der Buhlerei mit dem Teufel und vielfacher Schadenstiftung schuldig bekannte, worauf sie (am vierten Tage nach ihrer Abführung) zum Feuertod verurteilt wurde. Doch starb sie tags darauf im Gefängnis, weshalb man ihren Leichnam auf den Scheiterhaufen legte und zu Asche verbrannte. – In den „Geständnissen" der niederländischen Hexen tritt es namentlich häufig hervor, daß sie Seestürme und den Untergang von Schiffen herbeigeführt haben wollen. Bei der Justifikation pflegte man auch hier, wie in Süddeutschland, in der Schweiz etc. den Verurteilten auf dem Scheiterhaufen einen Pulversack umzuhängen. Bei einer Exekution zu Bommel im Jahr 1557 geschah es, daß der Scharfrichter, der das Pulver ungeschickt anzündete, sich selbst verbrannte. Übrigens kamen Hexenverbrennungen in den Niederlanden durch das ganze Jahrhundert hin nur vereinzelt vor. Ganze Provinzen, so Friesland bis zum Jahr 1620, und große Städte, z. B. Antwerpen, blieben von dem Greuel der Hexenverbrennung vollständig frei. Die Schöffen der Baronie von Brügge in Flandern beschlossen 1542, Klagen wegen Hexerei gar nicht anzunehmen. Die Stadt Oudewater war so glücklich, durch die ihr von Kaiser Karl V. verliehene Wage alle Angeklagten vor dem Tode und sich selbst vor der Manie der Hexenverfolgung schützen zu können.

Die Zahl der Hexenprozesse wurde allerdings häufiger, als Philipp II. 1570 für die Niederlande eine Kriminalordnung publizierte, die in Art. 60 eine sorgfältigere Aufspürung und strengere Bestrafung der Hexerei befahl. Indem aber die nördlichen Provinzen das spanische Joch abschüttelten und ein freies, niederländisches Staatswesen bildeten, kennzeichnete sich der Geist, der dieses beseelte, unter anderem auch dadurch, daß die Hexenverfolgung in ihm keinen rechten Raum gewinnen konnte. Eine 1593 zur peinlichen Frage verdammte Frau zu Schiedam appellierte an die obere Instanz und wurde freigesprochen, während der Amtsrichter, der sie für schuldig erklärt hatte, in die Kosten verurteilt ward. Gleichzeitig sah sich der Gerichtshof von Holland anläßlich eines anderen Hexenprozesses bemüßigt, die Professoren der Medizin und der Philosophie zu Leiden um ihr Urteil über die Zulässigkeit der Wasserprobe zu ersuchen. Das unter dem 9. Januar 1594 ausgestellte Gutachten sprach der Wasserprobe die Beweiskraft ab. Denn das Wasser könne doch nichts beratschlagen und beschließen, und „wenn das Wasser die Hexen für schuldig erkennt, warum trägt sie die Erde, warum gibt ihnen die Luft Lebensatem?" Daß angebliche Hexen so oft auf dem Wasser schwämmen, erkläre sich aus der Art, wie sie kreuzweise gebunden ins Wasser gesenkt würden, indem sie auf ihm mit dem Rücken wie kleine Schiffchen zu liegen kämen usw.

Aus den Jahren 1594-1601 finden wir nichtsdestoweniger eine Anzahl von Hexenprozessen verzeichnet, die mit der Hinrichtung der Angeklagten endigten. In ihnen bekannten einzelne auch, daß sie jahrelang als Werwölfe gehaust, wobei ihr Denkvermögen aber keine Sprachfähigkeit gehabt, daß sie Kühe gebissen hätten u. dgl. In den Jahren 1601-1604 dagegen wird gegen alle der Hexerei schuldig Befundenen nicht auf Hinrichtung, sondern auf mehrjährige Verbannung erkannt.

Die entsetzlichste Hexenverfolgung erlebte 1613 das Herzogtum Limburg. Sie erwuchs aus dem Gerede eines Kindes zu Roermonde, durch das zunächst eine Frau in den Verdacht der Hexerei kam, was aber zur Folge hatte, daß in Roermonde und in den umliegenden Ortschaften Straelen, Ool, Wassenberg, Swalm und Herringen ganze Massen von Männern, Frauen und Mädchen in Anklagestand versetzt wurden. Schon nach wenigen Monaten war das ganze Land fieberhaft erregt. Man erzählte sich, wie die Hexen und Zauberer wenigstens tausend Menschen umgebracht, zahlloses Vieh getötet und an Ackerland, Feldfrüchten und Obstgärten unglaublichen Schaden angerichtet hätten, und alsbald hatte die Inquisition ihre Fallstricke in dem ganzen Lande ausgeworfen, und nicht ohne Erfolg. Sie brachte heraus, daß die eigentliche „Hexenprinzessin" eine Hebamme, und deren Helfer, der „Fahnenträger der Zauberer", ein Chirurg war, die beide furchtbar gefoltert und dann verbrannt wurden. Im ganzen wurden vom 24. September 1613 an bis in den Oktober desselben Jahres hinein nicht weniger als vierundsechzig Hexen und Zauberer zu Roermond gehängt und verbrannt.

Gleichzeitig wirkte die Inquisition in verschiedenen Teilen Italiens. In der Lombardei trieb sie es so arg, daß die Bauern die Waffen ergriffen. Wer sich nicht loskaufte, den verbrannte man. Agrippaund Alciatuserzählen dies aus eigener Wahrnehmung, letzterer namentlich berichtet, daß allein in den Alpentälern über hundert Personen verbrannt worden seien. Diese Zahl wurde noch überboten in dem Bezirke von Como, als Papst Hadrian VI. am 20. Juli 1523 den Inquisitor dieser Diözese mit einer neuen Hexenbulle ausgerüstet hatte.

Es heißt darin: in der Lombardei sei eine Sekte von Männern und Weibern, die den katholischen Glauben verlassen, das Kreuz Christi mit Füßen treten, das Abendmahl mißbrauchen, sich dem Teufel ergeben, durch Zauberei Tiere und Feldfrüchte vielfältig beschädigen usw. Vor Jahren schon habe der Dominikaner Georg von Casali, Inquisitor zu Cremona, gegen diese Zauberer vorgehen wollen, mehrere vorwitzige Laien und Kleriker hätten jedoch sein Recht dazu bestritten, sein Geschäft behindert und ihm selbst großen Haß erregt, wodurch der Glaube in nicht geringe Gefahr gekommen. Julius, II. habe ihn deshalb mit ausdrücklichen Vollmachten ausgerüstet, den Widerstrebenden mit Exkommunikation gedroht, alle Förderer der Inquisition dagegen gleicher Ablässe mit den Kreuzfahrern gewürdigt. Dieselben Vollmachten werden nun von Hadrian auch auf den Inquisitor von Como und alle übrigen Inquisitoren aus dem Dominikanerorden ausgedehnt. Wie blutige Früchte diese Bulle trug, erzählt Bartholomäus de Spina. In der einzigen Diözese von Como rechnet er im Durchschnitt jährlich tausend Prozesse vor der Inquisition und über hundert Hexenbrände.

Auf größere Schwierigkeiten stieß dagegen die Hexenverfolgung in dem venezianischen Teile der Lombardei. Kein Staat hat seine Selbständigkeit gegen die Eingriffe der geistlichen Inquisition so eifersüchtig gewahrt wie die Republik Venedig. Vermöge ihres nach langen Kämpfen 1289 abgeschlossenen Konkordats wohnten den

Sitzungen der Inquisitoren jedesmal drei Kommissarien der Regierung bei; ohne ihre Anwesenheit war jede Verhandlung nichtig. Sie konnten Urteile aufheben, hatten an den Senat zu berichten und überwachten das Ganze. Außerdem war die Jurisdiktion des heiligen Offiziums strenge auf die Ketzerei beschränkt; die Zauberei gehörte nur dann vor sein Forum, wenn mit den Sakramenten Mißbrauch getrieben worden war. Auch gingen die Güter der Verurteilten auf deren nächste Erben über. Dieser Beschränkungen versuchte sich die Inquisition bei verschiedenen Gelegenheiten zu entledigen, jedoch ohne Erfolg. Solche Versuche schienen am aussichtsreichsten in den neuerworbenen Provinzen, wo die Inquisition bisher eine freiere Stellung behauptet hatte. So ermächtigte bereits Alexander VI. den Dominikaner Angelo von Verona, Inquisitor in dem venezianischen Teile der Lombardei, auch allein, d. h. ohne Regierungskommissarien, gegen die Zauberer beiderlei Geschlechts fleißig zu inquirieren und sie durch Vermittlung der Justiz, d. h. durch Übergabe an den weltlichen Arm, zu bestrafen. Hiergegen schritt die Regierung, als man 1518 in der Provinz Brescia viele Verurteilungen vornahm, kräftig ein, kassierte die Urteile und zog die anmaßenden Richter zur Verantwortung. Der Papst schwieg vorläufig, um bald eine desto stolzere Sprache zu führen. Ein Ausschreiben Leos X. von 1521rühmt, wie der römische Stuhl, um den Wünschen der Venezianer zu willfahren, den Bischof von Polo mit der Revision der bisherigen Prozesse beauftragt und die Leitung der künftigen an dessen Mitwirkung geknüpft habe. Nun habe dieser in der Person des Bischofs von Istria einen Subdelegaten bestellt. Als dieser in Verbindung mit den Inquisitoren im Val Camonica, wo das verdammte Zaubervolk am meisten hause, mehrere Schuldige dem weltlichen Arm habe übergeben wollen, habe der Podesta von Brescia auf Befehl der Regierung die Vollstreckung verboten, den Inquisitoren die Gebühren entzogen, Einsendung der Akten nach Venedig verlangt und sogar den Subdelegaten zu persönlichem Erscheinen vor dem Senate genötigt. Um jeden Zweifel auszuschließen, erklärte Leo X., wie schon Innozenz VIII. 1486 in einer gegen Brescia gerichteten Bulle, daß die weltliche Obrigkeit über geistliche Personen und Sachen nichts zu entscheiden, keine Akteneinsicht zu begehren, sondern nur die gesprochenen Urteile ohne weiteres zu vollstrecken habe. Schließlich werden die Inquisitoren aufgefordert, ihren Privilegien und Gewohnheitsrechten gemäß in der Verfolgung der Zauberer fortzufahren und die Regierung samt dem Dogen nötigenfalls durch kirchliche Zensur und „andre geeignete Rechtsmittel" (alia juris opportuna remedia) zur blinden Urteilsvollstreckung anzuhalten. – Solche Sprache fand im Jahr 1521 in Venedig keine allzu geneigte Aufnahme. Man las in dieser Zeit dort Luthers Schriften mit fast ungeteiltem Beifall, und als in demselben Jahre von den Kanzeln die Exkommunikation über den Reformator und seine Anhänger verkündigt werden sollte, gestattete es die Regierung nur ungern und mit Beschränkungen. Der Widerspruch der Venezianer gegen die Hexenprozesse betraf übrigens nicht lediglich die Kompetenzfrage; man hatte das Verfahren der Inquisitoren gegen die Angeklagten alles Maß überschreitend, oder – wie sich der Papst ausdrückt – zu rigoros gefunden.

In Spanien scheint das erste Autodafé gegen Zauberer 1507 vor sich gegangen zu sein. Die Inquisition von Calahorra verbrannte in diesem Jahre über dreißig Weiber. Genauere Nachrichten gibt Llorente über eine ausgedehnte Untersuchung, die zwanzig Jahre später in Navarra eröffnet ward. Zwei Mädchen von neun und elf Jahren denunzierten gegen die Zusage der eigenen Straflosigkeit eine Menge von Hexen, die sie an einem Zeichen am linken Auge zu erkennen vorgaben. Die Verhafteten lieferten eine genaue Beschreibung des Sabbats, und eine von ihnen legte sogar, wie der Bischof Sandoval in seinem Leben Karls V. versichert, vor den Augen der Richter und auf deren Aufforderung eine Probe des Luftfluges ab, nachdem sie sich aus ihrer Büchse an verschiedenen Teilen des Körpers gesalbt hatte. Die Inquisition zu Estella verurteilte die Angeklagten, hundertundfünfzig an der Zahl, nur zu zweihundertfünfzig Peitschenhieben und mehrjährigem Gefängnis. Dagegen veranstaltete bald darauf das hl. Offizium zu Saragossa etliche Brände (1536). – Ein vom Generalinquisitor erlassenes Edikt gebot, alle Personen, von denen man etwas auf Zauberei Hindeutendes wisse oder gehört habe, der Inquisition anzuzeigen. – Als Hauptsitz der Zauberer galt Toledo.

In Englanderscheinen die ersten Prozesse als Verfolgungen wirklicher oder bloß vorgegebener Angriffe auf die Person des Regenten. So sah sich die Herzogin von Gloucester zur Kirchenbuße und Verbannung auf die Insel Man verurteilt, weil man ihr zur Last legte, sich mit Zauberinnen über die Tötung Heinrichs VI. beraten zu haben. Die ganze Beschuldigung war von dem tödlichen Hasse des Kardinals von Beaufort gegen seinen Halbbruder, den Herzog von Gloucester, ausgegangen. Ebenso gedachte der ränkevolle Richard III. seine Gegner dadurch am sichersten zu vernichten, daß er die Anklage der Zauberei gegen die Königin Witwe, gegen Morton, nachmaligen Erzbischof von Canterbury, und andere Anhänger des Grafen von Richmond erhob. Die Königin sollte an seinem verkrümmten Arme Schuld sein. Eine Wahrsagung, die der Lord Hungerford über die Lebensdauer Heinrichs VIII. eingeholt hatte, wurde 1541 die Ursache seiner Enthauptung und zugleich die Veranlassung zweier Parlamentsakte, von denen eine gegen falsche Prophezeiungen, die andere gegen Beschwörung, Zauberei und Zerstörung der Kruzifixe gerichtet war. Letzteres Statut ward im ersten Regierungsjahre Eduards VI. wieder aufgehoben. Als unter Elisabeth die Gräfin Lenox des Hochverrats und der Befragung um die Lebensdauer der Königin beschuldigt ward, erschien 1562 nicht nur ein Gesetz gegen die Stellung der Nativität des Regenten, sondern auch ein anderes gegen die Zauberei überhaupt. Bereits wenige Monate nach ihrer Thronbesteigung war Elisabeth vom Bischof Jewel von der Kanzel herab in folgender Weise apostrophiert worden: „Mögen Eure Gnaden geruhen, sich von der wunderbaren Vermehrung zu überzeugen, welche Zauberer und Hexen während der letzten Jahre in Ihrem Königreiche gewonnen haben. Ew. Gnaden Untertanen schwinden dahin bis zum Tode, ihre Farbe verbleicht, ihr Fleisch modert, ihre Sprache wird dumpf, ihr Sinn betäubt. Ich bitte Gott, daß die Zauberer ihre Kraft niemals weiter anwenden mögen als an dem Untertanen“. Doch waren die englischen Gesetze gegen Zauberei im ganzen weit milder als das auf dem Festland übliche Verfahren. Die erste Übertretung des Verbots der Zauberei war – falls die Hexe mit ihren Zauberformeln nicht jemand einen Schaden zugefügt hatte – nur mit Gefängnis und mit Ausstellung auf dem Pranger bedroht. Auch ließ man die zum Tode Verurteilten nicht auf dem Scheiterhaufen, sondern am Galgen sterben. Außerdem war die Tortur in England nicht gesetzlich eingeführt. Zur Auffindung der Hexen und zur Erpressung von Geständnissen bediente man sich der Nadelprobe, mit der man nach dem stigma diabolicum suchte, des Hexenbades, wobei das Untersinken als Zeichen der Unschuld galt, und der tortura insomniae. – Allerdings ist unter der Regierung Elisabeths öfters Blut geflossen, doch im Vergleich mit dem, was später vorkam, nur wenig. Siebzehn Personen fielen 1576 in Essex, drei 1593 in Warbois. Mit der Thronbesteigung Jakobs I. (Jakobs VI. von Schottland) 1603, also mit dem Beginne der Herrschaft der Stuarts, folgte ein Hexenprozeß dem anderen, insbesondere seit dem Prozeß von 1612.

Dieser Prozeß von 1612– der in der Geschichte der Hexenverfolgung in England epochemachend war – endete mit der Hinrichtung von zehn Menschen. Unter ihnen gehörten neun dem Pendle-Forst-Bezirk in Lancashire an, wo zwei achtzigjährige Weiber, die „alte Demdike“ und die „alte Chattox“ als Hexen verschrien waren. Alles Unheil in Nah und Fern, jedes Erkranken und Sterben von Menschen und Vieh wurde ihrer Tücke und ihren Zauberkünsten zur Last gelegt. Daher sah sich endlich der Richter Roger Stowell in Read veranlaßt, beide Weiber mit ihren Töchtern Alison Davis und Anna Redfern am 2. April 1612 in Haft zu nehmen. Infolgedessen versammelten sich die Kinder und Anverwandten der Verhafteten am Karfreitag ein einem alten, abgelegenen, steinernen Gebäude, Malking Tower genannt, um die zur Verteidigung der Angeklagten erforderlichen Schritte zu beraten. Diese Zusammenkunft wurde jedoch ruchbar, und alsbald wollte man wissen, daß die Angehörigen der alten Hexen beschlossen hätten, den Gefängnisvogt zu Lancaster Castle, wo diese in Haft lagen, umzubringen und das Schloß in die Luft zu sprengen. Eiligst ließ daher der Richter aus der Verwandtschaft der Angeklagten noch mehrere andere Personen in Haft bringen, unter ihnen eine Gutsbesitzerin, mit der er seit längerer Zeit in einem Grenzstreit lebte. Der Hauptzeuge bezüglich der in Malking Tower getriebenen „schwarzen Künste“ war ein Kind von neun Jahren, der „alten Demdike“ Enkelin, auf deren Aussage hin ihre nächsten Anverwandten, Mutter, Großmutter, Bruder und Schwester, nachdem sie sich im Gefängnisse Geständnisse hatten abpressen lassen, zum Tode verurteilt wurden. Die übrigen behaupteten ihre Unschuld bis zum letzten Augenblick. Zehn Personen waren zum Strange verurteilt, unter ihnen auch die alte Demdike, die jedoch vor der Exekution im Gefängnisse starb.

Gleichzeitig wurden in Northampton fünf Personen hingerichtet.

Ein Hexenprozeß, der 1618 in dem Schlosse Belvoir an der Grenze der Grafschaften Leicester und Lincoln vorkam, machte darum ganz besonderes Aufsehen, weil er eine der angesehensten Familien des Landes betraf.

In der schottischen Geschichte hängen die ältesten wirklichen Zaubergeschichten ebenfalls mit politischen Dingen zusammen. Als Jakob III. auf den Argwohn verfiel, daß sein Bruder, der Graf Mar, in feindseliger Absicht Hexen befrage, ließ er zuerst diesen in seinem Zimmer unverhört zu Tode bluten und darauf zwölf Weiber und vier Männer verbrennen, um das Verbrechen des Grafen als ein weit verzweigtes erscheinen zu lassen. 1537 fiel, vom Volke allgemein betrauert, die Lady Johanna Douglas, Schwester des Grafen Angus, angeklagt des Mordversuchs auf den König, um die Familie der Douglas auf den Thron zu bringen. Niemand glaubte an ihre Schuld.

Seit dieser Zeit mehrten sich die schottischen Hexenprozesse, im ganzen eintönig, wie die übrigen, nur selten einige phantastischere Abweichungen bietend. Unter Maria Stuart wurden sie überaus zahlreich, und die dreiundsiebzigste Akte ihres neunten Parlaments unterwarf das Verbrechen einer geschärften Bestrafung.

Ihr Sohn Jakob hat in der Folge sogar durch seine persönliche Teilnahme an diesen Angelegenheiten Epoche gemacht.

Frankreich hatte schon im Laufe des dreizehntenund vierzehnten Jahrhunderts seine Opfer gebracht und war für längere Zeit zur Besinnung gekommen. Seitdem das Pariser Parlament den Hexenprozeß den geistlichen Richtern abgenommen hatte (1390), kam er nur noch selten vor. „Seit dieser Zeit“, sagt Bodin, „trieb der Satan sein Spiel so weit, daß alles, was man von den Zauberern erzählte, für Fabeln gehalten wurde.“ Ludwig XI., Karl VIII. und Ludwig XII. waren einsichtsvoll genug, um die alten Greuel nicht wiederzukehren lassen. Auch unter Franz I. kam nur weniges vor. Crespet klagt, daß die Zahl der angegebenen Zauberer damals hunderttausend überstiegen habe, und daß durch die Lauheit der Richter und die Gunst der Großen das Übel noch gewachsen sei. Wenn die Anklage nicht auf Beschädigungen, sondern bloß auf den Nachtflug und den Besuch des Sabbats ging, so sprach das Pariser Parlament in jener Zeit keine Verurteilung aus. Unter Heinrich II. fing man indessen an, dem allgemeinen Zuge der Zeit zu folgen; 1549 wurden in Nantes sieben Zauberer auf einmal verbrannt, weitere bald darauf zu Laon und anderwärts. Solche Brände wiederholten sich unter IX. für den Eifer der Hexenfeinde viel zu selten.

Auffallend häufig trat in Frankreich die Hexerei als Lykanthropie hervor. Überall erzählte man sich mit größter Angst von Zauberern und Zauberinnen, die vom Teufel die Gabe empfangen hätten, sich in Wölfe und Wölfinnen verwandeln zu können, als solche mit dem Teufel oder mit wirklichen Wölfinnen und Wölfen Unzucht trieben, Menschen und Tiere in Masse anfielen, zerrissen und fräßen. Im Herbst 1573 wurden durch einen Parlamentserlaß die Bauern in der Umgegend von Dôle, in der Franche

Comté, sogar ermächtigt, auf Werwölfe Jagd zu machen. Nach Boguets Schilderung (Discours de sorciers, 1603 bis 1610) war um 1598 im Juragebirge die Lykanthropie geradezu epidemisch geworden. Aber auch die gewöhnliche Hexerei sah man aller Orten in Frankreich ihr Unwesen treiben.

Ein Verurteilter, Trois-Echelles, versprach einst um den Preis seiner Begnadigung, alle Hexen Frankreichs zu entdecken, deren Gesamtzahl er, wie Bodin erzählt, auf dreihunderttausend angab. Er zog umher, erkannte die Schuldigen vermittels der Nadelprobe am Stigma und soll deren über dreitausend der Obrigkeit bezeichnet haben, unter diesen selbst Reiche und Angesehene. Ihre Verfolgung wurde jedoch unterdrückt. Mehrere gleichzeitige Schriftsteller tadeln Katharinas von Medici eigene Hinneigung zu magischen Dingen und die Nachlässigkeit der Richter, wodurch das Zaubervolk in Frankreich an Menge immer mehr zugenommen habe. Dieser Tadel, der, soweit er dem Parlamente gilt, nur ein Lob ist für diese Behörde, an deren Spitze damals der wackere Achilles von Harlay wirkte, hängt mit einer heilsamen Krise der Ansichten zusammen, die in jener Epoche von Deutschland aus über ganz Europa ausgehen zu wollen schien.

Ein Zeitgenosse behauptet nämlich, daß die Lauheit der französischen Richter hauptsächlich durch Weyers Schriften veranlaßt worden sei.